权威·前沿·原创

皮书系列为
"十二五""十三五"国家重点图书出版规划项目

智库成果出版与传播平台

中国法治社会发展报告（2021）

DEVELOPMENT OF THE RULE OF LAW IN SOCIETY REPORT(2021)

主　编 / 公丕祥
副主编 / 李　力　庞　正

社会科学文献出版社
SOCIAL SCIENCES ACADEMIC PRESS (CHINA)

图书在版编目(CIP)数据

中国法治社会发展报告.2021/公丕祥主编.――北京：社会科学文献出版社，2021.10
（法治现代化蓝皮书）
ISBN 978-7-5201-8940-8

Ⅰ.①中… Ⅱ.①公… Ⅲ.①社会主义法治-发展-研究报告-中国-2021 Ⅳ.①D920.0

中国版本图书馆CIP数据核字（2021）第178992号

法治现代化蓝皮书
中国法治社会发展报告（2021）

主　　编 / 公丕祥
副 主 编 / 李　力　庞　正

出 版 人 / 王利民
组稿编辑 / 刘骁军
责任编辑 / 易　卉
文稿编辑 / 郭锡超
责任印制 / 王京美

出　　版 / 社会科学文献出版社·集刊分社（010）59367161
　　　　　 地址：北京市北三环中路甲29号院华龙大厦　邮编：100029
　　　　　 网址：www.ssap.com.cn
发　　行 / 市场营销中心（010）59367081　59367083
印　　装 / 三河市东方印刷有限公司

规　　格 / 开本：787mm×1092mm　1/16
　　　　　 印张：22　字数：330千字
版　　次 / 2021年10月第1版　2021年10月第1次印刷
书　　号 / ISBN 978-7-5201-8940-8
定　　价 / 138.00元

本书如有印装质量问题，请与读者服务中心（010-59367028）联系

▲ 版权所有 翻印必究

法治现代化蓝皮书
编辑委员会

主　　任　公丕祥

副 主 任　夏锦文　龚廷泰　李　浩　刘旺洪　李　力
　　　　　庞　正　方　乐

委　　员　张新民　王腊生　谢国伟　李建明　眭鸿明
　　　　　姜　涛　程德文　张　镭　倪　斐　丰　霏
　　　　　吴　欢　张　鹏　尹培培　杨　建　於海梅

法治社会发展报告（2021）

主　　　编　公丕祥

副 主 编　李　力　庞　正

策　　　划　中国法治现代化研究院蓝皮书工作室

工作室主任　庞　正

工作室副主任　倪　斐

工作室成员　（按照姓氏汉字笔画排序）

　　　　　　王丽惠　丰　霏　尹培培　杜维超　李　旭
　　　　　　吴　欢　张　鹏　孟星宇　夏少昂　韩玉亭
　　　　　　强　卉

撰 写 人 员　（按照姓氏汉字笔画排序）

　　　　　　王　琦　王丽惠　王鹏程　公丕祥　刘广登
　　　　　　杜维超　吴　欢　张　鹏　张兆成　周苗涵
　　　　　　庞　正　夏少昂　倪　斐　菅从进　龚廷泰
　　　　　　强　卉

总　序

纵观世界法治现代化的历史进程，我们可以清晰地看到，现代化与法治内在联系，相互依存，不可分割。习近平总书记指出："法治和人治问题是人类政治文明史上一个基本问题，也是各国在实现现代化过程中必须面对和解决的一个重大问题。"① 近代以来，伴随着民族国家的建构过程，国家现代化与法治化成为国家和社会生活变革与发展的主旋律。然而，这一进程在不同的国家往往具有不同的历史特点，形成各具特质的法治发展及其现代化道路。中国法治现代化是在中国的具体国情条件下所展开的法治变革过程，体现了独特的内在逻辑。在当代中国，中国共产党人以高度的历史主动性，深刻认识法治这个治国理政最大最重要的规矩在国家现代化进程中的重要作用，坚定不移地厉行法治，深入推进广泛而深刻的社会与法治变革进程，中国的法治现代化显示出旺盛的活力与强大的生命力，充分表达了法治现代化的中国经验。

法律是以社会为基础的。法治革命是社会革命的历史产物，也是社会革命的法治样式。中国共产党成立一个世纪以来，领导中国人民坚定推进气壮山河的伟大社会革命，完成了新民主主义革命和社会主义革命，进行了改革开放新的伟大社会革命，"创造了一个又一个彪炳史册的人间奇迹"②。这一进程中的两次前后相继的法治革命，首先都是一场社会革命。1949年至1956年的当代中国第一次社会革命，在中国大地上创建了社会基本制度及

---

① 参见《习近平关于全面依法治国论述摘编》，中央文献出版社，2015，第12页。
② 参见《中国共产党第十九次全国代表大会文件汇编》，人民出版社，2017，第12页。

其国家制度体系。"五四宪法"以国家根本法的形式确证了人民民主与社会主义这两大原则,创设了社会主义中国的国体与政体的宪制基础,由此形成了当代中国第一次法治革命。1978年开启的改革开放新的伟大革命,乃是1949年之后中国的第二次社会革命,开辟了中国特色社会主义道路。"八二宪法"及其四个宪法修正案在改革开放的社会变革进程中第一次确立了发展社会主义市场经济、建设社会主义法治国家的国家根本法基础,进而形成了当代中国第二次法治革命。党的十八大以来,法治发展领域发生了历史性变革,取得了历史性成就,中国法治现代化进入了新时代。习近平总书记强调,"新时代中国特色社会主义是我们党领导人民进行伟大社会革命的成果,也是我们党领导人民进行伟大社会革命的继续,必须一以贯之进行下去"[1]。适应坚持和发展中国特色社会主义这一新时代伟大社会革命的需要,以习近平同志为核心的党中央从确保党和国家长治久安的战略高度,加强中国法治发展的战略谋划,在党的十八届三中全会作出"推进法治中国建设"的重大战略抉择的基础上,召开党的十八届四中全会对全面推进依法治国若干重大问题作出了专门系统的战略部署,成为新时代中国法治现代化进程中的一个重要里程碑。党的十九届二中全会是继十八届四中全会之后我们党对新时代坚持全面依法治国作出的又一重大战略谋划,在我们党的历史上第一次以全会形式专题研究宪法修改问题,审议通过了《中共中央关于修改宪法部分内容的建议》,旨在为新时代坚持和发展中国特色社会主义这一伟大革命提供坚强的宪法保障。十三届全国人大一次会议审议通过的宪法修正案,充实完善了现行宪法有关制度规定。这集中体现了新时代中国国家发展及其现代化的内在需要,明确表达了新时代伟大社会革命的宪法逻辑,充分体现了中国法治现代化的时代价值。

中国共产党人在领导中国人民进行艰苦卓绝的伟大社会革命中,坚持把马克思主义法治思想与中国具体法治实际相结合,努力走出一条具有鲜明中

---

[1] 参见《以时不我待只争朝夕的精神投入工作 开创新时代中国特色社会主义事业新局面》,《人民日报》2018年1月6日,第1版。

国特色的社会主义法治道路。习近平总书记指出:"各国国情不同,每个国家的政治制度都是独特的。"① "走什么样的法治道路,建设什么样的法治体系,是由一个国家的基本国情决定的。"② 中国社会经济、政治、文化、历史与地理环境诸方面的条件或因素,决定或制约着中国法治现代化进程的基本取向和运动方向。

新中国成立70多年来特别是改革开放40多年来探索中国法治现代化道路的艰辛实践,历史性地生成了法治现代化的中国道路的总体性特征。这主要是:(1)在当代中国,作为国家最高政治领导力量,中国共产党在整个国家和社会生活中处于领导地位,必须坚持和加强党对全面依法治国的领导,这是中国法治现代化的根本政治保证。(2)法治现代化与国家治理现代化之间有着密切的关系,推进当代中国法治现代化,就是要促进从人治型的国家治理体制向法治型的国家治理体制的历史性转变,这是中国法治现代化的方略选择。(3)全面推进依法治国,加快建设法治中国,必须坚持以人民为中心的法治准则,这是中国法治现代化进程的最深厚的动因基础。(4)人民日益增长的美好生活需要和不平衡不充分的发展之间的矛盾这一新时代我国社会的主要矛盾,准确反映了当代中国社会发展的阶段性特征,对全面依法治国进程产生了深刻影响,这是推进中国法治现代化的客观依据。(5)在新的时代条件下,推进中国法治现代化的宏伟大业,必须把新发展理念融入全面依法治国领域之中,充分展示法治对于保障当代中国发展的时代价值,这是中国法治现代化的战略引领。(6)处于转型期的当代中国,必须始终高度关注和重视解决社会公平正义问题。全面依法治国要围绕保障和促进社会公平正义来进行,这是中国法治现代化的价值取向。(7)在中国这样一个幅员辽阔的东方大国,东中西部各个区域之间的经济社会发展水平存在明显的差异,必然影响或制约各个区域法治发展的进程状

---

① 参见习近平《在庆祝全国人民代表大会成立60周年大会上的讲话》(2014年9月5日),人民出版社,2014,第16页。
② 参见习近平《加快建设社会主义法治国家》,载《习近平谈治国理政》第二卷,外文出版社,2017,第117页。

况与实际效果,必须在坚持国家法制统一性的前提下认真对待区域法治发展,这是中国法治现代化的现实路径。(8)全面依法治国是一个宏大的系统工程,必须加强整体谋划,统筹兼顾,坚持依法治国和以德治国相结合,依法治国和依规治党有机统一,这是中国法治现代化的统筹机制。(9)在当代中国,"改革和法治为鸟之两翼,车之两轮"①,必须立足法治国情条件,渐进有序地推进法治领域改革,坚持在法治下推进改革,在改革中完善法治。(10)在全球治理变革深入推进的历史条件下,国内法治与国际法治彼此互动、协调发展,以期推动构建人类命运共同体,这是中国法治现代化建设的全球方位。很显然,在当代中国伟大社会革命进程中逐步形成的法治现代化道路,有着自身独特的历史个性和鲜明的中国特征。只有从中国的实际情况出发,才能走出一条自主型的中国法治现代化道路。越是民族的,越具有世界性。根植于法律文化传统创造性转换基础上的中华法治文明价值体系,并不是脱离世界法治文明发展大道的孤立的法治现象,而是基于对本国法治国情特点的悉心把握,"坚持以我为主、为我所用、认真鉴别、合理吸收",充分吸取世界法治发展的有益经验,"学习借鉴世界上优秀的法治文明成果"②。因此,法治现代化的中国方案,不仅记载深厚的中国经验,融入丰富的中国元素,体现鲜明的中国精神,而且注重把握世界法治文明发展大势,积极参与世界法治经验对话交流,辩证吸收世界法治发展有益成果,因而与世界法治文明的普遍准则沟通协调,具有普遍性的世界意义。

当代中国正处在从大国走向强国的新发展阶段。伴随着中国特色社会主义进入新时代的铿锵步履,"近代以来久经磨难的中华民族迎来了从站起来、富起来到强起来的伟大飞跃"③。实现中华民族"强起来"的宏伟愿景,离不开法治的坚强保障。在中国这样一个幅员辽阔、人口庞大、民族众多、国情复杂的发展中的社会主义大国,作为执政党的中国共产党要跳出"历

---

① 参见习近平《在庆祝中国共产党成立95周年大会上的讲话》,人民出版社,2016,第17页。
② 参见《习近平关于全面依法治国论述摘编》,中央文献出版社,2015,第32页。
③ 参见《中国共产党第十九次全国代表大会文件汇编》,人民出版社,2017,第10页。

史周期律",实现长期执政,确保党和国家的长治久安,就必须在习近平法治思想的指引下,悉心做好为民族复兴筹、为子孙后代计、为长远发展谋的战略筹划,全面推进法治中国建设,进而为新时代中华民族"强起来"的伟大飞跃提供根本性、全局性、长期性的制度保障。法治现代化的中国方案,有力体现了新时代从大国走向强国的中国法治使命和责任。

中国特色社会主义进入新时代,标志着当代中国现代化运动站在了一个新的时代起点上,当代中国法治现代化迈进了一个新的社会历史阶段。党的十九大报告的一个重要理论贡献,就是清晰阐述了以习近平同志为核心的党中央关于从全面建成小康社会到基本实现现代化、再到全面建成社会主义现代化强国的重大战略谋划。这即是"新时代中国特色社会主义发展的战略安排"。这一战略安排蕴含着丰富的法治意义,具有鲜明的法治发展指向,实际上提出了推进新时代中国法治现代化的新的"三步走"战略构想,从而昭示着新时代中国法治现代化的宏伟愿景。第一步,按照党的十六大、十七大、十八大提出的全面建成小康社会各项要求,到2020年全面建成小康社会。到那时,各方面制度更加成熟更加定型,国家治理体系和治理能力现代化取得重大进展,各领域基础性制度体系基本形成;人民民主更加健全,法治政府基本建成,司法公信力明显提高,人权得到切实保障,产权得到有效保护。第二步,从2020年到2035年基本实现现代化,比原先的设想提前了15年。到那时,在政治建设与法治发展领域,人民平等参与、平等发展权利得到充分保障,法治国家、法治政府、法治社会基本建成,各方面制度更加完善,国家治理体系和治理能力现代化基本实现。第三步,从2035年到21世纪中叶全面建成富强民主文明和谐美丽的社会主义现代化强国。到那时,在政治与法治发展领域,我国社会主义文明将全面提升,实现国家治理体系和治理能力现代化。我国政治文明的全面提升,必然意味着在这一进程中我国法治文明历时地得到全面提升。法治现代化是国家治理现代化的有机组成部分,二者内在联系、不可分割,处于同一个历史过程之中。中国国家治理现代化的实现,同样表明中国法治现代化的全面实现。这无疑是一幅新时代推进中国法治现代化的恢宏画卷。

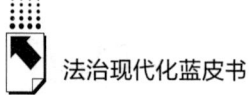

从全面建成小康社会到基本实现现代化再到全面建成现代化强国的历史进程，赋予法治现代化的中国方案以全新的时代使命。新中国成立以来首次召开的中央全面依法治国工作会议最重大的成果，就是确立了习近平法治思想在全面依法治国工作中的指导地位，意义重大，影响深远。习近平法治思想是马克思主义法治理论中国化进程的最新重大理论成果，开辟了当代中国马克思主义法治理论、21世纪马克思主义法治理论发展的崭新境界，为深入推动新时代中国法治现代化的历史进程提供了根本遵循，指明了中国法治现代化理论研究、实践探索和智库建设的前进方向。中国法治现代化研究院是经中共江苏省委宣传部批准、设立在南京师范大学的一所法治智库。中国法治现代化研究院立足江苏、面向全国、放眼世界，致力于为党和国家以及地方党委和政府全面推进依法治国、深化法治江苏省建设提供决策咨询，注重把握应用性和对策性研究的工作主轴，坚持宏观层面研究和微观层面研究的有机结合，侧重中国法治现代化领域的战略层面研究，着力提出具有长远考量和全局意义的中国法治现代化进程的战略性预测和发展战略建议，为党和国家以及地方党委和政府提供思想和行动方案选择，努力建设成为全省领先、国内一流、国际知名的中国法治现代化领域的新型高端法治智库。法治现代化蓝皮书是由中国法治现代化研究院组织编撰的专注于新时代中国法治现代化领域重要问题的连续性的年度研究报告，旨在坚持以习近平法治思想为指导，面向新时代全面推进依法治国、加快建设法治中国的伟大实践，紧扣"建设中国特色社会主义法治体系、建设社会主义法治国家"的全面依法治国总目标，重点围绕探讨法治中国发展战略、全面贯彻实施宪法、推进科学民主立法、加强法治政府建设、深化司法体制改革、加快法治社会建设、推动区域法治发展、加强法治工作队伍建设、中国法治国情调研等领域，推出中国法治现代化领域年度专题研究报告与法治智库产品，突出理论思考，突出问题导向，突出实证分析，突出咨政建言，努力在新时代中国法治现代化理论建设、战略研究、社会引领、政策建言等方面取得新的成果，以期为新时代的中国法治现代化事业奉献绵薄之力。

《法治现代化蓝皮书：中国法治社会发展报告》的编辑出版，得到了中共江苏省委宣传部、江苏省哲学社会科学规划办公室、社会科学文献出版社和南京师范大学的大力支持，得到了全国法学界和法律实务界的热情指导。在此，谨深致谢忱！

南京师范大学中国法治现代化研究院院长
公丕祥
2021年5月于南京

前　言

　　法治社会是构筑法治国家的基础，法治社会建设是实现国家治理体系和治理能力现代化的重要组成部分。党的十八大以来，以习近平同志为核心的党中央坚定不移地推进全面依法治国，法治国家、法治政府、法治社会建设相互促进，全社会法治观念不断增强，法治社会建设全面深化。党的十九大把法治社会基本建成确立为到2035年基本实现社会主义现代化的重要目标之一。2020年10月党的十九届五中全会审议通过《中共中央关于制定国民经济和社会发展第十四个五年规划和二〇三五年远景目标的建议》，再次强调到2035年基本建成法治社会的战略目标，并作为基本实现国家治理体系和治理能力现代化的重要标志之一。

　　2020年11月召开的中央全面依法治国工作会议正式提出习近平法治思想，这在我国社会主义法治建设史上具有重大的里程碑意义。在这次会议上，习近平总书记用"十一个坚持"系统阐述了新时代中国特色社会主义法治思想，深刻回答了新时代为什么实行全面依法治国、怎样实行全面依法治国等一系列重大理论和实践问题。在"十一个坚持"中，坚持依法治国、依法执政、依法行政共同推进，法治国家、法治政府、法治社会一体建设是全面推进依法治国的战略布局。一体建设之"一体"，是指法治国家、法治政府、法治社会三者关系密切、相辅相成，如同一个有机的整体，在建设的时间上要同步，在建设的空间上要相互衔接。全面推进依法治国"三位一体"建设的整体战略布局，必将对新时代的法治中国建设产生重大的推动作用。

为加快推进法治社会建设，2020年12月中共中央印发了《法治社会建设实施纲要（2020—2025年）》（以下简称《纲要》），作为统筹推进法治社会建设的纲领性文件。《纲要》围绕我国社会领域法治建设存在的突出问题，对2020年至2025年法治社会建设作出了阶段性部署，由七部分组成。第一部分是总体要求，内容包括法治社会建设的指导思想、主要原则和总体目标。《纲要》提出我国"十四五"期间法治社会建设的目标是"到2025年，'八五'普法规划实施完成，法治观念深入人心，社会领域制度规范更加健全，社会主义核心价值观要求融入法治建设和社会治理成效显著，公民、法人和其他组织合法权益得到切实保障，社会治理法治化水平显著提高，形成符合国情、体现时代特征、人民群众满意的法治社会建设生动局面，为2035年基本建成法治社会奠定坚实基础"。第二部分至第六部分明确了当前法治社会建设的重点内容，主要涵盖推动全社会增强法治观念、健全社会领域制度规范、加强权利保护、推进社会治理法治化、依法治理网络空间等五个方面，其中有关依法治理网络空间、加强公共卫生法治保障等方面的内容阐述具有鲜明的时代性和针对性。第七部分是加强法治社会建设的组织保障，就强化组织领导、加强统筹协调、健全责任落实和考核评价机制、加强理论研究和舆论引导等作出安排部署。《纲要》是我们党历史上第一部关于加强法治社会建设的纲领性文件，是中国特色社会主义法治建设不断深化的重大理论成果和实践成果，与《法治中国建设规划（2020—2025年）》相互衔接、相互呼应，进一步完善了新时代全面依法治国的战略布局。

作为江苏省首批新型高端智库，中国法治现代化研究院致力于面向当下中国法治发展的应用性和对策性研究。自2018年起，研究院开启了"中国法治现代化蓝皮书"的编撰和发布工作，于2019年8月出版了《中国法治现代化报告（2019）》。该报告从立法发展、法治政府、司法改革、法治社会、区域法治等多个侧面对2019年我国法治现代化建设成果作出全景式的扫描。考虑到推进法治社会建设在新时代全面依法治国、实现法治现代化进程中的基础性、支撑性、战略性的特殊重要地位，从2020年开始，中国法治现代化研究院决定将年度报告内容聚焦于法治社会领域，以"法治社会

前 言

发展报告"为专题开展蓝皮书建设工作,分年度持续展示我国法治社会发展的历时性场景,为法治社会建设事业咨政建言。

2021年度中国法治社会发展报告由总报告、地方报告、研究报告、调研报告和年度事件报告五个板块组成。总报告着重围绕法治宣传教育、公共法律服务、社会领域立法、社会规范建设、社会基层治理和矛盾纠纷化解等六个方面总结回顾2020年我国法治社会建设总体面貌,指出各地在法治社会建设中仍然存在的困难和问题,针对《法治社会建设实施纲要(2020—2025年)》厘清政策脉络、发布意义和基本内容,尝试就"十四五"期间法治社会建设的发展趋势作出预判和展望。

地方报告是总报告的细化,是在空间意义上的分报告,是法治社会建设在特定空间范围内的具体呈现。"地方"是法治社会建设的主要场域,也是法治社会建设相对于法治国家、法治政府建设的特殊性所在。本卷地方报告以安徽省为专门对象,从法治宣传教育、公共法律服务、矛盾纠纷化解和社会基层治理等四个方面细致地展示法治社会建设在特定地方层面的整体样貌。

研究报告以法治社会建设的特定问题为板块,突出实践领域的问题意识和问题导向。本卷研究报告选取了"网格化社会治理"、"法治社会建设指标体系"和"新乡贤与新时代乡村治理"三个主题,采用实证考察与理论评析相结合的研究方法,专门展示和讨论了网格化治理、评估指标体系运行和共建共治共享的乡村治理模式等问题,为新时代法治社会建设探寻有效实践路径。

调研报告以实证研究为基本范式,运用观摩、访谈、问卷、数据统计等具体方法,致力于呈现城乡基层法治社会建设和社会治理创新的基本面貌、优势特色、工作亮点、条件限制、存在问题和完善方案。本卷调研报告选取"江苏宿迁城市社区"作为城市基层治理样本,选取"豫南传统村社共同体治理"作为乡村治理样本,尝试针对法治社会发展中的地方实践和具体问题,在深入扎实的调查研究基础上,努力提出前瞻性、有分量、可操作的咨询建议。

年度事件报告是中国法治现代化蓝皮书的特色板块，用以专门遴选并发布"中国法治社会发展年度十大事件"。主编单位中国法治现代化研究院已连续多年开展"年度十大法治事件"评选发布活动，获得了广泛影响和良好声誉，入选了CTTI十大创新案例。法治社会发展年度事件报告，是在前述评选活动基础上专门就法治社会议题进行的具体化拓展，旨在集中呈现法治社会发展过程中的影响力事件，其中既包括政策出台和制度创新，也包括焦点事件和典型案例。

本年度报告的编撰工作是由中国法治现代化研究院蓝皮书工作室全体成员共同承担的，同时也大量吸纳了高等院校、科研单位和实务部门专业人员的研究成果。在报告的撰写、编辑过程中，蓝皮书工作室得到了安徽省司法厅、江苏省司法厅和中南财经政法大学基层法治研究所的指导和帮助，也得到了研究院学术委员会和各所（中心）的指导和支持。本年度报告从选题策划到编辑出版，是在社会科学文献出版社刘骁军编审的悉心指导和姚敏老师、刘靖悦老师的全程参与下完成的。在此，我们谨向这些机构和个人表示衷心的感谢。

中国法治现代化研究院蓝皮书工作室

2021年4月15日

目 录

Ⅰ 总报告

B.1 中国法治社会发展2020年总报告 …………… 庞　正　王　琦 / 001

Ⅱ 地方报告·安徽

B.2 法治宣传教育报告 ………………………………………… 强　卉 / 051
B.3 公共法律服务报告 ………………………………………… 强　卉 / 066
B.4 矛盾纠纷化解报告 ………………………………………… 杜维超 / 079
B.5 社会基层治理报告 ………………………………………… 杜维超 / 096

Ⅲ 研究报告

B.6 网格化社会治理的理论与实践
　　　——以三个设区市为对象的考察
　　　………………………………… 龚廷泰　菅从进　王　琦 / 119
B.7 "江苏法治社会建设指标体系"及其试行评估报告 …… 庞　正 / 167

B.8 新乡贤与新时代乡村治理体系创新研究
　　——以徐州市两乡镇为例………… 菅从进　刘广登　张兆成 / 212

Ⅳ 调研报告

B.9　宿迁城市社区治理体系的构建与运行…………………… 王丽惠 / 267
B.10　传统村社共同体治理的运行逻辑与嬗变
　　——以豫南S村为对象的观察………… 王鹏程　夏少昂 / 285

Ⅴ 年度事件报告

B.11　中国法治社会发展2020年度十大事件……… 吴　欢　周茁涵 / 300

Contents …………………………………………………………… / 316

总 报 告
General Report

B.1
中国法治社会发展2020年总报告

庞 正 王 琦*

摘 要: 2020年我国法治社会建设在法治宣传教育、公共法律服务、社会领域立法、社会规范建设、社会基层治理、矛盾纠纷化解等方面取得了许多值得肯定的成绩,同时也存在区域间发展不平衡、参与主体不充分和社会治理法治化水平有待提高等问题。党的十九大把法治社会基本建成确立为到2035年基本实现社会主义现代化的重要目标之一。《法治社会建设实施纲要(2020—2025年)》围绕法治社会建设要求作出了新布局。我国在下一阶段的法治社会建设过程中,应当以习近平法治思想和《法治社会建设实施纲要(2020—2025年)》为根本遵循,以"八五"普法规划的落实为推进抓手,以社会主义法治文化建设为工作重心,以问题为导向,坚持和巩固已

---

* 庞正,南京师范大学法学院教授,中国法治现代化研究院研究员;王琦,南京师范大学法学理论专业博士研究生,中国法治现代化研究院研究人员。

有成绩和经验,进一步实现创新发展,力争早日全面建成法治社会。

关键词: 法治社会 法治社会建设实施纲要 基层社会治理 社会主义法治文化

法治社会建设是实现国家治理体系和治理能力现代化的重要组成部分,在全面推进依法治国进程中具有举足轻重的地位和作用。在 2020 年 11 月 16 日召开的中央全面依法治国工作会议上,习近平总书记对当前和今后一个时期推进全面依法治国要重点抓好的工作提出了十一个方面的要求,再次强调了"坚持法治国家、法治政府、法治社会一体建设"。[1] 其中,法治社会是构筑法治国家的基础,是法治国家、法治政府、法治社会一体建设的重要组成部分。[2] 党的十九大把法治社会基本建成确立为到 2035 年基本实现社会主义现代化的重要目标之一,意义重大,影响深远,任务艰巨。当前,法治社会建设与人民群众日益增长的美好生活需要相比,与建设社会主义法治国家的目标要求相比,还存在差距。在此背景下,为加快推进法治社会建设,中共中央于 2020 年 12 月 7 日印发了《法治社会建设实施纲要(2020—2025年)》(以下简称《纲要》),要求各地区各部门结合实际认真贯彻落实。《纲要》作为我国推进法治社会建设的"施工表"、"路线图"和行动指南,对于学习贯彻习近平法治思想、实现国家治理体系和治理能力现代化具有重要意义。《纲要》指出,"建设信仰法治、公平正义、保障权利、守法诚信、充满活力、和谐有序的社会主义法治社会,是增强人民群众获得感、幸福感、安全感的重要举措"。"到 2025 年,'八五'普法规划实施完成,法治观念深入人心,社会领域制度规范更加健全,社会主义核心价值观要求融入

---

[1] 习近平:《论坚持全面依法治国》,人民出版社,2020,第 4 页。
[2] 参见《习近平谈治国理政》(第三卷),外文出版社,2020,第 285 页。

法治建设和社会治理成效显著，公民、法人和其他组织合法权益得到切实保障，社会治理法治化水平显著提高，形成符合国情、体现时代特征、人民群众满意的法治社会建设生动局面，为2035年基本建成法治社会奠定坚实基础。"[1] 对比《纲要》可以看出，2020年我国法治社会建设在法治宣传教育、公共法律服务、社会领域立法、社会规范建设、社会基层治理、矛盾纠纷化解等方面取得了值得肯定的成绩，但仍存在完善空间。展望未来，我国法治社会建设应当以习近平法治思想和《纲要》为根本遵循，坚持和巩固实践中的有益经验，以问题为导向，矫正工作偏差，进一步实现创新发展，早日全面建成法治社会。

一 法治社会建设年度进展概览

《纲要》是全面贯彻习近平法治思想，关于法治社会建设的首个纲要，为法治社会建设的全面和顺利推进提供了行动纲领和行为指引。[2] 在党和国家推动法治社会建设和社会治理体系与治理能力现代化的战略布局下，2020年我国法治社会建设取得了显著成绩。[3] 本报告根据《纲要》提出的总体目标和重点内容，立足各地各部门的法治社会建设实践，将重点从法治宣传教育、公共法律服务、社会领域立法、社会规范建设、社会基层治理、矛盾纠纷化解等方面，展示2020年我国法治社会建设的基本面貌。

（一）法治宣传教育

2020年，全国法治宣传教育部门以习近平新时代中国特色社会主义思

---

[1] 《中共中央印发法治社会建设实施纲要（二〇二〇—二〇二五年）》，《人民日报》2020年12月8日，第1版。
[2] 参见莫纪宏《加快推进法治社会建设》，《辽宁日报》2020年12月29日，第10版。
[3] 尽管法治社会与社会治理存在于两个不同的话语系统中，以不尽相同的语义发挥不同的语用，但这两个概念在理论上具有一定的可通约性，在实践上也面临许多共同的问题，因此可以予以关联考察。参见庞正《法治社会和社会治理：理论定位与关系厘清》，《江海学刊》2019年第5期。

想为指导，确保法治宣传教育的正确政治方向和舆论导向。法治宣传教育突出了时代主题，深入学习宣传习近平法治思想和以宪法为核心的中国特色社会主义法律体系，引导全社会坚定不移走中国特色社会主义法治道路，不断加大普法宣传力度，创新工作方式方法，完善相关机制体制，强化工作队伍建设，开创了法治宣传教育新局面。

首先，全民普法工作持续深入推进，"七五"普法规划如期完成。2020年，各地各部门广泛宣传了与经济社会发展和人民群众利益密切相关的法律法规，使法治观念进一步在全社会得到了普及。例如，济南市要求对民法典学习宣传再动员再部署，继续开展民法典"十进"活动，大力推动民法典宣传阵地建设。① 江西开展"法律明白人"活动，积极推动疫情防控法治宣传教育做实做细，全力做好防控新型冠状病毒感染的肺炎疫情法治宣传教育工作；为推动法治宣传教育入脑入心，江西省普法办充分发挥广大普法专干、普法讲师团成员、法治宣传志愿者、公益律师等作用，深入基层群众参与疫情防控法治宣传教育工作，做疫情防控的践行者、监督者、参与者。② 又如，在吉林省网络安全宣传周法治日期间，全省公安机关充分融合传统媒体和新媒体，通过新媒体展播、云展览、虚拟课堂等方式开展多种多样的系列宣传活动，围绕人民群众关心的网络诈骗、网络犯罪、网络谣言等常见网络安全问题进行答疑，积极宣传公民个人信息保护常识和预防电信诈骗方法，并集中展示了一批打击整治涉网违法犯罪的典型案例，有效提升了全民网络安全认知水平。③

其次，宪法教育在法治宣传教育工作中的分量明显加强。法治宣传教育

---

① 参见《济南市召开深入推进民法典宣传贯彻暨首届"济南市十大法治人物"颁奖会议》，载人民网，http://sd.people.com.cn/n2/2020/0821/c166188-34243493.html，最后访问日期：2021年3月29日。
② 参见《江西发动"法律明白人"积极参与疫情防控推动疫情防控法治宣传教育做实做细》，载江西普法网，http://www.jxpf.com/Files/NewsFiles/200213/20200213171110468750.html，最后访问日期：2021年3月29日。
③ 参见《2020年吉林省网络安全宣传周法治日启动》，载人民网，http://jl.people.com.cn/n2/2020/0918/c349771-34300941.html，最后访问日期：2021年3月29日。

要重视宪法学习和宣传工作，其中最为重要的是在全社会普及宪法教育，弘扬宪法精神，树立宪法权威。习近平总书记强调："宪法的根基在于人民发自内心的拥护，宪法的伟力在于人民出自真诚的信仰。要在全社会加强宪法宣传教育，让宪法家喻户晓。"① 《纲要》提出，要"深入宣传宪法，弘扬宪法精神，增强宪法意识，推动形成尊崇宪法、学习宪法、遵守宪法、维护宪法、运用宪法的社会氛围"。② 2020 年 11 月，中央宣传部、司法部与全国普法办联合印发的《2020 年全国"宪法宣传周"工作方案》指出，要重点宣传习近平法治思想，特别是关于宪法的重要论述、党的十九届五中全会精神、中华人民共和国宪法、中华人民共和国民法典以及疫情防控等相关法律法规；要举办宪法进企业、宪法进农村、宪法进机关、宪法进校园、宪法进社区、宪法进军营、宪法进网络等七场主题活动。③ 各地以"12·4"国家宪法日和"宪法宣传周"为契机，广泛开展了宪法宣传教育活动，使之制度化、常态化。例如，2020 年 12 月，由桂林市法学会组织开展的法治文化基层行宪法宣传活动走进龙胜县，与龙胜县法学会共同为当地群众送上一场精彩生动的"法治大礼包"，工作人员向在场的群众发放了"七五"普法读本及宣传袋等法治宣传物品，积极地为现场群众解读宪法和法律知识，引导群众了解宪法、学习宪法，增强宪法意识。④ 青海省厅级干部法治讲座常态化的开展，已经成为一项对领导干部进行宪法教育的制度性安排。⑤ 再如，为推动宪法学习宣传教育常态化，福建省泉州市印发《关于在全市范围内营造学习宣传宪法浓厚氛围的通知》，各级各部门开展了各具特色的宪法宣

---

① 习近平：《论坚持全面依法治国》，人民出版社，2020，第 13～14 页。
② 《中共中央印发法治社会建设实施纲要（二〇二〇—二〇二五年）》，《人民日报》2020 年 12 月 8 日，第 1 版。
③ 参见《中央宣传部 司法部 全国普法办关于印发〈2020 年全国"宪法宣传周"工作方案〉的通知》，载中国普法网，http：//www. legalinfo. gov. cn/pub/sfbzhfx/zhfxpfxx/pfxxzthd/202011/t20201124_ 42164. html，最后访问日期：2021 年 3 月 28 日。
④ 参见《法治文化基层行｜桂林掀起国家宪法日法治宣传高潮》，载人民网，http：//gx. people. com. cn/n2/2020/1207/c390645 - 34460737. html，最后访问日期：2021 年 3 月 29 日。
⑤ 参见《走出一条具有青海特色的法治宣传教育新路子》，载人民网，http：//qh. people. com. cn/n2/2020/1204/c182775 - 34456155. html，最后访问日期：2021 年 3 月 28 日。

传活动。市司法局开展宪法主题宣传活动,印制发放宪法单行本6万多册,开展宪法专题法治讲座38场次,开设"微课堂"专栏,邀请法学专家对宪法相关内容进行解读;加强中小学生宪法理念教育,市司法局与市教育局联合开展"我与宪法"主题征文活动、"学习宪法 尊崇宪法"宪法知识有奖问答、"大手拉小手"宪法主题学法手抄报、"宪法晨读"等活动;惠安县建成全市首家宪法主题教育馆,展现宪法文化、宪法发展和依法治国历史进程;洛江区建成突出宪法主题、强化互动元素的青少年法治教育基地;安溪县编印《中华人民共和国宪法有关知识》手册16万册,开展"学生带法回家"活动。[1]

再次,"谁执法谁普法"的普法责任制进一步得到落实。例如,江苏泰州在全省率先出台普法责任清单,为司法部门、市委各部委办局、企业事业单位、群众团体、驻泰单位等101家市直部门定制个性化普法责任清单,并通过系统内普法、系统外普法、联动普法、创新普法四个层面对各单位普法任务进行了明确;[2] 辽宁省司法厅起草了《辽宁省法治宣传教育条例(草案)》,从法治宣传教育工作的组织与管理、国家机关普法责任制、社会主体责任、保障与监督、奖励与处罚等方面作出规定,尤其是对各级国家机关共同承担和相应承担的普法工作责任作出明确规定,积极推动全面履行普法责任制。[3] 又如,江苏苏州市相城区司法局将闭环管理"移植"到普法责任制工作中,切实推动部门配合协调,实现分类精准普法,确保监督制约到位,形成全民自觉学法守法用法的浓厚氛围;区法宣办印发普法责任制"三单一会一评议"相关规定,即普法责任清单、重大联动项目清单、"一月一法"普法案例清单、普法责任制联席会议和"谁执法谁普法"履职评

---

[1] 参见《泉州:紧盯关键群体聚焦重点内容 扎实推进法治宣传全覆盖》,载人民网,http://fj.people.com.cn/n2/2020/1119/c181466-34425868.html,最后访问日期:2021年3月28日。

[2] 参见《江苏泰州:为101家部门定制普法责任清单》,载中国普法网,http://www.legalinfo.gov.cn/pub/sfbzhfx/zhfxpfxx/pfxxszfspf/202012/t20201223_45861.html,最后访问日期:2021年3月28日。

[3] 参见《辽宁拟出台〈辽宁省法治宣传教育条例〉》,载人民网,http://ln.people.com.cn/n2/2020/0119/c378317-33728080.html,最后访问日期:2021年3月28日。

议制度，明晰了39个单位部门的重要宣传职责、宣传节点、宣传方法和载体平台，推进构建齐抓共管、协同联动大普法格局。① 再如，浙江省将共性工作和个性工作相结合，发布了2020年法治宣传教育责任清单；② 江苏靖江把"谁执法谁普法"的责任单位、公益律师志愿服务团、"骥江剑"公检法司讲师团等《民法典》宣传单位团体挂钩到了249个村社区党组织，策划举办了模拟巡回法庭、"举案典法基层行"、"笔谈学民法"等一系列活动。③ 贵州毕节法院以案件审理为契机，开展了法治宣传教育等活动，普及《宪法》《刑法》《婚姻法》《义务教育法》《未成年人保护法》《妇女权益保障法》《反家庭暴力法》《预防未成年人犯罪法》《治安管理处罚法》等与群众密切相关的法律知识，进一步增强了群众的法治观念，努力营造"尊法、学法、守法、用法"的社会氛围和法治环境。④

最后，社会主义法治文化建设在法治宣传教育工作中得到了更高重视。2020年各地以重大纪念日、传统节日等为契机，借助法治文化展厅、多媒体普法教室、法治图书室、法治阅览室等场所，通过采取图文并茂等人民群众喜闻乐见的方式，开展了一系列群众性法治文化活动。法治文化活动突出了情景体验和互动参与，特别注重促进法治文化与传统文化、红色文化、地方文化、行业文化、企业文化融合发展，深入推进法治宣传教育，引导全民尊法学法守法用法，对推动人民树立法治意识、推广法治理念、提升法治素养发挥了积极作用。例如，吉林省长春市开展法治宣传教育示范基地（阵地）

---

① 参见《苏州相城区"闭环式"推动普法责任制落实》，载中国普法网，http://www.legalinfo.gov.cn/pub/sfbzhfx/zhfxpfxx/pfxxszfspf/202011/t20201127_42654.html，最后访问日期：2021年3月29日。
② 参见《浙江发布2020年法治宣传教育责任清单》，载浙江法治在线，https://www.zjfzol.com.cn/zjfzol/newList?detailId=4853976628433920&time=1611325755737，最后访问日期：2021年3月29日。
③ 参见《江苏靖江探索依法治理"三启"品牌》，载中国普法网，http://www.legalinfo.gov.cn/pub/sfbzhfx/zhfxyfzl/yfzldfyfzl/202012/t20201218_45495.html，最后访问日期：2021年4月1日。
④ 参见《毕节法院：延伸审判职能 强化法治宣传》，载人民网，http://gz.people.com.cn/n2/2020/0811/c194849-34218527.html，最后访问日期：2021年3月29日。

创建活动，全面完善已建成的法治文化公园、法治文化展馆、法治文化广场、法治文化街区等各类法治宣传教育基地（阵地），使其能持续发挥宣传法律知识、传播法治文化的重要作用。① 云南省多部门扎实开展法治文化阵地建设，打造法治文化长廊，设立法治文化墙，拍摄普法微视频，举办法治文艺演出，让文化阵地与普法阵地、文化学习与普法学习、文化活动与普法活动等有机融合，保证老百姓听得懂、看得见。② 福州市鼓楼区立足新起点，对标新要求，着力将法治宣传拓展到法治实践全过程，打造了一批具有鲜明地方特色、主题各异的法治文化阵地。设立宪法、禁毒、环保等主题法治宣传栏，打造"一街镇一特色"法治文化长廊，让居民出门"见法"。③

（二）公共法律服务

为人民群众提供公共法律服务，保障各类社会主体合法权益，始终坚持以人民为中心的根本立场是党和国家的一贯主张。正如有学者指出："从评判标准上说，国家治理体系好不好，国家治理能力强不强，一切都取决于人民群众的接受度，因为人民群众才是历史的主人。"④《纲要》进一步明确了为人民群众提供公共法律服务的路线与要求。《纲要》提出，"为群众提供便捷高效的公共法律服务。到2022年，基本形成覆盖城乡、便捷高效、均等普惠的现代公共法律服务体系，保证人民群众获得及时有效的法律帮助。健全公民权利救济渠道和方式，完善法律援助制度和国家司法救助制度，制定出台法律援助法，保障困难群体、特殊群众的基本公共法律服务权益"。⑤

---

① 参见《长春市开展法治宣传教育示范基地（阵地）创建活动》，载人民网，http：//jl.people.com.cn/n2/2020/0416/c349771-33952722.html，最后访问日期：2021年3月29日。
② 参见《云南省多部门联合出台"十条措施"加强边境地区法治宣传教育》，载人民网，http：//yn.people.com.cn/n2/2020/0510/c378439-34006548.html，最后访问日期：2021年3月29日。
③ 参见《以法治文化熔铸"法治品格"》，载人民网，http：//fj.people.com.cn/n2/2020/1019/c181466-34358902.html，最后访问日期：2021年3月29日。
④ 彭中礼：《智慧法治：国家治理能力现代化的时代宣言》，《法学论坛》2020年第3期。
⑤ 《中共中央印发法治社会建设实施纲要（二〇二〇—二〇二五年）》，《人民日报》2020年12月8日，第1版。

2020年，我国法治社会建设在公共法律服务方面取得了显著进展，主要包括以下四个方面。

第一，公共法律服务的规范化程度显著提升。2020年各地立足于经济社会发展情况，不断完善公共法律服务管理体制和工作机制，推进公共法律服务标准化、规范化、精准化，有效满足了人民群众日益增长的高品质、多元化法律服务需求。例如，2020年7月20日，《湖北省公共法律服务条例（草案）》提请省十三届人大常委会第十七次会议审议。条例草案共六章四十二条，对加强公共法律服务设施建设与管理、服务提供、服务保障与监管、法律责任等进行了规定。[①] 2020年9月，山东省出台《山东省公共法律服务条例》，这是全国首部公共法律服务的省级地方性法规，标志着山东省公共法律服务工作全面纳入法治轨道。[②]

第二，公共法律服务为疫情防控工作营造了良好的法治环境。例如，河北省司法厅出台《疫情防控常态化条件下公共法律服务工作方案》，大力推行"线上办、网上办、掌上办、自助办"等"不见面"公共法律服务方式，依托"12348"公共法律服务热线、"河北法律服务网（冀法通）"等平台，主动向群众提供法律咨询和法律服务，安排专业律师在线解答相关法律问题。[③] 辽宁南杂木镇公共法律服务工作站为使企业有序复工复产，化解涉企合同纠纷、劳资纠纷，全力调动法律服务力量，同时积极宣传中央、省区市对疫情防控期间复工复产的政策法规，使企业能明确职责，让企业员工做疫情防控的"明白人"，把涉及影响企业运行的矛盾化解在萌芽状态。[④] 太原

---

① 参见《让群众看得见摸得着用得到 我省立法优化公共法律服务》，载湖北法治网，http://www.124.gov.cn/2020/0731/854957.shtml，最后访问日期：2021年3月30日。
② 参见《全国首部公共法律服务法规〈山东省公共法律服务条例〉将于明年施行》，载人民网，http://sd.people.com.cn/n2/2020/1204/c166192-34456862.html，最后访问日期：2021年3月30日。
③ 参见《河北省推行"不见面"公共法律服务方式》，载人民网，http://he.people.com.cn/n2/2020/0419/c192235-33958963.html，最后访问日期：2021年3月30日。
④ 参见《辽宁南杂木镇：公共法律服务助力企业恢复"造血功能"》，载中国普法网，http://www.legalinfo.gov.cn/pub/sfbzhfx/zhfxyfzl/yfzljcyfzl/202012/t20201211_44237.html，最后访问日期：2021年3月30日。

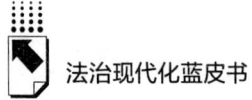

市杏花岭区法学会积极发动全体会员和广大法学法律工作者参与疫情防控法律知识宣传教育和舆情引导工作，助力民营企业复工复产，为街乡、社区依法防疫提供法律咨询112次，协助化解涉疫矛盾纠纷56件。①

第三，村（居）法律顾问制度不断完善，公共法律服务质量提升。例如，宁夏回族自治区牢牢把握公共法律服务体系的内在价值取向，出台了《关于开展一村（居）一法律顾问工作的实施意见》，实现"一村（居）一法律顾问全覆盖"和法律服务微信群全覆盖，通过建设实体平台、热线平台、网络平台，逐步打通法律服务"最后一公里"。②安徽郎溪扎实推进"一村一社区一法律顾问"工作，在全县各村均建立了村（社区）公共法律服务微信群，吸收村法律顾问、村"两委"干部、调委会成员、部分党员和村民代表及热心群众加入，为居民提供了法律咨询、矛盾调处和有效法治宣传服务，实现了在线法律服务和落地法律服务的对接。全县43名律师已担任96个村（社区）法律顾问，并入驻96个村（社区）法律服务微信群开展法律服务。③成都市为切实发挥公共法律服务护民生、保稳定、促发展的积极作用，共投入3510万余元用于各级公共法律服务平台建设，迄今已建成1个市级和22个区（市）县公共法律服务中心、276个公共法律服务工作站，4000余个村（社区）配有法律顾问，建成3000余个"社区法律之家"，覆盖城乡的公共法律服务网络体系全面形成。④青海格尔木市建成以市公共法律服务体系中心为核心、乡镇（街道）公共法律服务窗口为载体、村（居）公共法律服务点为基础的"市—乡镇（街道）—村居"三级公共法律服务体系；采用微信联席"坐堂接诊"方式，构筑集法律咨询、网上

---

① 参见《太原市杏花岭区：助推基层社会治理能力提升》，载中国普法网，http://www.legalinfo.gov.cn/pub/sfbzhfx/zhfxyfzl/yfzljcyfzl/202012/t20201211_44284.html，最后访问日期：2021年4月1日。

② 参见《宁夏公共法律服务触手可及惠民生》，载人民网，http://nx.people.com.cn/n2/2020/1124/c192482-34433361.html，最后访问日期：2021年3月30日。

③ 参见《安徽郎溪："三点"推进公共法律服务体系建设》，载人民网，http://ah.people.com.cn/n2/2020/1118/c374164-34422497.html，最后访问日期：2021年3月30日。

④ 参见《成都公共法律服务全业务全时空覆盖城乡》，载人民网，http://sc.people.com.cn/n2/2020/0430/c345509-33988361.html，最后访问日期：2021年3月30日。

调解、法律援助初审、司法鉴定引导等综合性法律服务于一体的"菜单式"热线平台。① 玉林市为了使村民及时享受到高效便捷的公共法律服务,最大限度地让矛盾纠纷不出村,建立由法官、检察官、警官及律师组成的"三官一律"团队,每月定期到村庄排查矛盾纠纷,并进行季度考核。通过采取"三官一律"便民联系卡张贴、"三官一律"法律专班等形式,及时解答村民疑虑,提高公共法律服务效率。②

第四,公共法律服务与科技创新手段实现深度融合。2020年,各地立足于经济社会发展情况,加强公共法律服务实体、热线、网络三大平台建设,加速建成覆盖全业务、全时空的公共法律服务网络。例如,浙江省全面推进法律服务"线上办、网上办、掌上办、自助办",并实行紧急事项上门代办制度。江西省鼓励各层级法律服务机构采取网上申办、视频对话等方式办理法律服务业务,鼓励村居法律顾问通过电话、微信群等方式提供法律服务。③ 杭州市司法局积极与杭州律政通科技有限公司和阿里巴巴公司合作,打造支付宝上的"公共法律服务站",实现公共法律从"站点"服务到"掌上"的迁移,借助支付宝属地服务能力强、用户群体大、知名度高等优势,让公共法律服务通过支付宝直接对接公民需求,提供"劳动争议""交通事故""婚姻家庭""房产买卖"等各类公民常用法律领域的智能评估服务,并为公民提供网上申请法律援助的通道。④ 在公共法律服务信息化建设方面,北京市西城司法局进一步丰富法律服务产品,构建"人工智能+法律服务"的新型法律服务供给模式,充分运用互联网、"西城家园"手机 App

---

① 参见《青海格尔木打造多元共治社会治理新格局》,载中国普法网,http://www.legalinfo.gov.cn/pub/sfbzhfx/zhfxyfzl/yfzldfyfzl/202012/t20201210_43967.html,最后访问日期:2021年4月1日。
② 参见《广西玉林法治平安村庄形成共建共享新格局》,载中国普法网,http://www.legalinfo.gov.cn/pub/sfbzhfx/zhfxyfzl/yfzljcyfzl/202011/t20201119_41721.html,最后访问日期:2021年4月1日。
③ 参见《"不见面"公共法律服务全时空不打烊》,载人民网,http://legal.people.com.cn/n1/2020/0205/c42510-31571844.html,最后访问日期:2021年3月30日。
④ 参见《杭州市司法局深度创新"公共法律服务"》,载人民网,http://zj.people.com.cn/n2/2020/0323/c186806-33895992.html,最后访问日期:2021年3月30日。

等现代科技手段，通过在线咨询、远程会见、远程调解，有效节省群众办理时间。① 青海省在全省8个市州、45个区县、31个乡镇街道部署84处公共法律服务亭，并在8个市州和29个区县部署37台公共法律服务机器人，有效解决了律师资源分布不均问题，为牧区群众开展公共法律服务提供保障。② 安吉县综合行政执法局在微信视频号、微信公众号、抖音等社交平台上发布由执法队员自导自演的普法短视频，通过寓教于乐的方式让普法宣传真正"活"了起来，也"火"了起来，一定程度上起到了遏制违法行为发生的作用。③

（三）社会领域立法

"完善社会重要领域立法"是《纲要》的重要内容。有学者指出，当前和今后一个时期，完善社会重要领域立法应重点关注"进一步提升劳动关系协调机制的法治化水平""进一步完善社会保障法治体系""对于特殊群体的法律保障仍需进一步重视"这几个方面。④ 2020年，各地围绕社会领域立法问题，从以下四个方面进行了实践探索。

首先，不断完善教育、劳动就业、收入分配、社会保障、医疗卫生、食品药品、安全生产、道路交通、扶贫、慈善、社会救助等民生领域法律法规。2020年是全面建成小康社会目标实现之年，是全面打赢脱贫攻坚战收官之年。在习近平新时代中国特色社会主义思想科学指引下，地方各级人大认真贯彻落实党中央决策部署，在扶贫一线用实际行动践行"人民至上"。例如，在道路交通方面，交通运输部印发的《城市轨道交通客运组织与服务管理办法》对包括"电子设备外放声音""骑行平衡车、电动车、自行

---

① 参见《北京：西城区公共法律服务中心即将投入使用》，载人民网，http://bj.people.com.cn/n2/2020/0105/c82838-33690150.html，最后访问日期：2021年3月30日。
② 参见邢生祥《青海建成5015个公共法律服务实体平台》，载中国工会新闻网，http://acftu.people.com.cn/n1/2020/0116/c81968-31551389.html，最后访问日期：2021年3月30日。
③ 参见《浙江安吉："司法行政+综合行政执法"共建共融》，载人民网，http://legal.people.com.cn/n1/2020/1214/c42510-31965542.html，最后访问日期：2021年4月1日。
④ 参见叶静漪《进一步完善社会重要领域立法》，《学习时报》2021年3月31日，第2版。

车""在列车内进食""随地吐痰、便溺""携带动物""躺卧或踩踏座席""在车站和列车内滋扰乘客"等在内的影响轨道交通运营秩序的7类公民普遍关注的问题进行了有效规范。法规实施以后，地铁上的不文明行为不再只是道德的禁区，更是法律的禁区。① 2020年医疗卫生领域立法发展较快。2020年3月，国家市场监管总局先后公布《药品注册管理办法》与《药品生产监督管理办法》，两部规章于2020年7月1日起正式施行。上海市修订新的社会救助标准，从2020年7月1日起提高最低生活保障等社会救助标准。② 教育领域立法也有新的发展。2020年9月7日教育部发布《中华人民共和国学前教育法草案（征求意见稿）》，面向社会公开征求意见。③ 2020年9月1日，《广东省学校安全条例》开始施行，明确教师惩戒学生界限——可适当管束、惩戒，但不得辱骂、体罚、侮辱人格尊严。条例还针对校园欺凌防治、校外实习安全等师生和家长关心的问题作出新规定。2020年7月31日，安徽省十三届人大常委会第二十次会议全票表决通过了《安徽省家庭教育促进条例》，强调父母或者其他监护人应当学习家庭教育知识，树立正确的家庭教育观念，加强亲子陪伴，提高亲子陪伴质量。④

其次，不断健全退役军人、妇女、未成年人、老年人、残疾人等特殊群体正当权益保护等方面的法律法规。2020年5月28日通过的《民法典》，为了防止轻率离婚，保护未成年人合法权益，首次设定了"离婚冷静期"制度。"离婚冷静期"的存在，"是一个可以让婚姻更谨慎、更能抚慰子女心灵、为孩子提供更全面的生活照料、财产安排更合理减少日后纠纷的一个

---

① 参见《地铁新规，让法治与道德相辅相成》，载中国人大网，http://www.npc.gov.cn/npc/c30834/202004/b1aae59910804b66a4e166250a785fe7.shtml，最后访问日期：2021年4月3日。
② 参见《7月新规：公职人员政务处分法施行 社区矫正法实施》，载人民网，http://legal.people.com.cn/n1/2020/0701/c42510-31765541.html，最后访问日期：2021年4月3日。
③ 参见《学前教育法草案9月7日起公开征求意见》，载中国人大网，http://www.npc.gov.cn/npc/c30834/202009/7425be92f6f045f0bb5fadeca4ae9840.shtml，最后访问日期：2021年4月3日。
④ 参见《9月新规：保健药品不得纳入医保"史上最严固废法"实施》，载人民网，http://legal.people.com.cn/n1/2020/0901/c42510-31843733.html，最后访问日期：2021年4月3日。

制度安排"。① 2020年7月30日，为了保护家庭成员的合法权益，维护平等、和睦、文明的家庭关系，陕西省第十三届人民代表大会常务委员会第十九次会议通过了《陕西省实施〈中华人民共和国反家庭暴力法〉办法》。② 2020年4月1日，内蒙古自治区第十三届人民代表大会常务委员会第十九次会议通过了《内蒙古自治区反家庭暴力条例》，研究反家庭暴力工作中的重大问题，推动反家庭暴力多部门合作。③ 2020年4月1日，甘肃省第十三届人民代表大会常务委员会第十五次会议通过了《甘肃省养老服务条例》。④ 2020年9月，民政部等6部门联合印发了《关于规范养老机构服务行为做好服务纠纷处理工作的意见》，从养老机构的管理制度、服务纠纷处理程序以及纠纷调解方案等方面作出了详细规定，为养老服务机构健康发展保驾护航。⑤

再次，疫情防控相关立法陆续出台，公共卫生领域法律法规建设全面加强。习近平总书记要求全面提高依法防控、依法治理能力，为疫情防控工作提供有力法治保障。⑥ 2020年2月7日，浙江省人大常委会专门召开会议，审议通过《浙江省人民代表大会常务委员会关于依法全力做好当前新型冠状病毒感染肺炎疫情防控工作的决定》。该决定为确保中央和省委关于疫情防控重大部署落实落地提供了法治保障，为各级人民政府实施必要的防控措施提供了法律依据，并凝聚社会共识，为动员全社会齐心协力共同做好防控

---

① 参见《如何正确看待"离婚冷静期"的立法深意》，载中国人大网，http://www.npc.gov.cn/npc/c30834/202012/de24208909af4811b0bbd2047018dc42.shtml，最后访问日期：2021年4月3日。
② 参见《12月新规：经营者开展促销活动不得先提价再折价》，载人民网，http://legal.people.com.cn/n1/2020/1201/c42510-31951022.html，最后访问日期：2021年4月3日。
③ 参见《新规!〈内蒙古自治区反家庭暴力条例〉出台》，载中国人大网，http://www.npc.gov.cn/npc/c30834/202004/4e652eaf35704e7fae03a98a446794e2.shtml，最后访问日期：2021年4月3日。
④ 参见《〈甘肃省养老服务条例〉出台》，载中国人大网，http://www.npc.gov.cn/npc/c30834/202004/b7efe1d5bdcc48139ace8f790642b489.shtml，最后访问日期：2021年4月3日。
⑤ 参见《聚焦我国首部养老机构服务纠纷处理规范性文件 为养老服务业健康发展保驾护航》，载中华人民共和国民政部网站，http://www.mca.gov.cn/article/xw/mtbd/202009/20200900029266.shtml，最后访问日期：2021年4月3日。
⑥ 参见《习近平：全面提高依法防控依法治理能力 为疫情防控提供有力法治保障》，《中国卫生法制》2020年第2期。

工作提供了法治基础,从而有效保障和促进疫情防控工作依法有序开展。①2020年6月,上海市发布了《呼吸道传染病流行期间社会福利机构安全操作指南》地方标准。该标准重点从组织保障、防控宣传、出入管理、从业人员管理、服务对象防护、心理慰藉、就诊管理、隔离场所设置、防控物品管理、供餐用餐及清洁消毒等方面为社会福利机构应对呼吸道传染病提供安全规范和指导。②

最后,社会组织、城乡社区、社会工作等方面立法实现了制度优化。社区是社会的基本单元,是社会治理和服务的最小单位,关系到国家治理体系和治理能力现代化的实现程度。2020年3月27日,《北京市物业管理条例》经北京市十五届人大常委会第二十次会议表决通过。为解决业委会成立难的问题,条例提出可组建"物业管理委员会"临时性机构,组织业主共同决定物业管理事项。同时对物业费缴纳、住宅专项维修资金使用、失管小区维护等市民关心的热点问题进行了明确规定。③江西省出台了《江西省农村"法律明白人"培养工作规范(试行)》,采取"党委领导、政府实施、部门共育、依靠群众、共治共享"模式,通过遴选、培训、管理、使用等环节,提升公民自我管理、自我教育、自我服务、自我监督的能力和水平,充分发挥公民"法律明白人"及其骨干在宣传政策法规、引导法律服务、化解矛盾纠纷、参与社会治理中的示范引领作用,推动在广大乡村形成办事依法、遇事找法、解决问题用法、化解矛盾靠法的浓厚氛围,不断提升乡村治理法治水平。④

---

① 参见《全面提高依法防控依法治理能力》,载浙江法治在线,https://www.zjfzol.com.cn/zjfzol/newList?detailId=75749&time=1611326192786,最后访问日期:2021年4月3日。
② 参见《上海发布〈呼吸道传染病流行期间社会福利机构安全操作指南〉地方标准》,载中华人民共和国民政部网站,http://www.mca.gov.cn/article/xw/dfdt/202006/20200600028281.shtml,最后访问日期:2021年4月3日。
③ 参见《〈北京市物业管理条例〉5月1日起施行》,载中国人大网,http://www.npc.gov.cn/npc/c30834/202004/f863845b75b7426aacef195e43513220.shtml,最后访问日期:2021年4月3日。
④ 参见《〈规范〉出台!我省推进农村"法律明白人"标准化规范化建设》,载江西普法网,http://www.jxpf.com/Files/NewsFiles/200415/20200415103721 34375.html,最后访问日期:2021年4月3日。

（四）社会规范建设

《纲要》提出要"促进社会规范建设。充分发挥社会规范在协调社会关系、约束社会行为、维护社会秩序等方面的积极作用"。① 有学者认为，"国家立法在内容上的限度和调整机制的滞后两大方面都有不可克服的天然局限性，因此国家立法不能否定和完全替代社会自我生成秩序的能力"。② 社会规范之所以必须纳入法治社会的视野，主要在于其能够补国家法律之不足，实现社会的"自我立法"，完善社会的"规则之治"。③ 在研究法治社会之"规范"时应秉持结构化思维，即以一种整体的、系统的而非部分的、孤立的视角去思考和分析法治社会建设中的规范问题。④ 2020年，各地围绕社会规范建设工作，取得了许多成绩，主要表现为以下两个方面。

其一，居民公约、村规民约、行业规章、社会组织章程等社会规范的建设进程加快，社会自治水平显著提升。"村规民约的内容要符合生活、生产规律，要符合时代要求，要符合村情民风，有的放矢、精准对接，着力解决突出问题。"⑤ 河南省平顶山湛河区将垃圾分类、移风易俗、守法经营等内容写进村规民约，做成文化墙，制成宣传页，通过"大喇叭"、微信群等形式广泛宣传村规民约内容和实施的重要性，形成人人宣传、个个参与的浓厚氛围。⑥ 上海市松江区根据民政部、中央组织部等7部门印发的《关于做好村规民约和居民公约工作的指导意见》的相关要求，修订完善《松江区关

---

① 《中共中央印发法治社会建设实施纲要（二〇二〇—二〇二五年）》，《人民日报》2020年12月8日，第1版。
② 庞正：《法治秩序的社会之维》，《法律科学（西北政法大学学报）》2016年第1期。
③ 参见宋烈、俞静贤《"软法"也能解决"硬问题"——更好发挥社会规范在法治社会建设中的积极作用》，《中国司法》2021年第3期。
④ 参见陈光《论法治社会建设中的多元规范及其结构》，《时代法学》2019年第3期。
⑤ 李国平：《发挥村规民约在乡村治理中的积极作用》，载中华人民共和国民政部网站，http://www.mca.gov.cn/article/xw/mtbd/202009/20200900029375.shtml，最后访问日期：2021年4月4日。
⑥ 参见《平顶山湛河区：村规民约"约"出乡村文明新风尚》，载人民网，http://henan.people.com.cn/n2/2020/1015/c378397-34351479.html，最后访问日期：2021年4月4日。

于制定和完善居民公约（村规民约）的指导意见》，各村根据实际，因地制宜修订完善村规民约，并引导村民通过居民公约、村规民约、自治章程等开展自治活动，切实发挥村规民约作用。[1]

其二，社会规范的制定和实施工作契合法治原则和精神。村规民约的内容应当合法，同时程序也要合法，制定、修订相应规则要坚持公开、公正的原则，要广泛讨论，多方征求意见，反复修改完善，由村民会议、党员会议表决通过，并备案公布，广泛宣传，确保每个环节合法。[2] 应当不断健全充满活力的基层群众自治制度，引导群众在党组织的领导下，在政府的指导下，依照宪法和法律的规定，充分掌握相关知识和技能以后，制定和完善自治章程、村规民约、居民公约等自治规范。同时，还应当落实和完善村规民约、居民公约等自治章程草案的审核和备案制度，健全合法有效的村规民约、居民公约的落实执行机制。实践中已有地区进行了积极的探索，形成了良好的经验。例如，云南省普洱市西盟佤族自治县新修订的村规民约在融入民族团结、公平正义、互帮互助等优秀民族习俗的同时，结合各村组实际加入约束和引导内容。[3] 河北省邯郸市积极开展"两约"制定修订工作，通过征集民意、拟订草案、依法审核、审议表决、备案公布等一系列流程，让基层党组织、群众、法律顾问参与其中。[4] 河南省平顶山湛河区68个村扎实有效地开展依法治村工作，各村均按要求完成了村规民约的修订完善工作。[5] 上海市松江区坚持村规民约合法可行，体现民主自治，不能与党的方

---

[1] 参见《上海市松江区：村规民约助力乡村振兴》，载人民网，http：//jl.people.com.cn/n2/2020/0611/c349771-34078721.html，最后访问日期：2021年4月4日。

[2] 参见李国平《发挥村规民约在乡村治理中的积极作用》，载中华人民共和国民政部网站，http：//www.mca.gov.cn/article/xw/mtbd/202009/20200900029375.shtml，最后访问日期：2021年4月4日。

[3] 参见《村规民约"约"出心声》，载人民网，http：//leaders.people.com.cn/n1/2020/1116/c420864-31932605.html，最后访问日期：2021年4月4日。

[4] 参见《河北邯郸：村规民约"约"出新风貌》，载人民网，http：//sn.people.com.cn/n2/2020/0929/c378296-34326552.html，最后访问日期：2021年4月4日。

[5] 参见《平顶山湛河区：村规民约"约"出乡村文明新风尚》，载人民网，http：//henan.people.com.cn/n2/2020/1015/c378397-34351479.html，最后访问日期：2021年4月4日。

针、政策和国家的法律法规相抵触，使村规民约助力乡村振兴。① 2020年7月，浙江省首个《村规民约制（修）订工作规范》编制工作在绍兴市枫桥镇正式启动。该项目将为浙江省各地村规民约制（修）订工作的开展、管理及评估提供"操作指南"。②

（五）社会基层治理

推进社会治理法治化，全面提升社会治理法治化水平是《纲要》的重要内容。"现代化的国家治理体系是法治化的体系，作为现代化国家治理体系之分支体系的社会治理体系，无疑也应当是被法治精神濡染、被法治体系规制的社会治理体系，在这样的治理体系治理下的社会只能是法治社会。"③在法治社会建设过程中，社会基层治理方面应当坚持依法维护社会秩序、解决社会问题、协调利益关系、推动社会事业发展，培育全社会办事依法、遇事找法、解决问题用法、化解矛盾靠法的法治环境，促进社会充满活力又和谐有序。

首先，社会治理体制机制不断健全完善。各地围绕基层社会治理体制机制的健全完善作出了有益的探索。例如，广西玉林市激活基层治理内生动力，通过实施"党建强村、发展兴村、法治建村、文明育村、平安美村"，有效地将自治、法治、德治相结合。玉林祖立法治平安村将法治融入乡村振兴顶层设计，并将公共法律服务触角延伸到村，让村民成为长效管护主体。④ 在脱贫攻坚和乡村振兴的集结号下，全国"村民自治第一村"广西壮族自治区河池市宜州区屏南乡合寨村积极探索自治、法治、德治"三治融

---

① 参见《上海市松江区：村规民约助力乡村振兴》，载人民网，http：//jl.people.com.cn/n2/2020/0611/c349771-34078721.html，最后访问日期：2021年4月4日。
② 参见《村规民约如何制定？浙江省首份"操作指南"出炉》，载人民网，http：//zj.people.com.cn/n2/2020/0731/c228592-34196168.html，最后访问日期：2021年4月4日。
③ 徐祥民：《习近平法治社会治理思想：理念、体系与保障》，《郑州大学学报（哲学社会科学版）》2021年第1期。
④ 参见《广西玉林法治平安村庄形成共建共享新格局》，载中国普法网，http：//www.legalinfo.gov.cn/pub/sfbzhfx/zhfxyfzl/yfzljcyfzl/202011/t20201119_41721.html，最后访问日期：2021年4月1日。

合"乡村治理新路子。① 海口市着力打造新时代"枫桥经验"市域版,建立了"12345+人民调解+综治中心+网格化"模式,整合全市各相关部门、6个城市治理平台,研发"智慧调解系统"和手机App,实现一体化联勤联动,已基本达到"小事不出村(居)、大事不出镇(街),矛盾就地化解",调处成功率达96.8%。②

其次,多层次多领域依法治理工作持续推进。中央提出了市域社会治理现代化和法治乡村建设的基本要求,2020年全国各地持续加强基层法治社会建设,各层次各领域依法治理能力显著提升。例如,海口市被确定为全国市域社会治理现代化试点地区以来,各级党委和政府坚持以党建为引领,树立科学理念,创新治理模式,制定印发《海口市推进市域社会治理现代化试点工作实施方案》,将118项基本要求和23项具有海口特色的工作任务逐一明确责任单位,形成可量化、可操作、可考评的指标体系。③ 山东省烟台市瞄准群众需求点推进市域社会治理,把群众关心的事"捞"上来,在网格化治理中发动群众共同解决、共享成果,让每一名群众都尝到社会治理创新的"甜头"。④ 新疆维吾尔自治区和田市委、市政府围绕建设"平安和田"的目标,针对社会稳定、脱贫攻坚、城乡治理等方面存在的突出问题和风险隐患,按照"外圈保内圈、联动抓处置、同步强治理"的原则,形成了"城市圈、城郊圈、农村圈"同步推进的工作格局,打造了一条城市网格化、城郊规范化、农村法治化的市域社会治理现代化之路,不断提高人

---

① 参见《新时代新阶段,"村民自治第一村"再出发》,载中华人民共和国民政部网站,http://www.mca.gov.cn/article/xw/mtbd/202012/20201200031518.shtml,最后访问日期:2021年4月1日。
② 参见《推进社会治理现代化 谱写平安海口新篇章》,载中国普法网,http://www.legalinfo.gov.cn/pub/sfbzhfx/zhfxyfzl/yfzldfyfzl/202012/t20201229_46208.html,最后访问日期:2021年4月1日。
③ 参见《推进社会治理现代化 谱写平安海口新篇章》,载中国普法网,http://www.legalinfo.gov.cn/pub/sfbzhfx/zhfxyfzl/yfzldfyfzl/202012/t20201229_46208.html,最后访问日期:2021年4月1日。
④ 参见《山东烟台激活群众参与热情推进市域社会治理》,载中国普法网,http://www.legalinfo.gov.cn/pub/sfbzhfx/zhfxyfzl/yfzldfyfzl/202012/t20201214_44567.html,最后访问日期:2021年4月1日。

民群众的获得感、幸福感、安全感。①

再次,人民团体和社会组织在法治社会建设中的作用日益凸显。社区是城乡居民的生活家园和社会治理的基本单元,关乎民生福祉,联系千家万户,是联系服务群众的"最后一百米"。新冠肺炎疫情的突袭而至,凸显了社区治理的特殊地位,也暴露了当前社区建设的缺陷与不足,我国推进法治社会建设必须把社区治理摆在突出位置。② 社区作为法治社会建设的重要场域,所包含的组织和单位较多。调动与整合人民团体和社会组织等各方面治理力量,实现多元主体协作共治,构建共建共治共享的社会治理新格局是社区治理的关键。近年来,在法治社会和社会治理工作中发挥社会组织的积极作用已成为理论界和实务界的基本共识。海口市坚持调动社会各阶层力量,引导各类社会组织积极参与市域社会治理,构建"人人有责、人人尽责、人人享有"的社会治理共同体。③ 景德镇市积极发展平安志愿服务组织,推动社会组织参与社会治理。平安志愿者主要开展治安巡逻、排查安全隐患、参与化解纠纷等志愿服务活动。乐山市以社区老党员为主体,由志愿者自发组成的社会公益组织"帮帮团",通过开展平安创建、交通引导、纠纷调解等志愿服务活动,以实现"上帮政府分忧、下帮百姓解难"的治理效果,被中宣部、中央文明办授予"全国最佳志愿服务组织"荣誉称号。④

最后,社会治安综合治理水平显著提高。社会治安综合治理是基层社会治理能力的重要显示指标,也是法治社会建设的基本工作内容。作为法治社

---

① 参见《新疆和田:"三圈"治理打造市域社会治理新样板》,载中国普法网,http://www.legalinfo.gov.cn/pub/sfbzhfx/zhfxyfzl/yfzldfyfzl/202012/t20201217_45242.html,最后访问日期:2021年4月1日。
② 参见胡建林《夯实"小治"服务"大治"推动治蜀兴川再上新台阶》,载中华人民共和国民政部网站,http://www.mca.gov.cn/article/xw/mtbd/202012/20201200031109.shtml,最后访问日期:2021年4月1日。
③ 参见《推进社会治理现代化 谱写平安海口新篇章》,载中国普法网,http://www.legalinfo.gov.cn/pub/sfbzhfx/zhfxyfzl/yfzldfyfzl/202012/t20201229_46208.html,最后访问日期:2021年4月1日。
④ 参见《景德镇静心打磨市域社会治理"瓷都样本"》,载中国普法网,http://www.legalinfo.gov.cn/pub/sfbzhfx/zhfxyfzl/yfzldfyfzl/202012/t20201216_44909.html,最后访问日期:2021年4月1日。

会建设的关键环节，新时代社会治安综合治理注重提升"合作、互通、互享"理念，增强综治的系统性、整体性和综合性。① 海口市委、市政府始终坚持把平安建设（综治工作）作为"民心工程"、"基础工程"和"一把手工程"，与全市经济社会建设发展同规划、同部署。建立健全制度机制，成立市平安建设领导小组，制定了《海口市 2020 年平安建设（综治工作）要点》及其责任分工方案，明确各区、市平安建设领导小组成员单位的责任。海口市坚持统筹抓好平安建设（综治工作）督导考核，以平安建设（综治工作）要点落实情况为依据，全面督导检查各级、各部门工作成效。② 广西防城港市作为广西第一批全国市域社会治理现代化试点城市，依托四级综治中心，创新"基层党建+社区（村屯）警务+网格化综合治理"的基层社会治理模式，有效打通基层治理"神经末梢"，并取得了阶段性成效。③ 广东省珠海市发布"平安+"指数以来，通过科学赋权、精准计分、智能运用，以市域层面各类安全"大数据"为支撑，对社会治理给出了更客观的评价、更全面的评测、更精准的诊断。同时，推出集动员、研判、预警、督办、考核"五位一体"的动力机制，实现情况发布、问题整改、考核通报闭环管理，有效串联社会治理各项工作，推动实现部门联动、问题联治和平安联创，使信息数据"变量"成为社会治理的"增量"，探索打造出以"平安+"指数为牵引的共建共治共享社会治理格局"珠海样本"。④ 深圳市为切实做好流动人口的服务管理工作，做好社区网格管理工作，社区网格管理

---

① 参见谢君《关于新时代政法综治工作新使命的几点思考》，《上海法学研究》（集刊）2019年第10卷。
② 参见《推进社会治理现代化 谱写平安海口新篇章》，载中国普法网，http://www.legalinfo.gov.cn/pub/sfbhfx/zhfxyfzl/yfzldfyfzl/202012/t20201229_46208.html，最后访问日期：2021年4月1日。
③ 参见《广西防城港：打通基层治理"神经末梢"》，载中国普法网，http://www.legalinfo.gov.cn/pub/sfbhfx/zhfxyfzl/yfzldfyfzl/202012/t20201224_46008.html，最后访问日期：2021年4月1日。
④ 参见《以"平安+"指数为牵引打造市域治理"珠海样本"》，载中国普法网，http://www.legalinfo.gov.cn/pub/sfbhfx/zhfxyfzl/yfzldfyfzl/202012/t20201228_46093.html，最后访问日期：2021年4月1日。

办公室服务社会治理大局，统筹全市社区网格管理机构，积极推进社区网格化管理创新工作。依托信息化技术手段，以服务见真章，实行"以房管人、人房共管"，着重解决社会治理"底数不清、情况不明"的问题，有效解决巨大流动人口和出租屋管理难题，改善了出租屋整体治安环境，为基层社会治理、城市管理和政府信息资源共享应用提供了强大的数据支撑和力量支持。①青海省格尔木市平安建设持续推进平安细胞"微创新"活动，以"党建+N"基层社会治理格局为统领，持之以恒地推进平安建设，参与主体由政府部门向社会组织延伸，创建领域由城市社区向农村牧区延伸，创建方式由以块为主向条块结合转变，加快形成共建共治共享的基层社会治理格局。②

（六）矛盾纠纷化解

在经济社会快速发展的转型期，社会矛盾类型更为多样，利益纠纷形式更加复杂，这加大了实现《纲要》提出的"依法有效化解社会矛盾纠纷"要求的难度。法治社会建设应当坚持和发展新时代"枫桥经验"，畅通和规范群众诉求表达、利益协调、权益保障通道，加强矛盾排查和风险研判，完善社会矛盾纠纷多元预防调处化解综合机制，努力将矛盾纠纷化解在基层。2020年我国各地围绕这一目标，作出了许多有益的探索，推动了矛盾纠纷化解机制的创新和发展。

第一，矛盾纠纷多元化解工作机制日益健全和完善。目前，我国有明确法律依据的纠纷解决方式主要包括人民调解、仲裁、行政调解、行政复议、司法调解、诉讼等，这些方式协同互补，有助于社会关系的及时修复。完善矛盾纠纷多元化解工作机制，可以降低解纷成本，提高法律救济覆盖率，在

---

① 参见《强化社区网格化管理 探索市域治理"深圳样板"》，载中国普法网，http://www.legalinfo.gov.cn/pub/sfbzhfx/zhfxyfzl/yfzldfyfzl/202012/t20201215_44850.html，最后访问日期：2021年4月1日。
② 参见《青海格尔木打造多元共治社会治理新格局》，载中国普法网，http://www.legalinfo.gov.cn/pub/sfbzhfx/zhfxyfzl/yfzldfyfzl/202012/t20201210_43967.html，最后访问日期：2021年4月1日。

更高层次上实现公正和效率的统一。① 呼和浩特市已建成 10 家旗县区级、76 家乡镇（街道）级、616 家村（社区）级标准化矛盾纠纷化解联合服务中心，以村（社区）为基础、乡镇（街道）为支撑、旗县区组织实施的三级联动矛盾纠纷多元预防调处化解体系初步形成。② 湖南省高院为完善多元解纷联动衔接机制，积极与相关单位在家事、金融、证券、知识产权、劳动争议、道路交通事故等领域建立了多元解纷工作机制，主动融入基层解纷网络建设。全省法院以两个"一站式"建设为契机，将诉调对接平台建设与诉讼服务中心建设结合起来，各基层法院普遍在诉讼服务中心设立人民调解室、律师调解室，主动引导当事人优先选择人民调解、仲裁等其他非诉方式解决纠纷，逐步形成了百花齐放的诉源治理、多元解纷工作模式。③ 宿迁市以打造市域社会矛盾解决"终点站"为目标，将非诉纠纷化解工作纳入法治宿迁建设和社会治理创新考核，构建矛盾纠纷"多元化解"工作机制，着力打好矛盾纠纷化解"总体战"和"阻击战"。④ 浙江省推进县级社会矛盾纠纷调处化解中心建设，坚持把非诉讼纠纷解决机制挺在前面，加强人民调解、行政调解、司法调解衔接联动和检调对接，发挥调解、仲裁、行政裁决、行政复议等非诉解决方式优势，努力把矛盾纠纷化解在成诉、成访之前。⑤ 贵州省汇川区大连路街道以学习借鉴"枫桥经验"为切入点，坚持人民调解为中心，结合街道城市特点，探索创新"3+3"矛盾纠纷多元化解调处机制，由网格矛调小组、社区矛调工作站、街道矛调中心三级联动，网

---

① 参见吴学安《把化解矛盾纠纷纳入法治化轨道》，《人民法院报》2019 年 10 月 11 日，第 2 版。
② 参见《呼和浩特着力构建四级矛盾纠纷化解联合服务平台》，载中国普法网，http://www.legalinfo.gov.cn/pub/sfbzhfx/zhfxyfzl/yfzldfyfzl/202012/t20201221_45595.html，最后访问日期：2021 年 4 月 2 日。
③ 参见《多元解纷湖南模式助力审判质效双提升》，载光明法治网，https://legal.gmw.cn/2020-04/14/content_33738662.htm，最后访问日期：2021 年 4 月 2 日。
④ 参见《江苏宿迁持续深化非诉纠纷"多元化解"机制创新》，载人民网，http://legal.people.com.cn/n1/2020/1109/c42510-31923840.html，最后访问日期：2021 年 4 月 2 日。
⑤ 参见《我省发布县级矛调中心规范化建设指引》，载浙江法治在线，https://www.zjfzol.com.cn/zjfzol/newList?detailId=4971456708121600&time=1611325494307，最后访问日期：2021 年 4 月 2 日。

格负责人、党员和热心群众三类人员参与，层层化解辖区矛盾纠纷问题，通过化解"小"矛盾，有效避免"小事"拖大、矛盾激化，把各类不稳定因素化解在萌芽状态。①景德镇市按照党政领导、政法委协调、司法局督办、部门负责、上下联动、社会协同、程序规范、依法调处工作机制，创新打造多元化解矛盾纠纷平台，优化医患、交通、征地拆迁、知识产权等43个行业矛盾纠纷调处中心建设，统一规范中心主任室、接待室、调处会谈室、法律及专业咨询室、群众候访室、人民调解委员会等"五室一会"设置，保证每个中心有3~5名行政调解员，并聘请2~4名人民调解员以及法官、律师参与调处，形成"一个平台统一受理、各种手段综合调解"的多元共治模式。②江阴市充分发挥党委、政府和职能部门、社会力量的多元主体作用，由市委政法委牵头，整合人民法庭、信访办、司法所、派出所、律师（法律）服务所和其他职能部门资源，建立矛盾纠纷"调解专员+N"多元化解新模式，强化各类矛盾纠纷调解力量的协调联动，实现市镇（街道）两级调解委员会全覆盖。"共建解纷力量、共搭解纷平台、共谋解纷策略"的共建共享工作机制建立，健全有机衔接、协调联动、高效便捷的矛盾纠纷多元化解机制，以市法院诉调为龙头完善对接机制，推动诉前联调融合联动。③

第二，矛盾纠纷多发领域的"一站式"纠纷解决机制日益完善。建立市、县、乡镇（街道）、村（社区）四级矛盾纠纷化解联合服务中心，实现"一站式"矛盾纠纷化解调处服务，是一些地区创新社会治理模式，贴近群众、服务百姓的新举措。例如，内蒙古自治区清水河县矛盾纠纷化解联合服

---

① 参见《大连路街道："3+3"机制 将矛盾纠纷化解在基层》，载人民网，http：//gz.people.com.cn/n2/2020/0610/c389361-34076289.html，最后访问日期：2021年4月2日。
② 参见《景德镇静心打磨市域社会治理"瓷都样本"》，载中国普法网，http：//www.legalinfo.gov.cn/pub/sfbzhfx/zhfxyfzl/yfzldfyfzl/202012/t20201216_44909.html，最后访问日期：2021年4月1日。
③ 参见《江苏省江阴市：构建矛盾纠纷化解共同体 激发基层社会治理新动能》，载人民网，http：//jl.people.com.cn/n2/2020/0615/c349771-34087621.html，最后访问日期：2021年4月2日。

务中心着眼于矛盾纠纷化解，以实现"一个大门进来、一个中心对接、一揽子解决问题"的"一站式"服务。① 张家口市万全区人民法院2020年推进"一站式"服务平台改革，按照"建机制、定规则、搭平台、推应用"四项要求，进一步制定修改《诉讼服务中心工作规范》《跨域立案服务一体化工作规范》《推进多元化纠纷解决机制实施办法》等工作制度，完善各项新规30余条。在诉讼服务调解中心开设派驻律师、人民调解员、心理咨询师调解窗口，将人民调解、律师调解、行业调解、司法调解等集中到服务中心统一办公，推广道交纠纷、劳动争议"网上数据一体化处理"机制，形成调解平台与仲裁、公证、人民调解、商事调解、行业调解、律师调解等其他非诉解纷的有机融合，促进了27件重点领域一体化纠纷及时化解。② 2020年5月，天津市、区、乡镇（街道）三级社会矛盾纠纷调处化解中心同时挂牌。按照市委主管、市委政法委主抓、信访司法部门主责的工作模式，市区两级依托信访办、乡镇（街道）依托综合治理中心，在不增加编制、机构、人员的前提下，运用平安建设机制、信访联席会议机制、大调解工作机制，实现全科受理、集成联办、一站化解。③ 北屯市依托综治中心整合司法所、公安派出所、检查站、便民警务站、连队（社区）警务室等资源建成上下联动的快速反应指挥调度系统，常态化开展矛盾纠纷排查调处、应急处突实战演练，实现一键报警、一点位发令，第一时间力量迅速集结、有效处置。该市打造"调委会＋法律顾问＋法律服务工作站（室）""一站式"化解工作模式，建实基层矛盾纠纷调处组织。④ 江阴市积极推动"一站式"矛盾纠纷化解服务向基层延伸，在全市17个镇（街道）分别设立分中

---

① 参见《呼和浩特着力构建四级矛盾纠纷化解联合服务平台》，载中国普法网，http://www.legalinfo.gov.cn/pub/sfbzhfx/zhfxyfzl/yfzldfyfzl/202012/t20201221_45595.html，最后访问日期：2021年4月2日。
② 参见《张家口万全人民法院：多元调解修德睦　以法润心诚信来》，载光明法治网，https://legal.gmw.cn/2020-05/29/content_33873133.htm，最后访问日期：2021年4月2日。
③ 参见《推开这扇门　矛盾早化解》，《人民日报》2020年10月22日，第11版。
④ 参见《十师北屯市：践行西北边陲新时代"枫桥经验"》，载中国普法网，http://www.legalinfo.gov.cn/pub/sfbzhfx/zhfxyfzl/yfzldfyfzl/202012/t20201214_44653.html，最后访问日期：2021年4月1日。

心，并与各镇（街道）签订共建协议，形成上下联动、同频共振的矛盾多元化解工作格局。① 嘉兴市嘉兴港区社会矛盾纠纷调处化解中心建立3个月以来，共接待来访177批次1126人次，调处矛盾112件，成功化解矛盾96件，化解成功率85.71%。按照实现群众矛盾纠纷处置"一窗式受理、一站式接待、一揽子调处、一条龙服务"要求，强化资源整合，确保群众诉求"最多跑一地"，避免群众多头跑、越级跑、反复跑。②

第三，将矛盾纠纷化解与科技创新手段进行了深度融合。辽宁省大连市积极打造评理说事信息化矩阵，引导和指导群众使用电脑、手机等网络途径说事，创建"大数据+调解"机制，充分发挥12348大连法网、综治视联系统作用，打通评理说事"最后一公里"。通过升级改造"智慧调解"小程序，专门增加评理说事功能，市民注册登录，即可实现线上提交问题，并得到及时答复。③ 北京市朝阳区人民法院的"无讼朝阳"平台借助大数据、云计算、区块链等技术，将调解资源整合管理、矛盾纠纷排查分析、在线矛盾多元调解、调解业务培训指导、在线申请司法确认等功能集于一体，加强了基层人民调解工作与司法确认的有效衔接。"无讼朝阳"针对不同主体的不同应用场景和需求，在当事人、调解员、法官、管理员4个端口均做了个性化功能设置。管理员可随时通过"调解地图"功能查看相关区域矛盾发生的趋势动态、案由分布类型等信息，可智能化预测和预警，为分析研判矛盾纠纷、区域统筹管理调解力量、建立健全矛盾分级机制、加强矛盾风险事前防控等提供可靠的决策参考。④ 北京市朝阳区人民法院探索利用"区块链"

---

① 参见《江苏省江阴市：构建矛盾纠纷化解共同体 激发基层社会治理新动能》，载人民网，http://jl.people.com.cn/n2/2020/0615/c349771-34087621.html，最后访问日期：2021年4月2日。
② 参见《嘉兴港区"信访超市"一站式解决群众矛盾纠纷》，载人民网，http://zj.people.com.cn/n2/2020/0121/c186327-33734819.html，最后访问日期：2021年4月2日。
③ 参见《辽宁：让百姓在家门口"找说法"》，载中国普法网，http://www.legalinfo.gov.cn/pub/sfbzhfx/zhfxyfzl/yfzldfyfzl/202012/t20201218_45293.html，最后访问日期：2021年4月2日。
④ 参见《北京朝阳延伸调解触角助力社会治理》，载中国普法网，http://www.legalinfo.gov.cn/pub/sfbzhfx/zhfxyfzl/yfzljcyfzl/202012/t20201203_43136.html，最后访问日期：2021年4月2日。

化解物业纠纷的诉源治理,是推动社会治理体系与治理能力现代化的积极尝试。在"区块链"模式下,房管局和街乡有了"黑科技",事先即能获得"预警提示",对物业纠纷发生数量多、情况严重的区域,展开有的放矢的整治,消除纠纷发生的"根源"。同时,司法、执法、行业组织等部门通过第三方平台全方位及时介入,在业主与物业公司之间,多了一个"管事说理"的综合协调机构,便于依法解决实际困难、居间化解双方矛盾。① 湖南法院为进一步提升审判质效和诉讼服务水平,坚持现代科技与审判工作深度融合,加快智能辅助系统建设,大大解放审判"生产力"。同时,坚持线上和线下诉讼服务相结合,充分运用信息化技术,全力推进"一站式"诉讼服务中心建设。② 辽宁省辽河中级人民法院立足于提升多元化解纠纷的智能化水平,与辽宁省移动公司盘锦分公司紧密合作,在辽油宝石花医院建成全省法院系统首个远程VR多元矛盾纠纷化解工作室,开展利用VR技术进行矛盾纠纷化解工作的试点,探索辽宁省法院信息技术应用的创新和突破。身处异地的双方当事人能够通过VR技术虚拟,"身临其景"参与矛盾纠纷化解,还可与互联网云平台对接,实现"云审判"功能,增强"云审判"的亲历性。③ 台州市三门县的社会治理云平台主要有网上接访、纠纷调解、法律援助和社会帮扶等功能。线下功能向线上功能的转换,让管理监督更实时。群众反映的问题,系统直接分流到相应的部门人员手中,县矛调中心落实专人8小时坐班和24小时手机值班,提醒监督及时处理,彻底清除甩包袱、打太极、踢皮球、拖字诀现象。④ 浙江省衢州市在推进县级社会矛盾纠纷调处化解中心建设运行过程中,不断强化信息支撑,大力推广线上反映诉

---

① 参见《"区块链"化解物业纠纷,新技术赋能城市治理》,载新华网,http://www.xinhuanet.com/2020-12/11/c_1126847054.htm,最后访问日期:2021年4月2日。
② 参见《多元解纷湖南模式助力审判质效双提升》,载光明法治网,https://legal.gmw.cn/2020-04/14/content_33738662.htm,最后访问日期:2021年4月2日。
③ 参见《辽河中院建成全省法院首个VR多元矛盾纠纷化解工作室》,载人民网,http://ln.people.com.cn/n2/2020/0622/c378391-34105388.html,最后访问日期:2021年4月2日。
④ 参见《台州:三门矛盾纠纷调解入"云端"》,载人民网,http://zj.people.com.cn/n2/2020/0511/c186958-34008053.html,最后访问日期:2021年4月2日。

求或实施调解,利用"在线矛盾纠纷多元化解平台(ODR)""移动微法院""龙游通""邻礼通""慢城通"等有效载体,实现矛盾化解"上门跑"为"网上跑"、"数据跑"代替"群众跑",实现线上线下联动互补。①

二 法治社会建设的薄弱环节

"站在新的历史起点上,必须清醒看到,与新时代人民群众日益增长的美好生活需要相比,与建设社会主义法治国家的目标要求相比,法治社会建设还存在差距。"② 党的十九大报告指出,"中国特色社会主义进入新时代,我国社会主要矛盾已经转化为人民日益增长的美好生活需要和不平衡不充分的发展之间的矛盾。人民美好生活需要日益广泛,不仅对物质文化生活提出了更高要求,而且在民主、法治、公平、正义、安全、环境等方面的要求日益增长。同时,我国社会生产力水平总体上显著提高,社会生产能力在很多方面进入世界前列,更加突出的问题是发展不平衡不充分,这已经成为满足人民日益增长的美好生活需要的主要制约因素"。③ 正如有学者所言,"在法治发展领域,在社会主义初级阶段社会基本矛盾运动规律的作用下,现阶段不平衡不充分的法治发展现象的客观存在,制约了对于新时代人民法治新需要的有效满足,构成了我们认识和把握中国法治国情条件的现实基点"。④ 我国社会主要矛盾在现今历史阶段的转变,既标明了中国特色社会主义事业发展的新的历史方位,同时也指明了新时代推进法治社

---

① 参见《浙江衢州:百姓诉求及时跟进 矛盾纠纷"全链条解决"》,载人民网,http://zj.people.com.cn/n2/2020/0402/c186327-33922070.html,最后访问日期:2021年4月2日。
② 张维:《中央依法治国办有关负责同志就〈法治社会建设实施纲要(2020-2025年)〉答记者问》,《法治日报》2020年12月8日,第2版。
③ 习近平:《决胜全面建成小康社会 夺取新时代中国特色社会主义伟大胜利——在中国共产党第十九次全国代表大会上的报告》,人民出版社,2017,第11页。
④ 公丕祥:《新时代中国法治现代化的内在动因——基于我国社会主要矛盾新变化的初步分析》,《中国高校社会科学》2019年第3期。

会建设的着力方向。① 因此，反思我国法治社会建设的实践境况，有利于我们清楚地认识和把握法治社会建设的问题与不足。具体来看，法治社会建设区域间发展不平衡、参与主体不充分，社会治理法治化水平有待提高，是我国法治社会建设面临的主要问题。

（一）区域发展不平衡

法治社会建设应当实现区域间协同发展，强调的是发展的平衡性、协调性和可持续性。然而，随着改革开放的持续深入推进，我国总体上呈现出经济社会发展不平衡态势，其中，区域间发展不平衡的情况更为突出。东、中、西部的经济发展程度和社会结构差异，导致法治社会建设也出现了区域之间的发展不平衡现象。有学者指出，"在中国这样一个疆域辽阔的超大型国度里推进法治改革，必须充分考虑区域之间的差异性，深刻认识法治发展不平衡规律在法治改革领域的具体表征，结合不同区域、不同层级法治机关的实际情况推动法治实践和制度创新，从而根据不同区域的特点和条件推进共性与个性相统一的法治改革方案"。② 法治社会建设区域间发展不平衡包括两个方面。

一方面，城乡之间发展不平衡。尽管法治社会建设的实践活动已经遍布全国，但不得不承认，有些偏远地区的法治社会建设还处在较低的水平。总体来看，我国城乡之间经济社会发展水平不平衡，城市的物质生活条件普遍要优于农村地区。城市和农村作为法治社会的基本单元和基层社会治理的两大场域，它们之间存在的法治社会建设和发展的不平衡现象是较为明显的，社会治理的社会化、法治化、智能化、专业化水平也存在较大差距。这既存在社会物质生活条件的因素，也取决于法治社会本身所涵摄的文化和价值观念因素。因此，我国应当向农村地区适当倾斜公共法律服务资源，加大法治

---

① 参见吴欢、周苗涵《中国法治社会发展 2019 年总报告》，载公丕祥主编《中国法治社会发展报告（2020）》，社会科学文献出版社，2020，第 48 页。
② 公丕祥：《新时代中国法治现代化的内在动因——基于我国社会主要矛盾新变化的初步分析》，《中国高校社会科学》2019 年第 3 期。

乡村的建设力度，努力实现城乡协同发展。

另一方面，发达地区与欠发达地区之间发展不平衡。尽管改革开放持续深入推进，使社会生产力有了很大改观，但发达地区与欠发达地区之间在法治社会方面的发展不平衡问题仍然较为严重，它们之间在社会治理的社会化、法治化、智能化、专业化水平方面依然存在较大差距。我国总体上可划分为东部、中部、西部三大地区，整体来看东部的经济社会发展水平高于中部和西部地区。以公共法律服务资源配置为例，经济发展水平较高的区域，公共法律服务资源供给也较为充足，一些地区则由于法律服务资源不足，公共法律服务体系的推进受限。①

（二）主体参与不充分

成熟的法治社会是一个多元主体协同参与社会治理的社会。法治社会建设是一项内涵丰富、任务艰巨、体系庞杂的系统工程，它需要综合和汇聚党委、政府、社会组织、人民团体、群众等多元主体力量，共同发力，形成合力，实现协同发展。有学者指出，"在法治社会的实践场域，'社会'这一抽象主体的具体组成，是公民、法人、其他经济组织，特别是担负着社会关系组织化、秩序化主要功能的社会基层自治组织（社区、村民委员会）、人民团体、公益组织、非营利组织等。这些现实主体，乃是法治社会发展的中坚力量"。②"共建共治共享"是十八大以来中国共产党提出并不断完善的一套社会治理制度，是习近平新时代中国特色社会主义思想的重要内容。十九届四中全会提出要"建设社会治理共同体"。因此，打造共建共治共享的社会治理格局，建设人人有责、人人尽责、人人享有的社会治理共同体是建设法治社会的现实路径。

尽管法治社会建设在很大程度上强化了基层党组织对政府和社会自治的领导能力、政府各部门和机构的综合与协同管理能力以及民众及其社会组织

---

① 参见尹培培《公共法律服务报告》，载公丕祥主编《中国法治社会发展报告（2020）》，社会科学文献出版社，2020，第91页。
② 庞正：《法治社会和社会治理：理论定位与关系厘清》，《江海学刊》2019年第5期。

参与治理的机会和能力，初步形成了多元主体协同治理的结构，但这种结构的建设，与建成法治社会的要求相比，还有很大距离。[①] 在实践运作中，不少地区的政府相关部门投入力量不平衡，基层群众自治组织负荷过重，参与主体的多元化程度不足，导致法治社会建设参与主体不充分，协同化运作水平不高。

首先，政府相关部门投入力量不平衡。在实践运作中，不少地区都注重基层社会治理的机构、人员、资金等力量的投入分配，但是强化服务功能、培育社会组织和社会自治能力等方面没有得到充分的重视和保障。以经费支持为例，目前我国多数地方已将基层社会治理所需经费列入财政预算，设立了财政专项资金，但相关资金多用于数据中心、指挥中心、工作站和设施建设及人员待遇，很少有地方专门设立培育扶持社会组织、民众参与和社区自治的资金项目。这导致在这些地区，不仅必要的资金和管理力量投入不足，资源整合、综合执法建设也存在严重不足。

其次，基层群众自治组织负荷过重。党的十九届四中全会提出，"推动社会治理和服务重心向基层下移，把更多资源下沉到基层，更好提供精准化、精细化服务"。[②] 在现实实践中，基层政府应依靠基层群众自治组织的参与，将其作为治理资源来动员和调配，共同承担责任风险，从而实现基层社会的有效治理。[③] 基层群众自治组织所掌握的行政资源和行政权力较少，但是法治社会和社会治理建设工作的改革导致的任务下沉使得基层的管理资源匮乏，无法满足公共服务的实际需求。随着现代社会治理规模和治理风险的不断扩大，基层群众自治组织承担着繁重复杂的日常事务的管理和服务工作，早已负荷过重。笔者在调研时了解到，除了法律赋予的职能以外，基层

---

① 参见菅从进、王琦《共同体视域下社区网格化治理法治化的主体之维》，《广西社会科学》2021年第2期。

② 《中共中央关于坚持和完善中国特色社会主义制度 推进国家治理体系和治理能力现代化若干重大问题的决定》，人民出版社，2019，第30页。

③ 参见吕健俊、杜维超《基层村社属地管理的运行机制及其解释——以E镇为对象的分析》，载公丕祥主编《中国法治社会发展报告（2020）》，社会科学文献出版社，2020，第241页。

群众自治组织还需要承担基层政府的大量事务性工作。基层社会治理运行甚至考核评估都有大量人力、物力和财力投入，这些都大大增加了治理的行政成本和基层群众自治组织的工作负担。

最后，参与主体的多元化程度不足。法治社会发展的要义在于多元社会主体的平等参与。党的十九届四中全会指出，"发挥群团组织、社会组织作用，发挥行业协会商会自律功能，实现政府治理和社会调节、居民自治良性互动，夯实基层社会治理基层"。[①] 目前，政府的力量较强，社会力量较弱，尚未实现平等参与的局面。从各地实践来看，"以政府等国家机关为主体进行的法治社会建设和社会治理工作较为成熟有序，而由社会成员、社会组织参与或自发进行的建设规模不够、成效不足"。[②] 就法治社会应有的理想状态来看，目前社会组织和人民群众参与法治社会建设的广度和深度都还远远不够，其往往只是在社区普法宣传教育方面参与较多，对于公共决策活动参与的程度非常有限，并且通常以政府等国家机关的指令或倡导为驱动力，并未达到自发、积极、主动的状态。以上因素在一定程度上导致了参与主体的多元化程度不足。

（三）法治化水平待提升

有学者指出，"当下中国社会治理的法治化转型，是中国社会发展演化到一定程度之后的内在需要"。[③] 社会治理的法治化水平高低决定了社会治理工作的正当性、合法性和成效，也直接标示了法治社会发展的水平。因此，提高社会治理法治化水平是社会治理转型的客观需要，是加强社会建设的内在要求，是推进国家治理现代化的必然要求，是推进法治社会建设的重要举措。我国应当将社会治理纳入法治轨道，强化法律在维护群众利益、化

[①] 《中共中央关于坚持和完善中国特色社会主义制度 推进国家治理体系和治理能力现代化若干重大问题的决定》，人民出版社，2019，第30页。
[②] 吴欢、周茁涵：《中国法治社会发展2019年总报告》，载公丕祥主编《中国法治社会发展报告（2020）》，社会科学文献出版社，2020，第50页。
[③] 泮伟江：《法学的社会学启蒙》，商务印书馆，2019，第234页。

解社会矛盾中的权威地位，推动形成办事依法、遇事找法、解决问题靠法的良好社会氛围，有效维护社会和谐稳定。[①]"社会治理法治化"命题意味着治理规范和治理主体应当是多元化的。它是以自治为基础，以服务型政府建设实现对权力的监督与治理。"社会治理法治化"命题在我国的现实语境下，应当理解为执政党、政府、社会、公民等多元主体，充分利用国家法和民间法等多元规范，维护社会的良好发展秩序。社会治理法治化建设的基础在基层，重点也在基层，核心是制约国家机关的公权力和保障人民的基本权利。

应当看到，目前我国社会治理法治化还存在不足，主要表现在：部分社会成员尊法信法守法用法意识不强，并没有形成普遍的依法维权意识；一些国家工作人员特别是领导干部依法办事观念不强，以言代法、以权压法等现象依然存在。[②]部分地区的国家工作人员错误地认为社会治理就是政府控制和统治社会，社会治理法治化就是政府依据法律来控制和统治社会。此外，我国社会治理工作所依据的法律规范以及社会规范体系，社会治理领域的综合执法、跨部门执法机制，法治方式与法治思维的长效机制，人民团体和社会组织在法治社会建设中的协同机制，以及社会治安防控体系的完善，仍存在较大提升空间。

全面推进依法治国与推进国家治理体系和治理能力现代化的根本方略，迫切要求社会治理的法治化转型。社会治理充分实现法治化转型，对于法治社会和国家治理现代化建设具有极其重要的现实意义。[③]党的十九大报告提出要"提高社会治理社会化、法治化、智能化、专业化水平"。[④]社会治理不仅要落实法治的核心价值，而且相较社会管理，其自身更需

---

① 参见徐汉明、张新平《提高社会治理法治化水平》，《人民日报》2015年11月23日，第7版。
② 参见《中国共产党第十八届中央委员会第四次全体会议文件汇编》，人民出版社，2014，第20页。
③ 参见王琦《社区网格化治理法治化转型的必要性》，《广东开放大学学报》2021年第1期。
④ 习近平：《决胜全面建成小康社会 夺取新时代中国特色社会主义伟大胜利——在中国共产党第十九次全国代表大会上的报告》，人民出版社，2017，第49页。

要强调法治化。其中，多元治理主体的协调与规范、治理结构和治理手段的法治路径优化、治理主体的权责设定、治理目标的科学化与规范化等，是推进法治社会建设必须解决的问题。① 因此，应当坚持运用法治思维和法治方式解决社会治理面临的现实问题，构建法治化的治理体系和机制，保障治理行为依法、有序，完善矛盾纠纷化解程序，有效制约和监督公权力，保障人民群众合法权益，推动社会治理全面纳入法治化轨道。

三 法治社会建设新布局

习近平总书记多次强调，"坚持法治国家、法治政府、法治社会一体建设"，这一重要论述深刻反映了中国法治现代化的内在机制。在当代中国，加快建设法治社会具有特殊重要的意义，可以为法治国家建设夯实基础。② 有学者提出，"在当代中国，法治社会基本建成，这不仅表明整个社会有机体建立在坚实的法治基础之上，把社会公共治理活动纳入一个规范有序的法治轨道，加快形成政社分开、权责明确、依法自治的现代社会组织体制，基层社会自治得到更加充分的发展，努力实现政府治理和社会自我调节、居民自治良性互动；而且意味着各级党组织和广大党员领导干部带头遵守宪法和法律，全社会成员信仰宪法和法律，现代法治精神得到广泛弘扬，社会主义法治文化建设取得显著进展"。③ 也有学者归纳道："法治社会相对法治国家、法治政府而言，是社会主体行为的法治化状态。我国法治社会的基本特征可以概括为'十个化'：崇尚法治全民化、法律法规完善化、行政行为法定化、司法公正常态化、社会治理现代化、法律服务完备化、遇事找法常规

---

① 参见莒从进、王琦《共同体视域下社区网格化治理法治化的主体之维》，《广西社会科学》2021年第2期。
② 参见公丕祥《习近平法治思想：新时代伟大社会革命的理论产物》，《法学论坛》2021年第1期。
③ 公丕祥：《新时代中国法治现代化的战略安排》，《中国法学》2018年第3期。

化、社会组织规范化、基层自治制度化、法治德治协同化。"① 为此，法治社会建设重新布局具有重要的时代意义。党的十九大把法治社会基本建成确立为到2035年基本实现社会主义现代化的重要目标之一。2020年12月7日，中共中央印发了《纲要》，专门围绕我国法治社会建设事业从七大方面、28个具体举措详尽作出了新部署。

（一）政策脉络

《纲要》的出台不是一蹴而就的，而是党和国家对法治社会建设的认识不断深化的过程，"中国特色的法治社会建设理论是中国特色社会主义理论体系的一个组成部分"。② 党的十八大以来，以习近平同志为核心的党中央把法治社会建设作为推进全面依法治国工作布局的有机组成部分，放在推进国家治理体系和治理能力现代化的战略全局中加以精心谋划和扎实推进。

2013年2月，习近平总书记在中共中央政治局第四次集体学习中首次提出了"坚持法治国家、法治政府、法治社会一体建设"的重要命题。③ 2013年11月，党的十八届三中全会通过的《中共中央关于全面深化改革若干重大问题的决定》，确立了"法治国家、法治政府、法治社会一体建设"的重大部署，强调"坚持依法治理，加强法治保障，运用法治思维和法治方式化解社会矛盾"。④ 2014年10月，党的十八届四中全会通过的《中共中央关于全面推进依法治国若干重大问题的决定》为法治社会建设设定明确目标——"增强全民法治观念，推进法治社会建设"，并对推进法治社会建设作出了专门部署。法治社会建设的主要内容是：弘扬社会主义法治精神，

---

① 广东省法学会"法治社会"研究课题组：《法治社会建设的基本问题》，《法治社会》2017年第4期。
② 张鸣起：《论一体建设法治社会》，《中国法学》2016年第4期。
③ 参见《习近平在中共中央政治局第四次集体学习时强调 依法治国依法执政依法行政共同推进 法治国家法治政府法治社会一体建设》，《党建》2013年第3期。
④ 《中共中央关于全面深化改革若干重大问题的决定》，人民出版社，2013，第31~32、49页。

建设社会主义法治文化，增强全社会厉行法治的积极性和主动性，形成守法光荣、违法可耻的社会氛围，使全体人民都成为社会主义法治的忠实崇尚者、自觉遵守者、坚定捍卫者，构建"人民内心拥护和真诚信仰法律""靠法律保障人民的权益""人民维护法律的权威"的社会状态。同时，对增强全民法治观念、推进法治社会建设作出全面部署，强调要推动全社会树立法治意识，推进多层次多领域依法治理，建立完备的法律服务体系，健全依法维权和化解纠纷机制。①

2015年10月，党的十八届五中全会进一步强调，要加快建设法治社会，弘扬社会主义法治精神，增强全社会特别是公职人员尊法学法守法用法观念，在全社会形成良好的法治氛围和法治习惯；加强和创新社会治理，完善党委领导、政府主导、社会协同、公众参与、法治保障的社会治理体制。② 2016年4月17日，中共中央、国务院转发了《中央宣传部、司法部关于在公民中开展法治宣传教育的第七个五年规划（2016—2020年）》，强调要通过深入开展法治宣传教育，传播法律知识，弘扬法治精神，建设法治文化，充分发挥法治宣传教育在全面促进依法治国中的基础作用；2016年4月28日，十二届全国人大常委会第二十二次会议通过了《关于开展第七个五年法治宣传教育的决定》，提出了增强全社会法治观念，提高法治思维和依法办事能力，形成崇尚法治的社会氛围的要求。正是在党和国家关于加快建设法治社会的一系列重要决策部署的有力推动下，当代中国法治社会建设的伟大实践深入开展，确保我国现代法治社会既生机勃勃，又井然有序。③

2017年10月，十九大报告把"法治社会基本建成"作为2035年基本实现社会主义现代化的重要目标之一，并用专章强调了社会治理议题，提

---

① 参见《中国共产党第十八届中央委员会第四次全体会议文件汇编》，人民出版社，2014，第48~53页。
② 参见《中共中央关于制定国民经济和社会发展第十三个五年规划的建议》，人民出版社，2015，第6、42页。
③ 参见公丕祥《十八大以来全面依法治国的理论与实践论纲》，《中国高校社会科学》2017年第5期。

出要"提高社会治理社会化、法治化、智能化、专业化水平"。① 2018年3月,第十三届全国人民代表大会设立了全国人民代表大会社会建设委员会,目的是加强社会建设,创新社会管理,更好地保障和改善民生,推进社会领域法律制度建设。② 2018年8月24日,习近平总书记在中央全面依法治国委员会第一次会议上将"坚持法治国家、法治政府、法治社会一体建设"作为新时代全面依法治国新理念新思想新战略的重要内容予以强调,将法治社会建设纳入新时代全面依法治国的整体工作布局和战略指导思想。③ 2019年10月,十九届四中全会指出,"社会治理是国家治理的重要方面。必须加强和创新社会治理,完善党委领导、政府负责、民主协商、社会协同、公众参与、法治保障、科技支撑的社会治理体系,建设人人有责、人人尽责、人人享有的社会治理共同体"。④ 2020年10月,十九届五中全会将"基本建成法治国家、法治政府、法治社会"明确为2035年远景目标的重要内容。⑤ 2020年11月,中央全面依法治国工作会议将"坚持在法治轨道上推进国家治理体系和治理能力现代化""坚持法治国家、法治政府、法治社会一体建设""普法工作要在针对性和实效性上下功夫""坚持和发展新时代'枫桥经验',促进社会和谐稳定"作为习近平法治思想的重要组成部分。⑥

(二)《纲要》的出台背景

"法治社会建设,是执政党的主观选择,也是中国经济、社会和法治发展的客观要求和必然结果。"⑦ "坚持法治国家、法治政府、法治社会

---

① 习近平:《决胜全面建成小康社会 夺取新时代中国特色社会主义伟大胜利——在中国共产党第十九次全国代表大会上的报告》,人民出版社,2017,第49页。
② 参见王琦《社区网格化治理法治化转型的必要性》,《广东开放大学学报》2021年第1期。
③ 参见习近平《加强党对全面依法治国的领导》,《求是》2019年第4期。
④ 《中共中央关于坚持和完善中国特色社会主义制度 推进国家治理体系和治理能力现代化若干重大问题的决定》,人民出版社,2019,第28页。
⑤ 参见《中共十九届五中全会在京举行》,《党建》2020年第11期。
⑥ 参见习近平《论坚持全面依法治国》,人民出版社,2020,第3~4页。
⑦ 陈柏峰:《中国法治社会的结构及其运行机制》,《中国社会科学》2019年第1期。

一体建设"是依法治国的必然要求,但事实上目前这三者在推进过程中处于不完全平衡的状态。相较于法治国家和法治政府的建设和推进,法治社会建设目前较为滞后,故而加快法治社会建设在当下具有现实紧迫性。法治社会建设应当着眼于社会层面的法治要求,通过对法治社会与法治国家、法治政府的特征加以比较,把握和确定法治社会建设任务的重点和难点。

首先,相较于法治国家和法治政府,法治社会建设涉及的社会成员更为普遍。法治社会是指社会生活领域的法治化状态,涉及的社会成员众多,具有广泛性和普遍性。我国是拥有14亿多人口的大国,这在客观上增加了建设法治社会的难度。

其次,相较于法治国家和法治政府,法治社会涉及的社会领域更为宽泛。近年来,传统的城乡二元体制被打破,城镇化工作快速推进,人口流动快速增加,人民生活水平整体提高,经济和社会交往日益复杂丰富。社会阶层及其利益格局多元化,社会矛盾、冲突增加,涉及领域交叉复杂,这些因素给法治社会建设带来了严峻的挑战。

再次,相较于法治国家和法治政府,法治社会更需要全民守法的法治文化。考察我国社会现实可以发现,改革开放以来人民群体的权利意识虽然得到强化,但"信访"不"信法","群访""闹访""缠访""越级上访"等违法或不当信访行为多发。法治社会建设需要健康的全民信法、守法的法治文化,"全民守法是全面依法治国、建设法治社会的基础工程",① 全民守法的法治文化普及,乃是推进法治社会建设的核心内容。

最后,相较于法治国家和法治政府,法治社会更加重视公民自觉用法。在一定程度上,相对于权利意识的提高,广大社会主体的用法意识却没有明显提高,对国家法律和社会规范缺乏足够的内在认同。正如有学者指出,"法治建设事业是全体社会成员共同的事业,也是共同的自觉行动。自觉地尊崇法治、服从法律、依法办事是对公民、法人行为的基本要求,自觉行为

---

① 参见李林《建设法治社会应推进全民守法》,《法学杂志》2017年第8期。

是法治社会发展中最强大的推动力量"。① 因此，如何提升公民自觉用法的意识，是法治社会建设的重点和难点。

在当代中国社会转型与变革的新的历史条件下，国家发展环境、经济增长方式、城乡结构关系、社会组织形态等已经或正在发生深刻的变化，② 这一社会变迁的"非稳定状态"频发阶段，对我国的法治社会建设提出了严峻的挑战。但同时也应当看到，我国建设法治社会的时机已经成熟。一方面，以宪法为核心的中国特色社会主义法律体系已经建立，为法治社会建设所需要的基本法律制度奠定了基础；另一方面，近年来依法治国的政治实践既形成了大量经验，也凸显出社会层面的法治化现实要求，当下推进法治社会建设，体现了法治中国一体建设的必然性和必要性。此外，社会主体的权利意识和法治观念日渐增强，也为推动法治社会建设创造了有利条件。为此有学者建议，"我国应及时制定出台一部专门的《法治社会建设实施纲要》，作为具体贯彻实施法治社会建设战略的纲领性文件"。③ 为加快推进法治社会建设，2020年12月，中共中央出台了《纲要》。作为统筹推进法治社会建设的纲领性文件，《纲要》围绕党中央关心、社会关注、人民群众反映强烈的社会领域法治建设存在的突出问题，对2020年至2025年法治社会建设作出阶段性部署，是新时代建设法治社会的路线图和施工图。④

（三）重点任务举措

有学者认为，"法治社会建设的目标和任务是：推动全社会树立法治意识；推进多层次多领域依法治理；建设完备的法律服务体系；健全依法维权

---

① 徐艳红：《加快法治社会建设保障人民安居乐业——专家谈〈法治社会建设实施纲要（2020—2025年）〉》，《人民政协报》2020年12月15日，第12版。
② 参见公丕祥《习近平的法治与国家治理现代化思想》，《法商研究》2021年第2期。
③ 方世荣：《论我国法治社会建设的整体布局及战略举措》，《法商研究》2017年第3期。
④ 参见张维《开启法治社会建设新征程》，《公民与法》（综合版）2020年第12期。

和化解纠纷机制"。①《纲要》从推动全社会增强法治观念、健全社会领域制度规范、加强权利保护、推进社会治理法治化、依法治理网络空间等五个方面明确了当前法治社会建设的重点内容，并提出了具体举措。

其一，法治社会建设应当推动全社会增强法治观念。法治社会的基础工程是全面守法。"守法要求全体社会成员在社会生活中自觉遵守法律规范，遇事找法用法、解决问题靠法。法的有效遵守与社会成员的法治观念成正比，社会公众的法治观念愈强，自律水平愈高，法的实施便愈有保障。"② 因此，需要培育社会主体对法治的内在认同，让全社会都信仰法律。需要增强法治宣传教育的针对性和实效性，引导全体人民做社会主义法治的忠实崇尚者、自觉遵守者、坚定捍卫者，使法治成为社会共识和基本原则。首先，应当深入学习宣传宪法，弘扬宪法精神，增强宪法意识，树立宪法权威。其次，应当增强全民法治观念，全社会要深入学习习近平法治思想和中国特色社会主义法律体系。再次，应当认真落实"谁执法谁普法"的普法责任制，坚持法治宣传教育与法治实践相结合。引导社会各方面积极参与立法工作，增强立法的民主性。最后，应当推动建设社会主义法治文化，引导全社会树立法治思维。通过丰富法治文化产品，培育法治文化精品，利用重大节假日、传统节日和法治文艺团体等契机，开展法治文化宣传活动。

其二，法治社会建设应当健全社会领域制度规范。"法治是人类社会文明进步的重要标志，是一个体现规则之治的规范体系。"③ "法治社会之'法'，即法治社会的规则系统，既包括国家颁布的各类法律法规等正式规则，也包括社会自治组织、团体等制定的自治性规范，还包括各类群体中的地域习惯、商业习惯等发挥调整社会关系作用的无形性规则。"④ 法治社会

---

① 姜明安：《法治中国建设中的法治社会建设》，《北京大学学报》（哲学社会科学版）2015年第6期。
② 方世荣：《论我国法治社会建设的整体布局及战略举措》，《法商研究》2017年第3期。
③ 公丕祥：《习近平国家制度与法律制度思想论要》，《法律科学（西北政法大学学报）》2021年第2期。
④ 江必新、王红霞：《法治社会建设论纲》，《中国社会科学》2014年第1期。

建设应当坚持综合治理，强化道德约束，规范社会行为，调节利益关系，协调社会关系，解决社会问题。首先，应当完善社会重要领域立法，既要完善教育、医疗、卫生、社保等关系国计民生领域的立法，又要建立健全保障妇女、儿童、未成年人、老年人、残疾人等特殊群体合法权益的立法，从而实现保障和改善全社会民生状况，保障全体社会成员均衡发展。[①] 其次，应当促进社会规范建设。党的十八届四中全会、十九届四中全会均强调完善社会规范的重要性。社会规范是指尊重和重述国家法律正义的内生性民间规约所形成的有机统一的规范体系。在法治社会建设中，社会规范充分利用其社会内在性，可以有效规范社会主体的行为，从而形成国家法律与民间规约有效协同、融合互补的社会规范体系。再次，应当加强道德规范建设，坚持依法治国和以德治国相结合。"法安天下，德润人心"，建设法治社会不能仅凭法律的规范作用，也要重视道德规范的规制作用，以道德滋养法治精神。最后，应当推进社会诚信建设。这意味着要建立健全失信惩戒制度和守信激励制度，加强诚信理念宣传教育，推动信用领域相关立法。

其三，法治社会建设应当切实保障公民合法权益。首先，法治社会的有效建设离不开对公民知情权的保障，应当健全公众参与重大公共决策机制。其次，法治社会建设应当切实保障行政执法中当事人的合法权益。规范执法行为，完善执法程序，改进执法方式，尊重和维护人民群众合法权益。再次，法治社会建设应当加强人权司法保障，加强对公民合法权益的司法保护，强化司法调解、司法听证机制，保障公民知情权；落实人民陪审员制度，完善人民监督员制度。最后，法治社会建设应当坚持权利与义务相统一，引导社会主体履行法定义务、承担社会责任。强化规则意识，倡导契约精神，维护公序良俗，引导公民理性表达诉求，自觉履行法定义务、社会责任、家庭责任。[②]

其四，法治社会建设应当推进社会治理法治化建设。法治社会意味着社

[①] 参见喻中《法治社会建设在现阶段的任务》，《新视野》2014年第4期。
[②] 参见喻中《法治社会建设在现阶段的任务》，《新视野》2014年第4期。

会的治理主体、治理规则、治理方式、治理程序的转变和改革。社会治理法治化重点在于培育全社会办事依法、遇事找法、解决问题用法、化解矛盾靠法的法治环境。社会治理法治化与法治社会的共同目标是促进社会充满活力又和谐有序。首先，应当完善党委领导、政府负责、民主协商、社会协同、公众参与、法治保障、科技支撑的社会治理体系，打造共建共治共享的社会治理格局，建设人人有责、人人尽责、人人享有的社会治理共同体。"社会治理共同体的构造是一种以人民为中心的角色到位、能力共强、作用协调格局，它不是政党、政府等国家权力与社会组织、群众等社会权力之间此消彼长的关系，而应当看作是一个国家与社会相互之间不断赋权、协作共治的过程，是一种国家权力与社会权力之间的互动，其目标是将'强政党、强政府、弱社会'转变为'强政党、强政府、强社会'的多元主体协同共治的社会治理新格局。"① 其次，应当推进多层次多领域依法治理，开展法治乡村创建活动。再次，应当引导人民团体和社会组织在党的领导下，依照宪法和法律的规定，通过各种途径和形式参与管理国家事务，管理经济文化事务，管理社会事务，发挥自身在法治社会建设中的作用。最后，应当坚持依法有效化解社会矛盾纠纷。坚持和发展新时代"枫桥经验"，畅通和规范群众诉求表达、利益协调、权益保障通道，加强矛盾排查和风险研判，完善社会矛盾纠纷多元预防调处化解综合机制。②

其五，法治社会建设应当依法治理网络空间。网络空间不是法外之地。随着互联网科技的迅猛发展，沟通方式和生活方式发生改变，社会进入万物互联时代。技术进步在让生活更便利、舒适的同时，也使网络谣言、网络色情、网络侵权乃至网络恐怖主义等违法犯罪问题更为凸显。与现实社会相比，网络治理面对的问题更为复杂，依法治理网络空间，是维护社会和谐稳定、维护公民合法权益、促进网络空间健康有序发展的必然之举和迫切需

---

① 菅从进、王琦：《共同体视域下社区网格化治理法治化的主体之维》，《广西社会科学》2021年第2期。
② 参见《中共中央印发法治社会建设实施纲要（二〇二〇—二〇二五年）》，《人民日报》2020年12月8日，第1版。

要。首先,应当完善网络法律制度。其次,应当培育全社会形成良好的网络法治意识。最后,应当保障公民依法安全用网。①

四 下阶段法治社会建设展望

法治社会是一个法治观念普及、法治氛围浓郁的社会,是一个经由社会多元治理而达致和谐的社会。② 习近平法治思想为新时代伟大社会革命中的建设法治社会、推进国家治理体系和治理能力现代化提供了科学指南,《纲要》则对新时代法治社会发展作出了更加成熟具体的制度部署。因此,我国在下一阶段的法治社会建设过程中,应当以习近平法治思想和《纲要》为根本遵循,深入贯彻落实党的十九大和十九届二中、三中、四中、五中全会精神,主动适应坚持和完善中国特色社会主义制度、推进国家治理体系和治理能力现代化的新要求,坚持围绕中心、服务大局,坚持守正创新,以"八五"普法规划的落实为推进抓手,以社会主义法治文化建设为工作重心,坚持和巩固实践中的有益经验,以问题为导向,矫正工作偏差,进一步实现创新发展,力争早日全面建成法治社会。

(一)以"八五"普法规划实施为推进抓手

自 1986 年我国开始实施"一五"普法规划以来,我国已经制定实施并完成了七个五年普法规划。《纲要》描绘了 2020 年至 2025 年我国法治社会建设的路线图,主要目标之一就是"到 2025 年,'八五'普法规划实施完成,法治观念深入人心"。③ "八五"普法规划是今后五年推进普法工作的纲领性文件。尽管国家层面的"八五"普法规划还未正式出台,但是地方上

---

① 参见《中共中央印发法治社会建设实施纲要(二〇二〇—二〇二五年)》,《人民日报》2020 年 12 月 8 日,第 1 版。
② 参见龚廷泰主编《社会主义法治文化研究》,法律出版社,2020,第 111 页。
③ 《中共中央印发法治社会建设实施纲要(二〇二〇—二〇二五年)》,《人民日报》2020 年 12 月 8 日,第 1 版。

已有征求社会意见的相关实践，普遍都将推进全民守法作为法治社会建设的长期基础性工作。因此，下一阶段，我国应当以"八五"普法规划的落实为推进抓手，加快建设法治社会，主要包括以下四个方面。

首先，全社会应当深入宣传以宪法为核心的中国特色社会主义法律体系。当前宪法及法律的宣传教育形式仍然存在精准度不够、针对性不强等问题。下一阶段，各地应当突出宪法的学习宣传，深刻理解宪法的基本原则和精神，持续深入开展"尊崇宪法、学习宪法、遵守宪法、维护宪法、运用宪法"宣传教育活动，大力学习宣传我国的根本制度、根本任务、基本经济制度及公民基本权利和任务。各地应当针对不同的宣传教育对象群体采取不同的宣传方法和途径，引导全社会树立宪法意识、公民意识、爱国意识和民主法治意识，形成尊法学法守法护法用法的良好法治氛围。

其次，全社会应当重点学习宣传《民法典》。《民法典》是新中国成立以来第一部以"法典"命名的法律，是新时代我国社会主义法治建设的重大成果，对加快建设法治社会具有重要意义。下一阶段，各地可以通过开展《民法典》主题宣传活动，加强品牌建设，推出人民群众喜闻乐见的法治精品工程，切实抓好《民法典》的学习、宣传、贯彻和实施工作，传播《民法典》的时代精神和法治正能量。各地可以组织编写普及《民法典》的通俗读物，组织开展《民法典》知识竞赛等系列宣传活动，推动《民法典》的原则和精神融入日常生活、融入基层治理、融入法治实践，让《民法典》走到群众身边、走进群众心里，成为指导社会生活的"百科全书"。

再次，各地应当认真落实"谁执法谁普法"的普法责任制。例如，各地可以制定国家机关普法责任制清单，健全上下贯通的普法责任落实机制，把普法工作成效纳入党委和政府工作考核体系，纳入精神文明考核范围，推动"谁执法谁普法"重点普法任务在各系统、行业的落实落地；加强落实普法责任制的评估评议，建立统一的法治宣传教育考核评估指标体系，探索建立普法效果第三方评估机制；积极构建社会各界参与普法工作的新机制，大力提高普法工作的社会参与度;在立法、执法、司法和法律服务工作中强化实时普法机制,加强督促检查和考核评议,推动形成新发展阶段全民普法的新格局。

最后,各地应当完善"智慧普法"和媒体普法制度。各地的普法宣传教育部门应当转变传统普法思维,运用新技术和新媒体开展精准普法工作。例如,各地可以建好用好"智慧普法"平台,发挥好中国普法"两微一端"的作用,以及积极运用"学习强国"平台开展普法工作,定期形成数据分析报告,汇聚资源。此外,各地可以运用微信、微博、今日头条、哔哩哔哩、抖音、快手等平台,通过图解、歌曲、动漫、短视频、微电影、戏剧、有奖竞答、公益广告等各种形式,开展"指尖普法"活动,形成"舆论全覆盖、媒体全联动"的传播态势,吸引广大网民参与互动,增强普法宣传活动的影响力和传播力。普法宣传教育部门通过这些手段,可以为人民群众提供专业、精准和高效的法治宣传。

(二)以社会主义法治文化建设为工作重心

从社会层面上看,法治文化具有社会整合、社会教化和社会服务功能。① 法治社会建设与社会主义法治文化建设密切关联,法治社会的塑造是社会主义法治文化建设的社会基础,社会主义法治文化的形成目标同法治社会的建设要求具有高度契合性。② 2021年4月,中共中央办公厅、国务院办公厅印发了《关于加强社会主义法治文化建设的意见》,要求各地区各部门结合实际认真贯彻落实。"加强社会主义法治文化建设,可以使我们关注法律与社会经济、政治、文化发展的内在关联,关注法律发展与社会发展、人的发展之间的一致性。"③ 下一阶段,我国应当以社会主义法治文化建设为工作重心,推动法治社会建设的进程,主要包含以下几项任务。

---

① 参见龚廷泰主编《社会主义法治文化研究》,法律出版社,2020,第128~130页。
② 参见龚廷泰主编《社会主义法治文化研究》,法律出版社,2020,第220~221页。
③ 龚廷泰主编《社会主义法治文化研究》,法律出版社,2020,第5页。

首先，全社会应当深入学习宣传贯彻习近平法治思想。各地应当加强宣传解读，通过媒体报道、评论言论、理论文章、学习读本、短视频等形式，运用各类融媒体手段和平台，推动习近平法治思想深入人心。此外，各地还应当把习近平法治思想学习宣传同普法工作结合起来，发挥好各类基层普法阵地的作用，推动习近平法治思想进企业、进农村、进机关、进校园、进社区、进军营、进网络，向面上拓展、向基层延伸、向群众贴近，引导全社会坚定不移走中国特色社会主义法治道路。①

其次，全社会应当持续开展宪法宣传教育，大力弘扬宪法精神。"宪法在根本上是人类社会的一种文化现象，这一文化现象不但涵盖了一部宪法典和宪法性规范文件体系，而且涵摄了一套以人民主权、人权保障、权力制衡、司法权威等为组成要素的一整套价值体系，涵摄了一种宪法至上、依法执政、依法行政、权利与义务相一致的法治行为模式和生活方式。"② 在建设法治社会的进程中，宪法之治的确立起着举足轻重的作用。因此，各地应当引导全社会牢固树立宪法法律至上、法律面前人人平等、权由法定、权依法使等基本法治观念，维护宪法权威。各地通过落实国家工作人员宪法宣誓制度，组织好"12·4"国家宪法日、"宪法宣传周"系列宣传，推动宪法宣传教育常态化、制度化。③

再次，各地应当坚持在法治实践中提升公民法治素养。正如有学者指出，"在全社会树立法律权威、真诚信仰法律、弘扬法治精神、营造法治环境乃是社会主义法治文化建设的基本目标"。④ 在当下，"守法"和"用法"对法治社会建设具有重大现实意义，"守法"和"用法"水平的提高，与公民法治素养的整体提升是密不可分的。"社会主义法治理念要

---

① 参见《中办国办印发意见　加强社会主义法治文化建设》，《人民日报》2021年4月6日，第1版。
② 龚廷泰主编《社会主义法治文化研究》，法律出版社，2020，第110页。
③ 参见《中办国办印发意见　加强社会主义法治文化建设》，《人民日报》2021年4月6日，第1版。
④ 龚廷泰主编《社会主义法治文化研究》，法律出版社，2020，第5页。

成为全社会的法治共识,就必须获得社会绝大多数主体的认同。"① 因此,各地应当注重公民法治习惯的实践养成,促进人民群众广泛参与法治,用科学立法、严格执法、公正司法的实践教育人民,推动全民守法。我国应当把法治文化建设纳入公民道德建设工程、社会信用体系建设中,推动完善市民公约、乡规民约、学生守则、行业规章、团体章程等社会规范。②

最后,各地应当加强社会主义法治文化阵地建设。各地应当将法治文化阵地建设纳入城乡规划,建好用好各种法治文化阵地,扩大覆盖面,提高利用率和群众参与度。此外,我国应当加强法治宣传教育基地、法治文化创作基地、青少年法治教育实践基地等建设,完善建设标准,增强实用功能。法治文化阵地建设工作应当坚持以民主法治示范村(社区)等为基础,推动法治文化与地方、行业特色文化有机融合,做强做实富有本土气息的法治文化品牌,促进法治文化进机关、进农村、进社区、进企业、进学校、进军营、进网络等。③

(三)以《纲要》为引领固强补缺

2020年度法治社会建设在各个方面取得的成绩,显示出本年度法治社会建设在领导力量、价值取向、治理格局、发展路径等方面的鲜明特色。同时,正如前文所指出的,法治社会建设在现阶段还存在一些问题和不足,因此在下一阶段应当以《纲要》为引领,全面固根基、扬优势、补短板、强弱项。

首先,下一阶段的法治社会建设应当坚持和巩固实践中形成的有益经验,主要分为三个部分。第一,法治社会建设应当始终坚持党的集中统一领

---

① 龚廷泰主编《社会主义法治文化研究》,法律出版社,2020,第13页。
② 参见《中办国办印发意见 加强社会主义法治文化建设》,《人民日报》2021年4月6日,第1版。
③ 参见《中办国办印发意见 加强社会主义法治文化建设》,《人民日报》2021年4月6日,第1版。

导。《纲要》指出,"地方各级政府要在党委统一领导下,将法治社会建设摆在重要位置,纳入经济社会发展总体规划,落实好法治社会建设各项任务。充分发挥基层党组织在法治社会建设中的战斗堡垒作用"。[①] 各地坚持党建引领,以党建工作激发法治社会建设的创新力。在下一阶段,各地党组织应当进一步强化广大党员的责任和带头作用,做好服务表率,发动党员干部参与群防群治、矛盾排查、信访维稳和社会服务管理等工作,积极参与法治社会的建设工作。第二,法治社会建设应当继续加强公共法律服务的制度化建设。公共法律服务工作的顺利推进离不开强有力的组织领导机制。在下一阶段,各地党委和政府应当出台专门文件,通过将公共法律服务建设成效纳入政府绩效考核,从制度层面加强公共法律服务建设。第三,法治社会建设应当继续坚持依法有效化解社会矛盾纠纷的原则。在下一阶段,各地应当以法治为底线,以科技为手段,坚持和发展新时代"枫桥经验",努力将矛盾纠纷化解在基层,健全矛盾纠纷多元化解工作机制和"一站式"纠纷解决机制。

其次,下一阶段的法治社会建设应当矫正实践中的工作偏差,全面补短板、强弱项。法治社会建设目前存在区域间发展不平衡、参与主体不充分和社会治理法治化水平不高等问题,与《纲要》的要求相比还有待改进之处,主要包括四个方面。第一,《纲要》提出,法治社会建设要加强统筹协调能力。因此,在下一阶段,我国应当继续实施法治社会建设区域协同发展的总体战略,充分整合既有的公共法律服务资源,加大对欠发达地区的支持力度,推动公共法律服务资源向欠发达地区流动;通过互帮互建、对口支援等方式提升法治社会建设薄弱地区的法律服务水平。此外,我国还应当继续推进公共法律服务均等化建设,促进法治社会建设区域间的协同发展。第二,《纲要》提出"加强基层群众性自治组织规范化建设,修改城市居民委员会

---

① 《中共中央印发法治社会建设实施纲要(二〇二〇—二〇二五年)》,《人民日报》2020年12月8日,第1版。

组织法和村民委员会组织法"。① 因此,在下一阶段,各地应当进一步提升基层群众自治组织的优势,激发其发展活力。针对基层群众自治组织负荷过重的问题,各地应当明确政府行政管理权责和基层群众自治组织自治功能的边界,妥善处理政府和基层群众自治组织的关系问题,真正实现基层群众自治组织产生于社区、服务于社区,回归其自我管理、自我服务、自我教育、自我监督的本质,激发社会自治潜力。② 第三,《纲要》指出"发挥人民团体和社会组织在法治社会建设中的作用"。③ 因此,在下一阶段,各地应当吸纳多方力量参与法治社会建设,"充分利用社会自身的治理资源,动员社会成员的主体性力量,更多地依赖社会力量实现社会治理"。④ 以法治宣传教育为例,各地应当吸收多层次、多领域的人民团体(如法学会、妇联等)和社会组织参与全民普法活动,形成一个多方协作的全民普法格局;与此同时,各地应当提供一定的工作制度和经费来源保障。在这个过程中,应充分发挥调动政党、政府、社会三主体之间的协调合作能力,加快法治社会建设的进程。⑤ 第四,《纲要》提出"全面提升社会治理法治化水平"。⑥ 因此,在下一阶段,各地应当完善社会治理的法治保障机制。以治理规范的法治保障为例,执政党、政府、社会、公民等多元主体应当充分利用国家法和民间法等多元规范,维护社会的良好发展秩序。同时,全面提升社会治理法治化水平需要多元规范的协同共治,社会治理工作的开展既要重视国家法律的规制能力,也要重视社会规范等民间法的作用,形成两者的良性互动。具体而

---

① 《中共中央印发法治社会建设实施纲要(二〇二〇—二〇二五年)》,《人民日报》2020年12月8日,第1版。
② 参见雷奥《新时代"枫桥经验"与网格化社会治理》,载公丕祥主编《中国法治社会发展报告(2020)》,社会科学文献出版社,2020,第181~182页。
③ 《中共中央印发法治社会建设实施纲要(二〇二〇—二〇二五年)》,《人民日报》2020年12月8日,第1版。
④ 吕健俊、杜维超:《基层村社属地管理的运行机制及其解释——以E镇为对象的分析》,载公丕祥主编《中国法治社会发展报告(2020)》,社会科学文献出版社,2020,第244页。
⑤ 参见菅从进、王琦《共同体视域下社区网格化治理法治化的主体之维》,《广西社会科学》2021年第2期。
⑥ 《中共中央印发法治社会建设实施纲要(二〇二〇—二〇二五年)》,《人民日报》2020年12月8日,第1版。

言,国家法律规则既要发挥主导规制作用,也要落脚于实践需求;既要满足基层社会治理的需要,又要尊重和接纳党纪党规和村规民约、居民公约等民间法规范的要求;民间法规范也应当尊重并重述国家法律的基本精神和原则,同时补足国家法律不能有效规制的社会空间具体领域,发挥民间法规范不可替代的作用。

地方报告·安徽
Local Reports · Anhui

B.2
法治宣传教育报告[*]

强 卉[**]

摘 要： 2020年，安徽省全面迎来"七五"普法收官之战，法治宣传教育工作组织有力，法治宣传教育队伍建设吸纳社会力量，法治宣传教育目标聚焦"关键少数"，法治宣传教育形式不断创新，法治宣传教育工作整体上成效显著，为"八五"普法规划的顺利开展奠定了坚实基础。安徽各地积极探索普法工作创新，其中黄山市、合肥市、宣城市宣州区、亳州市蒙城县法治宣传教育工作亮点突出，具有典型借鉴意义。在下一阶段的法治宣传教育工作中，进一步强化责任制度体系建设、创新普法工作形式、加强普法队伍建设、提高普法活动水平和质量，是推动"八五"普法工作顺利开局的重要着力点。

---

[*] 除专门引注外，本报告涉及的所有事例、数据、图表均为课题组调研所得。
[**] 强卉，法学博士，中国法治现代化研究院研究员，南京师范大学法学院讲师。

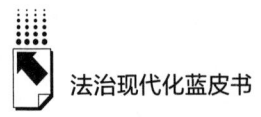

关键词： 法治宣传教育　普法责任制　普法队伍建设　精准普法

党的十九大报告强调"加大全民普法力度,建设社会主义法治文化,树立宪法法律至上、法律面前人人平等的法治理念",为法治宣传工作指明了方向。2020年,安徽省着力强化法治宣传教育组织领导工作,不断创新工作机制,切实强化保障措施,法治宣传教育各项工作取得了突出成效和显著进展,为安徽省"七五"普法画上了圆满的句号,也为下一个五年普法工作的顺利开启奠定了坚实基础。

一　2020年安徽法治宣传教育工作成效显著

2020年是"七五"普法的收官之年。安徽省紧紧围绕"全面增强法治观念、推进法治社会建设"这一目标,扎实推进法治宣传教育工作,不断加强法治宣传教育制度建设,创新普法工作形式,开创了法治宣传教育的新局面,顺利完成"七五"普法的既定任务。

(一)法治宣传教育工作组织有力

2020年,安徽省各地各部门认真贯彻执行"七五"普法规划和普法决议,着力加强组织领导,不断创新工作机制,切实强化保障措施,法治宣传教育各项工作任务得到了较好落实。

1. 组织领导更为有力

2020年,安徽省成立省委全面依法治省委员会守法普法协调小组,建立小组成员单位工作制度,要求每年均召开安徽省法治宣传教育工作领导小组成员单位全体会议,印发成员单位重要工作目标任务,有力推动了法治宣传教育组织领导机制的规范化运行。与此同时,安徽省16个省辖市均成立了全面依法治市守法普法协调小组,并建立了完善的工作制度。

2. 制度建设有效强化

安徽省高度重视全省普法工作顶层设计,先后出台"七五"普法规划以及安徽省人大普法决议。与此同时,安徽省司法厅会同有关部门先后制定出台了25个涉及普法宣传教育的具体政策文件。出台全国首部法治宣传教育地方性法规《安徽省法治宣传教育条例》,将安徽省在法治宣传教育中积累的成功经验上升为法律性规范,进一步强化了国家机关职责,提出刚性约束,明确了社会各方的法治宣传教育责任。

3. 普法责任更加明确

为推进中共中央办公厅、国务院办公厅《关于实行国家机关"谁执法谁普法"普法责任制的意见》得到切实有效落实,充分发挥省直单位的表率作用,安徽省委两办印发了《关于认真学习贯彻〈关于实行国家机关"谁执法谁普法"普法责任制的意见〉的通知》,要求每年均公开发布年度重点普法目录,省直单位结合职能分工,制定相应"谁执法谁普法"责任制办法或意见,列出责任清单。与此同时,自2017年开始,省法宣办会同省委全面推进依法治省领导小组办公室,不定期组织对省直机关落实普法责任制情况的督查工作,并根据督查情况整理形成《40家省直部门落实普法责任制情况报告》,要求各地各部门对标找差,切实加以整改。

4. 工作保障严格落实

安徽省各级政府将普法经费列入财政预算,多数地市实现动态增长。各级法治宣传教育领导小组办公室工作条件得到较大改善,普法设备不断升级,阵地建设得到加强。在普法工作组织领导建设方面,部分市、县(区)高配了专职副主任。在普法队伍建设方面,安徽省共组建了148个普法讲师团,同时不断融入社会力量参与普法建设工作,普法志愿者达到4.6万人。

5. 监督考核更加完善

监督考核制度的建立健全直接影响普法宣传工作的成效。2020年,安徽省各市、县均实现将法治宣传教育纳入政府年度目标管理绩效考核,同时纳入市、县(市、区)领导班子和领导干部政绩考核、精神文明创建工作考核和机关效能考核,实现普法工作考核"四个纳入",普法工作监督考核体系得到进一步完善。一些地区和部门还将普法工作贯彻落实情况纳入党风廉政考核、社会治安综合治理以及本系统年度实绩考核和年度目标考核,为普法宣传工作落到实处提供了坚实的制度保障。

(二)法治宣传教育工作重点突出

1. 以弘扬宪法精神为核心,广泛开展宪法法律宣传教育

2020年,安徽省普遍开展宪法宣传教育活动,有力推动宪法进企业、进农村、进机关、进校园、进社区、进军营、进网络,精心组织开展"12·4"国家宪法日和"宪法宣传周"集中宣传活动,推动全社会形成尊崇宪法、学习宪法、遵守宪法、维护宪法、运用宪法的法治氛围。出台安徽省领导干部宪法法律年度测试办法,并把宪法法律作为"全省干部教育在线"的学习内容,有力推动实现了宪法宣传教育常态化、制度化。

2. 以提升普法影响力为抓手,精心组织各类重点普法活动

近年来,安徽省各地各部门以"法律六进""江淮普法行"等活动为载体,集中组织开展规模盛大、影响广泛的普法活动。一些地市在此基础上进行延伸,开展了法律进家庭、法律进寺庙、法律进景区等特色活动。积极打造"江淮普法行"普法品牌,每年在全省范围内集中一个月时间,围绕重点法律法规,组织开展"普及行""宣传行""督查行"集中普法行动。五年来,安徽省累计组织开展"法律六进"主题活动和大型法治宣传活动1.6万余场次,有力提升了法治宣传教育的影响力和覆盖面。

(三)法治宣传教育突出"关键少数"

法治宣传教育以夯实全民普法基础为目标,同时要抓好重点普法对象学法用法,聚焦"关键少数",扎实推进国家机关工作人员学法用法。安徽省全面贯彻落实《关于完善全省国家机关工作人员学法用法制度的意见》,深入落实中办、国办党政主要负责人履行推进法治建设第一责任人职责规定,

各地各部门积极落实党委（党组）中心组学法、领导干部集中学法等制度，并通过举办法治讲座、旁听职务犯罪案件庭审、开展宪法法律知识测试等形式，不断丰富领导干部学法用法方式方法。同时，抓住"关键时期"，持续推进青少年普法宣传教育。通过青少年法治教育课堂主渠道，全面贯彻落实《青少年法治教育大纲》，切实将法治教育纳入国民教育体系。在全省范围内开展学生"学宪法讲宪法"活动，把法治教育融入开学第一课。五年来，安徽省共有县处级以上领导干部接受法律知识培训3万余人次，公务员法律知识培训70万余人次，依托安徽干部教育在线学习平台，全省每年有15万余名公务员实现在线法治学习；1.7万余所中小学校配备了专兼职法治副校长（辅导员），建成青少年法治教育基地350个，累计开展法治宣传教育活动1.5万余场次，青少年法治宣传教育成效显著。

（四）法治宣传教育形式创新、载体多元

1. 充分运用"互联网+"普法

安徽省各地市利用"报、网、端、微、屏"，组织开展各类专题宣传活动，形成线上线下相互补充，全方位、多层次的普法大格局。依托新媒体普法矩阵，利用"智慧普法"平台、各级普法网站、微信、微博、抖音等新媒体平台，持续发布法律法规知识问答、图解、动画、视频等宣传内容。安徽省各地累计建成普法网站56个，微博账号131个，官方微信公众号141个。同时，省直主要新闻网站积极履行媒体公益普法责任，在网站首页、客户端首屏重要位置开设专题栏，开辟互动专区、设置微博话题，持续推送各类法律法规知识。

2. 充分凸显法治文化引领作用

在普法宣传过程中，安徽省注重凸显法治文化引领作用，不断强化法治文化建设顶层设计，细化操作指引，大力实施法治文化"千百十工程"（千幅法治漫画、百篇法治故事、十部法治微视频）和法治文化"四入行动"（著名景区嵌入行动、繁华街区融入行动、乡镇村庄纳入行动、建制小区注入行动），在全国率先建立了"安徽省优秀法治文化作品资料库"。如合肥

的"折子戏"、安庆的黄梅戏、池州罗城名歌和"青阳腔"等被赋予法治元素,受到当地群众的青睐。六安皋陶文化、黄山徽州文化、淮南《淮南子》等丰富了地域法治文化的发展,淮南利用豆腐的发源地这一文化名片,创作了"豆娃"卡通宣传形象和《豆娃说法》系列动漫作品,打造了"豆娃说法"这一淮南特色普法品牌。淮北市利用临涣茶馆特有建筑,将传统文化、人民调解、基层治理与法治宣传融为一体,打造"茶馆普法"特色品牌。

3. 打造普法工作亮点特色

亳州首创的公民旁听庭审活动,在全省予以推广,截至2020年7月底,安徽省累计开展2.5万余场次,近60万人次受到普法教育,实现了"审理一个案件,宣传一部法律、教育一片群众"的社会效果。合肥推出的"新市民普法"适应城市发展,贴近实际,满足了广大市民对法律的需求;蚌埠普法通知书用"硬指标"推动普法工作"软任务"的落实,有效地落实了"谁执法谁普法"责任制;宿州普法驿站延伸普法触角,扩大了普法的覆盖面;宣城"机关集中学法月"抓住关键少数,起到了以身作则、以上率下的作用;铜陵"互联网+"打造"指尖上的普法"新模式,使群众在接受"微内容"的过程中,潜移默化地受到法律知识和法治观念的熏陶。

二 2020年安徽各地法治宣传教育之创新探索

在"七五"普法工作中,安徽省各地区积极创新、广开思路,针对法治宣传教育工作进行了有益探索,有重点、有步骤地推进普法工作,成效显著、亮点鲜明。

(一)黄山:精准推进农民群体法治宣传教育

黄山市紧紧抓住农民这个重点普法对象,不断拓展普法载体,创新工作举措,进一步提升了"法律进乡村"活动的针对性、实效性,形成了富有黄山特色的法治宣传教育品牌,推动提升全市基层普法依法治理水平,助力法治乡村建设。

1. 抓住"关键时令"，创新开展"送法下乡助春耕"活动

黄山市自2017年起连续三年开展"送法下乡助春耕"活动，针对春耕时节、春茶采摘季涉农、邻里等纠纷高发情况，重点开展涉农法律法规宣传活动。组建"流动调解小分队"走村入户、深入茶山地头，为群众送去法律知识，及时排查可能发生的纠纷苗头，帮助调解矛盾纠纷；组织农技员、司法所干警等普法志愿者深入各大茶叶市场和农资、茶叶经营店铺等进行上门送法；在农村人流集中地点设立法治宣传咨询台，开展集中宣传活动；利用公共法律微信群平台推送相关涉农法律法规知识，方便群众随时学习。全市共开展集中宣传活动270多场次，发放宣传资料30000余份，切实增强了农民群众的法治意识。黄山市这一创新做法得到了《安徽法制报》等广大媒体的宣传赞誉。与此同时，黄山市还巧妙利用"春耕"前农村"二八""上九"庙会节点，结合民俗文化活动开展特色法治宣传教育活动。

2. 突出"重点人群"，创新开展"百场法治讲座进乡村"活动

黄山市法宣办联合市委组织部等相关部门创新开展"百场法治讲座进乡村"活动，组织普法讲师团成员、法官、检察官、律师及法律工作者，深入乡村（社区），围绕土地流转、社会保障、教育医疗、婚姻家庭等方面的基本需求，组织农村干部群众学习法律知识。在全市举办法治讲座101场，受教育的村"两委"干部和"法律明白人"以及大学生村官达万余人，进一步提高了基层干部群众的法治观念和法治素养，营造了基层尊法学法守法用法的良好法治氛围。此项创新工作成功入选司法部12348中国法网案例库。目前，该活动在省内多个地区得到推广，是村"两委"干部和"法律明白人"培训活动的保留载体。

3. 服务"乡村振兴"，创新开展"法润新安百村行"活动

2020年5月以来，黄山市组织开展"法润新安百村行"活动，在全市沿新安江流域68个乡镇选取100个示范村，集中开展生态环境资源保护法律法规宣传活动，要求每个政法单位联系一个行政村，按每月一个主题开展

一场法治宣传活动,并在新安江源头——休宁县六股尖所在的鹤城乡新安源村,举办了大型活动启动仪式,开展法治文艺会演下乡、赠送法律书籍、知识问答等活动,增强了村民法治意识,掀起乡村法治宣传教育高潮。黄山市委政法委书记、市法宣领导小组组长陆群同志莅临启动仪式现场,并为樟源里村生态保护巡回法庭揭牌。全市共开展集中宣传活动215场次,发放宣传资料10000余份,赠送法治书籍6000余册。

4. 助力"脱贫攻坚",创新打造"扶贫法治夜校"

黄山市围绕法治护航精准扶贫,积极探索"法治+扶贫"新模式,以法治宣传助力扶贫工作。其中,歙县率先建立了"扶贫法治夜校",开展特色法治宣传教育活动。一是建立起稳定的授课队伍。授课人员以司法、农技、民政、卫生、教育、林业等乡镇工作人员为主,同时邀请脱贫优秀典型、致富能手、模范先进代表等担任兼职授课教师,采取"六讲授六学习"的方式进行授课。课上,授课老师将身边的案例编成法治故事,以案释法,以生动的方式开展普法课堂,同时在课上设置互动交流、有奖问答等环节,强化了学习效果。二是搭建掌上共享平台。利用网络和智能手机搭建起集教育、管理、服务于一体的"掌上课堂",通过建立QQ群、微信群的方式,实时共享学习资源,实现外出务工村民全覆盖。三是建设流动学习阵地。推行"固定课堂+流动教学"的教学模式,每月开展1~2场活动。2020年以来,黄山市全市累计开展教学活动79场次,受众8081人次。

(二)合肥:围绕中心工作打好法治宣传教育阵地战

合肥市围绕党委政府中心工作,组织开展"护航三大攻坚战 助力法治合肥建设""扫黑除恶专项宣传""送法进万企"等主题宣传活动,做到中心工作推进到哪里,法治宣传教育就跟进到哪里。利用江淮普法行、宪法宣传周等重要节点,组织全市副县级、正科级以上领导干部参加宪法法律知识测试,合格率100%;在合肥在线、合肥发布等官方媒体开设宪法宣传专栏,阅读量破千万。在《民法典》颁布实施之际,合肥市印制6000册宣传册并购买价值25万元的《民法典》学习资料,免费向社会发放。同时,创新宣传方式，开通安徽省首列《民法典》地铁宣传专列，持续运行半年，预计覆盖面达2000万人次。2019年，合肥市在安徽省首创"三责任两备案"制度，明确普法主体责任、属地管理责任和考核责任，规范建立普法工作事前备案和事后备案制度，推动各地各单位主动履行普法职能。在法治文化宣传方面，连续开展5届法治漫画动画微视频征集、4届法治文艺调演，创作购买了一批具有合肥特色的法治文化作品，在全市各类媒体宣传使用。组织编印《新市民学法用法读本（二）——以案释法100问》，获得时任司法部部长张军批示肯定，被纳入司法部"中国法网"案例库。2020年上半年，合肥市根据疫情防控需要，重点加强疫情防控法治宣传，指导市律师协会成立律师行业疫情防控法律服务团，为企业复工复产提供政策法律指导，同时在新媒体平台推送专题报道11期，典型案例43篇，相关微博、微信756条，编印发放法律知识摘编及疫情防控专刊1000本，法治宣传成效显著。

（三）宣城市宣州区：做好"法治+"文章，打造特色普法品牌

1. 利用"法治+文艺创作"，探索法治宣传"金点子"

宣城市宣州区充分发挥文化底蕴深厚优势，积极打造本土法治文化特色品牌。以辖区水阳镇汛期送水牌的传统为背景，创作了首部法治宣传动漫片《防洪法之水牌令》。创作微视频《且行且诗》《税爱无声》，向公众解读了宪法与依法治税的关系，创作法院版《逆战》向社会公众宣传执行阶段的相关法律知识。以宣州好人为设计背景，把全国农产品地理标志——宣木瓜作为设计元素，创作了宣州普法卡通形象"宣宣""州州"。结合疫情防控法治宣传，创作了法治动漫宣传片《保护野生动物，从我做起》，在市区公交车、户外大型电子显示屏及医院等公共场所滚动播放。积极组织开展扫黑除恶法治文化作品创作，先后创作皖南花鼓戏《重拳出击》等四部法治文化作品，将宣城市皖南皮影戏博物馆、"阳德之声"普法艺术团、宣城市第三小学、宣城市第十一小学设立为全区第一批法治文化创作基地。依托"阳德之声"普法艺术团，结合每年春节、"八一"和"宪法宣传周"等重要时间节点，开展各类法治文艺演出活动120余场次。

2. 运用"法治+脱贫攻坚",蹚出精准扶贫"新路子"

宣州区围绕脱贫攻坚这个最大的政治任务和第一民生工程,找准结合点,创造性开展"法治扶贫"工作。自2018年春节开始,组织开展"贯彻十九大精神·法治扶贫迎新春"专项活动,为全区13个贫困村1313户建档立卡贫困户书写法治春联3468副。中央及省级10多家新闻媒体来宣州对法治扶贫工作进行了集中采访报道。宣州区委政法委、区司法局等六部门联合发布的《关于督促赡养义务人履行赡养义务的通告》,在"宣州普法"微信公众号上同步发布,网络点击率突破34809,一时成了全区热门话题。2020年,宣州区结合全区脱贫攻坚大排查大攻坚,通过集中宣传教育、集中排查摸底、集中调处化解、集中诉讼追责,开展了为期60天的督促赡养义务人履行赡养义务专项行动,收到较好的社会效果。活动开展以来,累计收集问题线索178条,成功调解146件,提供法律援助5件。宣州区法治扶贫工作再次被人民网、中国扶贫网等多家新闻单位进行了宣传报道,品牌效应进一步放大。

3. 通过"法治+阵地建设",唱响全民普法"好曲子"

近年来,宣州区按照"一乡(镇)一主题"的总体思路,建成一批突出部门法的法治主题公园(广场),打造了一批各具特色的法治文化阵地。截至目前,宣州区已建成向阳卫生健康、澄江组织法、济川禁毒法、水韵养贤、寒亭诉讼、狸桥双拥、孙埠人社等多处部门法主题法治文化公园(广场)。媒体宣传方面,在《今日宣州》开辟"法治"专版,先后刊登法治类新闻稿件2000余篇。全区上下进一步树立普法新思维,积极运用微信、微博、抖音等新媒体平台,开辟网络法治宣传新阵地。区法宣办及时整合区司法行政工作群、乡镇(街道)和村(社区)微信工作群,成功打造区、乡、村三级普法微信塔群,通过及时发布普法信息,交流借鉴普法工作经验。

(四)亳州蒙城:围绕百姓需求创新法治宣传教育形式

一是高清平台"巡展"。蒙城市积极运用贴近老百姓日常生活的方式开展法治宣传教育,把老百姓日常生活中最关注的法律问题制作成宣传展板,采取丰富的色彩、生动的漫画小品、通俗的法治故事格言等,融入蒙城特色、体现时代特征,吸引群众观瞻、体味、评论和交流。二是立体平台"巡讲"。蒙城市对近年来发生在本地的典型案例进行了精心筛选,组织宣讲志愿者,以案释法进行法治宣讲。"巡讲"因材施教,以全新普法视角和形式改变了以往"灌输式""填鸭式""说教式"等滞后的教学模式,达到了在宣讲中普法的效果。三是动态平台"巡演"。蒙城市从每年征集的法治文化作品中选出优秀作品,改编成"三句半"、歌曲串烧、相声、小品、情景剧等群众喜闻乐见的节目进行演出。采取"用身边人说身边事,用身边事教育身边人"方式,寓教于乐进行宣传,同时在演出中不断和观众进行互动,采取现场法律知识有奖抢答的方式使观众在观看法治文艺节目的同时掌握了法律知识,达到了"宣讲一案例、学到一部法、教育一片人"的良好效果。

三 法治宣传教育工作仍存在提升空间

经过多年来的实践探索和努力创新,安徽省法治宣传教育工作取得了突出成效和重大进展。当然,法治宣传教育是一个长期的系统性工程,当前法治宣传教育工作在一些方面仍然存在进一步提升的空间。

(一)平衡区域间法治宣传教育工作水平

2020年,安徽省各地法治宣传教育工作平稳有序开展,进展显著。然而,由于客观存在的经济发展差异、原初文化条件等原因,省内法治宣传教育工作在区域、人群、行业分布上仍然有待进一步平衡。就农村地区而言,法治宣传教育存在人员难集中、时间难安排、资金难保障、效果难体现等实践难题,这就对法治乡村建设提出了更高的要求。从人群分布看,外来务工人员、社会无业人员、闲散青少年等仍是普法的难点所在。从行业上看,企业等一些生产经营单位,特别是私营企业,由于尚未形成完善的行业规则及依法治理制度,对企业职工的普法工作开展难度相对较大。此外,尽管省内各地大都较好落实了"谁执法谁普法"普法责任制,但不同地区在落实进度及落实力度方面仍存在一定差异。

(二)进一步创新法治宣传教育形式

近年来,安徽全省各地严格落实普法规划,不断创新普法载体形式,形成了浓厚的普法守法氛围。然而,个别地区仍然存在普法形式相对单一、创新意识相对薄弱等问题。普法宣传活动是一项贴近百姓的常态化工作,应当以人民群众喜闻乐见的方式展开,个别地区普法活动未能与人民群众的实际需求精准对接,在一定程度上影响了普法效果的实现。此外,在新媒体技术的运用方面,尽管省内各地均推出了"互联网+法治宣传教育"形式,但仍应进一步照顾到一些不会使用电子产品的老年人的实际需求,尤其是关于农村子女赡养老人问题、农村邻里纠纷问题等,应进一步强化对农村老人"面对面"的普法宣传活动,切实关注老年人权益保护问题。

(三)加强法治宣传教育的目标精准性

法治宣传教育的目标是否精准,事关普法宣传效果能否实现。当前,安徽省各地普法工作在分类对接、精准匹配方面取得了显著的进步,但仍然存在进一步完善的空间。如在《宪法》和《民法典》的宣传过程中,由于法律条文较多,内容较为丰富,对于没有法律基础的人民群众而言,接受起来存在一定难度。因此,为提升宣传实效,可以根据人群、受众目标的实际需要和特点对内容进行类型化,在针对不同目标进行宣讲时可以有针对性、有重点地进行讲解。此外,在校园普法中,除了常态化法律知识,还应加强针对青少年自身成长特点的法律规范的宣传教育。

(四)打造法治宣传教育队伍能力提升的长效机制

由于主客观因素的限制,当前法治宣传教育队伍还存在专业人才队伍相对欠缺、专职普法队伍力量有待加强、普法队伍制度化建设仍有待完善等问题。如省内一些地区普法成员单位的普法机构往往设置在宣传部门,且具体负责法治宣传教育工作的专职人员往往仅有1人，一些地区还存在普法工作人员身兼数职情况，由于需要同时对接多个部门，其在时间和精力上都无法适应普法宣传工作的强度要求，在一定程度上影响了普法效果的实现。一些地区，特别是乡镇（街道）往往没有专门的法宣部门，负责普法工作的人员业务能力和专业素质参差不齐，很难适应新时期法治文化建设的新要求。

（五）进一步提高法治文化整体建设水平

当前，安徽省内法治文化建设水平取得了长足的进步和发展，但如何搭建更多的普法平台，培育更多的专业普法人才，提供更多适应各类群众的普法产品，从不同的人群去寻找普法的切入口，提供多样化、多频次的普法服务，从整体上提升法治文化建设水平，成为当前普法工作需要进一步解决的问题。就文化产品而言，经过长期的努力，尽管安徽省各地不断创新文化载体，丰富文化形式，但总体而言，仍然存在文化产品相对单一，一些地区未能充分挖掘、融合本地文化特色等问题。这些问题的解决不可能一蹴而就，但可以作为下一阶段普法工作的重点努力方向。

四 深入推进安徽法治宣传教育工作的着力点

2020年是"七五"普法的收官之年，也是全面普法工作承上启下的关键之年。这一年，安徽省上下齐心，较为圆满地完成了"七五"普法的各项目标和重点任务。2021年至2025年是我国开启全面建设社会主义现代化国家新征程、向第二个百年奋斗目标进军的第一个五年。结合工作实际，科学谋划"八五"普法工作，是下一阶段普法工作取得成功的关键前提。

（一）打造特色亮点工作，创新普法工作形式

在下一阶段的法治宣传教育活动中，省内各地区在推动各部门完成"规定动作"的同时，应当重点在"自选动作"载体创新及特色亮点的打造

上用实招、出实效。针对"法律六进"每一"进"工作特点和实际，分门别类打造特色模式。同时，在继续深化拓展"互联网+法治宣传教育"的同时，注重根据人民群众的实际需求，着重宣传与群众利益密切相关的教育、医疗、就业、社会保障、食品安全等领域法律法规，注重社会责任。同时，突出重点对象、重点受众，精准施策。在前期薄弱环节基础上下大力气、花硬功夫。

（二）不断提升普法活动的水平和质量

坚持服务民生，推动普法内容从"形式化"向"生活化"跨越。不断创新方法，推动提升普法工作水平，提高普法活动质量，努力提升普法工作实际效果。坚持日常普法与专项普法相结合，调动相关部门的普法积极性，建立法治宣传教育工作的长效机制。切实解决"由谁宣传，向谁宣传，宣传什么，怎么宣传"四个关键性问题，制定有针对性的普法宣传方案，并通过工作实践加以检验，建立"调研—规划—实施—反馈—改进"的循环提升机制，不断从整体上完善和提高普法宣传工作的组织管理水平。

（三）形成立体化全覆盖的普法责任体系

在下个阶段的普法宣传教育工作中，推动普法主体由"单一型"向"多元化"转变。要进一步发挥安徽省法治宣传教育工作领导小组和省委全面依法治省委员会守法普法协调小组的组织、协调、引导、统筹职能，通过制度督促各单位、各部门的普法机构积极结合自身职能，积极创新谋划普法工作，切实发挥普法机构作用。进一步健全"谁执法谁普法""谁管辖谁负责""谁牵头谁统筹"的普法责任体系，通过强化相关制度建设让普法责任制真正落地生根，推动各级、各地法治宣传教育工作不断向纵深发展。

（四）加强普法队伍建设，保证工作质量

当前，我国进入民法典时代，其他的部门法也在积极谋划这项工程。法律法规体系不断完备健全，同时也愈发厚重，这也对普法专业人才队伍提出

了更高的要求。强化普法队伍建设,是法治宣传教育工作取得成效的关键环节。加强普法依法治理工作者的政治历练、实践锻炼、专业训练,强化普法队伍的政治素质和专业素质是下一阶段法治宣传教育的工作重点。同时,应当适当增加普法专职人员编制,加强普法工作力量。在日常工作方面,不断加大普法工作培训力度,确保着力提升普法人员业务水平,提高普法工作质量。此外还可以通过人员的科学流动来满足法治宣传教育工作的专业化与精准化需求。

B.3 公共法律服务报告[*]

强 卉[**]

摘 要: 2020年,安徽省积极开展公共法律服务工作,在多个方面取得突出进展:公共法律服务制度化建设不断推进,公共法律服务体系化建设不断强化,公共法律服务平台融合发展,公共法律服务内容全面革新,公共法律服务资源配置逐步优化,公共法律服务功能深度拓展。在下一个发展阶段,需要进一步健全公共法律服务制度体系,完善公共法律服务管理工作机制;加强资源整合,优化公共法律服务资源的地区间分配机制;凝聚公共法律服务队伍合力,推进公共法律服务精准覆盖。

关键词: 公共法律服务 纠纷调解 法律援助

公共法律服务作为保障和改善民生的重要举措,是政府公共职能的重要组成部分。2020年,安徽省政府将公共法律服务体系建设列入年度重点工作任务,着力夯基础、强统筹、铸特色、树品牌、优服务,推动公共法律服务体系建设基本实现"抬头能见、举手能及、扫码可得",充分发挥公共法律服务在全面依法治省中的基础性、服务性和保障性作用。

---

[*] 除专门引注外,本报告涉及的所有事例、数据均为课题组调研所得。
[**] 强卉,法学博士,中国法治现代化研究院研究员,南京师范大学法学院讲师。

一 2020年安徽公共法律服务工作成效显著

2020年，安徽省司法厅在司法部和安徽省委、省政府的坚强领导下，深入贯彻习近平总书记关于公共法律服务工作"两快、两全"和"普惠均等、便捷高效、智能精准"的目标要求，认真落实加快推进公共法律服务体系建设决策部署，夯基础、强统筹、铸特色。安徽省内各地区紧紧围绕"让群众感受到公共法律服务就在身边，随时随地随身享受到法治实惠"这一目标，在"十三五"期间，多措并举，基本实现了安徽省公共法律服务从无到有、从有到好的转变。

（一）公共法律服务体系建设加快推进

2020年3月，安徽省委办公厅、安徽省人民政府办公厅印发《关于加快推进公共法律服务体系建设的实施意见》，明确了公共法律服务体系在当前和今后一个时期内的建设目标与任务，为安徽省打造现代公共法律服务体系提供坚实制度保障。与此同时，为深入贯彻习近平总书记关于公共法律服务工作的重要讲话和重要指示精神，认真落实党中央、国务院和省委、省政府及时决策部署公共法律服务体系建设方案，安徽省司法厅成立了公共法律服务工作协调领导小组，统筹协调推进公共法律服务体系建设。2020年9月，经安徽省人民政府批准同意，省司法厅建立了公共法律服务体系建设联席会议制度，负责统筹全省公共法律服务体系建设，协调推进公共法律服务体系建设决策部署的贯彻落实。为推进制度落地，《安徽省公共法律服务领域基层政务公开标准指引目录》《公共法律服务网络平台实体平台热线平台融合发展工作方案》《12348安徽法网运营管理办法》等具体规范相继出台，有力推动了公共法律服务线上与线下融合、实体与虚拟空间融合、面对面服务与热线沟通融合。2020年，安徽省全省公共法律服务线下实体平台累计为群众提供法律咨询13.4万人次，12348公共法律服务热线受理咨询热线56.9万通，安徽法律服务网为民众办理业务4.1万件。经过长期的实践探索，当前安徽省内公共法律服务体系组织领导机制更为健全、协调机制更加完善，制度化水平持续提高。

（二）公共法律服务制度建设不断强化

2020年，安徽省修订了《安徽省法律援助条例》《安徽省司法鉴定管理条例》《安徽省公证条例》等一系列法律规范，进一步健全了公共法律服务法规体系。2020年12月，安徽省司法厅与省高级人民法院联合印发的《关于加强诉调对接工作的若干规定》（下称《若干规定》），积极推进人民调解与诉讼相衔接的工作机制建设，督促各地司法行政机关会同所在地人民法院共同搭建平台推动"诉调对接"工作，强化工作指导。《若干规定》的出台为节约司法资源、妥善化解纠纷、维护社会和谐稳定作出了积极贡献。《若干规定》共计四章二十二条，对委派委托调解纠纷范围、诉调对接工作程序、保障等方面作了全面系统规范。一是扩大了受委派或委托的调解组织范围。为适应形势发展要求，整合各类调解资源，《若干规定》将受委派或委托的调解组织从原先的人民调解组织，扩大到人民调解组织、行政调解组织、商事调解组织、律师调解组织、行业专业调解组织等各类调解组织，旨在将各类调解资源纳入诉调对接工作范畴，进一步拓展诉调对接工作覆盖面。二是明确委派或委托调解的纠纷范围。《若干规定》对于委派调解纠纷范围进行了列举，涉及家事纠纷、相邻关系纠纷、交通事故损害赔偿纠纷、医疗纠纷、物业纠纷、劳动争议纠纷、消费者权益纠纷等十类纠纷。同时明确规定，对于此类纠纷，人民法院应当引导当事人选择立案前委派调解。三是提高诉调对接工作效率。《若干规定》在"诉调对接工作程序"章节中，对案件分流、案件移送、调解结果反馈等环节的工作时限作了明确规定。特别是在调解时限上，明确"委派调解期限为30日，委托调解适用普通程序的期限为15日，适用简易程序的期限为7日，自调解组织签收法院移交材料之日起起算"。四是探索建立诉调对接工作平台。《若干规定》明确，"人民法院、司法行政部门可以在人民法院诉调对接中心设立'诉调对接工作室'，负责调解法院委派或委托的纠纷，也可由司法行政部门安排调解工作协调员进驻人民法院诉调对接中心，统筹协调处理法院委派或委托的纠纷"。

（三）公共法律服务平台融合发展

公共法律服务平台的搭建和打造是推进公共法律服务体系建设的一项基础性工作。2018年9月，司法部印发《关于深入推进公共法律服务平台建设的指导意见》，从总体思路、基本原则、目标任务、保障措施等多方面对深入推进公共法律服务平台建设进行了全面规划和部署安排。为落实上述要求，近年来，安徽省稳步推进网络平台、实体平台、热线平台三台融合，出台《公共法律服务网络平台实体平台热线平台融合发展工作方案》，实施五大工程，着力推进公共法律服务网络平台、实体平台、热线平台三台融合发展。推进网络统领工程，建立公共法律服务任务工单管理系统，强化电子跟踪、预警管理。实施数据汇集工程，推进省级公共法律服务数据中心建设，提升数据搜索能力，强化大数据分析，建立当事人法律服务档案系统。实施均衡发展工程，推进指挥中心和公共法律服务平台、窗口相互整合、一体运行。实施能力提升工程，出台《12348安徽法网运营管理办法》，优化12348公共法律服务热线平台，加强公共法律服务中心（工作站）建设，研究提出一体化的全省公共法律服务管理体系平台建设需求方案，探索推进"互联网+公共法律服务""区块链+公共法律服务"。实施保障巩固工程，加强财政保障和运营管理，建立质量监督评估体系、服务评估体系，加强各层级公共法律服务网络信息安全建设。通过五大工程协同发力，全面实现公共法律服务"网上办、掌上办、预约办"。

安徽省共建成省市县三级公共法律服务中心124个、乡镇（街道）公共法律服务工作站1512个、村（社区）公共法律服务工作室1.39万个，实现省、市、县、乡镇（街道）、村（居）五级公共法律服务实体平台全覆盖，让群众足不出户解决法律困惑与难题。通过提高省级统一的12348公共法律服务热线运营的规范性，将12348法律服务热线成功打造成为接受法律咨询、宣传法律知识、疏导群众情绪、提供法律服务、指导群众维权的综合性平台。建成投入使用安徽法律服务网（12348安徽法网），以网络平台为统领，基本形成"智慧法律服务"框架。2020年以来，全省公共法律服务实体平台累计接待群众并为群众提供法律咨询解答13.1万人次，12348热线平台接受咨询50.5万人次，网络平台办理业务3.5万件。

与此同时，公证、司法鉴定、法律援助业务系统得到进一步优化，同时研发仲裁业务系统，顺利完成法律援助、司法鉴定系统部省对接工作。安徽省通过各类主题、各种搭配套餐的形式为群众提供特定的公共法律服务，满足群众差异化、个性化、多样化的相应需求，以求实现供需对接的精准化和智能化。同时，积极开展"双提升"活动，着力发挥公共法律服务职能作用，不断提升人民群众公共法律服务获得感和满意度。

（四）公共法律服务内容全面改革创新

近年来，安徽省法律援助工作的覆盖范围不断扩大，不仅将法律援助补充范围内扩大到与民生休戚相关的劳动保障、婚姻家庭、食品药品、教育医疗、环境污染等事项，还通过提高援助的经济困难标准，将低收入群体也纳入法律援助对象范围。此外，安徽省还将军人军属、退役军人及其他优抚对象纳入公共法律服务的重点服务对象范围，同时还针对残疾人、农民工、老年人、青少年、单亲困难母亲等特殊群体重点开展公共法律服务工作。

安徽省内各级公共服务机构不断优化与社会服务和诉讼服务等领域的工作对接机制，推进公共法律服务有机融入地方政府公共服务工作总体布局。加速公共法律服务线下实体平台的全面覆盖，同时加速法治宣传教育工作、法律援助工作、法律咨询工作等进驻整合，加快推进人民调解员、律师、公证员、司法鉴定人员、仲裁员等各类专业工作人员的"安营扎寨"，以打造能够集中集约受理和解决群众法律服务需求的一站式公共法律服务圈。优化省级12348公共法律服务热线，推进其与12345政府服务热线、110报警电话等科学联动，加快构建电话热线、网站、微信、移动客户端有机联动的安徽公共法律服务矩阵。

（五）公共法律服务资源均衡普惠

首先，基本公共法律服务资源进一步实现均衡配置。近五年来，安徽省持续实施法律援助民生工程，制定《全省法律援助高质量发展工作方案》《2020年度法律援助民生工程实施方案》，将建档立卡扶贫对象等群体纳入法律援助民生工程，对请求讨薪、工伤赔偿的农民工群体，免予提供经济困难证明。不断加强农村法治宣传阵地建设，将农民法治学校、法治宣传栏、法治图书馆等法治宣传教育设施建设情况列入2020年安徽省人民政府重点目标考核法宣项目内容。健全村居法律顾问制度，制定《安徽省村居法律顾问服务指南》，全省配备村居法律顾问1.75万家，实现安徽省全省村居法律顾问全覆盖。规范人民调解委员会建设，安徽省现有乡镇（街道）调委会1557个、村居调委会1.7万个、行业性专业性调委会1078个，建成一站式综合调解平台81个。发展县域公证法律服务，加强县域公证员队伍建设，完善县域公证实习人员登记、公证员助理备案等后备人才培养制度，在符合条件的乡镇（街道）设立便民服务联系点，2020年以来考核任职5人到县域公证机构执业。

其次，欠发达地区公共法律服务建设得到进一步加强。2020年，安徽省完善县域律师领军人才库，开展县域律师"观摩律所"工作，成立县域律师宣讲团，对3300余名县域律师进行培训。加强公证体制改革研究，开展县域公证机构具有公务员身份的公证员情况调研，完善事业体制公证机构收入分配机制。支持贫困地区法律机构建设，将公证机构执业区域扩大至市辖区；根据贫困地区需求，支持设立法医类、物证类司法鉴定机构。实施法律扶贫服务项目，落实《关于在全省农村全面实施"法律明白人""法治带头人"培养工程的意见》，全省共培养"法律明白人"16万余人，"法治带头人"2万余人。集中实施基层人民调解法律服务扶贫项目，对欠发达地区在人民调解办案补贴经费分配上予以倾斜，同时会商安徽省财政厅推动将符合要求的法律服务项目纳入政府购买服务范围。

最后，特殊群体的基本公共法律服务权益得到保障。近年来，安徽省持续致力于维护特殊群体合法权益,逐步将残疾人、农民工、老年人、妇女、未成年人、军人军属、退役军人等群体作为法律援助工作的重点对象。会同安徽省军区党委政法委出台《安徽省军人军属法律援助工作实施办法》,开展"法援惠民生助力农民工""法援惠民生扶贫奔小康""法援惠民生关爱残疾人"等系列主题活动。省内各地区广泛开展普法宣传,深入宣传与重点人群生产生活密切相关的法律法规,针对特殊群体和优抚对象,开展形式多样的法治宣传教育活动;扎实做好"1+1"法援律师选派工作;依托安徽省律协专委会开展法治宣讲活动。会同安徽省教育厅在省内中小学开展道德与法治学科优秀教学设计评选活动,法治副校长(辅导员)基本实现100%覆盖全省中小学。

(六)公共法律服务功能深化拓展

其一,积极服务经济高质量发展。2020年,安徽省为服务疫情防控和经济社会发展,印发了《做好新型冠状病毒感染的肺炎防控期间公共法律服务工作的通知》,同步编制了《安徽省企业疫情防控与复工复产法律操作指导》。在业务办理方面,开通绿色通道,对群众所需仲裁、公证、鉴定服务需求以及困难群体的特殊法律援助需求,优先受理、快速办理。成立安徽省直刑事法律援助辩护律师团和法律援助窗口值班律师团,开展民营企业"法治体检"活动,参与涉法涉诉信访接待工作。深入推进法律服务改革,开展律师专业水平评价体系和评定机制试点,印发《关于组织律师为混合所有制经济发展提供法律服务的指导意见》;落实《安徽省合作制公证机构试点工作方案》,批准设立4家合作制公证机构。进一步完善司法鉴定行业发展规划,对于依托具有较强实力的环境科学研究机构、大型环境检测机构申请设立高资质、高水平的综合类环境损害鉴定机构的,优先审批。出台《安徽省仲裁行业发展提升工作方案(2020—2024年)》,制定仲裁信息管理系统建设方案,探索推动建立与电子商务平台、互联网金融服务平台、知识产权保护平台等对接的仲裁平台,探索研究远程仲裁、智能仲裁,推进具有区域影响力的互联网仲裁平台建设。

2020年以来，全省共办理律师案件24.6万件、公证事项26.2万件、法律援助案件8.2万件、司法鉴定业务11.5万件、仲裁案件0.5万件、基层法律服务案件6.8万件、人民调解案件36.6万件，通过公共法律服务为经济高质量发展保驾护航。

其二，积极服务促进司法公正和社会公平正义。2019年，安徽省司法厅会同安徽省高院下发《关于全面开展刑事案件律师辩护全覆盖试点工作的通知》，督促落实《关于适用认罪认罚从宽制度办理刑事案件的工作意见》；落实《法律援助值班律师工作办法》，与公检法等部门协调配合，深入开展法律援助值班律师参与认罪认罚案件办理；拓展服务领域，落实《关于扩大公证参与人民法院司法辅助事务试点工作的通知》，引导公证机构开展参与司法辅助；开展清理整顿，编制司法鉴定机构和司法鉴定人名册，组织"四类外"司法鉴定机构清理，开展司法鉴定机构和司法鉴定人清理整顿、公证行业集中警示教育；出台《安徽省司法鉴定人执业登记审查办法》和《安徽省司法鉴定诚信等级评估办法》，强化司法鉴定机构申报实验室资质认定，同时鼓励公证机构参与环境损害类证据保全公证，鼓励和支持司法鉴定机构参与交通事故、保险理赔、医疗损害等争议解决工作并提供相应的公益性司法鉴定服务。2020年12月，安徽省司法厅印发《关于推进公职律师公司律师工作的通知》，全面实施公职律师制度。

其三，积极服务全省重大经贸活动和全方位对外开放。2020年，安徽省不断加强与长三角地区的法律服务合作，充分贯彻落实《长江三角洲区域一体化发展规划纲要》国家发展战略部署要求，就推进公共法律服务体系建设、加强区域法治建设联动、提升惠民便民效能等方面进一步深化区域合作。不断加强律师业务交流合作，组织召开律师事务所"走出去"座谈会，调研涉外法律服务工作，同安徽省国资委、安徽省工商联等单位会商安徽省律师事务所境外分支机构建设工作，组织参加中国公证协会涉外公证员培训，统一研究分析安徽省司法鉴定机构受理涉外鉴定业务情况，确保各主体能够全力为省内经贸活动顺利开展及全方位对外开放提供服务。

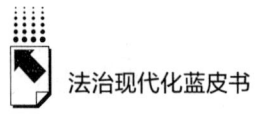

二 当前公共法律服务工作的应有发展空间

经过各部门各地区的群策群力和实践探索,安徽省公共法律服务工作取得了突出成效和显著进展。然而,作为社会治理体系的重要组成部分,公共法律服务体系的建设与完善是一个长期的系统性工程,在下一个发展阶段,安徽省公共法律服务工作将在管理工作机制、服务体系建设均衡发展、服务精准度以及人才队伍建设等方面提质增效。

(一)进一步优化公共法律服务体制机制

公共法律服务管理及统筹协调机制的建立健全是推进公共法律服务建设的前提和基础。《关于加快推进公共法律服务体系建设的意见》指出,要"建立统筹协调机制。健全党委领导、政府主导、部门协同、社会参与的公共法律服务管理体制和工作机制"。在健全管理机制方面,要"加强对公共法律服务体系建设的统一管理,明确公职律师、公司律师法律地位,完善法律顾问管理制度,加强对行业专业调解的统筹指导,提升服务综合效能"。此外,还应"构建公共法律服务评价指标体系,研究制定以业务规范指标、服务效果指标和社会评价指标为主要内容,以基础设施、人员配备、业务开展等方面量化考评指标及奖惩标准为重点的科学指标体系"。安徽省在下一阶段的工作推进中应当着力提升各项工作机制,确保公共法律服务工作领导有力、环节顺畅。

(二)进一步均衡发展公共法律服务体系

《关于加快推进公共法律服务体系建设的意见》明确:"要推进基本公共法律服务的均衡发展,均衡配置城乡基本公共法律服务资源,加强欠发达地区公共法律服务建设,保障特殊群体的基本公共法律服务权益。"当前,安徽省经过长期的努力,已经建立起124个各类法律服务中心,总体上实现省、市、县、乡镇(街道)、村(居)五级公共法律服务实体平台全覆盖。

但与此同时，受到经济发展水平等客观因素的制约，各地在人员数量供给、人员队伍素质、公共法律服务平台运行管理和经费保障等方面仍然存在差异，需要在下一阶段的公共法律服务建设中着力解决。

（三）进一步提升公共法律服务精准度

2020年，安徽省委办公厅、省政府办公厅针对公共法律服务工作提出具体要求，包括促进基本公共法律服务均衡发展、推动公共法律服务多元化专业化、构建科学的公共法律服务管理体制和工作机制、加大保障力度等方面。安徽省司法厅从公共法律服务工作覆盖领域、人员范围方面着手，将弱势群体纳入服务对象，不断扩大法律援助覆盖面。然而，在具体实施过程中，仍然需要进一步突出法律服务范围、服务措施的精准化，根据服务对象的特点和实际需要精准施策，分门别类制定具体服务方案。举例来说，省公共法律服务的互联网平台虽已搭建完成，但在公共服务体系化贯通、制度整合和资源调配等具体工作中，"互联网+"的思维仍未深入渗透，主要体现在平台建设规划不统一、标准不统一，导致后续信息录入、流程对接、数据提取与对接以及进一步的深度挖掘与分析受到阻碍和影响，难以实现信息化公共法律服务的"一站式"与"一体化"目标。此外，平台建设相对独立，加大了公共服务资源融合和科学配置的难度，不利于资源共享，尤其是不利于参与人员的公共法律服务跨地区配置和向次发达地区倾斜。

（四）进一步加强公共法律服务队伍建设

《关于加快推进公共法律服务体系建设的意见》指出，要"加大保障力度，推进制度建设，加强队伍建设"。当前，安徽省在推进公共法律服务工作的过程中，不断壮大公共法律服务队伍，增加律师、公证人员、仲裁员数量，积极推动社会力量参与公共法律服务工作。但与此同时，省内个别地区依然面临公共法律服务队伍相对供给不足、人员素质有待提升等问题。一些地区社会力量参与度低，未能充分盘活人才资源。应当进一步发展专职法律服务队伍，同时进一步加大教育培训力度，从服务人员数量和质量两个层面入手强化公共法律服务队伍建设。

三 完善公共法律服务工作的具体举措

当前，《民法典》为公共法律服务体系的科学化和现代化提供了新的活力，公共法律服务体系建设也面临新的挑战和发展机遇。现代公共法律服务体系的建设在推动法律回应人民群众诉求、激发社会和市场经济活力、助力现代社会治理格局形成等方面发挥着举足轻重的作用。在下一阶段的建设过程中，安徽省公共法律服务工作需要进一步立足现实基础，紧密结合工作目标，推动公共法律服务制度体系现代化、公共法律服务工作机制科学化、公共法律服务覆盖精准化、公共法律服务队伍合力最大化。采取多项工作举措，推动安徽省公共法律服务体系建设迈入新阶段。

（一）健全公共法律服务制度体系

在制度建构方面，安徽省可以通过先行先试并总结经验，在充分调研、听取建议以及科学论证的基础上，统筹各项中央文件和法律法规的具体内容。现代公共法律服务体系建设需要科学的制度保障，即需对公共法律服务的责任主体及其权利义务、公共法律服务的工作形式和手段、公共法律服务的经费保障与监督监管等核心问题加以规范。此外，还可以通过建立科学的评价机制和竞争机制来激发公共法律服务活力、抑制惰性、提升质量。

（二）完善公共法律服务工作机制

坚持全省"一盘棋"思想，推进公共法律服务各业务、各部门间有效衔接配合。建立公共法律服务质量反馈、监督、评价和惩戒机制，强化公共法律服务流程监管和质量监督。积极推行服务承诺、首问负责、服务公开、限时办结等工作制度，用好服务惠民的指挥棒，开展法律服务案卷质量评查、群众满意度测评等工作，进一步提升服务质量水平，真正把公共法律服务体系建成惠及城乡居民的优质工程。着力提升公共法律服务多元化保障水平，以信息资源共享为基础，以数据化分析为突破，以提供特色化、个性化法律服务产品，打造精准、高效的服务模式。健全政府购买公共服务机制，将公共法律服务产品纳入政府购买目录，保证公共法律服务多元化、常态化、可持续。

（三）推进公共法律服务从有形覆盖到有效覆盖

《关于加快推进公共法律服务体系建设的意见》明确提出，要建立城乡全面覆盖、获取便捷、服务高效、普惠人民群众的现代公共法律服务体系。因此，需要加强资源整合，提高服务精准化。具体来说，首先，转变省内各级司法行政机关提供公共法律服务工作的理念，并提高其工作积极性，要主动调研、积极预防、动态观测、大胆研判并提出事前预警。其次，拓展科技手段的利用场景，在多种场景下借助科技手段打造"不打烊"的公共法律服务时空。工作时间内，人民群众可通过线下实体平台和线上热线及智慧服务网络平台便捷获取各类服务；工作时间外，各类线上和线下的电子设备和智慧系统可为群众提供全时空的公共法律服务。此外，还可以充分利用大数据资源和分析手段提升公共法律服务平台的工作质效，整合各级各类公共法律服务数据资源，提升公共法律服务信息化平台协助工作人员进行预防、研判、预警以及提供各类服务参考的能力，加强公共法律服务信息化平台建设。[①]

（四）凝聚公共法律服务队伍合力

公共法律服务工作的质效提升必须依靠一支政治立场坚定和业务素质过硬的公共法律服务队伍。因此，应在现有团队基础上，进一步整合律师、公证员、仲裁员、人民调解员、法律援助工作者、基层法律服务工作

---

① 参见《加快推进公共法律服务体系建设》，《人民日报》2019年7月11日，第1版。

者等服务力量，进一步拓展公职律师队伍。同时，注重从高等院校、科研机构、律师事务所等单位中选取专门人才组建公共法律服务专家顾问团队，为重大、疑难法律问题提供咨询建议。进一步发展志愿者队伍，推动社会力量参与公共法律服务工作，多渠道拓展服务队伍，进一步凝聚公共法律服务队伍合力。

B.4 矛盾纠纷化解报告＊

杜维超＊＊

摘　要： 安徽省各地各部门在传承和发展新时代"枫桥经验"中打造矛盾纠纷化解的安徽模式，各方联动、多方参与的矛盾纠纷多元化解格局正初步形成。在矛盾纠纷化解非诉机制领域，安徽工作基础牢固，大调解工作格局日渐成熟，非诉矛盾纠纷化解成效显著，形成特色鲜明的安徽样本。在诉讼服务助推矛盾纠纷化解层面，在诉讼服务立体化、解纷渠道多元化、"分调裁审"规范化等多个方面形成了安徽经验。同时，安徽各地在探索中逐步形成的丰富的实践样态和多元化的基层制度样板为下一步的工作方向和顶层设计提供了鲜活的素材。在下一阶段的工作中应坚持"纠纷化解一盘棋"理念，完善多元化解矛盾纠纷工作新格局，从而推进安徽矛盾纠纷化解工作向纵深发展。

关键词： 矛盾纠纷化解　诉讼　非诉讼　安徽样本

中共中央《法治社会建设实施纲要（2020—2025年）》提出了"依法有效化解社会矛盾纠纷"的明确要求，要求坚持和发展新时代"枫桥经验"，畅通和规范群众诉求表达、利益协调、权益保障通道，加强矛盾排查和风险研

＊　除专门引注外，本报告涉及的所有事例、数据均为课题组调研所得。
＊＊　杜维超，法学博士，中国法治现代化研究院研究员，南京师范大学法学院讲师。

判,完善社会矛盾纠纷多元预防调处化解综合机制,努力将矛盾纠纷化解在基层。① 矛盾纠纷化解,是防范化解重大风险尤其是社会风险的基础。近年来,安徽省各地各部门通过传承和发展新时代"枫桥经验",聚焦创新发展、打造安徽样板,推进机制建设、聚焦协调联动、强化平台建设、促成社会协同,针对重点领域、化解突出矛盾,着力构建各方联动、多方参与的矛盾纠纷多元化解格局,以前置防线、前瞻治理、前端控制、前期处置为基本原则,最大限度地把各类风险防范在源头、化解在基层、消灭在萌芽状态。

一 矛盾纠纷化解非诉模式的安徽样本

为弘扬和发展新时代"枫桥经验",实现"小事不出网格,大事不出街道"的目标,安徽省坚持党建引领,将党建与矛盾化解工作深度融合,着力从源头上预防和化解矛盾纠纷,以人民调解为工作中心,基层矛盾纠纷非诉化解能力和水平不断提升,多元化解矛盾纠纷新格局初步形成。安徽省认真贯彻落实《安徽省多元化解纠纷促进条例》和《关于依法做好多元化解疫情防控和复工复产中矛盾纠纷工作的意见》,成效显著。2020年,安徽全省共化解各类纠纷矛盾36万余件,各类纠纷化解率总体水平达到98%以上,多数纠纷在基层一线得以化解。②

(一)非诉矛盾纠纷化解工作基础牢固

非诉矛盾纠纷化解组织体系日益健全。安徽积极构建横向到边、纵向到底的人民调解组织网络,覆盖全省城乡的人民调解组织和队伍体系日益健全。大力加强医疗纠纷、道路交通事故调解组织建设,实现全省市县两级调解组织全覆盖。坚持高位推进商会人民调解工作,会同省高院、省工商联出台实施意见,召开全省商会人民调解工作会议,实现市县两级商会人民调解

---

① 参见《法治社会建设实施纲要(2020—2025年)》,人民出版社,2021,第16页。
② 参见张燕《矛盾在萌芽时化解 纠纷在基层中解决》,《安徽法制报》2020年11月24日,第4版。

组织全覆盖。① 目前,全省设立了人民调解委员会2.1万个,建立各类行业性专业性人民调解组织988个,设立个人调解工作室1043个。

非诉矛盾纠纷化解队伍素质显著提高。各地加大《安徽省专职人民调解员管理办法》贯彻落实力度,出台了安徽省《关于加强人民调解员队伍建设的实施意见》,建立专职人民调解员名册制度,统一专职人民调解员证件样式,严格落实司法所所均配备2名专职人民调解员的要求。规范人民调解专项资金使用,督促各地认真落实"以案定补""以奖代补"要求并建立动态调整机制,不断完善案件补贴制度。指导市、县级司法行政机关落实培训职责,不断提高人民调解员队伍专业化水平。建立人民调解员奖励机制,涌现出一大批荣获全国模范人民调解员、全省优秀人民调解员等荣誉称号的基础人民调解员。目前,全省共有专职调解员1.8万人,人民调解员共10.5万名。

非诉矛盾纠纷化解经费保障机制进一步完善。省委政法委、省财政厅联合下发《关于进一步加强人民调解工作经费保障的意见》,进一步明确各级财政对人民调解经费的保障责任。近年来,新增转移支付中专门用于全省人民调解员办案的补贴项目经费逐年提升,从1000万元增加到1800万元。

(二)"大调解"工作格局逐步形成

一是推动形成"大调解"工作格局。安徽加强行政调解工作指导,以省推进依法行政工作领导小组办公室名义印发《关于推进行政调解工作的指导意见》,对行政调解的原则、范围、主体以及程序作了基本规范。开展"三社联动"试点项目,创新完善"警民联调"机制,在公安派出所普遍设立联调室,由公安民警与人民调解员共同调处治安纠纷,② 全省现已在公安派出所设立调委会、调解室1223个,成功化解了大量矛盾纠纷;推进"访

---

① 参见董凡超、范天娇《安徽实现三级商会人民调解组织全覆盖》,《法治日报》2021年1月6日,第3版。
② 方文、孙刚:《警民联调"唱"响和谐》,载安徽长安网,http://www.ahcaw.com/ahcaw/content/2020-04/16/content_8172132.htm,最后访问日期:2021年3月1日。

调对接"机制，全省现已在信访部门设立调委会、调解室481个；健全"诉调对接"机制，与省高院联合印发《关于加强诉调对接工作的若干规定》，着力健全完善"诉调对接"机制，推进人民调解与诉讼相衔接工作机制建设，各地司法行政机关会同所在地人民法院积极搭建"诉调对接"平台，全省现已在人民法院设立调委会、调解室126个。

二是扎实开展纠纷排查化解。全省各地聚焦源头防范，强化研判预警，重点关注前瞻治理、前置防线、前端控制、前期处置，以实现把各类风险最大限度防范在源头、化解在基层、消灭在萌芽状态。完善矛盾纠纷信息预警、分析、研究机制，加强综治信息化平台建设，充分发挥多部门跟踪问效合力，及时发现、会商研判重大复杂矛盾纠纷，督促妥善处置化解，以服务于维护全省大局稳定。进一步强化基层矛盾纠纷信息员队伍建设，完善社会信息收集、报送、分析机制和反馈机制。① 各级政府部门进一步完善矛盾纠纷排查调处工作协调会议纪要月报制度，不断建立健全挂牌督办、定期排查、包案化解、联合调处等长效机制。各地积极挖掘人民调解潜能和优势，探索劳动争议、物业管理、医疗卫生、交通事故、环境保护等重点领域工作模式，并继续做好损害赔偿、婚姻家庭、邻里关系等传统形态矛盾纠纷化解，以把矛盾纠纷化解在基层、消灭在萌芽状态为基本目标，扎实开展矛盾纠纷预防、排查和化解工作。

三是积极推进"智慧调解"工作建设。安徽各地对现存调解工作信息管理平台进一步升级优化，在此基础上开展智能、移动调解信息平台研发工作，目前"智慧调解"系统项目已列入招标采购清单。以"智慧司法所"建设为抓手和契机，全面升级完善现有的司法行政基层工作信息管理系统，以"功能整合、服务一体"为基本要求，建立统一的智慧司法所平台，以整合基层的司法行政各个业务信息管理系统，实现"一个平台登录、一个账户办理"全系统合成；遵循可视化、移动化、即时化的信息化发展趋势

---

① 参见聂学剑《群众评议助力矛盾纠纷化解——阜阳市颍泉区"村民自治"创新司法调解模式》，《安徽法制报》2021年2月24日，第1版。

要求,以人民调解工作移动化、智能化、便民化、数字化为目标,将智慧司法所平台与单兵设备、移动终端等对接,加快人民调解信息管理系统的改版升级。①

(三)非诉矛盾纠纷化解成效显著提高

非诉化解矛盾纠纷更加高效。近年来,以深化信访制度改革为抓手,安徽省实现信访形势结构趋优、信访下行、总量下降、秩序良好的态势。8万余人次各级党政领导开门接访,共接待群众37万余人次11万余批,信访问题7万余件得以解决。突出强调网上信访主渠道作用,提升群众表达诉求的便捷度。各地充分发挥人民调解组织网络覆盖城乡的优势,积极完善矛盾纠纷定期排查制度,构建联动化解机制。仅2020年上半年,全省共24.8万件各类矛盾纠纷通过人民调解组织完成调解,调解成功率达99%。通过"一村一警"包村联系、社区警务、"一企一警"对接联系等七大载体,形成集多元调解、速裁快审等功能于一体的诉讼服务中心专门调解速裁区,为群众提供多元化社会纠纷解决方案。②

非诉矛盾纠纷化解工作规范化水平全面提升。一是规范人民调解委员会建设。省司法厅下发关于进一步规范人民调解委员会要素的标识的通知,对人民调解委员会的名称、标牌、标识、印章等7个方面进行全面规范。二是规范行业性专业性人民调解工作。省司法厅联合人社、妇联等部门出台了《关于做好婚姻家庭纠纷预防化解工作的实施意见》《关于进一步加强劳动人事争议调解仲裁完善多元处理机制的实施意见》等相关政策文件,明确相关行业主管部门、设立单位的工作职责,以及协调配合的机制流程和调解相关纠纷的基本要求。

非诉矛盾纠纷化解工作品牌日益成形。通过开展具有安徽特色的调解工

---

① 参见李光明《安徽实施司法所建设提档升级三年行动计划 全面落实司法所派出机构管理副科级建制》,《法制日报》2020年1月14日,第2版。
② 参见汪国梁、李晓群《我省加快推进社会治理现代化》,《安徽日报》2020年10月10日,第1版。

作,将"枫桥经验"与安徽深厚的地方传统文化底蕴相结合,依托深厚的传统文化底蕴,把"六尺巷"典故蕴含的"和为贵"的精神应用于矛盾纠纷化解实践过程中,积极营造礼让文化氛围,与"五调"联动机制嵌合,创新社会治理、打造多元解纷体系,在"听、辩、劝、借、让、和"基础上,推出"六尺巷调解法"多元解纷体系升级版,形成了具有文化特色、地域特点、时代特征的社会治理新模式。① 各地还形成了"宣城调解七法"、濉溪县临涣镇"一杯茶"调解法等调解特色品牌,并与安徽广播电视台联合打造策划,推出"走基层、拜人民调解员为师"专题系列调解电视节目。②

二 诉讼服务助推矛盾纠纷化解的安徽经验

近年来,安徽司法系统以让司法为民用得着、看得见、有效果为目标,创新作为,持续推进一站式多元解纷和诉讼服务体系建设,从而持续提升群众在诉讼服务中的满意度和获得感。在全国诉讼服务质效评估中,安徽法院总分高居第二位,安徽高院居全国高院第二位,亳州、六安、滁州、宿州、蚌埠、马鞍山、芜湖、淮北8家中级法院得分进入全国中院排名前20位,17家基层法院得分进入全国基层法院排名前50位。诉源治理、多元解纷成效显著,全省76家法院案件量同比下降;"安徽法院建设一站式多元解纷和诉讼服务体系"入选安徽省2020年度"十大法治事件";安徽省高院推出的18项一站式建设具体举措,在长三角地区法院影响广泛,受到高度认同,并被正式纳入2020年长三角地区法院司法协作框架协议。③

(一)诉讼服务立体化

为进一步方便当事人立案,安徽法院全面贯彻落实立案登记制的要求,

---

① 参见王原《"六尺巷+"探索基层社会治理新路子》,《安徽法制报》2021年2月24日,第1版。
② 参见李光明《徽风皖韵成就和谐 安徽创新发展打造新时代"枫桥经验""安徽版"》,《法治日报》2021年1月21日,第1版。
③ 参见周瑞平《安徽:一站式解纷 立体多元规范》,《人民法院报》2021年3月1日,第6版。

建立"当场立、自助立、网上立、就近立"互相支撑补充、四位一体的便民立案新体系。安徽三级法院"标配"跨域立案服务，通过网上立案审查系统接收跨域立案协助申请，迅速完成跨域立案，并将缴费通知单及送达地址确认书等手续通过申请法院送达原告。当事人异地诉讼不便问题得到有效解决，全省法院2020年共跨域立案2849件，其中跨省1322件。

各地法院全面对诉讼服务中心完成升级提档，集合立案服务、分调裁审、多元解纷、涉诉信访、审判辅助五大板块，由以前仅提供立案服务的"挂号室"升级为综合性解纷的"门诊部"。真正做到"走进一个门、事务一站清"，可以对立案登记、诉前调解、送达、保全、鉴定等近50项诉讼服务事项进行一站式办理。[①] 2020年11月，安徽高院全面推广"一次办结"机制，进一步加强诉讼服务标准化建设，对民间借贷、离婚纠纷等八类案由的立案材料一律采取公示清单制度，以"让群众最多跑一次"为基本原则，对于符合条件的案件做到当场立案。

"智慧诉讼服务"形态日益丰富。安徽各级法院积极构建一网通办各项业务，智慧诉讼服务全面接入"中国移动微法院"和"安徽法院诉讼服务网"，大力推行网上立案。2020年上半年，全省法院通过网上立案渠道收到申请64644件，审核通过47133件；2020年全面网上立案渠道共收到申请175546件，同比增长53%，审核通过136143件，同比增长249%。2020年春季，法院诉讼服务大厅因为新冠肺炎疫情暂时停止服务，全省法院立即全面推广网上立案，确保"诉讼服务"和"疫情防控"同时保障。安徽高院还积极建立12368诉讼服务热线系统，实现全省法院统一入口、数据共享、集约管理；实现12368热线一号通办，进一步完善智能问答系统，保障热线与送达、鉴定、保全、信访等信息平台无缝对接，形成全国领先的诉讼服务样板。

诉讼服务效果继续优化。各地法院积极引入社会化服务，将保全、送达

---

① 参见武新邦《安徽促进诉讼服务中心提档升级 出台窗口职责规范和明察暗访规程两个文件》，《人民法院报》2019年2月12日，第1版。

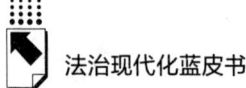

等审判辅助事务外包,并引入银行、公证、邮政等单位进驻诉讼服务中心,以积极为法官减负。积极推广邮政集约送达,2020年邮政集约送达率达到80%以上的法院有123家,并对异地送达实现全程网上办理、全域集中打印。着力破解送达难问题,继续优化电子送达程序,全面推广应用网上送达平台,2020年共实现211万余次网上送达,其中电子送达达到59万余次,有力保障审判工作提效增速。办案系统与鉴定、保全平台全面对接,全省法院保全案件的53.78%通过网上保全系统申请,共达到2616件;全省法院委托鉴定案件的74.26%通过委托鉴定系统在线委托,共达到251件。①

(二)解纷渠道多元化

安徽全省法院积极融入党委和政府领导下的诉源治理机制建设,充分发挥在社会治理中的重要功能,努力打造安徽版新时代"枫桥经验"。安徽高院推动在全省平安建设考评指标中纳入"万人成讼率"和"无讼村(社区)创建"。积极助推各地、各部门落实多元解纷主体责任,通过执法检查充分配合《安徽省多元化解纠纷促进条例》实施开展。② 合肥、淮南、黄山等地中院将万人成讼率作为工作绩效标准之一,引入基层力量共同化解矛盾纠纷,在各地推动开展"无讼村(社区)创建"。滁州法院探索形成"一村一法官"解纷模式,该模式被确立为该市"法治为民办实事"项目之一。和县人民法院与综治平台主动全面对接,探索全流程调解新品牌。近三年来,全省法院诉前委派调解案件量每年的增幅超过50%。

完善多元解纷格局。近年来,安徽法院着力为群众提供多层次、多渠道、多类型的解纷工具,积极构建衔接配套、分层递进的纠纷解决体系。安徽高院与安徽省司法厅联合印发《关于加强诉调对接工作的若干规定》,基

---

① 参见周瑞平《安徽:一站式解纷 立体多元规范》,《人民法院报》2021年3月1日,第6版。
② 《省人大常委会审议关于检查我省多元化解纠纷促进条例和有关意见实施情况报告的意见》,载安徽人大网,http://www.ahrd.gov.cn/article.jsp?strId=107a3410fc474e99a71fae0b8d833116&strColId=d446fe13a1d943bf98e0552278230c64&strWebSiteId=1448865560847002&,最后访问日期:2021年2月26日。

本完成了省级层面诉调对接全覆盖目标，并建立健全了调解工作协调员等配套制度。① 安徽高院持续深入推进解纷机制多元化建设，与14家省直机关共同研究出台了诉讼对接工作意见，2020年又与中国人民银行、中国银保监会相关部门联合出台《关于全面推进安徽省金融纠纷多元化解机制建设的实施意见》。

继续深化常态化诉调对接制度建设。安徽各级法院引入行政机关、人民调解员、行业组织、律师等参与调解，在诉讼服务中心普遍设立物业纠纷、婚姻家庭、劳动争议等调解工作室，强化多方联动、诉讼引导，共同解纷。② 滁州两级法院创新商会调解委员会诉前调解工作，创设诉前和解中心，解纷效果取得显著成效。滁州、芜湖、阜阳、淮南、淮北、安庆、马鞍山等地积极建设纠纷调解委员会助力专业领域纠纷多元化解，建立了金融纠纷、道路交通纠纷、物业纠纷调解委员会。2020年，安徽全省各地法院设立113家专业化调解工作室，聘请了2813位特邀调解员、1292个特邀调解组织，共委托、委派调解36万余件案件，同比增长81%。

不见面、全天候纠纷调解服务全面开展。人民法院调解平台主动与综治、道交等解纷平台融合对接。在天长市人民法院、滁州市南谯区，当地法院实现调解平台与工商联商会调解服务平台总对总全面对接，在全国范围内尚属首次，为我国司法服务提供了优良示范样本，并受邀在2020年全国高级法院院长座谈会和第二届民营经济法治峰会上进行主题发言，介绍推广相关经验。2020年新冠肺炎疫情发生后，安徽各地法院积极推广人民法院调解平台应用，通过线上特邀调解组织、调解员，为当事人提供全天候、不见面的纠纷调解服务。2020年全省法院网上调解36万余件案件，33万余件结案，其中21万余件成功调解，调解成功率63.55%，其中在线调解案件总数的15.36%通过音视频调解完成，共计55319件。

---

① 参见周瑞平《安徽：一站式解纷 立体多元规范》，《人民法院报》2021年3月1日，第6版。
② 参见李晓群《提升人民群众司法获得感》，《安徽日报》2021年1月20日，第10版。

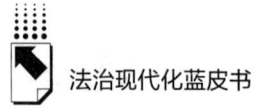

（三）"分调裁审"规范化

诉前分流作用充分发挥。安徽法院坚持能调则调、当判则判，调审结合、快速解纷，深入推行"分流、调解、速裁、快审"机制改革工作。依法积极开展先行调解，除根据法律规定不得调解的外，对当事人起诉均发放《委派调解告知书》，解释说明诉前委派调解的具体规则及其优势，在充分尊重当事人意见的前提下实施先行调解；当事人不同意调解或调解失败的，依法登记立案并进入诉讼程序。诉前分流机制有效地衔接了诉讼与非诉讼解纷机制，两者形成了各司其职、互相配合的局面。2020 年，全省法院一审民商事、行政案件的约 50%通过诉前委派调解予以解决，共计 30 多万件，诉讼与非诉机制的协同作用有效地提高了解纷效果。[1]

全面推动案件快慢分道、轻重分离，推行繁简分流机制。2020 年，安徽实现繁简分流智能识别系统全省法院全覆盖，各地法院均配备案件分流员，通过人工分辨与智能识别互为补充，达成了简案快审、繁案精审的目标。在实现三级法院调解速裁团队全覆盖的基础上，[2] 安徽高院进一步制定了审案件繁简分流标准，在全省有 16 家中院在二审案件中开展了繁简分流、速裁快审工作，2020 年共速裁快审二审民商事、行政案件 17538 件，社会效果良好。安徽各地法院共设立速裁庭 38 个、速裁快审团队 232 个，法官 1000 余名，共速裁快审 34 万余件案件，平均审理期限约 30 天，极大地提高了审判效率。各地法院严格时限节点，建立健全细致的流程规范，坚持少数法官办理多数简单案件、多数法官办理少数复杂案件，对类型案件集约管理，集中送达、集中调解、集中庭审、集中宣判，加速案件审理进程。[3]

---

[1] 参见周瑞平《安徽：一站式解纷　立体多元规范》，《人民法院报》2021 年 3 月 1 日，第 6 版。
[2] 参见范天娇《安徽三级法院调解速裁团队全覆盖》，《法制日报》2019 年 7 月 18 日，第 3 版。
[3] 参见周瑞平《安徽：一站式解纷　立体多元规范》，《人民法院报》2021 年 3 月 1 日，第 6 版。

三 安徽矛盾纠纷多元化解的基层探索

习近平同志强调,要"把鼓励基层改革创新、大胆探索作为抓改革落地的重要方法"。① 安徽在探索推进矛盾纠纷化解工作新格局的过程中,充分发挥基层的主动性、创造性和积极性,安徽各地积极开展探索创新,形成了丰富的实践样态和多元化的基层制度样板,为下一步工作方向和顶层设计提供了鲜活的素材。

(一)合肥市瑶海区:"大调解"格局助力市域社会治理

建立街道社会矛盾纠纷调处化解中心。2020年5月起,合肥三里街街道启用了全省首家街道社会矛盾纠纷调处化解中心,利用网格特点,通过中心整合了综治中心、安监站、司法所、市场监督管理所、城市管理中队等多个部门,实现多部门联动合作。标准化扩建硬件基础设施,整合了律师工作站、人民调解委员会等功能室,吸纳了法官、检察官、律师、警官、网格员、心理咨询师等专业人员,极大地拓展了基层调解的深度和广度。该中心自启用至今已经受理65起纠纷,调处成功45起。

先行先试"一街道一特色"。瑶海区的镇、街、开发区针对辖区矛盾纠纷多、类型复杂的特点,结合人民调解工作进行了不同探索,以先行先试的态度,切实将辖区的矛盾吸附在当地、化解在萌芽、解决在基层。嘉山路街道"和为贵调解室"是该街道人民调解委员会向小区的延伸,调解员结合情与法,受理调解邻居纠纷,取得良好效果;和平路街道建立"五老"调解中心,吸纳了辖区老党员、国有企业退休职工等"五老"人员,利用其丰富的社会经验,处理各种问题把控有力、进退有度,实现了"小矛盾不出院,大矛盾不出社区";城东街道成立了"133调解室";红光街道建立了

---

① 参见《鼓励基层改革创新大胆探索 推动改革落地生根造福群众》,《人民日报》2015年10月14日,第1版。

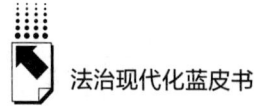

"老工人调解帮";胜利路街道结合"小巷管家"工作开展矛盾纠纷调解。

整合资源搭"解纷"大平台。瑶海区司法局将镇、街、开发区综治中心建设与司法所提档升级建设充分结合,全面融入镇、街、开发区的社会基层治理,形成以司法所为主导,综治、网格、公共法律服务融合的基层矛盾调处化解一体化格局。目前,瑶海区已成立物业矛盾纠纷人民调解委员会,并大力推动实体化运行,已在部分镇、街、开发区选点设立分中心。同时,在法院已建成商事调解工作站的基础上,成立了瑶海区商会人民调解委员会,选派商事调解领域专家和律师前往法院驻点,化解辖区商事矛盾纠纷。2020年以来,瑶海区人民调解3459件案件,3436件成功调解,其中疑难复杂案件59件,成功率99.33%,排查纠纷595件,预防纠纷396件,调解组织在化解社会矛盾中的"第一道防线"作用充分发挥。①

(二)六安市:构建线上线下联动矛盾纠纷多元化解机制

2020年以来,安徽省六安市积极创新发展新时代"枫桥经验",着力构建线上线下联动矛盾纠纷多元化解机制,显著提升了矛盾纠纷多元化解工作质效。六安市充分利用市县乡村四级综治中心等工作平台,创建"四个一"部门联动模式;以各级综治中心标准化建设为抓手,通过建立"9+X"综治信息系统和"实战型"综治中心,扩建矛盾化解"线上+线下"通道,健全"网上流转、网下办理"工作机制,打造矛盾纠纷多元化解综合性一站式服务平台;充分整合各政法单位和相关部门的职能、资源,加强专兼职调解员队伍建设,借助信息化指挥系统,严控矛盾纠纷监测关、源头关、管控关,及时掌握重大疑难矛盾纠纷和不稳定因素,以灵活反应、及时化解。

充分凸显政法机关关键性角色。六安市依托全市前期统一建设的综治"9+X"信息系统,在县、乡、村三级综治中心工作范围中纳入多元化解矛

---

① 参见《合肥市瑶海区整合资源 优势互补——"大调解"格局助力市域社会治理》,《安徽法制报》2020年8月28日,第1版。

盾纠纷综合性一站式服务，进一步规范"矛盾纠纷排查化解子系统"的运行流程，有效地优化了全市矛盾纠纷的交办、督办、受理、统计、反馈等各环节工作，做到了统一受理、归口管理、集中梳理、限期办理、依法处理。政法委牵头统筹规划，充分整合信息资源和行政力量，协调政法机关和相关部门，做到矛盾纠纷线上流转一地受理、一键分流、一网融合、一元统筹。

强化基层解纷主战场地位。六安市进一步推动"大调解"体制机制优化，以加强人民调解组织建设为重点，先后印发了《六安市行政调解与人民调解工作衔接配合的实施意见》《六安市司法调解与人民调解衔接工作意见》《关于进一步加强"访调对接"工作的实施意见》以及市委、市政府联合印发的《关于进一步深化大调解体系建设的实施意见》等十余份规范性文件。目前，全市共设立2198个人民调解委员会，其中144个乡镇（街道）调委会，1934个村（居）调委会，共8963名调解员，包括616名专职调解员。六安市不断强化基层干部在矛盾纠纷排查化解中的主体作用，设立村（居）干部调解工作责任金，建立绩效考核制度，有效地激励了干部积极性。

构建线上线下全覆盖服务平台。六安市积极运用新技术提高化解矛盾纠纷效率，在综治分平台中接入综治视联网视频会议系统，并逐步向有条件的村一级延伸，以视频系统为载体立体化开展矛盾纠纷线上化解，打通矛盾化解"线上+线下"通道。基层群众可以通过"视频会诊、仲裁、调解、诉讼"等方式，"面对面"与乡镇、上级部门领导、专兼职调解员反映情况、解决诉求，从而享受"一站式"调解服务。当地实践证明，综治信息化系统在解纷工作中的运用可以有效简化工作流程，打破部门壁垒，提高解纷工作质效，提升群众满意度。目前，六安市、县区矛盾纠纷系统已实现和部门、乡镇的全线对接，专人专岗负责运行保障，综治中心已全部实现规范化运行。①

---

① 参见李光明《六安构建线上线下联动矛盾纠纷多元化解机制》，《法治日报》2021年1月12日，第8版。

（三）池州市：矛盾纠纷化解"温暖"系列品牌暖民心

打造品牌，发挥示范引领作用。2020年以来，池州市出台了《关于创建矛盾纠纷化解"温暖"系列品牌打造新时代"枫桥经验"池州版的实施意见》，并就"枫桥经验"池州版工作专门召开现场推进会，部署落实"温暖"系列品牌建设方案；全市各政法机关积极打造"温暖"系列品牌，设计品牌LOGO，增强品牌辨识度，最终形成"温暖控申"、"温暖家事"、"温暖联调"和"温暖调解"品牌等池州政法机关矛盾纠纷化解"温暖"系列品牌矩阵，充分发挥了品牌示范引领作用。池州市委政法委牵头积极推进健全完善集接待、服务和办案于一体的工作区，进一步加强家事法庭、检务大厅、警民联调室和法援中心、人民调解室建设。工作区实行统一标识，统一悬挂工作制度和工作流程等，设立律师接待室、心理疏导室、询问室等便民设施，提供面向群众的"一站式"服务。

完善平台，支撑多元立体调解体系。池州市政法机关进一步健全人民调解，完善行业调解，规范司法调解，丰富拓展司法调解内涵，建立健全"诉调对接""检调对接""警调对接"机制。主动发挥司法对矛盾纠纷多元化解的推动、引领和保障作用，探索调解快速司法确认机制，加强诉讼与非诉讼矛盾纠纷解决机制的衔接协同。整合资源，发挥党政机关法律顾问和"一村一法律顾问"作用，建立律师参与代理和化解矛盾纠纷机制，提高基层公共法律服务专业化水平，提升村、单位内部矛盾纠纷化解能力；邀请辖区党代表、人大代表、政协委员参与基层矛盾纠纷化解，在乡镇（街道）和村（社区）均设立"两代表一委员"工作室，为群众提供立体多元矛盾纠纷解决渠道。

强化能力，提升为民服务质效。池州市政法机关坚持牢记服务理念，强调服务党委、政府中心工作大局，主动推动脱贫攻坚领域矛盾纠纷排查化解，助力当地脱贫攻坚战。在矛盾纠纷化解全过程中贯穿释法说理工作方法，做到说透法理、事理、情理，增强群众对解纷结果的接受度和获得感，提升社会总体满意度。池州市政法机关积极构建左右衔接、上下贯通、四级联动的大调解工作格局，按照实体化运行、一体化运作要求，充分运用信息技术，全面推进四级综治中心规范化建设，实现了社会矛盾纠纷"一条龙受理、一站式服务、一揽子解决"，极大提高了化解矛盾纠纷的效率。乡镇（街道）党工委发挥领导作用，充分动员政法委员，以乡镇（街道）综治中心"实战平台"为抓手，整合基层工作力量，完善事件流转程序机制，实现优势互补、工作联动、信息互通，着力满足"办实事、解难事"工作要求。[①]

（四）阜阳市颍泉区："村民自治"创新司法调解模式

近年来，刘小寨村揭牌成立了阜阳市首个村级"民声诉求服务中心"。该村本着尊重民意、倾听呼声、就地解决的初衷，在区、镇司法行政部门精心指导下，按照"群众的事情自己办"的工作思路，发动群众、依靠群众，针对群众的诉求和矛盾纠纷，创新开展群众评议的办法，并以全程录像、巡回展播的辅助方式，取得了实实在在的良好效果。

在基层工作中，以矛盾纠纷排查调解为主要着力点。该村"两委"坚持"大事化小、小事化了"，"小事不出村、大事不出镇"，将矛盾问题消解在萌芽状态；通过学习全国先进经验，摸索出一种适合当地情况的矛盾排查调处新机制——群众评议工作机制，邀请广大党员群众公开评议，同步录像，巡回展播，把群众关心的诉求和矛盾纠纷统统拿到桌面上。对占地补偿、低保评定等村民关心的问题，将工作评议全程录像，评议实况在村广场大屏幕上无剪辑巡回展播，处理结果获得村民广泛认可。

该村以"五老"为选拔基础，通过政策法规培训上岗后，选出评议员46人。一般矛盾纠纷会在评议前期通过协商化解，重大复杂问题采取投票决断，通过倾听、评理、纳言三个环节，进入评议程序。评议员采取随机抽取方式，并设计了申请回避制度。在评议过程中，全程录音录像，当事人面对镜头，都会回归理性，大部分矛盾纠纷自行化解。近年来，该村累计排查

[①] 参见李光明《池州矛盾纠纷化解"温暖"系列品牌暖民心》，《法治日报》2020年12月29日，第3版。

315件矛盾，58件立卷处理，230件调处化解，矛盾纠纷发生总量呈逐年下降态势。全村连续四年无信访、无刑案，村民们的安全感、满意度和幸福指数连年提升。近年来其先后被评为全省民主法治示范村、省级森林村庄、阜阳市美丽乡村二十佳，并被列为省政府发展研究中心调研联系点。①

四 安徽进一步推进矛盾纠纷化解工作的着力点

当前安徽矛盾纠纷化解工作全面推进，纠纷多元化解机制和大调解格局基本成形，并形成了丰富的实践经验和品牌样板，有力地激发了安徽基层社会治理新动能，助推了安徽治理体系和治理能力现代化。但在工作中也存在少数纠纷化解主体履职不到位、培育纠纷化解组织不足、调解组织发展不均衡、多元化解纠纷保障措施不够有力、基层经费短缺、队伍人才流失等问题。对此应在以下几方面进一步推进矛盾纠纷化解工作向纵深发展。

第一，全面提高政治站位。要始终坚持以习近平新时代中国特色社会主义思想为指导，按照习近平总书记关于"完善社会矛盾纠纷多元预防化解综合机制"的指示精神，牢固树立以人民为中心的发展思想和宗旨意识，增强做好矛盾纠纷多元化解工作的责任感、使命感。要把矛盾纠纷化解工作提升到推进国家治理体系和治理能力现代化层面，坚持和发展新时代"枫桥经验"，将预防矛盾纠纷贯穿于重大决策、行政执法、司法诉讼全过程，从源头上减少矛盾纠纷的产生。各相关职能部门要进一步深化认识，深刻理解《安徽省多元化解纠纷促进条例》和《关于依法做好多元化解疫情防控和复工复产中矛盾纠纷工作的意见》的精神内涵，积极探索矛盾纠纷多元化解工作的新思路、新方法，从提升社会治理能力和水平考量，统筹谋划、精心组织、综合施策。要从回应群众诉求的现实需要着手，努力营造多元化解的良好氛围，提升广大群众对矛盾纠纷多元化解的信任度。

---

① 参见聂学剑《群众评议助力矛盾纠纷化解——阜阳市颍泉区"村民自治"创新司法调解模式》，《安徽法制报》2021年2月24日，第1版。

第二,坚持"纠纷化解一盘棋"理念。各地各部门要强化宣传引领,营造法治氛围,坚持多措并举,深入推进《安徽省多元化解纠纷促进条例》的贯彻实施,切实把矛盾纠纷解决在萌芽状态、化解在基层。要相互协调,增强忧患意识,坚持"纠纷化解一盘棋"理念,深化诉调对接、检调对接、警民联调等衔接机制建设,对人数众多、社会影响较大的纠纷,实行统一指挥、部门联动、综合协调、快速处置,形成各方面齐抓共管的工作合力。推进行业性、专业性调解工作,发挥公证机构、司法机关在调解协议效力确认方面的重要作用,提高调解协议的强制性效力,增强纠纷化解实效,做到"案结事了"、定分止争。

第三,深化多元化解矛盾纠纷工作新格局。进一步加大服务保障力度,加强经费保障,建立案件补贴标准以及调解个案补贴动态增长机制,细化明确各类经费、补助、薪酬的发放渠道,通过科学测算、分类逐步实施的方式完善矛盾纠纷多元化解工作的经费保障。加强行业性专业性调解平台建设,在进一步规范医疗纠纷、婚姻家庭等行业性专业性人民调解组织工作的基础上,以物业管理等领域为重点,建立人民调解组织,拓展行业性专业性人民调解组织覆盖范围。创新工作方式方法,要将法治、德治理念融入矛盾纠纷化解工作中,把社会治理的重心向基层下移,落实到城乡社区,在社会治理网格化管理工作中发挥好矛盾纠纷多元化解的重要作用。要积极探索新时代化解群众性纠纷的新机制,增加社会共识,提高社会凝聚力,促进社会和谐;要提倡协商解决纠纷,充分发挥和解、调解等非诉方式在社会自治、行政执法、和谐司法和社会治理方面的重要作用,拓展当事人自主和平等参与纠纷解决渠道,减少对抗性裁决机制和机械适用法律的弊端。积极探索通过购买服务等方式将矛盾纠纷化解交给社会组织等第三方承担,引导社会组织参与矛盾纠纷化解工作,充分发挥社会力量和社会治理的协同作用。要强调问题导向意识,在强化基层组织和社会团体功能、补齐基层排查化解短板弱项、加强解纷综合服务平台建设、推动信息共建共治共享等方面进一步提升工作效果。

B.5
社会基层治理报告[*]

杜维超[**]

摘　要： 安徽坚持共建共治共享的社会治理现代化工作新方向，统筹城乡发展，社会基层治理取得显著成效。坚持以政治为纲，党建活动进一步强化了社会基层治理组织保障；以法治为要，法治建设切实下沉到基层治理体系；以德治为基，社会基层治理道德底蕴进一步得到丰富；以自治为本，社会参与基层治理的活力全面得到激活；以智治为辅，数字化深度赋能社会基层治理。正是得益于"五治"的有机融合，基层社会治理能力逐步得到提升，全面打造了基层社会治理的"安徽样本"，真正实现了治理难题在"五治"中破解、社会和谐在"五治"中构建、群众满意度在"五治"中提升。

关键词： 社会基层治理　安徽样本　"五治"融合

以习近平同志为核心的党中央高度重视城乡基层治理工作，明确提出了"让基层治理更强更高效"的要求，并指出，基层治理和服务的能力越强，社会治理的基础就越牢固。这就要求我们必须着力抓基层、打基础，推动社会治理和服务重心向基层下移，不断提升基层社会治理水平。[①] 2020年，中

---

[*] 除专门引注外，本报告涉及的所有事例、数据均为课题组调研所得。
[**] 杜维超，法学博士，中国法治现代化研究院研究员，南京师范大学法学院讲师。
[①] 参见董璐《让基层治理更强更高效》，《中国应急管理报》2021年1月30日，第1版。

共中央印发《法治社会建设实施纲要（2020—2025年）》，提出"完善社会治理体制机制"的工作目标，要求完善党委领导、政府负责、民主协商、社会协同、公众参与、法治保障、科技支撑的社会治理体系，打造共建共治共享的社会治理格局。① 在此背景下，安徽近年来始终坚持共建共治共享的基层社会治理现代化工作新方向，统筹城乡发展，以政治为纲、法治为要、德治为基、自治为本、智治为辅，切实推动了"五治"有机融合，逐步提升了基层社会治理能力，通过"五治"融合打造了基层社会治理的"安徽样本"，实现了治理难题在"五治"中破解、社会和谐在"五治"中构建、群众满意度在"五治"中提升。

一　政治为纲：党建强化社会基层治理组织保障

推进国家治理体系和治理能力现代化，绝不能削弱党建工作在社区治理实践中的分量。城乡社会治理的最坚强保证就是加强党的领导，因此要健全基层党组织工作体系，推动党组织向最基层延伸。针对基层治理的突出问题，安徽通过党建引领，统筹凝聚各方力量，围着基层想、围着基层转、围着基层干，基层党组织的组织力、凝聚力、战斗力不断增强，基层党组织的壮大丰富了基层治理的资源、增强了基层治理的力量，基层治理从过去的"单兵作战"转变为当前的"协同善治"。通过基层社区党组织发挥领导作用，实现组织共建、机制衔接、资源共享、功能优化的系统优化和整体提升，单位、行业及各领域党组织有机联结，不断推进基层党建高质量发展。

（一）坚持政治先行强组织

其一，始终坚持理念先行。安徽改变过去街道社区、行业系统条块分割的工作定式，大力宣传提倡各地各单位树立城市基层治理的大党建理念，引

---

① 参见《法治社会建设实施纲要（2020—2025年）》，法律出版社，2021，第13页。

导各领域党组织树立全局性观念和系统化思维，推动形成聚合态势，塑造党建共同责任。近年来，省内各地市委对基层党建开展专题研究工作104次，并出台了168个相关配套文件，共举办近2000场次城市基层党建专题培训班，共培训党建工作人员6万余人次。打造市、区、街道、社区党组织四级联动的组织体系、制度体系、责任体系，层层压紧压实责任。全省16个市和所有县市区成立了党建工作领导小组，党建工作联席会议在街道和社区层面普遍成立，形成了一贯到底、上下协同的良好态势。①

其二，深化基层体制改革。安徽强调将党组织深植在基层沃土，注重发挥党建在基层治理中固本培元、穿针引线的作用。为更好发挥党建对基层治理的引领作用，各地不断创新基层党建体制机制，推动党的建设融入基层治理全过程各环节。合肥市持续推进街道党组织"赋权、减负、增配"，基本完成了街道内设机构"大部制"改革，同步健全"社区党委（党总支）—网格党支部—楼院党小组"组织体系。②合肥市瑶海区创新推动"两单五微"工作模式，构筑了基层党建组织、服务和治理"三大体系"，实践出"基层出题、部门答题、联动解题、群众评议"的基层治理"四步工作法"，逐步破解辖区老旧小区多、发展空间不足、人口密度大、外来人口多、老工业区历史遗留问题多等治理难题，交出了有效破解瑶海基层治理之困的瑶海答卷。③

其三，建好基层战斗堡垒。安徽各地高度重视党建引领作用，充分发挥党组织的组织资源转化为社会治理法治化的资源优势，注重培养乡村自治能力，完善基层社会治理体系。例如，安徽濉溪孙疃镇党委密切联系实际，加强干群关系，理顺群众情绪，解决各类纠纷，化解矛盾问题，有效处理信访事项，促进社会和谐共生；镇村党组织坚定政治站位，夯实基层社会治理根

---

① 参见《安徽以"三抓一增强"为抓手　全面推进新时代城市基层党建》，《中国城市报》2020年11月9日，第21版。
② 参见《党建引领　打造基层治理"红色硬核"》，《安徽日报》2020年9月29日，第9版。
③ 《合肥市瑶海区：党建引领"开"出了基层社会治理新路径》，载安徽先锋网，http://www.ahxf.gov.cn/Home/Content/1084046? ClassId =18，最后访问日期：2021年1月21日。

基，把问题解决在田间地头，把矛盾解决在农家炕头；广泛动员社会多元力量，推进人民调解、行政调解和民间调解。2020年以来，全镇发生各类矛盾纠纷84件，成功调处81件，化解率达96%，反弹现象为零；组织专班人员，加大攻坚克难力度，化解信访积案3起。[①]

（二）坚持实效引领筑阵地

首先，基层治理架构进一步健全。近年来，安徽全面推行"两委"班子成员交叉任职，社区党组织书记通过法定程序担任社区居民委员会主任，95%以上的居务监督委员会主任由社区党组织班子成员兼任，全省实现"一肩挑"的社区超半数，保证了党的领导全面融入基层群众自治。以社区物业党建联建为抓手，推动社区普遍建立党组织领导下的协商议事平台，由社区业委会、居委会、物业企业等多方共同参与，以充分解决好群众关心的社会基础事务。天长市各社区由社区党组织牵头成立"三联办"，建立业主委员会、社区居委会、物业服务企业的三方协调机制，每周举行定期碰头会，协调解决社区物业管理难题。

其次，做实基本治理单元。2020年，安徽进一步升级社区网格设置，打造囊括综治、信访、城管等各类网格的治理"一张网"，同步加强全网格党建。全省社区继续优化网格化管理格局，共划分2.4万个各类网格，成立网格党支部或党小组的网格占比57%，配备3.4万名专兼职网格员，以实现组织进楼、服务进家、协商共治，切实把党的组织和服务落实到群众身边。[②] 实现"有组织、有人员、有平台"，保障群众对基层治理效果可知可感可评。以网格化治理为基础开展"零距离"党建工程，实现党组织联系服务党员、机关联系服务基层、党员联系服务群众全面零距离。合肥市瑶海区进一步推进网格精细化治理，在区、13个镇街开发区、66

---

① 参见王锦森《深化基层社会治理 提升群众幸福指数》，《安徽法制报》2020年11月20日，第3版。
② 参见《安徽以"三抓一增强"为抓手 全面推进新时代城市基层党建》，《中国城市报》2020年11月9日，第21版。

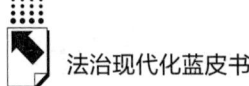

个社区设立了网格化服务管理中心,划分居民网格520个,专属网格76个,共建成网格党支部474个,并建设了540个党员先锋楼组,共有2800余户党员家庭。①

最后,筑牢基础治理阵地。安徽持续加大阵地硬件建设力度,全省所有街道社区全部建成党群服务中心,在各居民区建立党群服务中心(站)共2565个。确立了党群服务中心每百户居民拥有综合服务设施面积不低于30平方米、不足1000户的社区不低于300平方米的建设标准,各社区党群服务中心面积绝大部分超过300平方米。桐城市投入打造20个标准化社区党群服务中心,累计投入5000万元资金,实行全程代办、AB岗等制度,快捷回应群众需求。②合肥市瑶海区坚持"建好管好用好",推进党建工作对网格全面覆盖、小区重点覆盖、新兴领域有效覆盖;推动党群服务阵地延伸进小区、进楼宇、进市场,在区、街道、社区三级53个党群服务中心之外,新建"左邻右舍"党群服务站点105个,培育55支"小巷管家"党群服务队伍。③

(三)坚持创新推进抓方法

第一,始终保持高位推动。安徽省提出实施城市基层党建"三抓一增强"工程,为全省城市基层党建工作提供了有力抓手和方法路径。省委先后发布了《关于加强城市基层党建工作的意见》《全省城市基层党的建设工作重点任务》,全面部署基层党建工作推进路径。横向上,省委相关工委和有关行业主管部门责任处室联合建立季度业务会,共同研究城市基层党的建设工作要点,全面推动行业主管部门和驻区单位主动融入属地中心工作,牢固树立共驻共建意识,提升城市基层党建实际效能。纵向上,市

---

① 《合肥市瑶海区:党建引领"开"出了基层社会治理新路径》,载安徽先锋网,http://www.ahxf.gov.cn/Home/Content/1084046?ClassId=18,最后访问日期:2021年1月21日。
② 参见《安徽以"三抓一增强"为抓手 全面推进新时代城市基层党建》,《中国城市报》2020年11月9日,第21版。
③ 《合肥市瑶海区:党建引领"开"出了基层社会治理新路径》,载安徽先锋网,http://www.ahxf.gov.cn/Home/Content/1084046?ClassId=18,最后访问日期:2021年1月21日。

委加强领导,市委组织部会同市直相关部门,对照省委下发任务筹划推进措施,逐项确定责任单位和完成时限,推动各级部门抓好工作落实。①

第二,始终强化示范引领。以"3+3"全国城市基层党建示范市建设为抓手,定期指导调度,设定重点研究课题,总结推广基层有效经验做法,发挥示范引领作用;推动城市基层党建"领航"计划,着力打造一批党建工作品牌,形成基层党组织学有榜样、赶有目标的新局面;以点带面,开展城市基层党建省级示范社区命名工作,提升党建工作社会影响。党组织和党员发挥先锋带头作用和战斗堡垒作用,深入一线宣讲政策。突出普法宣传教育活动,增强群众法治观念,养成自觉守法、遇事找法、解决问题用法、化解矛盾靠法的习惯。党风促政风,政风带民风,引导公众自觉履行法定义务、社会责任,坚持问题导向和需求导向,重心下移,不断提高基层社会治理能力和治理水平,千方百计地提升人民群众幸福指数。②

第三,始终勇于实践创新。安徽省以党建引领推动社会治理创新,让来自群众的每个声音得到尊重、每件"小事"受到重视。合肥市瑶海区发挥基层党组织的力量,建立"红色物管联盟",通过融合共建、联动共治、资源共享,打造"美好生活共同体",不断提高老百姓的满意度、幸福感。恒通社区成立自治管理委员会,每周二下午召开例会,老党员、老职工带领居民代表共议社区大事小情,解决群众关注的"关键小事"。安徽通过党建引领、多方参与、情理法交融,探索涌现出"一杯茶"调解法、六尺巷调解法、"老娘舅"调解法等创新实践,为"枫桥经验"注入新的时代内涵,筑牢和谐社会的第一道防线。③

---

① 参见《安徽以"三抓一增强"为抓手 全面推进新时代城市基层党建》,《中国城市报》2020年11月9日,第21版。
② 参见王锦森《深化基层社会治理 提升群众幸福指数》,《安徽法制报》2020年11月20日,第3版。
③ 参见《安徽以"三抓一增强"为抓手 全面推进新时代城市基层党建》,《中国城市报》2020年11月9日,第21版。

法治现代化蓝皮书

二 法治为要：法治建设切实下沉到基层治理体系

党中央高度重视社会建设，大力推进社会建设理念创新，将"社会管理"升级为"社会治理"。党的十八届三中全会决定明确提出，要创新社会治理体制，提高社会治理水平。党的十八届四中全会决定进一步强调，要坚持系统治理、依法治理、综合治理、源头治理，提高社会治理法治化水平。从"社会管理"到"社会治理"，从"提高社会治理水平"到"提高社会治理法治化水平"，反映了我们党对社会建设规律认识的深化，为更好地推进社会治理创新指明了方向和路径。① 近年来，在全面深化改革、全面推进依法治国的大背景下，安徽着力借助法治力量、运用法治方式推进社会治理创新，切实推动法治建设下沉到城乡基层社会治理体系，有力地提升了社会基层治理水平。

（一）法治促进基层社会治理现代化

党的十八届四中全会指出："全面推进依法治国，基础在基层，工作重点在基层。"② 推动基层治理体系和治理能力建设，法治必须先行。依法行政是推进基层治理法治化的核心内容。安徽省委全面依法治省委员会印发了《关于深入学习贯彻习近平总书记重要讲话精神 深化依法防控疫情和依法治理工作的实施意见》，对进一步深化全面依法治省工作实践，提高依法防控疫情和依法治理工作能力，为企业复工复产、决战脱贫攻坚提供法治保障和服务等作出了部署安排，在依法防控疫情和服务保障经济社会发展中提高了法治建设效能。其中包括推进依法决策依法行政、统筹法治工作服务疫情防控和疫后治理、推进基层治理法治化等3项任务共11项举措。安徽省加强政府信息公开，稳定疫情后期及疫后社会各方预期，主动、全面、准确发

---

① 参见柴振国、潘静《社会治理创新的法治路径》，《人民日报》2014年11月17日，第7版。
② 《中共中央关于全面推进依法治国若干重大问题的决定》，人民出版社，2014，第36页。

布权威信息，对重要的地方性法规规章进行了全面的政策解读，及时回应了社会的关切。①

推进乡村治理体系和治理能力现代化，法治乡村建设提速升级。安徽省印发了《关于加强法治乡村建设的实施意见》，明确了法治乡村建设的"规划书"和"路线图"，描绘出江淮法治乡村建设的"新蓝图"。该实施意见提出11个方面62项措施推动法治乡村建设，提出到2022年，"全省努力实现涉农法规制度更加完善，乡村公共法律服务体系更加完善，基层执法质量明显提高，干部群众尊法学法守法用法的自觉性明显提高，乡村治理法治化水平明显提高"；到2035年，"基本建成法治乡村，乡风文明达到新高度，乡村社会和谐稳定开创新局面，基本实现乡村治理体系和治理能力现代化"。②

安徽省持续推动打造新时代"枫桥经验"安徽版，积极运用法治思维和法治手段解决涉及群众切身利益的各类矛盾纠纷，先后发布了《多元化解矛盾纠纷促进条例》和《完善矛盾纠纷多元化解机制意见》。坚持弘扬"四下基层"工作法，继续推进"四重"信访攻坚，探索开展信访"四最"试点，矛盾纠纷化解率保持在98%以上。③ 全省各地充分发挥人民调解组织覆盖城乡的组织优势，坚决落实矛盾纠纷定期排查制度，强化基层矛盾纠纷化解。对疫情防控期间产生和积累的基层矛盾纠纷，基层人民调解委员会在应调尽调基础上，采取法理情相结合等方式灵活处置；对重大疑难复杂纠纷，积极统筹基层法律服务、律师、公证、法律援助、法治宣传、司法鉴定等法律服务资源，形成化解矛盾纠纷的联动机制。据统计，2020年上半年，全省人民调解组织共调解24.8万件各类矛盾纠纷，调解成功率99%。④

---

① 参见李晓群《我省出台深化依法防控疫情和依法治理50条举措》，《安徽日报》2020年5月11日，第2版。
② 参见李晓群《我省全面部署法治乡村建设》，《安徽日报》2020年8月30日，第2版。
③ 参见鲍家春《共建共治共享更高水平平安安徽——2020年全省政法工作综述》，《安徽日报》2021年1月21日，第1、3版。
④ 参见李晓群《夯实基层社会治理根基》，《安徽日报》2020年9月9日，第10版。

（二）法治夯实基层社会治理基础

安徽持续推动法治资源下沉，提升法律服务供给水平，夯实了基层社会治理基础。全省共建成省市县三级公共法律服务中心124个、乡镇（街道）公共法律服务工作站1512个、村（社区）公共法律服务工作室1.39万个，实现省、市、县、乡镇（街道）、村（居）五级公共法律服务实体平台全覆盖。规范运营省级统一的12348公共法律服务咨询热线，将12348法律服务热线打造成为接受法律咨询、宣传法律知识、疏导群众情绪、提供法律服务、指导群众维权的综合性平台。健全村居法律顾问制度，制定《安徽省村居法律顾问服务指南》，全省配备村居法律顾问1.75万家，实现了全省村居法律顾问全覆盖。实施法律扶贫服务项目，落实《关于在全省农村全面实施"法律明白人""法治带头人"培养工程的意见》，全省培养"法律明白人"16万余人，"法治带头人"2万余人，有力地充实了基层治理法治力量。

当前，安徽公共法律服务体系不断完善，以村民共享法治建设成果为根本目标，积极打通满足村民对法律服务需求的"最后一公里"。旌德县积极保障基层法治供给，法律顾问全面覆盖全县383个村（社区），义务接受群众咨询协助处理法律事务，目前，法律顾问咨询指导调处1.42万余件矛盾纠纷，接受群众法律咨询1.37万余人次；[1] 深入推进"一村（居）一法律顾问"制度，聘任136名法律顾问为68个村（居）提供法律服务，建立法律服务微信群为群众答疑解惑，2020年上半年就解答群众法律问题100余个。[2]

通过法治资源下沉，基层治理秩序得到了明显优化。例如，修订村规民约遵循"法治思维"，邀请法律顾问深度参与修订，对具体条款进行逐条合

---

[1] 参见尹金旺《安徽涡阳：以法治方式推进基层社会治理上台阶》，《民主与法制时报》2021年2月5日，第3版。

[2] 《旌德县多举措助推基层社会治理法治化》，载旌德县人民政府网，http：//www.ahjd.gov.cn/News/show/1140669.html，最后访问日期：2021年2月13日。

法性审查，全过程进行合法性把关。旌德县村规民约更新由法律顾问参与后全面展开，全县以"法治思维"修订村规民约在383个村（社区）"遍地开花"。法治思维成为基层长效管理的核心手段，促成村容村貌不断进步，在法律顾问指导下，涡南镇董楼村探索创建了五好文明家庭示范户、最美庭院示范户、道德文明示范户、垃圾分类示范户、孝老爱亲示范户等示范户细则，明确了村规民约的内容，为董楼村长效管理提供了有力抓手。

（三）法治提升群众安全感和满意度

近年来，安徽坚持以法治手段推进平安建设，连续9年进入全国平安建设先进行列。2020年8月，习近平总书记在安徽省考察时对平安安徽建设给予充分肯定。①

首先，以法治手段夯实基层基础，筑牢防控体系。安徽省市县乡四级平安建设协调机制日益健全。持续推动市域社会治理现代化试点，积极开展考核和结果运用，压实行业监管责任和主体责任，推动形成一级抓一级的责任链条。统筹开展社会治安防控体系"1454"工程建设、"守护平安"系列行动，精准发力，狠抓过程管理，防控体系建设质效全面提升。推广群防群治新机制，织密"城乡社区、社会面、内部单位和行业场所、网络社会、公共安全、视频技术"六张防控网，强化城乡社区及社会面治安，共建立4757个城乡社区警务室、240万个各类视频防控点。继续推进平安建设队伍专业化，各地批复专门机构和编制，全面推行"一村一警"包村联系制度、"警民联调"工作机制，落实专兼职人民调解员。②动态化条件下的勤务运行模式全面优化，坚持"以打开路、打防结合，打出声威、防出实效，标本兼治、守护平安"的打防观，全方位、全天候掌握社会治安主动权。据

---

① 参见鲍家春《共建共治共享更高水平平安安徽——2020年全省政法工作综述》，《安徽日报》2021年1月21日，第1、3版。
② 参见鲍家春《共建共治共享更高水平平安安徽——2020年全省政法工作综述》，《安徽日报》2021年1月21日，第1、3版。

统计,近年来,全省群众安全感和满意度连年上升。①

其次,法治手段持续推进扫黑除恶专项斗争。安徽政法机关以"六清"工作为抓手,持续推进"一十百千万"行动,坚持"办案、打伞、断财、治乱"同步发力、一体推进,坚决打响"五大会战",依法严惩处置黑社会性质组织犯罪,群众安全感、满意度明显提升。强化重点行业领域专项治理,针对交通运输、非法占地、"校园贷""套路贷"等问题,精准展开"一案一整治",形成"办理一批案件、解决一类问题、完善一项制度"的良性循环。截至2020年底,全省共打掉1771个涉黑涉恶团伙,起诉1438件涉黑涉恶案件,1365件一审审结,862件二审审结,查封、扣押、冻结涉案资产130.49亿元,立案查处4744件涉黑涉恶腐败和"伞""网"问题案件。全省八类严重暴力案件发案数、刑事案件发案数持续下降,降幅分别为7.23%、20.42%。2020年下半年,安徽省群众对扫黑除恶专项斗争成效满意率达到96.34%,位居全国前列。②

三 德治为基:丰富社会基层治理道德底蕴

习近平同志指出,中国特色社会主义法治道路的一个鲜明特点,"就是坚持依法治国和以德治国相结合,强调法治和德治两手抓、两手都要硬"。③这既是对历史经验的深刻总结,也是对治国理政规律的深刻把握。这一重要论述表明,以德治国是走中国特色社会主义法治道路的题中应有之义,依法治国和以德治国相互补充、相互促进、相得益彰,不能将二者割裂开来。④

---

① 参见汪国梁、李晓群《我省加快推进社会治理现代化》,《安徽日报》2020年10月10日,第1版。
② 参见鲍家春《共建共治共享更高水平平安安徽——2020年全省政法工作综述》,《安徽日报》2021年1月21日,第1、3版。
③ 《习近平:坚持依法治国和以德治国相结合 推进国家治理体系和治理能力现代化》,《人民日报》2016年12月11日,第1版。
④ 参见《既讲法治又讲德治——学习习近平同志参加重庆代表团审议时关于法治与德治的重要论述》,《人民日报》2018年3月16日,第7版。

近年来，安徽切实发挥德治在社会治理中的基础作用，以培育和践行社会主义核心价值观、丰富文化惠民服务、营造文明和谐新风为抓手，不断探索基层德治建设新路径，取得了显著成效。

（一）核心价值观筑牢社会基层治理根基

近年来，安徽深入学习贯彻习近平总书记考察安徽重要讲话指示精神特别是关于社会主义精神文明建设的重要论述，认真贯彻落实党的十九届五中全会精神，增强"四个意识"，坚定"四个自信"，做到"两个维护"，围绕实现"十四五"规划和2035年远景目标，总结运用好"十三五"时期精神文明建设经验，立足新发展阶段、贯彻新发展理念、构建新发展格局，坚持以社会主义核心价值观引领文化建设，围绕举旗帜、聚民心、育新人、兴文化、展形象的使命任务，对标贯彻落实党中央、省委关于精神文明建设重要决策部署，促进满足人民文化需求和增强人民精神力量相统一，各项工作取得积极成效。2020年，省直机关20个单位获得"全国文明单位"称号。[①]

全省宣传思想文化战线持续贯彻习近平总书记考察安徽重要讲话指示精神持续走深走实，突出主线，聚焦主题，从践行"两个维护"的政治高度，坚定不移用习近平新时代中国特色社会主义思想凝心铸魂，开创了安徽省宣传思想工作新局面。各级党委把宣传思想工作提升到全局性重要工作位置，压紧压实意识形态工作责任制，构建大宣传工作格局。全省高扬主旋律、传播正能量，履行"举旗帜、聚民心、育新人、兴文化、展形象"使命任务，各项工作在围绕中心、服务大局中展现新作为，在守正创新、攻坚克难中焕发新气象。一是思想引领有力量；二是大战大考有担当；三是特色工作有影

---

① 《安徽省直机关精神文明建设"五个一成果"颁奖典礼在肥举行》，载安徽省机关党建网，http://www.ahszgw.gov.cn/system/2020/12/23/011843680.shtml，最后访问日期：2021年2月21日。

响;四是文化惠民有质量;五是治理水平有提升。①

近年来,安徽大力培育和践行社会主义核心价值观,深入实施公民道德建设工程,深化拓展"践行核心价值、打造好人安徽"主题实践活动,创造出道德建设领域的"安徽现象",涌现出全国道德模范7人,荣登"中国好人榜"511人,全国道德模范和"中国好人榜"入选数均位居全国第一;文明创建活动成效显著,安徽省8个市在全国精神文明建设先进评比中跻身地级全国文明城市行列,位居全国第二;8个县(市)入选县级全国文明城市榜单,位居全国第三;新增和复查确认全国文明单位304个、文明村镇225个、文明家庭32个、文明校园49个,均居全国前列。②

(二)德治制度架构日益成熟完善

安徽持续推动新时代文明实践中心(所、站)建设,以此为抓手弘扬时代新风,培养时代新人,推动新时代文明实践落地生根。实践中心(所、站)机构采取"3+N"组织架构,逐步推动三级组织架构覆盖各市县。③有23个县中心建设入选全国试点,天长市被中宣部、中央文明办确定为打造文明实践"先行试验区"的全国重点联系市。全省目前建成新时代文明实践中心(所、站)2万多个,实现县乡村三级全覆盖。各地突出效果导向,聚焦群众需求,坚持"群众在哪里,新时代文明实践中心就延伸到哪里",涌现出"一刻钟宣讲""举旗帜送理论""板凳课堂""振风超市""乡村播报"等典型性样板。④

安徽各地志愿服务转向经常化。安徽省注册志愿者人数快速增长,2020

---

① 《全省宣传部长会议在合肥召开》,载安徽文明网,http://ah.wenming.cn/zyls/tml/202101/t20210122_5925725.shtml,最后访问日期:2021年2月22日。
② 参见陈敏《安徽深入实施公民道德建设工程 全国道德模范和"中国好人榜"入选数均居全国第一》,《合肥日报》2020年12月30日,第2版。
③ 《立德铸魂 凝心聚力 以社会主义核心价值观为引导展示文明形象》,载中安在线,http://aq.anhuinews.com/system/2020/09/03/008510317.shtml,最后访问日期:2021年2月2日。
④ 参见陈敏《安徽深入实施公民道德建设工程 全国道德模范和"中国好人榜"入选数均居全国第一》,《合肥日报》2020年12月30日,第2版。

年总数跃居全国第五位,达到1100多万人,入选全国学雷锋志愿服务"四个100"先进典型63个,数量居全国前列。① 志愿服务日益规范化。各地深入贯彻国务院《志愿服务条例》,大力推广"全国志愿服务制度化、组织化、规范化、信息化发展,推动志愿服务活动的发布、组织、管理逐步由线下转到线上",先后成立了由公务员、企事业单位员工、青年、巾帼、夕阳红、"白衣天使"等高素质人才组成的志愿者队伍,志愿服务逐渐向规范化、经常化转变。② 志愿服务层次进一步向基层延伸,例如怀宁县持续开展农村志愿服务工作,推进志愿服务制度化、常态化,2020年上半年新增注册志愿者2041人、志愿团体6个、志愿服务项目42个。③

(三)发挥道德引领功能提升治理效能

其一,弘扬德治新风,开展文明实践。安徽扎实推进"理论宣讲进基层"活动,组织宣讲员、志愿者深入社区、网格、学校和企业等开展文明实践和理论宣讲。天长市广陵街道全年开展各类文明实践活动150余场次,理论宣讲120余场次,受众2万余人,取得良好效果。④ 绩溪县将"崇尚德治"作为加强全县农村社会风气治理的道德规范准则,在实施乡村振兴"五百工程—百村善治"工作中,以规立德,提升群众自觉修养,净化乡村社会风气。规范建设示范村"三治"广场、党群服务中心等场所,广泛宣传社会主义核心价值观、家风家训、移风易俗等文明创建常识和活动成效,通过"好人榜""乡贤榜"等精神文明建设成果集中展示,营造了崇德向善

---

① 参见陈敏《安徽深入实施公民道德建设工程 全国道德模范和"中国好人榜"入选数均居全国第一》,《合肥日报》2020年12月30日,第2版。
② 《立德铸魂 凝心聚力 以社会主义核心价值观为引导展示文明形象》,载中安在线,http://aq.anhuinews.com/system/2020/09/03/008510317.shtml,最后访问日期:2021年2月2日。
③ 《"三治融合"提升基层治理能力》,http://www.fzahw.com/index.php?m=content&c=index&a=show&catid=332&id=78055,载法治安徽网,最后访问日期:2021年2月24日。
④ 《天长:"三治并举"构建基层治理新格局》,载新华网,http://www.ah.xinhuanet.com/2020-11/13/c_1126735848.htm,最后访问日期:2021年2月11日。

的好氛围。①

其二,强化道德榜样示范,内化基层治理效果。安徽通过开展"优秀共产党员""十星级文明户""好婆婆""好媳妇""身边好人"等评选活动,树立各行业典型,掀起了传承弘扬身边好人和道德榜样的热潮,增强了群众的参与感和获得感,引导和示范效果很显著。②绩溪县积极开展道德评议活动。定期开展"绩溪好人""季度志愿服务标兵"评选工作,积极推荐优秀身边好人参加全国、省、市好人评选;同时,广泛开展"我推荐我评议"身边好人活动、"我和我的祖国"、"乡村好人"、"创建之星"、"新时代好少年"等多种形式的评选活动,树立了一批批身边榜样。③

其三,充分挖掘文化资源,塑造社会道德新风。桐城积极挖掘六尺巷文化中蕴含的谦和礼让、知进退的文化精髓,在"听、辩、劝、借、让、和"基础上,与创新社会治理、打造多元解纷体系的社会治理需求打通,推出"六尺巷调解法"多元解纷体系升级版,打造了具有桐城特色、地域特点、时代特征的社会治理新模式,实现矛盾纠纷就地解决。④天长市不断增强孝亲文化的影响力,连续举办城市社区孝亲文化节,通过群众性孝亲文化活动宣传孝亲美德,营造尊老、敬老、爱老的浓厚社会氛围,让孝文化成为天长市社会治理的响亮品牌。⑤绩溪县积极培育文明乡风,挖掘优秀家风家训内涵,开展家风家训"出祠堂、入学堂、挂厅堂、入心堂"活动,通过悬挂家训牌和其他示范牌的形式,丰富门庭文化,引领乡风文明。⑥

---

① 《绩溪县:崇尚德治 净化乡村风气》,载安徽文明网,http://images1.wenming.cn/web_ah/sxsb/202006/t20200616_5675617.shtml,最后访问日期:2021年1月25日。
② 《泗县:以德治村赋能乡风文明》,载宿州文明网,http://ahsz.wenming.cn/qxdt/202101/t20210107_6896226.html,最后访问日期:2021年1月24日。
③ 《绩溪县:崇尚德治 净化乡村风气》,载安徽文明网,http://images1.wenming.cn/web_ah/sxsb/202006/t20200616_5675617.shtml,最后访问日期:2021年1月25日。
④ 《"六尺巷+"探索基层社会治理新路子》,《安徽法制报》2021年2月24日,第1版。
⑤ 《天长:"三治并举"构建基层治理新格局》,载新华网,http://www.ah.xinhuanet.com/2020-11/13/c_1126735848.htm,最后访问日期:2021年2月11日。
⑥ 《绩溪县:崇尚德治 净化乡村风气》,载安徽文明网,http://images1.wenming.cn/web_ah/sxsb/202006/t20200616_5675617.shtml,最后访问日期:2021年1月25日。

四 自治为本：激发社会参与基层治理活力

党的十九届四中全会审议通过的《中共中央关于坚持和完善中国特色社会主义制度、推进国家治理体系和治理能力现代化若干重大问题的决定》，提出"完善群众参与基层社会治理的制度化渠道"的重要部署。[①] 推进社会治理现代化，重点在基层，基础在群众。城乡社区是社会治理的基础单元，群众是社区治理的关键主体，必须完善自治组织、社会组织，提高群众组织化程度，以进一步提高社会组织能力。近年来，安徽通过党建引领，提升基层治理能力，加强和创新基层社会治理，基层群众自治机制更加完善，社区减负增效优势凸显、服务体系更加健全，探索出一条居民协商议事、共治共享的新路。

（一）基层自治基础能力进一步提升

为了通过共建共治提升自治效果，安徽着力优化基层党组织的领导方式，激发基层自治活力；建立"一核多元"的基层治理体系，把党的组织覆盖到企业、社会组织等各个领域，充分发挥党组织在领导基层治理、团结动员群众、推动社区发展等方面的战斗堡垒作用和核心作用。蚌埠市蚌山区建立了"党员代表+网格员+调解员"特色调解机制，积极开展矛盾纠纷大排查、大调处，就地处置化解矛盾，实现"小事不出网格，大事不出社区，矛盾不上交，服务不缺位"的目标。同时，蚌山区乡街党（工）委组织法律志愿者、平安巡防员在调解纠纷中宣传法律法规和"双提升"、扫黑除恶相关知识，引导群众依法办事，积极参与社会治理工作。[②] 安徽各地推

---

① 参见《中共中央关于坚持和完善中国特色社会主义制度、推进国家治理体系和治理能力现代化若干重大问题的决定》，人民出版社，2019，第29页。
② 《蚌埠市蚌山区："四个强化"推进基层社会治理能力建设》，载安徽经济网，https://www.ahjjw.com.cn/xianyu/2020/0807/124930.html，最后访问日期：2021年3月1日。

动建立健全经费稳定投入保障机制,将城市基层党建工作经费、社区党组织服务群众专项经费纳入各级财政预算;明确提出了要全面落实社区党组织服务群众专项经费,即市辖区的社区每年不低于10万元、县市的社区每年不低于5万元的标准。①

近年来,村民自治试点成效显著,安徽基层社区干部队伍素质进一步提升,全省2600多个社区和1.5万余个村在"十三五"期间同步换届,当选社区"两委"成员大专及以上学历的占近八成,平均年龄40.1岁;村"两委"班子成员高中及以上学历的占近八成,平均年龄43.5岁。以村民小组、自然村为基本单元开展村民自治试点,治理重心和管理资源进一步下移,村民自治半径进一步缩小。持续开展3批省级城乡社区协商示范单位创建,形成天长市"11355"社区协商治理模式、蚌埠市"五化"协商工作法和"六事"协商机制等优秀的社区协商工作法和协商案例。②

(二)基层自治组织体系进一步完善

2020年,安徽以综治中心建设为抓手,推动力量整合、资源优化、实体运行,综治中心与为民服务中心协同运行,形成了基层治理和服务两个"一条龙";通过充分发挥网格作为综治中心"底座"的作用,实现了城乡网格化管理全覆盖。随着社会治理精细化需求的进一步提升,安徽各地进一步创新思路,完善网格管理的长效机制,探索"全科社工"的基层社区服务模式,畅通服务群众的"最后一公里"。③例如,为了将组织建设进一步向基层延伸,濉溪县孙疃镇建立健全基层基础性自治组织,22个行政村分别设立综治维稳信访工作站、人民调解委员会、说事室;120多个"一组一会"活跃在基层一线,50多个文明实践点汇聚正能量。正是这些基层社会

---

① 参见《安徽以"三抓一增强"为抓手 全面推进新时代城市基层党建》,《中国城市报》2020年11月9日,第21版。
② 参见汪国梁《安徽:基层治理减负增效优服务》,《安徽日报》2021年2月18日,第1版。
③ 《安徽:市域社会治理创新勾勒小康新图景》,载新华网,http://app.xinhua08.com/print.php?contentid=1971826,最后访问日期:2021年2月17日。

治理因子，使得人民群众的获得感、安全感、幸福感明显增强。①

安徽各地积极引入社会力量充实自治能力，持续整合优化信息服务平台，推广"一窗式""一站式"服务，培育和引进社区服务、专业调处、公益慈善、文体活动等社会组织，为群众提供精细化、专业化、便捷化服务。② 合肥市整合党建、城市管理、政务服务等功能，打造功能综合化、布局体系化的党群服务网络，紧密融合基层治理组织建设。③ 安徽省界首市充分发挥村（社区）服务性、公益性、互助性社会组织作用，促进基层党组织和社会组织、自治组织、群团组织之间有效衔接、功能联动。④ 龙池社区积极搭建社区社会自治服务平台，成立社会组织联合会，以公益创投基金方式募集资金，近年孵化出多个社区社会组织，社区登记注册志愿者达1198人，常态化开展医疗、环保、文艺、托管教育等特色服务。⑤

（三）群众参与基层自治渠道进一步拓宽

近年来，安徽注重创新党组织领导下的基层民主协商形式，提高群众参与公共事务的积极性。界首市以户区为载体，织牢村（居）网、划定村组格，积极收集社情民意，引导群众参与社会事务和基层治理，着力构建共商共建共治共享的社会治理格局。⑥ 合肥经开区推动社区治理现代化，健全基层治理机制，在小区组织起党群议事会，由居委会、物业、居民代表等组成，形成了居委会、业委会、物业三方联动的共治新模式，有效地应对了清

---

① 参见《深化基层社会治理 提升群众幸福指数》，《安徽法制报》2020年11月20日，第3版。
② 参见《安徽以"三抓一增强"为抓手 全面推进新时代城市基层党建》，《中国城市报》2020年11月9日，第21版。
③ 参见《党建引领 打造基层治理"红色硬核"》，《安徽日报》2020年9月29日，第9版。
④ 参见《党带群建 十户联治 安徽界首打通基层治理"神经末梢"》，《农民日报》2020年6月11日，第6版。
⑤ 《安徽：市域社会治理创新勾勒小康新图景》，载新华网，http://app.xinhua08.com/print.php? contentid = 1971826，最后访问日期：2021年2月17日。
⑥ 参见《党带群建 十户联治 安徽界首打通基层治理"神经末梢"》，《农民日报》2020年6月11日，第6版。

除"小区违建"等治理难题。① 旌德县积极探索"百姓说事点"。全县69个百姓说事点全部完成标准化解建设,开展百姓说事点抽样检查,现场听取站点信息员、村级信息员的信息反馈,共接收咨询调解信息128条。②

通过切实有效的举措,群众参与基层治理的渠道得到了进一步拓宽。舒城县公安局桃溪派出所积极依靠基层、发动群众,实施"社会治安管理村民组长参与制",助力破解基层社会治安管理难题,组长培训后担任基层信息采集员、法律宣传员、治安巡逻员和矛盾纠纷调解员,极大提升了基层社会治安管理效果。③ 颍上县全力贯通基层自治微循环,将成立村嫂理事会作为新农村基层治理体系的重要举措,村嫂在协调邻里关系、化解矛盾纠纷、促进农村社会稳定和谐中起到关键作用,该县30个乡镇共计组织4000余名村嫂入户走访,监督检查群众生活环境,了解群众信访诉求,排查矛盾隐患,积极调解纠纷,为提升颍上县农村基层治理水平、推动乡村振兴战略实施贡献力量。④

五 智治为辅:数字化深度赋能社会基层治理

习近平总书记指出:"运用大数据、云计算、区块链、人工智能等前沿技术推动城市管理手段、管理模式、管理理念创新,从数字化到智能化再到智慧化,让城市更聪明一些、更智慧一些,是推动城市治理体系和治理能力现代化的必由之路,前景广阔。"⑤ 智慧治理是治理科学化、精细化理念在实践领域的实现形式,是数据技术赋能高质量社会基层治理的实践路径,是

---

① 《合肥经开区:协商议事提升基层自治 彻底清除"小区违建"》,载安徽网,http://www.ahwang.cn/content/2020-11/23/content_2184844.html,最后访问日期:2021年2月15日。
② 《旌德县多举措助推基层社会治理法治化》,载旌德县人民政府网,http://www.ahjd.gov.cn/News/show/1140669.html,最后访问日期:2021年2月13日。
③ 参见李晓群《夯实基层社会治理根基》,《安徽日报》2020年9月9日,第10版。
④ 《颍上县:提升"六员"服务能力 实现居住"微自治"》,载安徽省人民政府信访局官网,http://xfj.ah.gov.cn/zxdt/jyjl/55517811.html,最后访问日期:2021年2月15日。
⑤ 《杭州 让城市更聪明更智慧》,《人民日报》2020年6月17日,第1版。

事关新时代国家治理实践的重大课题。近年来,安徽着力融合数字化、智能化、智慧化,从治理思维、治理能力、治理手段、治理装备持续发力,推进安徽基层基础设施标准化、行政事务协同化、服务管理集成化、居民生活现代化,打造"智管、效能、宜居、平安"的基层社区,不断提升城市治理"数""智"化水平。

(一)引领社会基层智慧治理由传统型向现代型跨越

首先,安徽充分发挥现代科技对社会基层治理现代化的关键作用,建立健全三个体系。一是组织架构体系。强化数据资源主管部门功能,以"'数字江淮'总规划+若干专项规划+各市分规划"为引领,组建高效集约的统筹协调机构,整合资源、上下联动、优势互补、一体推进。二是政策法规体系。从省级层面出台数据交换共享与开发利用、信息化项目建设管理与应用推进、电子证照使用等方面的法规制度,加快《安徽省大数据产业发展应用条例》立法进程,研究出台有针对性的扶持政策,为地方开展工作提供保障。三是数据治理体系。全面梳理数据共享需求,建立数据管理标准规范,持续推进社会基层治理要素数据化、数据标准化,建立数据共享机制,提高数据的可用性和利用率,推动形成"用数据对话、用数据决策、用数据服务、用数据创新"的治理方式。[1]

其次,安徽坚持问题导向,扎实推进各项智慧治理试点建设。譬如,蚌埠市继获批全国首个国家级"社会治安综合治理标准化试点"后,全市科学搭建综治中心建设与管理标准体系,编制标准88项,为市域社会治理现代化提供更加健全的标准支撑体系,改变过去各部门分散排查、分散报送、不能共享的局面,实现了全市矛盾纠纷排查化解"智辅决策"的效果。[2] 蚌

---

[1] 《安徽省政协"践行新时代枫桥经验,推进市域社会治理现代化"月度专题协商会图文直播》,载中安在线,http://ah.anhuinews.com/system/2020/05/09/008419135.shtml,最后访问日期:2021年2月19日。

[2] 《智慧赋能 市域社会治理现代化试出"蚌埠特色"》,载蚌埠市人民政府网,http://www.bengbu.gov.cn/ywdt/bbxw/46507131.html,最后访问日期:2021年2月21日。

埠市紫荆名流社区和解三社区入选全省第三批"智慧社区"建设试点,依托"皖事通"建立智慧社区信息系统平台,同时整合开发平安建设、政务服务、物业、养老、卫生等5个子系统,通过数据的集合串联流转、分析汇总研判、功能权限划分,实现资源信息共享和互联互通;建立社区"人、地、事、物、情"基础数据库及更新维护机制。①

(二)实现社会基层智慧治理由信息化向智能化升级

第一,持续加大投入,狠抓关键环节,协同推进建设工作。一是继续强化智慧基础设施建设。安徽以《支持5G发展若干政策》的发布为"新基建"机遇,全面开展5G部署和应用,提升城市感知系统覆盖;持续搭建省、市一体化政务云计算体系,开展建设超算中心前期研究。二是继续开展"城市大脑"建设。安徽多地通过"城市大脑"集成政务服务、应急指挥、协同运行、辅助决策、大数据管理等功能,运用于宏观决策指挥、公共资源配置、事件预测预警等治理场景。三是统筹助推智慧城市建设。安徽各地以基础设施为骨架,以数据为核心,立足市域条件和治理需求,构建协同合作、智能高效、互联互通的智慧治理系统,实现社会基层治理由经验判断型向数据分析型、由被动处置型向主动发现型、由人力密集型向人机交互型升级,助力治理模式、体系、方法全方位现代化。②

第二,积极推进智慧社区项目建设,通过人工智能、大数据、物联网等技术应用,全面提升社区智慧化水平,促进社区治理体系和治理能力现代化。合肥市智慧社区示范样板项目以人工智能、大数据、物联网等高新技术为支撑,将科学化、智慧化管理体系和能力融入社区治理的方方面面,实现社区问题快速发现,社区服务精准触达,基层治理减负增效。根据智慧社区

---

① 《蚌埠市以"智"促"治"开启社区治理新模式》,载安徽省民政厅网站,http://mz.ah.gov.cn/xwzx/sxdt/119793761.html,最后访问日期:2021年2月22日。
② 《安徽省政协"践行新时代枫桥经验,推进市域社会治理现代化"月度专题协商会图文直播》,载中安在线,http://ah.anhuinews.com/system/2020/05/09/008419135.shtml,最后访问日期:2021年2月19日。

项目发展规划，合肥市计划建设1个社区融合平台、1套数据资源体系，围绕社区政务、社区管理、社区服务、社区安全建设4类智慧社区核心应用，形成4个示范样板社区、4个试点小区以及50个平安小区，形成基层智慧治理的试验田。[①]

第三，推行"互联网+监管"，实现"智慧监管"。作为全国首批"互联网+监管"系统对接试点省，安徽省不断完善顶层设计、推进系统对接、建立标准规范，在全国率先完成省级"互联网+监管"系统建设并与国家统一身份认证系统实现对接。上线以来，累计汇聚8250万条监管数据，分类形成9个主题库，认领1128条国家监管事项目录清单、编制7.5万条检查实施清单、发布1726条监管信息、处置1977条风险预警信号、采集30927条监管行为数据、61259个实名用户与国家系统共享互认，向国家"互联网+监管"系统报送监管数据4212万条，切实发挥监管作用。[②]

（三）促进社会基层智慧治理由理念向效能转化

首先，以实现人民群众对美好生活的向往，作为现代科技支撑社会基层治理现代化的出发点和落脚点。一是凸显制度优势。以"智治"夯实"政治"基石地位、强化"自治"能力；充分借助互联网、大数据、区块链等现代科技助推司法公正，强化社会信任，以"智治"保障"法治"约束和"德治"习惯。二是回应群众需求。推动"皖（万）事通办"平台服务落地见效，实现"一码生活"、网购式办事，让"数据多跑路、百姓少跑腿"。推行矛盾纠纷智慧调解，推进一站式接收、一揽子调处、全流程协同、全链条解决，高效精准为群众解决纠纷，提高人民群众的幸福感、获得感、安全感。三是赋能基层治理。清理整合基层信息系统，建设集约化综合服务平台，实现平台一号登录、数据一处查询、信息一口采集、任务一点办理，让

[①] 《建设智慧社区 推动数字化升级》，载合肥在线，http://www.hf365.com/2020/0413/1283215.shtml，最后访问日期：2021年2月19日。

[②] 《安徽深化"互联网+政务服务"探索政府治理新模式》，载新华网，http://www.ah.xinhuanet.com/2020-07/29/c_1126300244.htm，最后访问日期：2021年2月18日。

数据真正为基层所用，切实为基层工作减负。①

其次，深化"互联网+政务服务"，为企业群众提供高质量政务服务。近年来，安徽省推行"互联网+监管"，依托国家政务服务一体化平台构建的统一身份认证、统一电子证照、统一服务事项、统一投诉建议、统一好差评、统一搜索服务等"七个统一"的服务体系，建设"数字政府"；通过打造"皖事通办"平台，进一步丰富服务渠道、拓展服务内容、强化平台功能，为企业和群众提供全覆盖、无差别、高质量政务服务和社会服务，实现"皖事如意"。目前，"皖事通办"平台提供电脑端、移动端、自助端、银行端、电视端5种服务渠道，服务内容从行政审批等政务服务拓展到政府部门及所属企事业单位提供的各类社会服务，实现了1146件个人事项全程网办、64件涉企"一件事"全程联办，平台用户达到4200万人，省级网上政务服务能力连续三年位居全国第一方阵。②

最后，数字化赋能网格化服务，激活"神经末梢"。按照"任务相当、方便管理、界定清晰"的原则，安徽各地市整合多个部门基础工作网格，结合当地实际划分综合治理网格，通过数字化赋能，实现基层社会治理"一网清"。淮北市智慧城管系统内嵌智慧管理的基础网格化数据库，囊括了462894个城市管理部件，城区街道则被划分为4851个万米单元网格和72个责任网格，覆盖了全市的城市路灯、广告牌和酒店垃圾桶，这些基础数据通过网格数据库与城市空间地理、实景影像共同构造出智慧城市的数字底座。每个责任网格配备管理员，确权确责，依托数字技术赋能，结合软硬件联动，跨部门协同，努力实现城市基层治理的智能化。③

---

① 《安徽省政协"践行新时代枫桥经验，推进市域社会治理现代化"月度专题协商会图文直播》，载中安在线，http：//ah. anhuinews. com/system/2020/05/09/008419135. shtml，最后访问日期：2021年2月19日。
② 《安徽深化"互联网+政务服务"探索政府治理新模式》，载新华网，http：//www. ah. xinhuanet. com/2020 -07/29/c_ 1126300244. htm，最后访问日期：2021年2月18日。
③ 《安徽：市域社会治理创新勾勒小康新图景》，载新华网，http：//app. xinhua08. com/print. php？contentid =1971826，最后访问日期：2021年2月17日。

研究报告
Research Reports

B.6
网格化社会治理的理论与实践[*]

——以三个设区市为对象的考察

龚廷泰 菅从进 王 琦[**]

摘 要： 江苏省网格化社会治理工作取得明显成效，形成了特色优势。各地通过高层次推进，使全要素网格化治理在全省扎实落地，主要表现在：大党建引领，党建促发社会治理的创新力；高标准规范，实战化信息化科学化特征凸显；全要素落地，共建共治共享格局依托"网格"而成形；多向度转变，治理成效多领域显现。实践中各地也存在一些问题，具体表现为一些地方的治理机构和工作人员的传统思想观念存在惯性，组织领导不够有力，专业队伍建设不平衡，网格化社会

---

[*] 本报告为中国法治现代化研究院院设项目"江苏省网格化社会治理的理论与实践"的最终成果。除专门引注外，本报告涉及的所有事例、数据、图表均为课题组调研所得。

[**] 龚廷泰，南京师范大学法学院教授，中国法治现代化研究院研究员；菅从进，江苏师范大学法学院教授，中国法治现代化研究院特邀研究员；王琦，南京师范大学法学理论专业博士研究生，中国法治现代化研究院研究人员。

治理缺乏制度性保障。为进一步提升网格化社会治理工作水平，各地应当确立以服务为中心的工作理念，加强党建引领下的领导组织作用，建设专业化的工作队伍，建立完备的网格化社会治理法律规范体系，着力打造具有新制度、新品牌特色的网格化社会治理新模式。

关键词： 社会治理　网格化　共建共治共享

一 引言

历经十年的探索和发展，从个别城市试点性的实践尝试，到全国各省市普遍推开的治理方案，城乡基层网格化社会治理已经成为一种颇具成效的社会治理新模式。它是符合新时代中国基层社会治理客观需求的制度性创新，是新时代党和人民在把握社会发展规律基础上所做的理性选择，是我们党和政府对社会治理历史经验进行科学总结的结果。

（一）网格化社会治理模式产生的社会背景

中国特色社会主义市场经济体制在改革开放带来的社会变革中应运而生，更恰逢第四次工业革命即信息革命的浪潮，经济高速发展，传统的城乡二元体制被整体突破，城镇化进程加快，人口流动快速增加，人民生活水平整体提高，经济和社会交往日益复杂丰富。但社会结构迅速全面的转型和分化，也带来了复杂多变的社会问题。改革开放和经济快速发展引发了我国社会结构的全面快速分化，发达国家经历长达数百年的经济社会发展而引发和应对的社会问题，在我国这样快速发展的国家被高度压缩和汇集，形成了社会变迁的"非稳定状态"频发阶段，从而对我国的国家治理和社会治理提出了严峻的挑战。一方面，我们正处在社会结构大变革大调整时代，大量"单位人"变为"社会人""流动人"，社会风险比以往任何时候都要高，除了传统安全威胁以外，非传统安全威胁也大量滋生，其内涵也有了质的拓展，对一些隐患还难以见底；① 另一方面，人民群众的美好生活需要日益广泛，不仅对物质文化生活提出了更高要求，在民主、法治、公平、正义、安全、环境等方面的要求也日益增长。对城乡基层社会治理而言，快速改变传统治理模式，以构建和提升社会治理体系和治理能力现代化为目标的各种制度创新和实践探索必然应运而生，并需要根据现实有效性不断予以调整、发展、完善和总结。

为应对社会治安、严重违法犯罪、非理性信访和各种突发性群体事件，我国构建了以保障社会安全稳定即维稳为主业的综合管理体系；为应对乱占城市公共空间、乱搭乱建、妨害城市外观的标识、广告行为，我国构建了系统化、队伍庞大的城管体系。其他如人口管理、环境治理和保护、安全生产检查、社会福利和服务保障、建设规划的治理体系也不断强化。其结果是，一方面，管理主体的增设，管理权限的强化、扩大和专业化，以及特定技术手段的支持，并不能从根本上解决诸多长期具有困扰性的问题。例如，管理体系过于条块化，重管理轻服务，过于凸显行政强制的刚性手段而社会主体参与配合不足，政府治理和社会自我调节、居民自治良性互动不足，事后惩治和救济为主而预防不足，权责不一致，工作流于表面化或效率不高，信息不畅，法治思维和法治方式不强，管理模式缺乏灵活性、精准对应性，等等。另一方面，这种由社会需要强力推动的社会治理体制改革，经过10余年的不断探索和创新发展，积累了丰富的经验，日渐形成了明确的理论和实践共识。国家治理体系与治理能力现代化建设这一宏大的工程中，必须囊括当代中国的社会治理创新，即走中国特色社会主义社会治理之路，形成具有中国特色的城乡治理体制。其基本治理模式，是实现社会治理的系统化、综合化、法治化、社会化、精准化、智能化、专业化，将社会治理的基本单位网格化。加强社区治理体系建设，推动治理重心向基层下移，推动社

---

① 参见马长山《智慧社会的基层网格治理法治化》，《清华法学》2019年第3期。

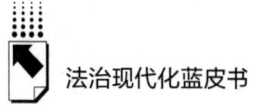

区社会共同体的有机构建，推动基层政府由管理型向服务型的转变，构建社区中各种政治权力与社会权力、权利之间形成有机互动的结构性治理机制，以政府发挥主导、协调作用，社会组织和个人积极参与、推动的网格化服务为重心，构建基层社会良性政社关系，形成共建共治共享的社会治理格局。这种共识不断上升为党和国家的重大决策和指示，成为国家战略。

从某种意义上来说，随着现代治理理念和现代治理的新兴技术不断深入社会治理领域，其必然会催生出网格化治理这一模式。现代信息技术以互联网、地理信息跟踪系统、有线和无线影像技术、通信技术和电子设备等数字化手段为基本支撑，可将无数个信息收集途径汇聚在一个统一的信息技术平台上，运用云计算数据技术便捷地进行信息的整理分拨，发布信息指令并追踪执行情况和及时得到信息反馈。它可以将社会服务对象进行空间上的划分，形成信息收集、上传和承受信息指令、影响的基本单元格，并通过统一网络平台进行信息汇集、处理、分拨、指令、追踪和反馈。网格化的社会治理，将网络技术、数字化手段成功运用于社会治理领域，将社会治理区域进行空间、信息的网格化。一方面，通过全面整合多个政府职能部门的信息资源，调动和协调各职能部门的相应人力物力资源，构建起统一的区域性的数字化城乡管理、社会综合服务的平台系统，主要包括基础数据平台、统计分析平台、社情民意平台、督办督查服务办事平台、考核评比平台、指挥中心平台、系统管理平台、百姓互动平台等；另一方面，通过社区共同体的建设，动员社会组织和个人参与社会服务，并通过电话、计算机互联网、手机短信平台、移动手持终端手段，向平台系统反映自身的需求、社情民意，对政府部门及其工作人员形成有效监督，同时相互之间也形成必要的社会压力和监督约束。由此，它构建出了一个由"天上有云"（云计算中心）、"地上有格"（社会治理网格）、"中间有网"（互联网）的信息化系统支撑的社会治理运行体制。

综上，网格化社会治理模式在新时代的出场，在中国社会发展历史阶段中具有必然性，符合中国社会治理现代化转型的内在需求。

（二）网格化社会治理目标定位的时代提升

网格化治理源自 2004 年北京市东城区开始试运行的"万米单元网格化管理新模式"，此后我国开展了一批城市政府网格化管理试点项目，先后分三批共 51 个试点区域。其在取得一些预期成效的同时，也带来了新的社会问题。一方面，主要在城市社区实践的网格化管理，构建了管理空间的网格化、信息的网格化和管理事务的网格化，强化了行政权力的下沉和对社会的"管控"能力。以"管理下沉、资源整合、块状细分"的方式大大提升了管理的精细化程度和及时响应程度，改变了基层社会的组织方式关系模式，实现了城市空间基层权力的再分配与利益格局的再调整，提升了基层政权的社会管理业绩。另一方面，也带来了城市社区行政化倾向不断增强的问题，基于管理理念的自动化控制和信息管理模式，其对居民的管控度、对政府各部门资源的调动度以及各级政府对它的重视和投入程度，都表现出浓厚的"科层制"意识与"泰罗制"的科学管理色彩。即在网格化管理实践中，行政关系网络化的进一步整合和下沉，与科层制的城市管理意识相结合，在一定程度上导致了社区治理行政化倾向不断增强的问题。[1]

党的十八大以来，中央文件的表述由"社会管理"变为"社会治理"，这是社会治理基本理念与实践的重大转变，它源于传统社会管理方式具有相对社会治理实际需求的滞后性。网格化管理通过互联网技术手段强化了管理和控制，虽然在一定程度上实现了社会管理的智能化，但如果忽略了管理主体与社会主体的互动，忽略社区与居民的内在性、个性化需求，就不能充分动员民众参与治理，发挥社区的自治功能，建构起良性的政社关系，形成多元主体共建共治共享的格局。网格化管理在一定程度上诞生于这种针对社会的控制逻辑，并仍然存在这种色彩。[2] 党的十八届三中全会指出："以网格

---

[1] 参见吴青熹《基层社会治理中的政社关系构建与演化逻辑——从网格化管理到网络化服务》，《南京大学学报》（哲学·人文科学·社会科学）2018 年第 6 期。

[2] 参见秦上人、郁建兴《从网格化管理到网络化治理——走向基层社会治理的新形态》，《南京社会科学》2017 年第 1 期。

化管理、社会化服务为方向,健全基层综合服务管理平台。"① 十八届四中全会指出:"坚持系统治理、依法治理、综合治理、源头治理,提高社会治理法治化水平。"② 由单向的行政控制向多元互动、合作共治的转型,是由现代社会的复杂性、多元性、系统性决定的,任何单一的力量都无法以一己之力应对复杂多样的公共事务问题,必须在明确政府权力主体职责与社会主体权责良性互动的基础上,走向合作共治。因此,网格化管理被网格化治理所替代,放弃的是国家权力对基层社会的单向管理与控制的传统行政逻辑。

党的十九大报告提出:"中国特色社会主义进入新时代,我国社会主要矛盾已经转化为人民日益增长的美好生活需要和不平衡不充分的发展之间的矛盾。人民美好生活需要日益广泛,不仅对物质文化生活提出了更高要求,而且在民主、法治、公平、正义、安全、环境等方面的要求日益增长。同时,我国社会生产力水平总体上显著提高,社会生产能力在很多方面进入世界前列,更加突出的问题是发展不平衡不充分,这已经成为满足人民日益增长的美好生活需要的主要制约因素。"③ 在社会治理领域,人民在民主、法治、公平、正义、安全、环境等方面的要求,与社会治理体制内政府力量与社会力量互动合作的不平衡、不充分,同样形成必须认真解决的问题。因此,十九大报告提出要打造共建共治共享的社会治理格局。加强社会治理制度建设,完善党委领导、政府负责、社会协同、公众参与、法治保障的社会治理体制,提高社会治理社会化、法治化、智能化、专业化水平。加强社区治理体系建设,推动社会治理重心向基层下移,发挥社会组织作用,实现政府治理和社会调节、居民自治良性互动。④ 十九届四中全会提出要建设社会

---

① 《中共中央关于全面深化改革若干重大问题的决定》,人民出版社,2013,第50页。
② 《中国共产党第十八届中央委员会第四次全体会议文件汇编》,人民出版社,2014,第50页。
③ 习近平:《决胜全面建成小康社会 夺取新时代中国特色社会主义伟大胜利——在中国共产党第十九次全国代表大会上的报告》,人民出版社,2017,第11页。
④ 参见习近平《决胜全面建成小康社会 夺取新时代中国特色社会主义伟大胜利——在中国共产党第十九次全国代表大会上的报告》,人民出版社,2017,第49页。

治理共同体。① 《法治社会建设实施纲要（2020—2025年）》再次强调要"加强社会治理制度建设，推进社会治理制度化、规范化、程序化"。② 虽然党和国家的重大决策文件没有明确提出网格化社会治理这个概念，但其推动网格化管理向网格化治理转型的决策是十分明显的。新时代社会主要矛盾的变化和社会治理体制、格局的新要求，决定了我国应当对网格化社会治理工作的基本目标进行新的定位。

新时代我国网格化社会治理的实质，是从以政府为单一管理主体、以管控为主要目标的传统社会管理模式，向以党委领导、自上而下的政府管理与自下而上社会自治的良性互动、管理与服务相融合的多元治理模式转变，即充分利用现代信息技术，通过划小划细基本治理单元，有效实现资源下倾、权力下放、力量下沉，由"管控为主"转向"服务为主"，寓管理于服务，以服务促管理，主动回应和满足群众最关心、最直接、最现实的利益诉求。在行政管理权力下沉的同时变管理本位为服务本位，进一步丰富社会治理的服务内容，有效建设社区共同体和社会组织，强化社区自治功能，明确社区网格化治理的基础是自治，注重培养社区自治氛围和能力，拓宽社会公众参与治理的途径与渠道，有效落实公众的参与权、知情权与监督权。它将基层行政管理的综合化、精细化、智能化、专业化提升为社会治理的综合化③、精细化、智能化、专业化，并真正具有多元化、社会化、法治化的属性。它坚持以人民为中心，做强做实基层社会治理体系，提高社会矛盾预测预警预防能力，是促进社会长治久安的有力抓手，可有效解决基层社会治理源头信息采集难、安全隐患发现难、部门力量资源融合难等难题。它要求各地各部门，要从提高党的执政能力、构建现代化社会治理体系和能力、保障改善民生、落实民主法治等核心价值、维护社会和谐稳定的高度，深刻认识创新网格化社会治理机制的重要意义，努力让网格化社会治理机制挺在基层治理的

---

① 参见《中共中央关于坚持和完善中国特色社会主义制度　推进国家治理体系和治理能力现代化若干重大问题的决定》，人民出版社，2019，第28页。
② 《法治社会建设实施纲要（2020—2025年）》，人民出版社，2020，第13页。
③ 这里的综合化不仅是指职能的综合性，更包含社会服务管理的系统性、整体性、协同性。

最前沿，进一步提高人民群众的幸福感、获得感、安全感。自此，各省市网格化建设试点工作不仅在数量，更在质量的规定性方面得到了进一步拓展和深入。

（三）本报告的研究目的与方法

近年来江苏的网格化社会治理实践的发展较为迅速，取得了不错的成绩。2016年江苏省S市W区、Z区率先试点社会综合治理网格化联动机制。2017年8月，江苏省委政法委确认了全省首批网格化社会治理试点地区。2017年12月，江苏省委办公厅、省政府办公厅联合发布了《关于创新网格化社会治理机制的意见》，在全省部署开展网格化社会治理工作。

中国法治现代化研究院专门成立"江苏省网格化社会治理的理论与实践"课题组（以下简称"课题组"），通过到S市、N市、X市等地进行实地调研，与相关市、县（市、区）、乡镇（街道）、社区（村）四级的相关领导和网格人员进行座谈访谈，到网格化社会治理的各级指挥、运行平台展开现场观察，在资料收集和分析的基础上，形成了这份调研报告。

本研究首先重视对重要文献的搜集和梳理分析。收集和分析研究的重要文献资料包括国家、省、市、县（市、区）所发布的各类指导性文件，江苏各地和其他相关省市网格化社会治理的调研报告及经验总结、期刊学术论文等。通过文献研究，可总体把握江苏网格化社会治理的重要部署、推进路径、基本经验总结、存在的问题及应有对策，梳理总结江苏网格化社会治理的发展历程、基本经验，进一步借鉴兄弟省市网格化社会治理的成功经验，优化符合江苏省情的网格化社会治理模式及其运行机制。

课题组深入试点地区进行实地调研，对相关地区的市、县（市、区）、乡镇（街道）、社区（村）四级的相关领导和网格人员进行深度访谈，共计访谈20余次。有的是逐一采访询问，即个别访谈；有的是召开小型座谈会，进行团体访谈。访谈对象主要为当地分管领导、工作人员。在调研过程中，课题组深入网格化社会治理的各级指挥、运行平台和工作第一现场。通过现场观察，体验网格化社会治理的基本工作流程。对调研场所大数据平台的设备配置、运行状况以及工作台账、工作环境、人员安排等元素进行认真了解；通过让工作人员演示实例、工作环节，深入了解网格化社会治理机制的实际运作情况。

可以说，江苏网格化社会治理工作尽管起步相对较晚，但由于省委、省政府高度重视，实现了后来居上，打造出"全要素网格"的江苏品牌。这一方面对同样起步较晚的江苏省关于网格化社会治理理论的研究提出了更高的新要求，需要承担起理论指导实践的重任；另一方面对江苏省网格化社会治理的特色、经验予以科学的总结，对其存在的不足或有待进一步提升的质效空间予以准确的把握，并提出有效对策。这就是课题组展开本专题调研的目的和意义所在。

二 江苏网格化社会治理实践的经验总结

近年来，江苏的网格化社会治理实践取得了显著成绩，这些成绩是各方面力量形成合力的结果。

（一）高层次推进，全要素网格化治理扎实落地

2017年12月5日，江苏省委办公厅和省政府办公厅联合印发了《关于创新网格化社会治理机制的意见》，明确了江苏创新网格化社会治理机制的指导思想，全面落实中央和省委、省政府关于创新社会治理的决策部署，坚持加强党的建设与创新社会治理相结合，最大限度地整合基层服务管理资源和推动社会治理向前端延伸，不断提升社会治理社会化、法治化、智能化、专业化水平。同时规定了坚持党建引领、注重联动融合、强化科技支撑、加强能力建设的四大基本原则，明确了服务管理网络全面覆盖、服务管理能力全面提高、基层基础工作全面夯实、群众满意度全面提升的基本目标。这从根本上保证了江苏网格化社会治理机制创新的高端部署、高位谋划和高点定位。

1. 高端部署，高标准整体推进

江苏省委、省政府高度重视全省网格化社会治理建设工作。2017年8月，成立了省委常委、政法委书记任组长的省创新网格化社会治理机制工作领导小组，领导小组副组长为政法各部门主要领导，省委政法委副书记任副组长兼办公室主任，并抽调26个部门的业务骨干组成创新网格化社会治理机制工作专班，集中人员、集中时间、集中攻坚，确立了高端部署、多元试点、以点带面、高标准推动的建设方案。

针对各地已有网格化服务管理工作大多是"小盆景"现象，紧紧围绕"把网格打造成基层社会治理的第一道屏障和江苏社会治理工作的一张名片"的目标，坚持全省整体推进，积极培育网格化社会治理的"大森林"，推动形成"一网（多元融合共治网）、一台（大数据智能平台）、一终端（全要素网格采集终端）、一中心（实体化社会治理服务中心）"的江苏模式。一是强化顶层设计，制定指导意见，明确思路和建设标准。在深入调研基础上，省委、省政府发布了《关于创新网格化社会治理机制的意见》，重点明确全省"一二三四五"工作思路。围绕一个中心目标：打造共建共治共享社会治理格局；着眼提升"维护安全稳定和服务居民群众"两种能力；紧扣"公共安全、公共管理、公共服务"三项主业；紧盯"服务管理网络全面覆盖、服务管理能力全面提高、基层基础工作全面夯实、群众满意度全面提升"四个目标；构建"城乡社区网格社会治理体系、网格服务管理责任体系、网格管理工作制度体系、群众诉求联动响应体系、网格社会治理组织保障体系"五大体系。顺利出台网格化社会治理省标，基础建设、联动中心、数据规范等工作快速完成，以"事项准入、治理责任、多元共治、数据共享、法治规范"五张清单，形成网格全面覆盖、能力全面提高、基础全面夯实的"一张网"标准体系。

2017年8月，在精准摸底、精心筛选的基础上，由江苏省委政法委牵头，江苏省开展了首批全省网格化社会治理试点，确定5个设区市、9个区县作为创新网格化社会治理机制的试点单位。有针对性地制定下发试点任务书，对建设全科网格、配齐网格队伍、成立运行中心、完善"网格通"功能等提出具体要求。通过强力推动、集中攻坚，试点工作初见成效，涌现出N市J区"全要素网格"、X区社区信息"一体化采集"、S市W区"综合治理大联勤"，W市X区"一体四翼"、N市C区"多元社区邻里共治"、H市Q区"推动两网融合"等一批特色做法。经过三个多月的实践探索，试点地区网格设置基本到位，网格队伍初步建立。2018年2月，又研究确定第二批8个县（市、区）作为试点单位。此后，"全要素网格通"研发成功，省级平台完成搭建，各地都把网格化社会治理作为党政"一把手"工程进行建设。

近年来，江苏全省上下聚力推进网格化社会治理创新工作，取得了阶段性成效。其一，省领导小组通过召开重要会议，部署推进相关工作，具体包括先后召开网格化社会治理信息化建设工作会议和全省深化基层社会治理创新现场推进会。其二，出台系列重要文件，包括出台网格化社会治理建设的指导意见、制度机制体系、工作标准体系和运行规范体系。如以省委政法委、省综治委名义制定出台包括网格化社会治理在内的政法工作服务高质量发展的实施意见，各地各部门结合职能实际，制定出台具体实施细则、行动计划；发布《全省网格化社会治理信息化建设总体方案（暂行）》，制定全省网格化社会治理制度机制体系（网格员选拔任用、考核奖惩、网格职能协同、网格工作保障）、工作标准体系（江苏网格化社会治理标准及其配套体系）、运行规范体系（网格化基础规范、网格化联动中心建设规范、网格化大数据中心建设规范）等。其三，通过开展各种相关活动，推进各市网格化社会治理形成认知务实、不断创新、相互借鉴、相互促进的争先创优局面。主要活动有：开展创新网格化社会治理机制系列督查活动；围绕中央和省委省政府相关要求、网格化重点任务、网格员实战操作等内容开展全省网格员技能大比武活动；开展试点地区网格化信息化建设攻坚，即做实"一张网"，配齐"一个终端"，建好"一个平台"，打造"一个中心"；[1] 开展全省网格化数据攻坚行动，即坚持用数据说话的原则，组织全省两批17个

---

[1] 参见陈建科《网格化社会治理法治化：逻辑及路径》，《法治现代化研究》2019年第4期。

试点县区开展网格化社会治理数据攻坚，综合考评各地工作情况和信息化建设成果，推动试点工作尽快见效；进一步加强对基层的指导推进，挖掘总结和宣传推广基层工作特色亮点，特别是信息化应用创新成果，组织一次全省集中观摩交流；开展试点县（市、区）考核验收活动；等等。

2. 高位谋划，"一把手"工程全方位实施

全省多数市县把网格化社会治理纳入工作全局中谋划，作为"一把手"工程全方位实施。T市坚持高位推进，将网格化联动中心建设作为全市创新社会治理的头号工程，纳入党政全局工作，不等不靠、主动作为。认真落实"一套班子"全速建设，落实"一把手"工程，成立由市委书记、市长"双组长"挂帅，政法委书记任常务副组长的网格化社会治理工作领导小组，抽调组织、综治、公安、民政、住建、城管、环保等部门精干力量，组建网格组、平台组、保障组等6个实体化工作专班，先后召开全市推进会、现场会、启动大会，统一思想、明确任务、对标作战、序时推进。2017年9月，成立市社会综合治理联动中心，作为市政府直属正科级事业单位，行使网格化社会治理联动工作的受理、指挥、协调和监督职能。中心内设网格管理科、协调研判科、信息保障科和办公室4个职能科室，核定人员编制15名，配备中心座席员、网格督查员等编外用工人员63名，统一纳入辅警管理序列。

T区坚持高位推动，构建科学的组织保障体系。区委、区政府主要领导对网格化工作高度重视，成立了区委书记任组长、区长任第一副组长、区委副书记任常务副组长、区四套班子相关领导任副组长的领导小组，从政法委、公安、民政、国土、司法、城管等单位抽调精干人员组建试点工作专班，集中办公，高效运转，成效显著。各镇（街道）也成立了相应的领导小组，明确将网格化试点工作作为"一把手"工程，并将乡村振兴与高质量发展、大气污染防治等工作项目纳入统一部署，保证各项重点工作在网格化社会治理的框架内共同研究、落实。

3. 高点定位，全要素网格已经形成

在试点建设阶段，江苏就对建设网格化社会治理的具体目标做了科学准

确的把握,即高点定位,推行"全要素网格",并在"全要素网格"的统率下,推动网格服务管理职责清晰化、体系化,驱动网格化治理实现信息采报、便民服务、矛盾化解、隐患排查、治安防范、人口管理、法治宣传、心理疏导八大职责。

近年来,在江苏省委政法委及江苏各级政府的共同推动下,12万个规范网格已在全省范围内铺开,近30万名专兼职网格员投身到网格化社会治理的事业中,网格化服务管理中心已覆盖县、乡、村三级基层组织。由网格员采集、上报的各类矛盾纠纷事件多达885万余件,排查、消除的各类源头安全隐患多达396万起;在网格内发现并处置的各类安全隐患和矛盾纠纷占比高达90%,这也使得试点地区的非警务类警情下降40%左右;省网格化社会治理大数据中心一期平台已基本建成并投入使用,试点期间共汇聚数据资源1454类9776亿条,有效指导基层管控漏管失控重点人员1019名,作出研判指令11.8万条,使全省群众安全感增至97.6%。

(二)大党建引领,党建活力生发社会治理的创新力

网格化社会治理的"格局之新"主要就在于,以社会基层大党建引领多元共治,把党组织建在网格上,培育社会组织、社会力量多方参与,形成共建共治共享社会治理新格局。江苏网格化社会治理工作高度突出党建引领,注重创新党建与网格融合机制,将党的组织建在网格,将党建服务嵌入网格,努力把网格建成坚强党建引领的堡垒,形成党建引领的共建共治共享、自治法治德治一体化的基层治理格局。

1. 党建与网格组织同步发展

充分发挥党组织在网格化社会治理中的领导作用和党员先锋模范作用,必须将创新网格化社会治理机制与加强基层组织建设相结合,使党的领导充分体现在基层社会治理的全场域、全过程。江苏各试点地区从一开始就把坚持"加强党的建设、巩固党的执政基础"作为一条主轴来引导网格化社会治理的联动机制建设,使基层党组织的核心领导和动员能力在网格化机制的

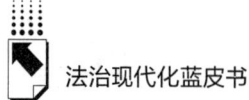

规范运行中得以释放、发展、提升。① 在组织架构方面,纵向构建"乡镇(街道)党委—村(社区)党组织—网格党支部—楼栋党小组—党员中心户"五级组织架构,横向在小微企业、专业市场、群众团队等社会组织中开展党组织集中组建活动。

在试点经验的基础上,江苏要求全省以社会综合治理联动网格为单位,按照"就近活动、就近管理、党员规模适中"的原则,因地制宜设置党组织。在组织设置上,现有基础网格已经建立党支部或党小组的,原则上不再需要重新进行组织设置。现有基础网格没有建立党组织的,符合建立党支部条件的,直接建立党支部,党员规模原则上在20~30人;党员人数较少的基础网格,可以由多个基础网格共建一个党支部,在每个基础网格上再分别建立党小组,实现每个基础网格都有党组织,形成大联动网格、党建网格"两网"有效融合。

C市在全市范围内选派3900余名机关党员干部下沉到网格一线中担任联络员,着力推进网格的党建引领,在各网格上建设党支部和党建服务点。探索网格深层次嵌入党建新模式,党员干部全部下沉到网格内,实施精细化服务。通过广泛听取基层和群众的呼声,掌握基层和群众所急所需,进一步理清工作思路,研究制定整改措施,从而使网格化成为了解民情的"探测仪"、决策的"指南针"、评价作风的"度量衡",实现"听群众说、向群众讲、带群众干、让群众享"的工作目标,把脚步留在每家每户,把口碑树在田间地头,打通联系服务群众的"最后一公里"。② 目前全区共有网格党小组576个,在网格内建立网格党群驿站,入网格党员32606人。2019年以来共走访群众约23万户,梳理诉求1.4万余条,办结率达100%。X市T区突出党建引领,充分发挥党组织在网格化社会治理中的领导核心作用,每个网格建立一个党小组,将党小组职责与"全要素网格"职责紧密融合,

---

① 王琦:《江苏省社区网格化治理工作的实践探索》,《南京广播电视大学学报》2021年第1期。
② 参见南京市委研究室、栖霞区委组织部联合课题组《打造新时代城市版"枫桥经验"——南京市栖霞区党建引领网格化治理"仙林模式"探析》,《群众》2019年第19期。

将党员义务与网格员职责紧密衔接，将基层治理的外延进一步拓展，不再局限于原来的社会治安，而是拓展到党建引领下的环境保护、城乡事业管理、民生服务等多个方面。

2. 党建与社会治理能力双提升

依靠人民群众、服务人民群众是党建的根本路线和宗旨，而新时代网格化社会治理的核心标准是真正确立人民群众参与社会治理的主体地位，实现从管理本位到服务本位的更新换代。

江苏各地网格化社会治理的一大亮点就是将支部建在网格上，这极大地促进了党员模范先锋作用在网格化社会治理工作中的发挥。如 H 市 Q 区柳树湾街道富强社区退休党员 MGH 在社区注册的"马大姐"工作室，为居民化解矛盾、调解纠纷，充分发挥"法治宣传员""和事佬""调解员""评议员"的作用。几年来，"马大姐"工作室成功调解房产纠纷、邻里纠纷、婚姻纠纷等各类矛盾纠纷 300 多件。N 市 Q 区深度创新"网格化 + 红色物业"，利用街道自管物业在党建上的独特优势，为物业的工作队伍赋能，着力将物业管理的队伍从普通的服务单位打造成"党建工作队"，形成具有标杆意义的"红色物业"。公司党支部与公司同时成立，按照楼盘分布和党员数量在各分公司组建党小组，接受社区党组织和公司党支部双重领导，每个党小组联系服务 1 个网格、每个党员联系服务 2 个物业楼栋制度，形成党组织主导、业委会、物业公司、社会组织、居民骨干参与的"五方共治"的工作格局。该区 M 街道物业公司现有员工 980 人，党员 90 名，全部纳入网格管理，有效地解决了兼职网格员人员不足的问题。培育"红色管家"，把物业党员骨干历练成网格治理的责任人。在公司党支部和社区党组织的双重领导下开展工作，服务责任落实到人。具体而言，每个党小组均需负责 1 个网格的联络、服务工作，每个党员均需负责 2 个物业楼栋的联络、服务工作。培养、接纳优秀的物业管理工作人员进入网格化治理工作队伍，使其成为"大走访"活动的骨干，逐步发展成能够独立完成定点结对、定户到人、定时上门的群众工作力量。将问题集中的老旧小区、小产权小区划入重点走访范围，梳理出困难业主名单和亟待解决的问题条目。

3. 基层党建活力与社会治理内生动力互联互动

基层社会网格化治理为基层党建提供了新平台、新机遇和新动力。社区党组织可以利用基础网格这一平台，将社区内所有党员动员、组织起来，进一步强化广大党员的责任和政治优势，带头服务、强化担当，积极奉献参与社区服务和管理。为让广大党员有效参与社会管理服务，以居住地为依据，将网格内隶属各单位党组织的党员在社区组织动员起来，建立"网格行动党支部"，形成了基层党建的新活力。这些行动党支部和社区原有党组织一起，成为组织和动员普通群众形成致力于社会管理服务的各种社会志愿者组织的核心力量，并为党员密切联系群众、发挥先锋带头作用提供了基本的社会平台。[1] 这种基层党建的新活力，有效转化并进一步激发了社会治理的内生动力。在基层党组织的有效动员和党员奉献精神的召唤下，普通群众强化了对基层党组织和党员的认同感，一些社会服务的志愿者积极向党组织靠拢，形成了入党的强烈愿望，进一步强化了基层党建的活力和后备力量。

在网格化治理过程中，S市基层党建强化新活力，与社会治理内生动力互联互动，已经形成制度化的创新。一是开展党员联户走访。按照"就亲就熟就近"原则，以基础网格支部为单位开展党员联户活动，划定党员责任区，由网格内党员联系网格内农（居民）户，各地要根据网格设置情况合理安排，做到网格所有农（居民）户都有党员联系，实现群众有困难能找得到党员。联户党员要做到联户走访的常态化，每月走访联系不少于2户（次）。党员在联户走访过程中，要充分发挥民情联络员和政策宣传员的作用，大力宣讲习近平新时代中国特色社会主义思想和党的十九大精神，宣传上级有关决策部署，提高群众的知晓率、参与率。

二是实施党员设岗定责。根据按需设岗、以岗定责的原则，在网格内设置政策宣传、民情传递、纠纷调解、环境保洁、义务巡查、违章监督等各类

---

[1] 参见李杰《基层社会治理网格化反思——以台湾地区"社区营造运动"为借鉴》，《湖南警察学院学报》2019年第3期。

党员服务岗位,组织发动网格内在册党员认领岗位,积极参与"263"环境专项整治、"331"整治火灾隐患百日专项行动、文明城市创建、安全生产、河道保洁维护、矛盾纠纷调解等工作,并通过实施党员"亮身份、亮职责"的形式,将认领岗位的党员姓名、照片、联系方式、岗位职责在网格内进行公开公示,推动党员带头服务、强化担当、积极奉献。

三是推动在职党员参与。充分挖掘在职党员的职业资源和优势,教育引导在职党员在社会治理中创先争优,建立在职党员"一报到、一报告"制度,即选派部分党的组织关系不在现居住地的在职党员到现居住地党组织报到,现居住地党组织出具在职党员参与社会治理和相关活动的报告。

S市委政法委于2019年1月公布的《S市社会综合治理网格化联动机制建设情况介绍》中载明:"推动在职党员积极参加居住地党组织活动,开展联系群众、志愿服务等活动,帮助解决困难问题,树立党员良好形象。"在T市,基于"党员带头、全民参与"的网格化建设组原则,以街道社区大党建领导网格大治理。在社区网格工作站成立社区党委领导下的"网格行动工作站"。要求社区内生活、工作的每位党员,不受组织身份一方隶属的限制,全覆盖到社区报到,参加多重组织的活动。要求党员亮身份、树形象,只要有行动能力,就要以志愿者的身份参与公益和群众工作,成立了体现网格治理各类行动力量的"网格行动党支部"。如C村的"田园佳梦"党支部,Z村的"乡风文明"党支部,B村的"青聚力"、"乡贤力"和"邻聚力"三个党支部,都进行各具特色的群防群治和社区服务工作,发挥了重要的带头示范作用和组织动员作用,形成了进行制度化推广的效应。

(三)高标准规范,实战化信息化科学化特征凸显

江苏结合贯彻城乡社区网格化服务管理规范国家标准,根据本省网格化社会治理总体设计和各地实践探索,拟定了"1个省标、3个规范、6个清单",着力打造网格化标准体系的"江苏模式"。1个省标:江苏省网格化社会治理标准;3个规范:网格化基础规范、网格化联动中心建设规范、网

格化大数据中心建设规范；6个清单：网格事项准入清单、网格信息采集清单、网格服务管理责任清单、网格多元共治力量清单、社会治理数据共享清单、社会治理法治规范清单。

1. 网格划分运行统一化实战化

网格是出于基层社会治理精细化需要而在城乡特定地域划分的管理、服务单元，必须规模合理，紧密衔接，人员到位，运行有效。按照构建社会治理"一张网"的要求，江苏充分考虑城乡差异、管理幅度、服务人数等现实因素，科学划分网格，确保网格划分紧密衔接、全域覆盖、不留空白。各县市区综治办会同组织、民政、公安、司法、住建、城管等部门及镇（街道），根据"人口规模适度、服务管理方便、资源配置有效、功能相对齐全"的原则，合理划分网格单元，形成高效且不冗余的网格密度。例如，以200~300户或单位村落为基准设定农村的基本单元，以300~500户的楼栋设定为基本单元，同时统一划分综治网格，确保网格的划分不留盲区。

S市严格按照标准划分网格，划分完毕后的网格成为村（社区）之下的服务管理单位得以固定，并明确唯一网格编码。S市全市现有网格12249个，其中综合网格11006个，专属网格1243个。在人员统一配备方面，全市按照"一格一长、一格一员"的组织架构配备网格服务管理人员，实行定人员、定时序、定岗位、定职责、定标准、定奖惩的"六定"管理模式。全市现有网格长11917名，专职网格员18383名，兼职网格员9646名。N市Q区9个街道划分网格1010个（其中综合网格892个，专属网格118个），专职网格长1063名、专兼职网格员2348名。网格内的房屋与人口、视频监控以及网格长、网格党组织等人、事、物、地信息全部录入电子网格地图，实现一网揽尽。X市T区坚持因地制宜，科学合理地划分网格。根据"地域相邻、人员相熟、文化相近、构成相似"总体要求，对城区、镇区、农村三个层面进行网格划分，全区共划分网格1471个，其中基础网格1393个，专属网格78个。坚持专兼结合，合理配备网格管理人员。在网格员配备上坚持专兼结合，目前，全区共配备网格员2237名。同时积极探索物业公司托管、政府"以奖代补"运作模式,释放社会共治潜能,努力实现人人都是网格员。

达标是各地网格科学划分和实体化的基本要求,在标准规定的基本人员到位的基础上,部分先进地区进一步创新,强化基础网格的人员配置,重构"专业化力量"。如 T 市注重内部挖潜,建立了村居干部、社区民警、网格巡查员、平安志愿者、热心群众等"4+N"网格管理队伍。其中,网格巡查员实行"一格一员、一员多能",划转公安辅警 200 名员额,整合城管协管员、部门网格员等力量,统一招录专职网格员 504 人。实行"十统一"半军事化管理,常态耕耘基础网格"责任田",实事掌握社会末梢"动态情"。将信息采集、基层党建、社会治理、综治平安等内容纳入基础网格服务范围,将公共安全、治安隐患、末梢乱象等"重点事"和社区矫正、刑释解教、易肇事肇祸精神病患者等"重点人"列为网格重点巡查事项和走访对象。在联动指挥平台开发"定点巡查"功能,实行网格员定点定时"签到",有效防范各类风险隐患死灰复燃,有效预防各类重点人员脱管漏管。做实做细做精基础网格,是推进网格化联动机制建设的关键环节。通过一份详尽的网格事件清单、一套规范的事项准入制度和一支专职的网格巡逻工作队,将网格内与社会治理相关的信息进行全要素的采集和初步处理。依据平台数据分析模块,实时呈现网格热点问题、突出社会矛盾和超期未处置事件,以问题导向校准网格治理重心,变粗放管理为精细治理,有效铲除风险隐患,及时消除末梢乱象,真正做到了问题矛盾早发现早化解,风险隐患早排查早处置。2020 年上半年,全市有效警情同比下降 23.9%,矛盾纠纷总量同比下降 42.63%,省测安全感满意度达到了 98%。

2. 职责赋予清单化规范化

网格化社会治理的有效性,归根结底要靠基层网格、各级网格化指挥联动工作平台机构及其人员的职责明确规范、真正落实来保证,否则,会流于不同程度上的形式化。江苏高度重视各地网格化治理的规范性作业,主要举措包括:明确网格事务任务和责任清单;明确各级网格化指挥、联动、工作平台机构及其人员的职责体系;推动网格管理工作制度体系化建设;形成精细化网格工作管理办法，编制网格员工作手册；严格工作程序流程，实行"巡办分离"，构建职业化、规范化的网格巡查工作和"闭环式"网格工作处置制度；跟进配套考核方案；等等。①

一是健全基层网格及其人员的服务管理职责体系。根据国家标准并结合江苏实际，建立基层网格服务管理职责体系，明确基层网格服务管理重点为信息采报、便民服务、矛盾化解、隐患排查、治安防范、人口管理、法治宣传、心理疏导等9大类22小类近90项具体工作，将服务触角延伸到群众身边，将矛盾隐患化解在萌芽状态。同时，鼓励各试点县（市、区）进一步因地制宜地创新和完善。如X市T区坚持循序渐进，逐步完善任务清单。按照构建"一张网"的要求，提出了"全要素网格"工作任务清单，涉及信息采集维护、社会治安巡防、安全隐患排查、城乡治理协管、为民代办服务等10大类22小类87项具体工作。突出平安稳定主业，按照先易后难、先急后缓的原则，将87项具体工作分为重点核查类、一般核查类、协助核查类等三大类，逐步延伸拓展服务要素。

二是推动网格形成完备化的管理制度体系。例如，通过在网格单元内的醒目位置树立公示牌来明确上岗公示制度，以便接受社会监督；完善工作例会制度，将网格员在工作中采集到的全要素数据上会讨论研判，进行进一步的针对性处理；完善巡查走访制度，实行"日走访、周分析、月汇总"，并及时将走访情况登记上传；完善情况处理—上报机制，对网格内的动态信息进行及时汇总和处理，如不具备处理能力，应及时上报；完善优化考核机制，科学制定网格员工作考核细则和奖惩办法，落实责任制度，将创新网格化社会治理机制纳入年度综治和平安建设考评范围。如T市强化督查考评，将平台建设应用情况、信息采集工作、部门数据整合等作为网格化联动机制考评的重要内容，纳入全市绩效考评体系，有力推动信息平台建设常态长效。还创新"六定"工作模式，全面推进清单式网格走访实战化，通过摸清走访底数清单和定制走访任务清单定底数定任务，通过设立专职网格员和

---

① 参见吴新星、叶继红《江苏基层社会网格化治理的经验与优化》，《唯实》2020年第2期。

网格专务员定人员定职责，并规范走访工作标准，通过细化《网格安全稳定隐患大排查大整治实施方案》和跟进配套考核方案定时序定考核。

三是明确各级网格化指挥、联动、工作平台机构及其人员的职责体系。如S市通过《关于加强全市社会综合治理网格化联动机制规范建设的意见》，对市级网格化社会治理大数据中心、市（区）网格化联动指挥平台、镇（街道）网格化联动指挥平台、村（社区）网格化联动服务平台四级平台的任务，市级网格管理机构、市（区）网格化联动中心、镇（街道）网格化联动分中心、村（社区）网格化联动工作站四级机构及其人员的责任都作了明确规定。其中特别要求，市（区）、镇（街道）两级依托网格化服务管理中心对本地区需要联动处理的社会治理事项进行统筹协调、分类派发、跟踪处置，对重大、突发、紧急事件实行中心统一指挥制。

四是实现工作流程科学化、闭环化。江苏以县（市、区）为基本单位，构建"两纵、四横、一平台"联动式网格化体系。"两纵"即实行"巡查、处办"分离；"四横"即县（市、区）网格平台、乡镇（街道）平台、村（社区）平台和基层网格上下贯通联动；"一平台"即统一由县（市、区）网格化社会治理联动指挥平台调度指挥。通过建强"一网、一终端、一库、一中心"，落实一套网格数据采集标准、一个网格工作管理流程、一项网格化信息管理办法、一支高素质网格长网格员队伍"四个一"保障措施，坚持统筹推进、上下联动。全面推进县（市、区）、乡镇（街道）、村（社区）三级网格化联动机构实体化建设，与有关部门共同建立联勤联动工作机制，设立指挥服务座席，与政府"12345"、公安"110"、"数字城管"、政务服务等专业平台联通对接，对本地区内处于多部门职权交叉范围内的社会治理事项进行统筹调处。由网格服务管理中心组织指挥，以智能化应用平台为依托，建立源头发现、采集汇聚、分流交办、检查督促、结果反馈等科学化、闭环化的网上工作流程和机制，实现服务管理诉求"一口受理、一体派单、一台运行"。如T区坚持实战应用，强化事件流转处置。为每个网格员配备"全要素网格通"手机，及时准确采集"人、地、物、事、组织"等基础信息。创新网格事件处置"六步闭环"工作法，建立源头发现、采集上报、研判预警、分流交办、检查督促、办结反馈六个环节运行机制。S市则按照"大事全网联动、小事一格解决"原则,实时梳理在网格化服务管理中了解到的群众诉求、发现的问题隐患,能够处理的事项鼓励在网格内及时处理。不能够处理的,应依托各级网格化联动中心,运用现代信息技术,统一做好发现、受理、分流、处置、跟踪、督办、反馈、评价等工作,形成事项来源、核实立案、分流交办、限时处置、督查督办、结果反馈、核实结案、考核评价等八个环节的运行机制。

3. 信息集聚共享充分化一体化

网格化社会治理的一个基本功能,是以网格及其联动指挥平台为基本单位,充分采集、收集、汇聚、融合和共享社会服务管理的各种必要信息,充分利用现代信息化手段,实现多元主体对社会治理的共建共治共享。即在网格化应用模块内使数据流动起来,相互推送、关联到各个相关部门。这是网格化社会治理"手段"创新的根本所在。

2018年3月,江苏创新网格化社会治理机制工作领导小组办公室发布《全省网格化社会治理信息化建设总体方案(暂行)》,进一步明确了省网格化社会治理信息化建设的基本目标、基本思路和总体框架。其基本目标是:把大数据、智能化作为江苏网格化社会治理创新最大的特色亮点,实现基础信息一体化采集,条线部门力量资源网上联勤联动;多源数据一张网共享,政法综治专业数据、政府部门管理数据、公共服务机构业务数据、互联网数据汇聚整合;智能应用一站式服务,省市社会治理大数据中心面向决策、面向基层、面向群众提供数据智能服务,提高预测预警预防能力,通过移动互联采集、信息化联动、大数据研判,做到"问题发现在网格、隐患消除在区县、风险洞察于事前、服务推送到身边"。其基本思路是:既注重源头治理又体现高端应用;既注重联动融合又体现条线需求;既注重全省统筹又体现地方特色。坚持省、市、县(市、区)、乡镇(街道)、社区、网格统分部署建设、差别应用,村(社区)及以下重点在源头信息采集、管理服务事项办理,县(市、区)、乡镇(街道)及以下重点在联动指挥处置,省市重点在数据资源汇聚、服务、通用性基础模块开发和研判分析。其信息化体系的总体架构是：六级用户架构、四个层面工作、四项基础支撑，主要包括省、市、县（市、区）、乡镇（街道）、社区、网格等六级用户主体。

在信息采集方面，重视在社区网格层面实现源头信息一张网采集。以网格员、网格长为应用主体，以互联网为载体，按照"管用、实用、效用"的原则，统筹各个条线需求，制定多样采集清单，推行网格信息采集"准入制"，将各部门在网格内的信息采集标准进行统一，实行信息采集、上报的"一张表"制度，借助终端设备，实现网格内信息采集与接收指令的一体化，实现"一口登录、一网采集"，从源头上保证各类数据资源融合共享。网格管理员要全面采集各类基础信息和相关动态信息，及时上传网格化社会治理联动平台，同时，联合各相关部门实现网格信息的共享集成与综合比对。为促进各类信息数据的一次采集与一次办理，每个网格管理员原则上只使用一套系统和一个终端。

在工作联动方面，将各类涉及基层社会治理的部门工作统一纳入网格。通过建强社会治理联动中心，统一汇聚网格员采集上传的各类信息，充分运用人工智能技术，及时向有关部门和网格员推送工作指令，做到智能分派、精准推送，扁平指挥、高效处置，不断提升社会治理的预见性、精准性。结合"互联网+政务服务"建设，构建智能化公共服务平台"江苏政务网"及手机端，让"不见面办理"成为常态。如苏州太仓市按照"一格一终端"要求，配套开发数据共享交换系统，建设市域大数据，对标省网格化数据资源目录，以及S市"12345热线""雪亮工程"等数据标准，开展基础数据采集、部门数据整合等工作，严格对照信息采集清单规范采集上报信息，实现各类数据一次采集、事项流转办理。同时，强化集聚资源，最大限度地整合信息化建设成果，实现智联智享。

一是整合线上渠道。联动指挥平台对接"公安110"、数字城管、智慧社区等专业系统，承接"12345热线"职能以及寒山闻钟、市长信箱等公众端渠道，一个口子受理市民诉求和网格员上报事件，既缓解了专业部门工作压力，又方便了群众，更汇聚了碎片化的社会问题，为全面准确把握民生热点、分析矛盾焦点、研判治理难点提供支撑。

二是整合数据资源。通过政府发文、部门沟通、系统对接、数据交换和共享应用等举措，依托市电子政务网，将全市经济运行、基层党建、城市管理、公共事业、政务服务、人房信息、视频监控、重点人员等数据进行关联汇聚、整合应用。

三是整合服务窗口。联动指挥平台对接"数字TC"空间地理框架，融合"江海潮"新闻热点，整合政府网站、政务服务门户，连接"市民卡""公共等线上服务资源交通""TC通"等线上服务资源，汇聚民生需求"资源库"。同时，在公众版手机端设立流量赠送、现金红包、积分兑换等奖励制度，引导和激励广大市民参与社会共建共治。

在省、市两级层面，重点推进实现数据共享一体化应用。将信息资源集中的优势发挥到最大，借助其力量，赋能社会治理的政策制定、信息研判预警和应急指挥，转变信息资源的流向，将更多的信息下沉到基层，以便更好地为网格服务。重点建强社会治理大数据中心，实现政法综治专业数据、政府部门管理数据、公共服务机构业务数据、互联网数据的集成应用。搭建智能应用模型，建立实战服务机制，面向实战建立预测预警预防机制，面向基层提供数据成果推送服务，面向群众提供"互联网+"政务服务，凸显共享应用价值。

（四）多层级联动，枢纽设施智能化亲民化形成优势

网格化社会治理的另一重要任务，是在最底端构建基层网格治理单位基础上，在社区构建"全要素网格通"工作站，在中端构建各县（市、区）级网格化联动指挥平台及其运行机构县（市、区）网格化联动中心、乡镇（街道）网格化联动指挥平台及其运行机构网格化联动分中心，在高端构建省、市级的网格化社会治理智能平台及云计算技术支持社会治理大数据中心，由此形成网格化社会治理必然要求的信息集聚共享和治理智能化综合化联动机制。它们是网格化治理的五级枢纽性的智能化平台和机构，是实现"一网覆盖"，"串联"、带动基层网格，让网格化社会治理真正智能化、综合化、协同化地活起来、动起来，形成实战实效性、上下贯通的体系化

枢纽。

1. 五级枢纽功能职责配置合理，上下贯通

省级平台。部署网格化社会治理信息平台统一基础应用，建立数据标准对接接口，确保数据全面汇聚。江苏省级大数据中心依托公安警务大数据中心建设，将各市上报的社会治理大数据进行收集整理，并采取前置数据库方式，与其他省级政务系统通过数据交换平台实现对接，获取业务数据，形成省级实体社会治理大数据中心，对各类数据进行研判分析、汇聚展示。省级社会治理大数据中心将从其他政务系统获取的业务数据按需分发至各市社会治理大数据中心，为基层工作提供数据支撑；同时，将社会治理大数据中心的数据按需提供给其他省级政务系统，实现数据共享。中心主要承担数据汇聚、数据分发、数据共享、数据研判、数据展示、统筹指导等应用职能。

市级平台。整合全市范围内的社会治理基础数据，并采取前置数据库方式，与其他市级政务系统通过数据交换平台实现对接，获取业务数据，形成市级社会治理大数据中心（依托公安警务大数据中心），对各类数据进行研判分析、汇聚展示。市级中心将获取的全市业务数据上报至省级社会治理大数据中心；接收省级分发的业务数据，并按需分发至所辖县级单位应用；将市级中心数据提供给其他市级政务系统，实现数据共享。市级中心主要承担数据整合、数据上报、数据分发、数据共享、数据研判、数据展示、联动指挥、绩效评估等应用职能。即基于云架构、利用大数据技术，汇聚存储网格化社会治理信息系统采集上传的各类基础数据以及从其他政务系统中获取的业务数据，实现社会治理各类数据汇聚展示、研判分析、指导考核、反哺服务等。市级社会治理信息化平台根据联动指挥机制相应职权向下级发布联动指示，处置跟踪、过程监管并进行绩效考核。负责全市网格化社会治理相关事项的统筹协调、指挥调度、资源整合、综合研判、考核督办等，同时负责市级网格化社会治理大数据中心系统运维。

县级平台。负责联通联动、统协管理。各县（市、区）网格化联动中心，负责本辖区综合治理、城市管理、市场监管、民生服务等系统，明确"12345"作为全市统一服务热线，并与公安网格联动平台、企业监管服务

平台、综合执法平台、矛盾纠纷多元调解平台等各类平台联通对接、联动指挥。县级平台对本辖区内社会治理工作情况和各类数据进行分析研判，对下级采集的信息进行核查处理。依据联动指挥机制将下级上报的事（部）件信息和风险隐患线索等分发至相应责任单位或个人，并对处置情况进行全程监控、考核评估，依托县（市、区）网格化联动指挥平台，对辖区各条线部门数据统一汇聚处理，实现统计查询、联动指挥、绩效评估、监督管理、信息审核等应用功能。网格化联动中心统一负责本区域网格化社会治理工作，包括负责网格化联动指挥平台建设，统一协调处理本区域需要多部门联合处置的社会治理事项，负责县（市、区）网格工作内容审核准入工作，对县市区职能部门和乡镇（街道）履职情况的监督考核，对辖区网格服务管理队伍进行统一管理、指导和培训等。

镇级平台。负责进一步收集汇聚信息、处理或上报具体事项、指导督导村网格平台。乡镇（街道）网格化联动指挥平台负责进一步收集、汇聚党建服务、企业诚信、舆情信息、公共安全视频监控系统等。对上级交办和网格巡查员上报的事项信息进行受理、处置、督办、反馈，明确责任单位和责任人，做到统一受理、集中梳理、归口管理、依法处理、限期办理。乡镇（街道）网格化联动分中心负责各乡镇（街道）网格化社会治理工作，主要包括：各乡镇（街道）网格化联动指挥平台建设；对平安稳定、社会治安、公共安全、民生服务、城市管理、环境保护等领域问题的发现处置；对无法自主处理的各类问题上报市（区）网格化联动中心协调派单处置；通过抽查、反查和统计分析检查网格员采集录入数据的质量；指导督导村（社区）网格化社会治理工作；对辖区网格服务管理队伍进行培训、考核；等等。

村级平台。村（社区）网格化联动服务平台和网格化联动工作站负责推动一个信息平台进村（社区）、常抓信息采集、网格巡查、日程管理和重要事务上报。即负责与城乡村（社区）综合服务管理信息平台、公共安全视频监控系统等联通对接，推动社会治理"一个平台"进村（社区），将网格化治理的深度进一步拓展，将社会化服务的效能进一步加强，从家庭、网格出发，对社会治理资源进行有效整合，对人民群众的利益诉求进行及时的协调、反馈，着力提升基层社会的治理能力。村（社区）网格化联动工作站主要负责：社会治理基础信息采集与审核、社区内公共事务管理、社区活动组织、网格绩效考核、政策法律宣传、便民服务等；采集、录入、维护、更新社区治理的要素信息；对网格员采集录入数据的质量进行常态化的检查；不间断地开展网格内巡查工作，对于群众利益诉求及时发现和反馈，并保持全程监督；对网格服务管理队伍进行日常管理；对疑难问题进行上报。

2. 信息系统网络建设高端高能，运行安全

江苏在全省范围内建立了技术功能水平高的信息网络系统，要求各县（市、区）、乡镇（街道）网格化联动平台应提供满足信息系统运行的硬件保障，例如完备的数据资源存储设备、符合系统运行要求的信息网络用房及通信机房等，并联通对接市网格化社会治理大数据中心。网格巡查员应配备信息采集移动终端，可通过照片、文字、音频、视频等形式实现实时信息采集，网格员移动采集终端应在无线通道基础上通过 VPDN 或 VPN 专用虚拟通道实现数据上传。各级网格化联动机构应联通政务外网，各级网格化联动平台应依托政务外网运行，与国家人口信息库等政务管理信息库进行联网对接，与公共安全视频监控系统实行联网对接，形成一套具备多媒体信息要素流转、处理、监督功能的信息系统。高端高能的信息网络建设在江苏形成了"1+4"产品体系，即 1 套整体的智能应用平台，连接全要素网格通、PC端、"平安江苏"手机客户端、领导通手机客户端四个产品相互辅助。同时要求各级网格化联动机构应保障信息安全体系的完善构建，在信息安全保护和信息保密方面严加规制，采用智能监测技术，保障基础设施和信息资源的安全防护，对终端用户也提供全方位的安全保障服务。在信息利用方面，严格落实分级授权准入制度，确保服务对象的个人信息安全保密。

3. 功能设施优化配置，实用亲民

江苏要求，全省各市重点建设好县（市、区）网格化联动中心、乡镇（街道）网格化联动分中心、村（社区）网格化联动工作站三级枢纽，优化配置其基本功能设施，满足其实体化有效运行，并体现亲民服务性。其中，县（市、区）网格化联动中心应建有联动指挥中心、群众接待厅、矛盾纠

纷调处室、监控研判室、心理咨询室；镇（街道）网格化联动分中心应建有联动指挥室、群众接待厅、矛盾纠纷调处室、监控研判室、心理咨询室；村（社区）网格化联动工作站应建有指挥室、群众接待室、矛盾纠纷调处室、视频监控室。同时，在前述网络和热线联通融合制度的基础上，进一步推广公众版App和微信公众号，更好、更便捷、更有效地服务民众，确保整个网格化社会治理智能化体系的实用亲民性。

（五）全要素落地，共建共治共享格局依托网格初步成形

江苏把网格化社会治理的创新建设作为进一步加强基层党组织建设，强化政府部门之间协助，建立综合执法体系，有效组织、动员社会力量参与社会治理，构建多元主体共建共治共享的社会治理格局的最有效路径。因此，把多元要素真正嵌入网格治理，构建全要素网格，是江苏各地网格化治理的重要着力点。

1.注重信息资源整合，最大化整合运用信息建设成果

网格化社会治理平台最大的特点是多网合一、工作联动。通过多网合一，进行信息资源的整合。一是整合数据资源。各地通过政府发文、部门沟通、系统对接、数据交换和共享应用等举措，依托电子政务网，将区域内经济运行、基层党建、城乡管理、公共事业、政务服务、人房信息、视频监控、重点人员等数据进行关联汇聚，整合应用，关联数以万计的基础数据，包括所有人房信息、绝大多数的视频监控、城市部件信息。

二是整合线上渠道。两级联动指挥平台对接"公安110"、数字城管、智慧社区等专业系统，承接"12345热线"职能以及县（市、区）长信箱等公众端渠道，将绝大多数职能部门和司法机关的热线以号码融合、号码整合、号码合作、号码联动、直接并入等合理方式整合为一体，一个口子受理民众诉求和网格员上报事件，既缓解了专业部门工作压力，又方便了群众，更汇聚了碎片化的社会信息，为全面准确把握民生热点、分析矛盾焦点、研判治理难点提供支撑。

三是整合服务窗口。保证联动指挥平台与政府服务门户网相互对接，实

现数据在空间地理框架内的整合，连接"市民卡""公共交通"等线上服务资源，汇聚民生需求"资源库"。在江苏网格化社会治理工作整体成熟的地区，通过县（市、区）联动指挥平台贯通县（市、区）、乡镇、村（社区）、网格四级，县（市、区）级几乎所有职能部门和公共服务企事业单位及乡镇级七站八所，面向社会开放公众版 App 和微信公众号等窗口，联织起一张覆盖全域、触角社会末端的"网络＋网格"社会治理网。[①] 社会末梢一旦发生问题，政府、村（社区）、公共服务单位、公众在一张网上联动施治，同台共舞，从而加快了问题感知，加速了责任传导，提高了处置效率。从总体上看，在江苏的县（市、区）、乡镇（街道）层面，重点建强了社会治理联动中心，统一汇聚网格员采集上传的信息，运用人工智能，及时向有关部门和网格员推送工作指令，将互联网技术与政务服务相结合，建设公共服务网站"江苏政务网"及手机 App，实现在线办理常态化。

2. 推进政府职能整合，依托网格形成综合执法合力系统

江苏各地积极推进网格化社会治理与全面深化综合行政执法体制改革、综合执法一体化。要求各地合理确定综合执法范围，整合相近职能，根据执法领域而不是部门管辖来进行执法队伍的建设，要确保一个领域由一支队伍专项负责，杜绝相互推诿的"踢皮球"行为。有条件的各乡镇（街道），经上级批准同意，整合组建综合执法局，以乡镇政府（街道）名义开展执法工作，实现"一个区域一支队伍"。其他乡镇（街道）成立以乡镇长（主任）为组长的综合执法工作领导小组，各相关副乡镇长（副主任）为副组长，下设办公室，明确 1 名分管领导兼任办公室主任，并配备 1 名以上专职工作人员，办公室为综合执法组织协调、分析研判、监督考评机构；下设专业治理中队、特勤中队等若干队伍。与此同时，确保下沉的执法资源不能"孤立执法"，要与网格形成联动工作机制，推动综合行政执法与网格化治理协同发力、共频共振，形成"大联勤、大联动"工作格局，确保有效指

---

① 参见祁文博《网格化社会治理：理论逻辑、运行机制与风险规避》，《北京社会科学》2020年第1期。

挥、稳定衔接、流程闭环。在此基础上，逐渐成立县级的综合行政执法局，统筹协调全域综合行政执法工作。

H市一直注重互动共联，市环保局主动对接市综治办，制定奖励办法，激励网格员对各类污染源的采集与上报，由此共汇集各类环保类信息10419条，极大地推动了环保部门污染信息库的建立，为环保问题的源头治理提供了线索支持。伴随着公安、环保、信访、安监等部门主动融合，网格服务管理功能进一步拓展。N市Q区制定出台了《Q区创新网格化社会治理机制的实施意见》等20项工作规范。在网格中推行市容管理、安全管理、稳定管理和便民服务的"3+1"工作模式，促进各条线、各部门的资源和力量在网格内统一调配、统一管理、统一考核。

3. 整合社区警务入网，不断强化公安力量嵌入网格

公安机关是网格化社会治理格局中的重要依靠力量，江苏要求各地应主动把社区民警、警辅、信息员等社区警务工作力量统一纳入"全要素网格"组织体系，把社区人、房、物、地、事、组织等治安要素全部纳入网格管理范畴，整合网格各方力量资源，常态开展信息采集、人口管理、矛盾化解、治安防范、服务群众等工作，推动实现涉稳因素联析、矛盾纠纷联调、实有人口联管、公共安全联治、治安隐患联防、网格绩效联考。如S市W区贯彻落实省公安厅《关于融入创新网格化社会治理机制加强新时代城乡社区警务建设的意见》，率先试行网格化社会治理联动机制下公安管控要素嵌入融合工作，建立吴江公安网格联动体系，下沉警力，共同解决基层治理难题。

4. 推动社区力量聚集联动，不断深化基层社会精准治理

江苏各地在建设村社综治中心及网格工作站的过程中，善于调动社区力量，依靠党建引领发动群众，使网格工作力量在党的引领下开展工作，为基层网格治理献力聚力，真正做到问题矛盾早发现早化解，风险隐患早排查早处置。如T市在全市15252个村（社区）布建网格工作站，形成以社区党组织为核心，以联动中心信息系统为枢纽，以综治中心、网格工作站、警务室、调委会"四位一体"为载体，以社区组织、社会组织、专业社工、平

安志愿者等力量为有效支持的"1+4+N"网格化治理新架构，致力"网格+网络""线上+线下""专业+群众"融合，走访常规化，实时掌握社区情，主动处置社区事，直面解决社区忧，常态服务社区民。注重对走访结果的应用，积极推进市社会治理大数据中心建设；依托基础数据、巡查记录、走访信息等，以社会治理热点问题和应用场景为导向，探索大数据条件下的预知预测预警应用新模式。通过对重点人员、重点区域、重点企业的密切关注，从时间维度、空间维度与清单化的巡查记录进行比对分析、聚合分析、关联度分析，对问题的成因、发展、风险作出快速直观的判断，有效预测预警区域内近期可能易发的问题，为辅助决策、精准施治、调控资源提供依据。开展工作以来，75%以上的问题在基层村（社区）得到解决，源头治理能级不断提升。

5. 实施指挥处置扁平化，推动基层治理由末端处置向前端预防提升

江苏各地根据省委、省政府的统一要求，设置网格事件责任清单，设定跨域事项主办协办单位，建立多部门联动长效机制，对于各类典型、突出问题，进行多部门联合研判会诊，并按照法定—商定—指定的顺序，规范部门工作边界，减少部门各自为战、条块分治的情况，实现了"扁平化"的一网指挥、同频施治。各地按照统分结合的原则，建立了综合治理联动处置平台，统一协调指挥各类服务管理事务，同时成立城乡管理、市场监管、综合执法、民生服务等分平台或联动模块，有效整合了服务管理力量，并下沉第一线。一些地区还建立网格联动中心与纪监委、检察院工作衔接机制，加大对联动处置工作中不作为、慢作为、乱作为现象的督查督办和问责力度，有效推动机关和地方作风效能转变。

T市塑造的"一台受理、两级分拨、三层处置、四环监督"的事件管理流程和跨部门跨地区的主协办机制，改变了以往依靠政府层级传导工作任务的方式，打破了地方和部门各自为战、条块分治、信息不畅的壁垒，实现了"扁平化"的一网指挥、同频施治。在扁平指令、精确主导、动态跟踪、系统考评的信息化指挥体系下，90%以上的问题在村镇基层得到解决，破解了"看得见的管不了，管得了的看不见"的窘境，推动了基层治理由被动应对

向主动施为转变,由末端处置向前端预防提升。特别是在治乱治违提升城乡环境过程中,私搭乱建、违规群租、城市"牛皮癣"等治理顽疾得到了有效清除,达到了"控增量、减存量、防变量"的预期目标。

X市T区建立"区、镇(街道)、村(社区)、网格"四级联动处置机制,区级层面定期召开协调会进行专题研究会办,明确责任单位、工作要求和办理期限;镇级中心实行"双集中"工作机制,即每周五对各村(社区)疑难复杂事项会同镇相关职能部门集中受理、会商、答复;村(社区)层面对网格内一般简易事项统筹解决;网格员对自身网格内能解决的事情当场解决,实现"小事不出格、大事不出村(社区)、难事不出镇(街道)、事事有回应"。完善网格事件源头发现、采集上报、分流交办、检查督促、反馈办结、研判预警"六步闭环"工作流程,实现网格内各项业务"一口受理、全要素办理"。

6. 注重社会参与动员,推动基层共治共建共享

江苏的网格化社会治理,从一开始就注重打破基层社会治理自上而下的线型治理模式,健全市场主体、社会力量广泛参与的网格化社会治理新模式。鼓励各地进行机制创新,调动全行业基层群众的积极性,形成"人人都是网格员"的生动局面,打造网格化社会治理新的增长点。[①] 同时,要求加大群众意见在绩效考评中的权重,真正把评判的"表决器"交到群众手中。

T市依托"1+4+N"网格工作站运行模式,依靠党员干部引领垂范,充分调动"老娘舅志愿者服务社""启航青少年事务所""光辉志愿者之家""平安舞爸舞妈"等一批公益性社会组织和群众性自治组织参与矛盾化解、治安巡防和特殊人群帮扶等网格内、家门口的"微治理""微自治"。而"联动LC"公众版App的推广,不但聚合了信息推送、热点交流、民生服务、交通管理等应用,更是赋予每个市民"事件爆料"的选

[①] 参见李飞、庞正《在网格化社会治理中推进法治社会建设》,《法治现代化研究》2020年第6期。

项，通过流量红包、积分兑换等奖励，引导激励广大市民成为治理参与者，共治共享的社会氛围逐渐形成。近期，通过公众端上报的各类事件已突破10000起。

N市Q区X街道通过"136"体系建设，变"社区管理"为"自我服务"。首先，打造"一个系统"，即加快"智慧社区"建设，实施街道、社区、小区三级联网工程，建立联动的信息采集、数据共享和公共服务综合受理系统。其次，构建"三大支撑"。平台支撑，建设小区"居民之家"，搭建协作治理主平台，作为社区提事、党员议事、群众定事的常设机构。队伍支撑，3000多名网格长、楼栋长、党小组长、宣传员、治安员、卫生员、物管员、文体员组成"三长五员"志愿者队伍。机制支撑，各小区成立居民志愿者服务团，设党小组、法治组、宣传组、妇联组、治安组、环境组、互助组等7个小组，明确各项制度和机制。再次，落实"六项服务"，即政策宣传服务、"一站式"服务、精神文化服务、法律援助服务、健康卫生服务、矛盾调解服务。最后，通过学习和实践培训，强化社区干部和小区骨干的法治规则思维、民意服务思维、政社互动思维、多元参与思维，大大强化了社区多元共治的氛围。

（六）多向度转变，治理成效多领域逐步显现

江苏网格化社会治理工作充分利用现代信息技术，通过划小划细基本治理单元，下沉行政权力，有效采集汇聚共享信息资源，搭建综合治理联动融合平台，自觉追求政府治理模式的转变，追求变管理本位为服务本位，进一步丰富社会治理的服务内容，将社区打造成一个共同体，提升共同体内部的自治氛围，引导公众积极参与治理，努力贴合时代要求、创新目标的社会治理"江苏道路"。这种创新之路，可以体现出江苏基层社会治理的多向度转变。江苏网格化社会治理的基调从一开始就定位了由管理转向服务、由管控转向共治的时代向度，尽管还有很长的路要走，但如前所述，已有许多典型的成功经验显现。

江苏网格化社会治理工作的核心目标是努力把网格打造成基层治理的第

一道屏障，进一步提高人民群众的幸福感、获得感、安全感。正是由于前述一系列具有特色的措施及其呈现的现代化社会治理模式转型，这一目标总体上得到了实现，在多个领域取得了明显成效。

1. 排查防控，履行平安社会主责

平安稳定工作始终是江苏网格化社会治理的主要职责。S市结合实际，重点在网格维稳、涉军信访、涉众型金融风险排查等方面发挥实战效用。市级网格化社会治理大数据中心本着急用先建、边建边用的原则，先行建设特定对象排查、群租房风险隐患排查、流动人员漏登漏管组合排查、消防重点隐患排查、网格员力量动态配置等五类实战应用模型。K市围绕"三必清""五必访"工作重点，把人房信息全部和综合网格进行关联绑定，做到"人进户、户进房、房进格、格进图"。创新房屋"二维码管理"，建立关注人群数据库，网格长实时动态采集流动人员信息、排查安全隐患、落实稳控措施，实现对出租房屋、流动人口和重点人员的精细精准服务管理。W区开展"全要素网格"巡查工作，将诸如消防隐患、国家安全等新问题、新矛盾及时充实到事件清单中，事件清单已从414项扩充到732项。工业园区针对非法集资类案件多发态势，在金鸡湖中央商务区设置11个专属网格，由网格长会同公安、金融管理、市场监管等部门专兼职网格员开展防控整治工作，同时明确将"12345"热线作为园区非法集资举报电话，联动中心及时交办处理。近年来先后排查了1000余家疑似风险企业，对总部在园区的39家重点风险企业逐一进行现场约谈，制定分类处置措施，共立案查处、清退或责令停业21家，有效压降金融风险。

2. 协调联动，做好便民服务主业

为民服务工作始终是江苏网格化社会治理的主业。以S市为例，全市各区网格化联动中心自2018年5月开始部分承接群众移车诉求，10月全部承接，日均处理移车诉求7000起左右，有效分流公安"110"40%的警情。同时，协调市相关部门完善僵尸车及长期乱停放车辆处置流程，解决了小区内部僵尸车乱停放问题。T市加强属地建管、城管部门与市住建局的协调联动，规范建设工地施工行为，有效减少夜间施工扰民问题；明确了装修占用公共空间问题处置流程，解决了住建局执法力量薄弱导致的对违规行为的处罚决定无法有效执行的问题。G 区联动中心利用"六个一"信息平台，输入走访调研记录2597条、走访家庭2869户、走访企业960家、走访重大项目40个、走访社区428次、收集问题意见125个，调研4879人次，使便民服务主业进一步实效化。

3. 多元化解，做实社会和谐主务

组织动员多元治理主体化解社会矛盾，促进社会和谐，始终是江苏网格化社会治理的主要任务。N 市 Q 区吸收社会力量推进矛盾纠纷多元化解，强化社会和谐的内在生成机制，加强了物业纠纷调解、交通事故矛盾调解、家事矛盾调解等多个专门调解组织建设，组建了"凤萍工作室""和事佬"调解联盟，最大限度地化解矛盾纠纷于萌芽状态。该区突出村规民约建设，引导基层组织重视自治，引导民众参与自治；整合司法专业资源，设立旅游巡回审判法庭，就地化解矛盾纠纷；加强阵地建设，延伸志愿者服务触角，全区社会和谐形成内生成长的良好生态，中央电视台、《新华日报》、《法治日报》等主流媒体对其进行了报道。

4. 服务保障，促进社会发展主旨

稳定是前提，改革是动力，发展是目标。因此，服务经济社会发展大局始终是各地网格化社会治理的主旨。S 市网格化治理工作始终聚焦党委政府中心工作，重点在"331"、"263"、城市管理、安全生产、矛盾纠纷调解等领域，拓展网格服务管理内涵，保障服务经济社会发展大局。各市（区）将"331"整治的发现处置、长效监管纳入网格化联动机制之中。C 市将全市8829家生产、制造型企业全部录入联动信息系统，配置对应检查任务清单，通过专职网格巡查员定期巡查与"双随机"抽查工作模式，及时发现企业存在的安全隐患，并通过无线打印机现场打印检查清单告知企业；同时，通过联动信息系统流转至相关部门进行处置反馈，形成闭环流程，已上报、处置问题工单7900余件。

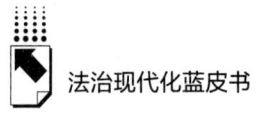

三 网格化社会治理实践存在的问题

近几年,网格化社会治理在全省范围内全面铺开、广泛尝试,取得了有益的成效和宝贵的经验,形成了自身的特色。但客观上讲,由于建设任务重、时间短,地区之间在经济基础等方面存在明显不平衡,出现问题是不可避免的。少部分地区和部门在工作推进的过程中存在认知上的偏差和能力上的欠缺,导致其工作效果与网格化社会治理的目标、省委省政府部署和人民群众的期待相比,还略有不足,需要改进。

(一)传统管控观念存在惯性

与全国其他兄弟省(区、市)一样,江苏的网格化社会治理工作主要依靠综合治理指挥平台及其工作人员,利用网络科技手段对传统治理工作进行创新性转化、建设与发展。从总体上看,江苏网格化社会治理工作的目标定位是科学的,在基本理念上强调行政职能由管理本位向服务本位的转型,重视以基层大党建引领社会组织和力量的参与,增强基层社区的自治能力。但是,由于历史积淀的行政管理本位观念和社会管控观念的惯性作用,加之强化管控也具有现实必要性,有着立竿见影的效果,因此,不少地方的基层网格化社会治理机构和工作人员仍然没有实现从"管控"向"服务"的理念转变,官僚作风仍有残留,法治意识淡薄,[①] 或虽有服务意识但缺乏有效行动;有的地方领导对多元社会力量构建共建共治共享社会治理制度的认识不充分,缺乏应有的组织动员意识和有效措施。

课题组在走访调查中发现,个别地区的网格化社会治理系统存在功能异化的风险。一些网格工作人员凭借其贴近群众的优势地位,将网格工作当作防止群众向上反映意见建议的工具,阻止他们向有关部门表达合理诉求,这将导致干群关系的紧张化。在实践运作中,相对于网格化社会治理的机构、人员、资

---

① 参见王琦《江苏省社区网格化治理工作的实践探索》,《南京广播电视大学学报》2021年第1期。

金和工作力度的投入，不少地区在强化服务功能、培育社会组织和社会自治能力等方面没有充分重视。以经费支持为例，目前江苏多数地方已将网格化社会治理工作所需经费列入财政预算，设立了财政专项资金，但相关资金多用于数据中心、指挥中心、工作站和网格设施建设及人员待遇，很少有地方专门设立扶持民众参与、培育社会组织和支持社区自治的资金项目。调研中，有基层网格的管理和工作人员反映，网格化治理系统若要按照预定目标正常运作，需要花费大量的人力、物力和财力，极大地增加了政府用于基层治理的经费预算，提升了基层治理的行政成本，而在强化政府职能转变、推进政府社会服务、下放管理权力的过程中，却出现了"责任下放快"而同时"对财力和法定权限支持不足"现象，加重了基层社区负担。为此，基层社区既无力强化服务，也影响了对网格化社会治理的充分认可和有效参与。

（二）组织领导力量有待进一步加强

从整体上看，地方各级党政主要领导对网格化社会治理的重视程度，以及相应地是否真正能让党建引领的巨大能量得到充分释放，是决定各地网格化社会治理工作成效大小最重要的主观因素。

虽然江苏多数地区将网格化社会治理工作定位为"一把手"工程并得到了落实，但也有一些地区没有这种定位，或者虽然有这种名义上的定位却没有真正落实，主要领导并没有给予足够的重视和推动，实际上还是主要依靠党委政法部门领导协调推进。这导致在这些地区，不仅必要的资金和管理力量投入不足，而且资源整合、综合执法建设严重不足，导致一些主要部门对网格化社会治理信息汇集共享、服务执法联通联动的工作不主动不积极，甚至以保密信息为由对网格化社会治理的联动指挥平台不提供基本的信息支持，人为地加重了基层网格员的信息采集任务，并导致必要的行政执法要素嵌入比较滞后，协调配合程度低，深度融合效果差。[1]

---

[1] 参见王琦《江苏省社区网格化治理工作的实践探索》，《南京广播电视大学学报》2021年第1期。

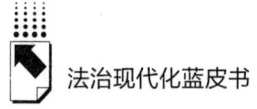

党建是新时代一切工作的组织保证。只有发挥党建引领的作用，将党建工作作为网格化社会治理工作的核心，发挥党组织的凝聚功能，调动干部群众的积极性，才能使网格化社会治理工作取得创新实效。但在具体实践中，部分地区仍然将社会治理简单地划归为行政管理范畴，习惯于把"行政控制"的老酒倒进"全要素网格"这个新瓶子里。在推行全要素网格化社会治理改革中，虽然也宣传大党建引领，但并没有真正重视党建引领的组织基础和核心保障作用，在落实党建引领时只关注组织架构的存在形式和文件出台的位阶，很少注重在网格化社会治理工作中党组织和党员干部实际作用的发挥；党组织和党员在网格化社会治理实践中没有存在感，党员主动参与的意愿不强，这意味着党建引领"挂名"不"挂帅"。有的社区党组织书记尽管兼任了基层网格长的职务，但因为承担了大量创建评比考核等行政性工作，在社会治理方面很少从党建思路上通盘考虑全局问题；有些地方党组织习惯于将社会治理改革与行政管理画等号，或是简单地将改革创新工作推给政法综治部门；社会治理改革工作领导小组的负责人主要是由县（市、区）的政法委领导担任，而非由县（市、区）党委书记担任，在协调全局方面明显存在能力不足、机制不畅等问题。因为缺少党建引领这个主心骨，相关部门的服务能力偏弱，部门间的协同运作能力不强，配合少、融合差，工作开展不够深入，直接导致网格党组织的战斗堡垒作用发挥不明显，缺乏汇集各方力量的"统率力""向心力""凝聚力"。

（三）专业队伍建设不平衡

受制于经济发展条件和其他主客观因素的影响，江苏全省网格化社会治理的专业队伍建设存在一定的地域差异性。目前全省各地的普遍做法是以村居"两委"干部为骨干，配以专兼职网格员从事社会治理工作。村居"两委"日常工作任务繁多，本身在职责范围内就承担着多项具体事务，完成本职工作尚且存在一定压力，在此基础上再兼任网格员，在个人待遇并未显著提升的前提下还需进一步投入精力，对其长期工作的积极性是个较大的考验。

苏南、苏中、苏北在网格化社会治理的专业队伍建设方面呈现出较为明显的不平衡性。在经济较为发达的苏南地区，网格化治理已经初步形成专职化程度高、队伍稳定的组织机构体系。相对而言，苏中与苏北在这方面还有较长的路要走，问题比较严重的当属苏北地区。其中最为突出的是网格人员的身份、待遇及其队伍稳定问题。苏南地区在网格治理的人员配备方面相对充分、稳定，主要体现在网格员基本实现了"三化"。一是专职化。为了使网格员（网格巡查员）队伍保持稳定，网格员聘用基本实现专职化，有专门的岗位设置及与之相匹配的工资待遇条件，这是网格员队伍保持稳定的前提。二是专业化。网格化社会治理是一项专业的工作，网格、联动指挥中心、工作站等各类人员有细化的专业分工，如网格长、网格员、监督员、网格警务员、信息数据处理人员、座席人员等不同级别与不同类型的划分，他们各司其职，各有分工，专业化程度非常高，这为网格化社会治理工作的高效优质化提供了专业基础。三是职业化。苏南地区网格主要工作人员以自己所在网格和联动指挥中心的业务为主要职业，并初步实现了身份定位，他们基本上被纳入了事业编制或者相当于聘用制公务员；网格员按照警辅人员编制配备，使网格化治理的队伍建设形成了较为固定的管理模式和制度设计。这支队伍组成人员的身份职业归属明确后，建制化的身份保障了他们参与治理工作的权威性。

在苏中、苏北地区，特别是苏北地区，尚未形成稳定的组织和人事体制机制，在网格员和联动指挥平台工作人员的配备上，目前主要停留在专兼职混杂，以兼职为主、专职为辅的状态，人员的身份以及相关待遇问题也解决得很不到位。专兼职网格员在各地薪资待遇差距巨大，经济发达地区可以达到6000元/月以上，而经济发展相对薄弱地区只有200元/月。基层自筹经费的运转模式很难解决网格员的待遇问题，与社工以及劳动、民政、司法等条线协管协理人员相比，专兼职网格员工资水平明显偏低，半数以上地区的网格员待遇没有得到财政保证。在苏北地区，以网格化治理建设业绩较为突出的X市T区为例，大部分农村地区的网格员仍是由当地村委会干部转任或兼任，仅有X街道、H镇通过购买服务的方式引进了专职网格员。由于在网格员待遇问题上始终没有明确规定,该地为保护和激发网格员工作积极性,目前城市社区根据网格员管辖范围,按照每月每户3元的标准发放补助,农村地区按照每月每户1.5元的标准发放补助,工作补助要经过严格考核后方可发放。同时对工作表现突出的网格员,及时给予"一事一奖"。这种以奖代补、以补代薪的制度设计,尽管也有激励机制,但毕竟不是稳定的人员薪资制度。一些高学历的年轻人在网格员的工作岗位上没有获得较高的职业归属感和认同感,再加上缺少激励措施和晋升渠道,相当数量的网格员在工作上主动作为的意愿不强,将网格员工作当作"中转站"和"临时岗位",习惯于机械被动式地"应付"上级布置的任务,导致网格员的工作团队难以形成长期稳定的队伍,工作交接频繁。这成为网格化社会治理创新工作开展的瓶颈。①

(四)法治化制度保障有待提升

从总体上看,江苏网格化社会治理工作能够秉持法治思维、运用法治方式,依法在化解矛盾纠纷工作中维护群众合法权益,依法开展网格内各类安全隐患排查整改,依法开展涉及公共安全的案件联动处置。尤其在围绕物流寄递管理、流动人口和出租房屋管理、视频监控建设联网应用等网格化社会治理难点问题方面,各地推进地方法规规章的立、改、废,保障网格化社会治理在法治轨道上高效、有序运行。

政府职能的转变与改革,社会治理模式的成功转型,在结合实践发展形势的同时,必须依法推进,实现立法和政府职能转变相衔接。"要发挥法治对转变政府职能的引导和规范作用,既要重视通过制定新的法律法规来固定转变政府职能已经取得的成果……又要重视通过修改或废止不合适的现行法律法规为转变政府职能扫除障碍。"② 网格化社会治理是政府社会管理职能

---

① 参见王琦《江苏省社区网格化治理工作的实践探索》,《南京广播电视大学学报》2021年第1期。
② 中共中央文献研究室编《习近平关于全面深化改革论述摘编》,中央文献出版社,2014,第73~74页。

转变的重要内容，也必须实现法治化推进。多元主体共同参与的网格化社会治理，需要多种行动规则和制度规范，要用立法形式建构多元主体共治的制度架构，确保合作治理的协调性、公共事务目标的一致性、与社会需求的相符性。

课题组发现，目前在江苏网格化治理创新工作中发挥指导和规范作用的除了中央两办的指导性文件和部分行政规章外，主要依靠的是省委省政府两办、省政法委的指导性文件，各市、县（市、区）两办、政法委的指导性文件，以及省创新网格化社会治理机制工作领导小组、市级网格管理机构、县（市、区）社会综合治理联动指挥中心等机构发布的指导性文件。由于统一规范指引的缺位，各地会根据自身需求制定相关政策，政策的发布形式多为红头文件，权威性不足，与相关法律法规缺乏通畅衔接。这是网格化治理碎片化、局部化的重要成因之一。也因此，网格化治理的长效机制不够健全，综合处理各类矛盾纠纷的能力相对较弱。[①]

尽管各地依托网格治理平台进行的执法和社会服务工作在整体上有法律依据，但网格化治理的基本架构，包括机构设置、运行机制、人员配置及其法律地位等核心问题，都尚缺乏相应法律规范的明确支持和保障。这个现象在网格化社会治理基于实践需求而创新摸索的初期是必然的，也有其合理性。但如果要使网格化社会治理在规范化、制度化、法治化轨道上良性运行，使之成为一种稳定的制度和模式，用法律规范的方式加以保障和规制就显得非常重要。目前，正是相关指导性文件的刚性不足，并缺乏统一标准，导致了一系列问题，如网格人员的职业身份、岗位职责和待遇不明确、不统一；各地区信息、资源的集约化程度不一致；某些地区重要部门如公安机关、行政司法机关的参与度不高；个别部门不积极配合联动中心的相关工作；各地工作环节和流程的规定不统一；等等。这一切，都需要以制度化、法治化的手段加以完善。

---

① 参见王琦《江苏省社区网格化治理工作的实践探索》，《南京广播电视大学学报》2021年第1期。

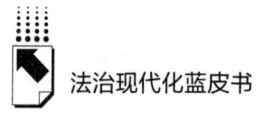

四 完善网格化社会治理的对策建议

由上可见,江苏各地网格化社会治理工作绩效仍然有着较大的提升空间。课题组拟从以下四个方面提出对策建议,期待相关部门采纳。

(一)确立服务型的工作理念

课题组认为,相对于基层网格划分、人员的配备、行政权力的协同和下沉、各级信息数据中心、联动指挥的建设和运行、相关功能设施的配备等工作,网格化社会治理要真正形成社会服务本位的根本转型,需要更持续的深入细致的工作投入。但其重要的前提,是思想观念意识的充分转变。

第一,进一步强化网格化社会治理的科学理念。通过网格化社会治理下沉行政权力的根本目的,是进一步实现政府职能的转型、构建共建共治共享的社会治理新格局,而不是进一步重点强化行政管控。网格化社会治理拉近了政府与社会的距离,它在直观上就表现为国家行政权力的进一步下沉。这种行政权力的下沉具有现实的必然性,是加强社区治理体系建设、推动社会治理重心向基层下移的必然结果。首先,现代社会关系和事务的复杂性需要社会治理和执法精细化,需要以问题导向校准治理重心,变粗放管理为精细治理。通过问题矛盾的早发现早化解、风险隐患的早排查早处置,变事后处置为事前预防,将更多的社会隐患或不稳定因素化解在萌芽阶段,强化政府的预知预测预警能力,减少社会秩序、公共利益和人民生命财产受到破坏的重大事件及其消极影响。这同时也意味着,行政权力必须下沉,其对社会的管控能力客观上必然得到进一步强化。其次,强化政府的服务职能,变管理本位为服务本位,将管理寓于服务当中,同样需要行政权力的下沉。这就要求行政机关及其工作人员必须改变官僚主义、形式主义作风,勤走基层,倾听群众呼声和合理诉求,了解社情民意。[1] 同时,要通过现代信息技术手

---

[1] 参见叶继红、吴新星《新时代基层社会网格化联动治理实践创新——对中国特色社会治理模式的探索》,《理论月刊》2019年第10期。

段，最大限度地为群众提供公共服务，及时为民众排忧解难。这种行政权力的下沉，并不意味着管控的强化，而是亲民性的增强。最后，现代行政服务管理必须与社会自我服务管理高度对接、合作，这种对接、合作也需要行政权力的下沉。行政权力一方面需要推动社会的自治，为其提供必要的服务和保障，如动员组织、资金和场所的支持等，另一方面，要让社会组织发挥自治功能，独立处理城乡社区一些具体的社会治理事务、轻微的违法行为，化解日常的矛盾纠纷，或者作为相对独立的第三方，与政府部门分工合作，有效解决一些矛盾纠纷。这要求政府提供更多的制度保障和空间，在合适的领域进一步向社会放权，得到一些功能性社会组织在社会治理中的合作配合。它既能减轻行政管理的压力，又能提高社会治理的内生性、自为性，凸显社会成员的主体地位，形成国家公共权力、社会权力与民众权利义务的良性互动，构建多元主体共建共治共享的现代社会治理格局。这种意义上的行政权力下沉，也不意味着国家行政权力管控的强化，而是让一些行政管控间接化或社会运行化，成为社会自身的内部协调、管理和服务事务。因此，网格化社会治理的建设，确实意味着行政权力的下沉，也意味着行政管控的必要强化，但不能以行政管控的强化为根本或主要目的，而是在强化必要行政管控的同时，以强化政府服务性功能、加强对社会组织的培育、强化社会力量参与、增强社会自治能力为主要目的，真正形成社会本位的基层社会治理体系和能力的现代化。

　　第二，进一步强化网格化社会治理的以人为本的价值理念。应真正坚持以人为本，进一步倡导由管控主导意识转变为服务主导意识，进一步强化认同、尊重城乡基层社会自治地位和功能的意识，明确网格化社会治理的目标"不应当仅仅局限于社会稳定，还要提供更加符合人民需求的社会公共服务"。[①] 从社会管理转向社会治理，关键是主体的变化，要求社会组织、企业组织、公民个体等不同主体的介入与合作。各主体之间要以平等地位、通

---

① 王琦：《江苏省社区网格化治理工作的实践探索》，《南京广播电视大学学报》2021年第1期。

过协商互动来形成社会治理的整体合力,在这个合作中充分发挥各方主体的优势。各级党委和政府应当明确,城乡社区工作应以向居民提供优质服务、解决群众生活中的实际问题为工作重点,必须彻底转变以往由上至下的行政化管理模式,将"以人为本"理念落实到社区医疗卫生、教育事业、公共服务、便民生活等方面,充分调动各个参与主体的积极性,持续提升服务水平与服务质量,满足社区居民诉求。同时,推动网格化管理服务团队向多元化、专业化发展,社区居民、非政府组织、企业等社会力量开始作为新主体共同参与社会治理,强化综合履职能力,有重点、有区别地为居民提供服务,填补传统管理中服务供给不足的空缺。①

第三,进一步凸显网格化社会治理的工作重心意识。随着基础网格、乡村社区网格工作站的普遍建立和正常运作,行政权力进一步下沉并强化了必要的管控之后,网格化社会治理的工作重心应进一步得到真正的凸显,即在基础网格、城乡社区网格治理工作站,让政府服务管理与社会自我服务管理真正形成有效对接和良性互动。一方面,县(市、区)和乡镇(街道)行政执法主体要依靠基础网格的信息收集和有效配合,及时进行必要的行政处置,提供更多的、更及时的社会服务管理;另一方面,在强化基层组织与网格对接、配合行政服务管理职责的同时,进一步强化其应有的服务社会的功能,依靠网格化的基层党组织和自治组织的组织动员能力,培育更多的志愿有效服务社区的社会组织,进一步强化社会自治的氛围和能力,形成真正的多元共治。这是网格化社会治理保持长久实效性和生命力的根本所在,因为只有真正充分吸纳社会力量、培育社会组织、引导群众自治,推动各类社会主体更广泛地参与到化解矛盾、服务民生中来,才能真正形成网格化社会治理的强大合力,促使广大民众内在认同社会规则,遵法守规,对各种日常可能发生的违法违规行为形成必要的社会压力,同时也能提升广大民众对公权主体的监督制约能力,为基层社会治理的法治化打下坚实的基础,提供肥沃的"土壤"。

---

① 参见甘露、韩隽《城市社区为何热衷于网格化管理》,《人民论坛》2018 年第 13 期。

第四，进一步强化对本省已有相关经验的宣传推介意识。鉴于江苏许多地区立足于全要素网格的理念，推动行政理念转型，在多方面做出了一定成绩，积累了较多经验。因此，在网格化社会治理的质量提升阶段，应强化宣传、推介这些成功经验的建设意识，并加大相关资金和人力投入支持。例如，前述N市Q区通过"136"体系变"社区管理"为"自我服务"的经验；S市X区Y镇的服装商会，与政府部门合作解决劳资纠纷的社会治理实践。X市T区坚持党建引领下的基层治理业务拓展，不局限于传统的围绕社会治安进行的基层治理，开创性地设立"法官进网格"的长效机制，将司法的诉源治理统筹进网格化治理系统，也值得学习和推广。

（二）加强党建引领的领导建设

课题组认为，各地应当严格落实省委、省政府相关文件的明确规定，在全省范围内普遍地把网格化社会治理工作定位为各级党政"一把手"工程，以进一步强化主要党政领导对网格化社会治理工作的重视程度。地方党政领导对一项工作的重视程度，在一定程度上决定着这项工作的顺利开展。各级党政领导对网格化社会治理工作的重视，无疑能够增强基层社会治理工作人员的使命感和责任感，促进这项工作的落实和完善。因此，地方党政领导对网格化社会治理工作应当负起领导的主体责任，对关键事项要亲自过问，对有争议的问题要及时处理，防止久拖不决现象的产生，也能避免政法部门牵头不力的窘况。

为了推进地方党政领导的责任落地，还需要建立健全一系列奖励和处罚机制。例如，将网格化社会治理工作的开展情况纳入地区干部考核的指标中，将其作为干部绩效考核的重要依据，强化地方干部对网格化治理工作的重视程度和责任意识。同时，将网格化治理作为地区党建工作的重点考察项目，并将其中的成功经验提炼、上升为党联系群众的重要工作方法进行推广适用。鼓励德高望重的党员干部投入网格化社会治理工作中。[1]

---

[1] 参见叶继红、吴新星《新时代基层社会网格化联动治理实践创新——对中国特色社会治理模式的探索》，《理论月刊》2019年第10期。

（三）建设专业化的工作队伍

课题组认为，网格化社会治理的工作队伍应当加强专业化、职业化建设。首先，为网格化治理工作队伍提供完备、稳定的财力支持。上级政府应当对基层网格化治理工作进行一定的财政支持倾斜。基层政府也应当进行专项的财政保障。例如，"将创新网格化社会治理'一张网'工程纳入为民办实事项目，每年固定拨付工作经费并列入年度财政预算"。[1] 经费到位以后，应当保障和稳步提升专兼职网格员的薪酬待遇，专职网格员应当享有"五险一金"，待遇与当地社区工作者持平；兼职网格员则按照"一事一补"的原则，定期发放劳动报酬，逐步推进网格员和联动指挥平台主要工作人员的专职化、专业化。

其次，关于网格员流动性较大、队伍建设存在缺口等人力资源问题，各地应明确完善网格员的招聘选拔和职业晋升机制，让网格员成为一个有光明职业前景的岗位。各地政府应定期从应届毕业生及社会公开招录选拔政治过硬、专业精深的社会工作人才，将其吸纳进网格员的队伍。同时应根据基层工作需要，适当放宽学历、年龄等要求，将一些具备网格工作实践能力的人才吸收进来。此外，应当打通网格员晋升通道，建立健全优秀网格员进入村居"两委"的选拔任用机制，可参考"三支一扶""大学生村官"等，每年拿出一定数量的行政事业编制，面向优秀网格员定向招录。[2]

最后，需要进一步增强联动中心工作人员和基层网格人员的法律意识和法治思维。课题组在调研时发现，不少工作人员维稳管控的意识依然占据主导地位，主要关注点和考核指标多集中在对特殊人群管控或平安主业的实现上。在案件处理过程中，被处置人员的法律救济却没有得到足够的重视和保障，也没有制定与网格化社会治理模式相适应的救济制度办法，

---

[1] 王琦：《江苏省社区网格化治理工作的实践探索》，《南京广播电视大学学报》2021年第1期。

[2] 王琦：《江苏省社区网格化治理工作的实践探索》，《南京广播电视大学学报》2021年第1期。

对居民隐私权和生活安宁权也没有给予足够的重视和尊重。其结果是民众对基层网格人员缺乏良好的认同和理解，甚至误认为他们是"麻烦制造者"，对网格员产生一定的戒备和警惕心理，也导致基层网格员的自尊心、积极性严重受挫。

（四）实现法治化的制度保障

课题组认为，江苏应当加强网格化社会治理工作的法治保障，使这项创新工作制度化、体系化，用法律文本的形式将网格化治理工作的主体、客体、对象、边界等一一固定，形成可供参照执行的规范。[①]

按照法治化的要求，网格化社会治理的各级各类责任主体的权力、义务和责任，联动指挥中心和平台的性质、定位、功能以及人员配备都应当来源于法律的明确规定。应当说，目前在基层社会治理工作中有执法性质的角色和行为基本都具有行政法律法规的依据。在此基础上课题组认为，基层网格的设置和划分原则、网格长（员）的人员属性以及法律义务的设定，也需要以法定形式予以明确；同时，网格中收集的信息的处理方式、基层党建和基层社会力量的组织动员、行政主体管理职能的转型和社会服务职能的强化、不同主体的权责关系体系的科学设计等涉及公权力行使的事项，也需要用法律予以约束。进而言之，涉及网格化社会治理的民众知情权、参与权、表达权、监督权、财产权、人身权、健康权、人格权等一系列权利，同样需要刚性的制度性安排予以保障。

因此，江苏应积极推进网格化社会治理工作的地方性法规建设，把不同主体在网格化社会治理活动中的权力、权利、义务、责任等予以法定化。在法治化制度建构的具体路径方面，课题组建议由治理经验成熟的设区市先行制定地方性法规，通过先行先试，在条件成熟的时候，再制定省级地方立

[①] 参见王琦《江苏省社区网格化治理工作的实践探索》，《南京广播电视大学学报》2021年第1期。

法，有效固定改革经验。① 毫无疑问，运用法治方式，形成网格化社会治理工作的制度规范体系，凸显江苏网格化社会治理工作的新经验、新制度、新品牌、新样本和新模式，是社会治理社会化、法治化、智能化、专业化的应有体现。

---

① 参见王琦《江苏省社区网格化治理工作的实践探索》，《南京广播电视大学学报》2021年第1期。

B.7 "江苏法治社会建设指标体系"及其试行评估报告[*]

庞 正[**]

摘 要： 《江苏法治社会建设指标体系（试行）》在内容上体现了党的十八大以来确立的法治社会建设目标和顶层设计框架，在结构安排上采用三级指标模式搭建从抽象到具体的逻辑体系，基本覆盖了法治社会建设的一般工作任务；指标体系以对目前实践现状的准确把握为基础，结合前瞻性与可行性，在工作内容和方式上适度提出了更高水平的要求，对未来实践具有直接指导功能；指标体系权重配置比较合理，末级指标量化程度较高，大量采用数值、比率等标准，文本内容规范易懂，尽可能避免模糊用语，便于测评考核。指标体系在设计理念、指标内容、指标权重以及末级指标表述等方面还存在一定的优化空间，社会治理作为法治社会建设的重要内容评价分量有待加大，公众满意度作为一级指标在权重上过低，"共建共治共享"制度的建设强调不够。指标体系在试行过程中呈现出一些实现机制上的问题和外部制度障碍，需从多个方面优化内、外部环境，保障其评价机制的实效性。

---

[*] 本报告为中国法治现代化研究院院设项目"江苏法治社会建设指标体系及其评估推广研究"的最终成果。课题组成员龚廷泰、周恒、刘旭东参与了报告初稿的撰写。除专门引注外，本报告涉及的所有事例、数据、图表均为课题组调研所得。

[**] 庞正，南京师范大学法学院教授，中国法治现代化研究院研究员。

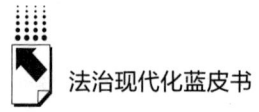

关键词： 法治社会 指标体系 科学性 可操作性

一 引言

党的十八大以来，全面推进依法治国战略布局的重要意义愈益凸显，社会主义法治建设的现实实践较以往有了更全面的进展。党的十八届三中全会作出的《中共中央关于全面深化改革若干重大问题的决定》（以下简称十八届三中全会决定）提出明确要求，要"建立科学的法治建设指标体系和考核标准"。① 这一开创性的决定，使法治建设指标体系的设计与运用成为法治中国建设与全面深化改革实践中不可或缺的一环。继而，党的十八届四中全会作出的《中共中央关于全面推进依法治国若干重大问题的决定》（以下简称十八届四中全会决定）则进一步明确了全面依法治国的总目标是建设中国特色社会主义法治体系，建设社会主义法治国家，提出了"法治国家、法治政府、法治社会一体建设"的路径，并且明确要求要"把法治建设成效作为衡量各级领导班子和领导干部实绩重要内容，纳入政绩考核指标体系"。② 可以说，近年来法治建设的指标体系在理论研究领域是一个热点问题，在法治实践领域更是各地广泛掀起行动热潮。

因此，随着贯彻依法治国基本方略在实践中的不断深入，尤其是推进依法行政举措的日益规范化，以及受国内外"社会指标运动"兴起的影响，我国各地开始效仿国内外先进经验，结合自身的法治实践，从省（自治区、直辖市）到县（市、区），陆续出台并推行了一批各具特色的法治建设指标体系。③ 不过，我国现有的法治指标体系样本主要集中在一定行政区域内法治建设的总体要求方面或各级法治政府建设方面，对于在全面推行

---

① 《中共中央关于全面深化改革若干重大问题的决定》，人民出版社，2013，第32页。
② 《中共中央关于全面推进依法治国若干重大问题的决定》，人民出版社，2014，第36页。
③ 2007年，浙江省杭州市余杭区出台《"法治余杭"量化考核评估体系》，随之推出"法治余杭指数"，这可以被视为我国构建、推行法治建设指标体系的发端。

"江苏法治社会建设指标体系"及其试行评估报告

依法治国战略当中居于基础性地位、为法治实践提供内生动力的法治社会建设,各地在指标体系的设计与量化评估上普遍缺乏必要的研究与尝试。法治社会建设在法治一体建设中具有前提性的意义,对于我国现实条件而言,它是解决法治建设基础不牢固和社会内生动力不足问题的当务之急。甚至可以认为,法治社会建设在全面推进依法治国战略布局中具有一定的优先性。因此,专门研究设计出一套针对法治社会建设的指标体系具有重要性和紧迫性。

在全国范围内,江苏是率先设计和推行法治社会建设指标体系的省份。2014年江苏省委十二届八次全会通过贯彻落实中央十八届四中全会决定的意见,明确要求制定法治江苏建设指标体系和考核标准,充分发挥其引导、激励和规范作用,推动依法治省不断向前发展。2015年1月,江苏省人民政府以1号文件的形式出台了《江苏省法治政府建设指标体系》;同年3月,江苏省委发布《法治江苏建设指标体系(试行)》。在法治建设一体化的指导思想下,研究制定法治社会建设指标体系被提上了江苏省有关部门的议事日程。从2015年10月起,江苏省法宣办和司法厅组织专门力量,开展"法治社会建设指标体系"专题研究,初步形成了与法治政府建设指标体系互为支撑的《江苏法治社会建设指标体系(试行)》(以下简称《指标体系》)。

2016年5月26~29日,江苏省司法厅选择了省内宜兴、如皋和沭阳三个市(县),就《指标体系》展开实地试测,以实验手段检验该体系的科学性和可操作性。在试测结果的基础上,起草小组对《指标体系》进行修改、优化。2016年11月,江苏省依法治省领导小组办公室和江苏省法制宣传教育工作领导小组联合下发了《关于在全省开展〈江苏法治社会建设指标体系(试行)〉测试的通知》,要求从2017年2月1日至3月31日,就该体系在全省范围内开展全面测试,进一步对指标体系中各个具体指标的独立性、可行性、可比性、客观性进行检验。以全面测试的数据为基础,结合专家论证的意见,《指标体系》得到了进一步完善。2018年5月,全国普法办正式批复确定在江苏试行《指标体系》,要求江苏"认真开展试点工作,及

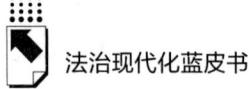

时反馈实施中的经验做法及存在问题，对指标体系作进一步修改完善，创造可复制、可推广的江苏经验"。

一个兼具科学性、合理性、有效性与可操作性的法治社会建设指标体系，既是有力推动法治社会建设落实到行动细节的工作抓手，也是对法治社会建设实践中不同主体、不同内容、不同环节的工作成效进行评价的尺度。《指标体系》开始试行后，江苏省法制宣传教育工作领导小组和省司法厅委托中国法治现代化研究院对该体系的文本和实施条件进行第三方评估。为此，研究院专门成立"江苏法治社会建设指标体系及其评估推广研究"课题组，以社会主义法治理论为基础，参考学术界有关法治社会、法治指标、法治评估论域的已有研究成果，逐条逐项对《指标体系》进行文本研究，结合在江苏省江阴市、靖江市、海安市、昆山市、吴江区等基层地方的试评状况，得出研究报告。

课题组认为，《指标体系》无论在宏观的体系架构还是微观的指标设计上，都较好地体现了法治量化评估体系应当具有的科学性、合理性、有效性与可操作性，不仅将党和国家对法治社会建设的战略要求转化为十分具体的行动方案，也能够客观地结合江苏既有的地方法治基础，从江苏的实际情况和法治需求出发，对进一步建设法治江苏、提高江苏社会法治水平发挥规范性引领作用。当然，国内学界对法治社会建设量化评估的研究尚属空白，这就使《指标体系》缺少必要的理论和方法上的支持，加之《指标体系》推行至今时间较短，还无法得出长期的实践经验和制度反馈。仅从文本上看，《指标体系》在设计理念、指标内容、指标权重以及末端指标表述等方面还需要在今后的施行过程中总结经验、提升质量，以期得到进一步的优化。

二 《指标体系》的文本解读

法治指标（指数）肇始于发达国家，本是经济学理论的数据分析模式，后被研究者和实务部门迁移运用到法治评估中，是法治发展过程中跨学科研

"江苏法治社会建设指标体系"及其试行评估报告

究方法的一大创新。这一方法论上的创新十分有利于人们科学把握法治运行的动态图景,因此很快受到广泛的效仿。一般认为,法治指数(指标)是用一套由诸多指标所构成的评估体系,以量化的形式判断和衡量一个国家或地区法治状况的技术手段。① 法治指标作为一种量化法治的手段、方法,兼具工具价值和伦理价值,既要对法律规范的实现程度进行检测,也要对法治的正当性进行评估,反映以法律规范为中间变量构建出的法治理想和法治现实之间的关系,让法治的应然与实然得以在实践情景中相互观照、相互验证。② 具体到法治社会指标的评价评估,理论和实务部门在对《指标体系》进行科学设计与评价反思时也面临着同样的法理追问。关于法治社会的概念内涵,学界尚存在观点各异的理论纷争,张文显教授在《江苏法治社会建设指标体系(试行)》初稿的专家论证会上采用了描述性的概念,③ 一定程度上回避了学界在理论层面的争鸣。课题组认为,厘清法治社会的内涵固然十分重要,因为法治社会的概念意涵在一定程度上决定着《指标体系》的结构、要素和权重等的整体构造,但对其外延初步形成的凝聚共识,同样有助于《指标体系》在实践中的推进。本报告对《指标体系》的文本分析也是基于此种理论认识展开。

表1是江苏法治社会建设指标体系的简化版。就《指标体系》文本来看,江苏法治社会建设指标体系是按照目标层、准则层和指标层的思路来确定,试图通过5个一级指标、17个二级指标、56个三级指标,④ 把法治社会的内在要求和外在体现分解、细化和量化,转化为多个可以测评的指标,从而组成一个体系和系统。评价体系权重用百分制表示,

---

① 鲁楠:《世界法治指数的缘起与流变》,《环球法律评论》2014年第4期。
② 侍鹏主编《法治建设指标体系解读》,南京师范大学出版社,2016,第3页。
③ 张文显教授认为,所谓法治社会就是指社会体系运转的法治化,建设法治社会,必须正确处理政府与社会、自治与他治、维权与维稳、活力与秩序、法律与其他社会规范的关系,构建一个多层次多领域的法治治理体系。参见张文显《构建多层次多领域的法治治理体系》,《法制日报》2015年12月24日,第3版。
④ 江苏省在2015年最初制定的《指标体系》中一级指标为5个,二级指标为19个,三级指标为61个。

171

层级权重分配按"市、县（市、区）、镇（街）"三级确定，也以百分比表示。①

表1 江苏法治社会建设指标体系（试行）简表

一级指标 （涵盖事项）	二级指标 （事项子目录）	三级指标 （子目录基点）	权重 （总分）
推动全社会树立法治意识	法治宣传教育机制 法治宣传工作体系 法治宣传教育开展 法治宣传教育效果	领导与管理机制、法治宣传全覆盖、普法责任制、"以案释法"制、普法队伍、法治宣传教育中心、媒体公益普法制、法律六进、法治文化活动、社会诚信体系、领导干部法治思维与法治方式能力、全民规则意识	25分
推进多层次多领域依法治理	社会治理法治化水平 人民团体和社会组织作用 涉及民族、宗教在内的社会问题	社会治安体系、基层民主法治建设、法治创建活动、社会规范、社会组织、"政社互动"、行业协会、民族事务、宗教政策	17分
建设完备的法律服务体系	公共法律服务体系 法律援助、司法救助 基层法律服务业 统一司法鉴定管理体制	公共法律服务工作平台、公共法律服务产品体系、法律服务人员、公共法律服务信息网络、政府购买公共法律服务机制、法律服务人员执业权利、法律援助、司法救助、法律服务机构、司法鉴定	23分
健全依法维权和化解纠纷机制	化解矛盾纠纷组织体系 社会矛盾纠纷预防机制 多元化纠纷解决机制 信访纳入法治化轨道 维护群众利益的制度体系	人民调解委员会、网格化矛盾纠纷预警机制、矛盾纠纷个案分析研判、重大案件领导包案化解制、矛盾纠纷解决渠道、人民调解工作室、纠纷调解规范化、群团组织、多元解决机制、信访法治化、人民调解经费、人民调解协议	26分
法治社会建设社会评价	社会认可度	公众安全感、人民群众法治满意度、人民群众对法援和调解满意度	9分

注：本表是该指标体系的缩略版，是对指标体系的简约呈现。表中"二级指标"和"三级指标"栏目只是概括了指标体系的基本内容，因此表中"三级指标"项下的46个方面并非就是46个三级指标，而是对56个三级指标的概括性表述。也就是说，某些表述如"社会治安体系""矛盾纠纷解决渠道"等是由不止一个三级指标来体现的。

---

① 柳玉祥：《法治社会建设指标体系是全新课题》，《法制日报》2015年12月24日，第3版。

"江苏法治社会建设指标体系"及其试行评估报告

（一）《指标体系》的逻辑构造

依照国内外关于社会指标类型化的分类方法，理论界把法治指标按照不同分类标准主要划分为客观指标和主观指标、静态指标和动态指标、描述性指标和评价性指标等。另外，有的学者从跨学科角度对其他领域中的指标类型进行借鉴并移植到法治指标评价中来，比如有学者把经济学理论中用于评价制度产品流程的评价指标，即投入指标、过程指标、产出指标和效果指标，借用到法治建设过程中来。① 通过考察《指标体系》文本，我们不难发现文本本身也基本上是按照关于法治指标类型进行逻辑架构的。

其一，客观指标和主观指标相结合。客观指标和主观指标主要是按照指标的评估方式和数据来源进行分类的。具体到《指标体系》中的文本，客观指标主要表现为那些用公开的数据信息来描述反映江苏地区在特定时期法治制度规范、运行机制和法治绩效等客观状况的指标；而主观指标主要是那些侧重于评估社会公众对《指标体系》的主观感受、愿望、评价和态度的指标。从《指标体系》中的一级指标就可明显看出，"推动全社会树立法治意识"和"法治社会建设社会评价"两大关涉主观认识的指标属于主观性指标，而"建设完备的法律服务体系""推进多层次多领域依法治理""健全依法维权和化解纠纷机制"三大制度性指标则属于客观性指标的具象表现。从全球法治指标化运动模式来看，全球治理指标（WGI）、世界法治指数（WJP）等常采用主观指标，评估方法多使用民意测评和专家问卷调查的形式展开评估，强调受访对象的个人体验和主观感受，但这种国际性的评估也一直饱受客观性、公正性和权威性的质疑。② 评价结果易于出现偏见和误差，在客观性上存在不足。相比较而言，《指标体系》有机整合了主观指标和客观指标的各自优点，通过科学理性设计使两者实现相互验证、相互支撑的效果，更有利于对评估对象作出更为准确的判断。

---

① 孟涛：《法治指数的逻辑：世界法治指数分析及其借鉴》，《江苏行政学院学报》2015 年第 1 期。
② 俞可平：《国家治理评估——中国与世界》，中央编译出版社，2009，第 5 页。

其二，静态指标和动态指标相结合。《指标体系》中的指标也充分体现了"静态"和"动态"相结合的鲜明特点。所谓静态指标主要是指那些在特定区域、特定部门、特定时间点法治系统相关要素的现实状况的指标，多用于描述法治要素中的常量要素，如《指标体系》中普法责任制、"以案释法"制、法律援助和社会矛盾纠纷预防机制等就是静态指标。静态指标可以让评估者和相关研究者客观了解某地、某部门在一定时期内法治社会建设的实际理论视野和总体法治社会建设状况。所谓动态指标是指特定时段区间法律系统相关要素运行状况、变动情况的指标，多用于描述法治要素中的变量要素，[①] 如《指标体系》中"受援群众对法律援助的满意率""村民（居民）委员会依法自治达标率"及"市、县（市、区）法治文化阵地建成率"等指标事项就属于动态性指标。动态指标则可让评估者和相关研究者通过数据变化曲线看到某地、某部门在一定时期法治社会建设的变化图式、演变规律及未来发展趋势。

其三，描述性指标和评价性指标相结合。描述性指标和评价性指标两者最大的区别点在于指标是否关涉"价值"判断。前者主要是描述那些能够反映法律制度本体及其运行状况的指标，如《指标体系》中"公共法律服务信息网络系统建设""公共法律服务平台建设"等指标应属此类性质。后者主要是指那些体现法律制度性质、价值、运行功效及其发展方向性质的指标，如《指标体系》中"法律六进制""领导干部、公务员运用法治思维、法治方式能力""信访法治化机制"等皆可归入此类范围。可见《指标体系》在体系设计时有机融入了这两类指标。

另外，《指标体系》在某种程度上也具有投入指标、过程指标、产出指标和效果指标有机结合的逻辑特点。比如，《指标体系》中"加强普法讲师团、普法志愿者队伍建设"应属投入指标，"法律六进制"属于过程指标，"覆盖城乡居民的公共法律服务体系"属于产出指标，而"全民规则意识、契约精神得到有效强化"则属于效果指标。可以说，这些反映法

---

① 侍鹏主编《法治建设指标体系解读》，南京师范大学出版社，2016，第8页。

"江苏法治社会建设指标体系"及其试行评估报告

治社会建设完整链条的指标体系系统展示了法治社会发展状态的整体概貌。

（二）《指标体系》要素和权重的法治解读

《指标体系》是在充分的实证调研和法学专家论证的基础上诞生的，是科学分析和理性思维的产物。根据马克思主义认识论，科学是经验的科学，科学就在于把理性方法运用于感性材料。归纳、分析、比较、观察和实验是理性方法的主要条件。[1]《指标体系》可以视为在马克思主义法学理论指导下，以新时代中国现有社会条件和法治战略目标为坐标，对当今我国区域法治发展的科学设计尝试。

首先，《指标体系》遵循了马克思主义法哲学的基本原理和方法。在本体论上，法治社会指标体系是以马克思历史唯物主义法治观为理论前提来展开科学设计的，从社会现实出发、从既有区域条件出发设定法治社会发展的理想图景，体现了一定的社会物质生活条件决定法律现象和法治运行的基本原理。在价值论上，《指标体系》充分体现了"以人民为中心"的依法治国基本方略之价值原则，围绕指标的人民性展开指标设计，如《指标体系》大篇幅地围绕"人民群众的法治满意度"这一体现人民性的核心价值理念展开三级指标的具体设计。在方法论上，《指标体系》在设计过程中充分体现了马克思主义唯物辩证法思想，如"提高社会治理法治化水平"二级指标下的第一个三级指标是"坚持系统治理、依法治理、综合治理、源头治理，立体化、现代化社会治安体系健全完善，以网格化管理、社会化服务为方向，健全基层综合服务管理平台，及时反映和协调人民群众各方面各层次利益诉求"。这里的"系统治理、综合治理"就体现了马克思主义原理中"系统（整体）思维"之辩证法思想。在认识论上，《指标体系》的诸多指标也在一定程度上体现了中国法治现代化过程中始终秉持的马克思主义科学、理性、开放的唯物认识论的理论要义。

---

[1]《马克思恩格斯文集》（第1卷），人民出版社，2009，第331页。

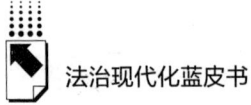

其次,《指标体系》的权重设置分配也反映出当前江苏区域法治发展的价值理念导向和不同要素指标在发展分量和位序上的偏好。《指标体系》详细列出了每一个一级指标的总分值,同时又在三级指标的具体分支点给出各小点得分,让《指标体系》的理论研究者和实务测评部门清晰看到《指标体系》的事项范围及侧重点所在,对指标体系的具体落实部门起到明显的引领和激励作用,促使相关实务部门以《指标体系》事项要求为抓手有的放矢地开展具体工作,从而在绩效考核评比中获得较好成绩。因此,鉴于指标权重的上述价值导向功能,《指标体系》的权重设置就显得尤为重要,因为它在很大程度上左右着区域法治发展的重点方向以及具体路径。当然,《指标体系》权重比例虽然在一定程度上取决于指标体系制定者的个体认知甚至主观偏好,但作为一项制度、政策,制定者更多需要运用理性思维,依据区域法治发展的实际法治省情来作出科学决策。因此,根据区域法治"不平衡、不充分"发展在不同地域、不同内容的多样性,《指标体系》的权重设置应是动态发展的,即需要依据区域法治具体情况的变迁而适时作出动态调整,以适应各地区域法治最新发展的内生诉求,而这恰恰是《指标体系》需要不断修订升级的内在原因之一。

三 《指标体系》的科学性、合理性与可操作性

以中国特色社会主义法治理论和法治社会理论为基础,课题组结合法治指数、法治评估的既有理论和实践,对《江苏法治社会建设指标体系(试行)》的文本进行了科学性、合理性、有效性和可操作性等方面的分析和评价,得出以下几点意见。

(一)整体框架符合十八大以来关于法治社会建设的战略部署

党的十八大以来,国家决策层将全面推进依法治国设定为四个全面战略布局之一,尤其是十八届四中全会通过《中共中央关于全面推进依法治国

若干重大问题的决定》对法治社会建设的总体要求作出了纲领性的安排。作为党和国家推进法治社会建设重大战略部署在江苏的具体化方案,《指标体系》的设计必然要以中央关于法治中国、法治社会建设的新理念、新思想、新战略为引领,与法治中国建设的总体目标、任务及要求保持一致,特别要反映出十八大以来党中央关于法治建设的重要文件如十八届三中全会决定、十八届四中全会决定的指导思想和具体要求。就现有的《指标体系》文本来看,从体例结构,到具体内容,再到基本术语的使用等文字表述,都高度反映了十八届四中全会决定等文件的规范性要求。也就是说,作为一项规范性文件,《指标体系》体现了与高阶规范性文件在制度上的从属关系和内容上的协调一致。这一规范性特质,保证了《指标体系》的科学性。具体而言,十八届四中全会决定在"增强全民法治观念,推进法治社会建设"章节,具体部署了四项基本任务,即"推动全社会树立法治意识""推进多层次多领域依法治理""建设完备的法律服务体系""健全依法维权和化解纠纷解决机制"。相应地,《指标体系》的总体框架由五个一级指标构成,其中前四个一级指标与上述四项基本任务的表述完全一致,全面体现了十八届四中全会决定关于法治社会建设的战略部署。同时,各个一级指标之下的二级和三级指标的具体内容及表述,也都能在十八届四中全会决定对应的各部分找到相一致的要求,诸如"谁执法谁普法""以案释法""普法讲师团"等具体制度性安排和术语使用,《指标体系》都充分地予以落实。

(二)内容契合法治社会建设的应有目标

《指标体系》所体现的法治社会建设目标,符合全面推进依法治国、建设中国特色社会主义法治体系的战略布局,与"法治国家、法治政府、法治社会一体建设"的总要求相吻合,同时也十分鲜明地体现出了江苏省开展法治实践的现实需要。按照十八届四中全会决定的要求,法治社会建设的目标,是要弘扬社会主义法治精神,建设社会主义法治文化,增强全社会厉行法治的积极性和主动性,形成守法光荣、违法可耻的社会氛围,使全体人民都成为社会主义法治的忠实崇尚者、自觉遵守者、坚定捍卫者。① 法治社会建设倚赖的主体力量是人民群众，追求的目标也是满足人民群众的法治需要。与法治政府建设相比，法治社会更加强调广大人民群众的主体性、主动性和创造性，是"以人民为中心的发展思想"在法治领域的实践方式。《指标体系》通过层层指标设计，较好地体现了法治社会建设的目标。一方面，《指标体系》注重以人民为中心的法治社会建设途径和方案的设计，通过吸纳社会力量加入法治宣传教育、社会治理创新、公共法律服务、社会纠纷化解等多个领域的实践活动，引导人民群众成为法治社会建设实践的主体力量；另一方面，各项具体的建设指标都与人民群众对法治社会的期望密切相关，追求让人民群众拥有法治社会建设的获得感。比如，《指标体系》要求每万人口律师、公证、基层法律服务等专业法律服务人员逐年增加、每万人获得法律援助率达万分之十二等。又如，《指标体系》的第五个一级指标是"法治社会建设社会评价"，试图通过对社会认可度的统计，以人民群众的体验、评价来反映法治社会建设的成效，这完全符合党的十九大报告中"把人民对美好生活的向往作为奋斗目标，依靠人民创造历史伟业"的以人民为中心的发展思想。②

（三）结构层次分明，逻辑清晰自洽

从我国目前现有的法治量化评估体系来看，其大多是采用三级指标的模式，即在目标层之下，一级指标重点关注的是实现目标内容的全面性与战略性；二级指标是对一级指标的内涵分解，侧重于评价结构性目标的实现；三级指标即具体指标，对应于可测量的关键任务的完成程度。③《指标体系》的具体指标安排，也采用了三级指标模式。其一级指标与十八届四中全会决定关于法治社会建设重点任务的部署一致，保证了评价目标的内容在全面性和战略性上的科学性。二级指标乃是对一级指标的结构化展开，试图在充分

---

① 参见《中共中央关于全面推进依法治国若干重大问题的决定》，人民出版社，2014，第26页。
② 参见习近平《决胜全面建成小康社会　夺取新时代中国特色社会主义伟大胜利——在中国共产党第十九次全国代表大会上的报告》，人民出版社，2017，第21页。
③ 参见谭玮、郑方辉《法治社会指数：评价主体与指标体系》，《理论探索》2017年第5期。

理解一级指标内涵的基础上,将一级指标分解为若干基本要素。例如,《指标体系》将第一个一级指标"推动全社会树立法治意识"科学地分解为法治宣传教育机制、法治宣传工作体系、法治宣传教育活动、法治宣传教育效果四个要素,在逻辑上完整地展示了法治宣传教育工作应有的考量维度。三级指标的设计,则具体落实在工作内容上,而且大多集中于可测量的关键工作任务。再以第一个一级指标为例,其项下的三级指标包括了普法志愿者队伍建设、法治文化阵地建成率、新媒体技术在普法中的运用、"法律六进"制度等许多可统计、可测量、可评价的内容,力图以具体的数值、比率等形式表现出法治社会建设各个方面的具体工作绩效。《指标体系》从一级指标向下到二级指标、三级指标,形成了从抽象到具体的逻辑体系,较为全面地反映出法治社会建设的一般工作内容。

(四)系统综合了现有多种法治社会建设举措

法治社会建设是一项整体性、系统性极强的社会工程。在法治建设一体推进过程中,法治社会建设不是孤立而行的,必须结合诸多相关制度内容。由法治社会概念的丰富内涵所决定,法治社会的外部表征有着多重的指向。相对而言,法治社会更加以文化、风尚、观念的外观呈现于世。为此,若要建立一个能够对法治社会进行量化评估的指标体系,就必须尽可能地以相关制度、路径、举措为基础,通过对已有制度实施的程度和效果设定指数,反映一地法治社会的建设状况。也就是说,评估体系的具体指标要体现与法治社会建设相关的各项制度要求,将其连接成有机的整体。不难看到,《指标体系》综合了许多现行的相关制度或举措,以系统化的方式把它们联结在一起。如在法治宣传教育中,国家"七五"普法规划推行的"谁执法谁普法"普法责任制、司法机关"以案释法"制度被吸纳进来;在多层次、多领域依法治理中,社区网格化管理被吸纳进来;在法律服务体系建设中,12348公共法律服务平台、公共法律服务网络系统的建立和运行被吸纳进来;在社会纠纷化解中,建立专业性、行业性人民调解组织被吸纳进来。值得注意的是,《指标体系》未来对这些制度或举措落实情况的检测与考评,不但能够反映一地法治社会建设的状况，同时也可能反向地呈现出某些制度、举措自身及其运行中存在的问题，从而有利于整个社会治理体系的进一步完善与发展。可以说，《指标体系》与其他关于法治社会实践的制度规范形成了必要的、合理的衔接，有利于形成有效的制度合力。

（五）权重配置比较合理，便于测评考核

目前，我国现有的法治量化评估体系采用的指标权重配置方法，有均分法、德尔菲法、层次分析法与直接赋值法四种。[①]《指标体系》所采用的方法属于直接赋值法，即评估组织者在设计指标体系时，已经将每部分的权重情况进行了直接规定，以不同的权重数值体现出来。这是由法治社会建设的特殊性决定的，即法治社会本身是一个充满文化和观念意义、具有多重表征指向、参与主体多元、实践方式多样的极其复杂的综合性系统，它本身难以用实证的、数学计算的方式说明各个指标具体赋值的合理性及可信度，只能根据不同指标在当下实践中的重要性和紧迫性、设计者已有的经验、评价对象的现有基础等因素，采用直接赋值法设定各个指标的权重。直接赋值法具有便于理解、易于操作的优势，同时也能使各个指标根据江苏本省的法治社会建设情况即时作出适当的调整，从而避免了以数学计算方式确定权重所带来的僵化固定、难于适应法治社会建设实践变化和社会发展需要的缺陷。当然，相关部门在根据《指标体系》组织测评考核时，也有必要对具体指标设定权重的理由进行解释和说明，使被考评对象了解法治社会建设中的重点和要点所在。

（六）文字表述清晰，具体指标量化程度较高

《指标体系》在文字表述和术语采用上与中央决策层关于社会主义法治建设的一系列重要文件保持了高度一致，同时在很大程度上体现了国家

---

① 参见周祖成、杨惠琪《法治如何定量——我国法治评估量化方法分析》，《法学研究》2016年第3期。

"江苏法治社会建设指标体系"及其试行评估报告

和地方在法治宣传教育、社会治理创新、法律服务体系建设、社会纠纷化解等方面各项政策文件的要求，因此文本的内容规范易懂，尽可能地避免了用语模糊、标准化程度低的状况。这不仅有利于相关工作人员对照《指标体系》文本展开考评或自评，也为法治社会建设实践中的具体参与者提供了清晰的行为指引，同时也便于社会公众了解法治社会建设责任主体的工作内容，知晓自身的各项权利义务，按照具体指标的要求享有建设成果，真正做到法治社会的共建、共治、共享。在具体的指标设计上，《指标体系》大量采用数值、比率等标准来量化各项具体目标的实现情况，比如法治文化阵地建成率、法治文化活动次数、司法行政服务站建成率、人民调解委员会覆盖率等。即使对于社会公众对法治社会建设工作的认可度这类主观性较高、难于量化的评价指标，《指标体系》也力求通过社会调查统计的方式，以公众安全感获得率、人民群众对法治建设满意率、对调解工作的满意率、对法律援助的满意率等数据表现出来，从而将主观评价客观化，直观、具体地反映人民群众对法治社会建设情况的评价。此外，具体指标较高的量化程度，也使得司法行政及其他各个部门的工作人员收集到的测评数据有较强的实证性与针对性，从而便于《指标体系》未来进一步的修改与完善。

（七）兼顾前瞻性与可行性，实践指导功能突出

《指标体系》的前瞻性与创新性，不仅体现在江苏省在全国率先就法治社会建设这个领域专门制定评估指标体系，还体现为各级指标建立在对目前实践领域的法治社会建设各项工作充分、准确把握的基础上，进而合理、适度地在工作内容和方式上提出了更高水平的要求。这些指标既不是对现有工作成效和建设水平的简单确认，也不是脱离实际基础条件和建设能力的盲目要求，是现实可能性和目标理想性的统一。比如，基于目前网络科技条件的日臻成熟，《指标体系》当中有"新媒体技术在普法中充分发挥运用""公共法律服务信息网络系统建立"等推动新技术、新手段在法治社会建设当中发挥作用的具体指标；又如，在人民调解委员会规范化

达标率上,《指标体系》对乡镇（街道）和村（社区）实事求是地作出了不同的标准设定；再如,《指标体系》在"推动全社会树立法治意识"的一级指标之下，通过对法治宣传教育机制的健全程度、法治宣传工作体系建设情况和法治宣传教育工作开展情况分别尽可能用可测量的外部标准予以规范，最终落脚于对法治宣传教育效果的数字化衡量，这些二级指标之间其实具有内在的逻辑递进关系，是由外而内、从过程到结果的评价方式。这不但使运用《指标体系》对法治宣传教育工作进行评价具有了可行性，也使法治宣传教育这项比较"虚"的工作在《指标体系》的指导下变得有章可循、有度可测。

四 《指标体系》施行的成效与困难

2016年5月到2017年8月，江苏省司法厅就该体系在全省范围内开展了试点测试、全面测试、专家论证以及调研验证，进一步完善了这一体系的具体内容。2018年5月，全国普法办确定在江苏施行《指标体系》，要求江苏"认真开展试点工作，及时反馈实施中的经验做法及存在问题，对指标体系作进一步修改完善，创造可复制、可推广的江苏经验"。在《指标体系》的施行过程中，江苏省各级司法行政部门高度重视，以现有指标设定的工作内容和权重为引领，狠抓落实、注重创新，形成了许多各具特色的地方建设经验。当然，在法治社会建设实践过程中也存在一些外部障碍，这需要我们在今后的工作中注意改善制度环境，为落实《指标体系》优化外部条件。

（一）各地法治社会建设工作亮点择要

在以落实《指标体系》为抓手推进法治社会建设的过程中，江苏许多地方的司法行政部门和其他相关主体充分发挥主观能动性，在《指标体系》设定的规范引领下，采取了诸多有利于落实这一体系的具体举措，形成了各具特色的工作亮点。

"江苏法治社会建设指标体系"及其试行评估报告

1. 江阴：大力发挥社会组织的参与功能

长期以来，"政府在社会管理领域的一元核心地位比较突出，政府的管理活动实际上触及社会生活的方方面面，成为社会生活的全面组织者、公共产品的直接提供者以及社会稳定的强力维护者"。① 由此导致的结果是各级政府在公共事务管理、公共产品提供、公益事业建设上负担过重、效益较低。法治社会建设的目标之一，乃是追求实现社会管理从一元主体到多元共治（即"社会治理"）的转变。社会组织是法治社会的重要主体要素，它担负着社会关系组织化、秩序化的功能，有利于社会大众参与社会公共事务的管理，并协助政府提供公共产品和公共服务。法治社会范畴的一个重要内涵，就是社会组织依法自主管理内部事务，依法自主参与公共事务。② 社会组织发达，社会组织的活力充分激发，是社会治理水平得以提升的前提条件，也是判断法治社会成熟度的直观标准。党的十八大以来，最高决策层十分重视引导社会组织加强自身建设、参与社会治理和公共服务，发挥法治功能。从社会治理的角度，十八届三中全会提出要"促进群众在城乡社区治理、基层公共事务和公益事业中依法自我管理、自我服务、自我教育、自我监督"；"鼓励和支持社会各方面参与，实现政府治理和社会自我调节、居民自治良性互动"。③ 从法治社会建设的角度，十八届四中全会提出要"发挥人民团体和社会组织在法治社会建设中的积极作用。建立健全社会组织参与社会事务、维护公共利益、求助困难群众、帮教特殊人群、预防违法犯罪的机制和制度化渠道"。④ 实践中，江阴市十分重视社会组织参与法治社会的建设，积累了可资借鉴的经验。例如，江阴市司法局扶持一家社会组织建立了"香山法治书屋"这一省级法治文化建设示范点，该书屋以传播传统文化为公益目标，提供各种相关书籍，广泛开设各类传统文化课程，充分依赖义工的自愿参与，成为当地法治文化建设的一支生力军；再如，江阴本地

---

① 师泽生：《中国的社会管理创新走向》，《理论参考》2011年第3期。
② 参见黄文艺《法治中国的内涵分析》，《社会科学战线》2015年第1期。
③ 《中共中央关于全面深化改革若干重大问题的决定》，人民出版社，2013，第31、49页。
④ 《中共中央关于全面推进依法治国若干重大问题的决定》，人民出版社，2014，第28页。

的多家教育机构、法律服务机构和一些企业联合组成了江阴德法教育联合会，该联合会积极举办道德法治讲座，并把公益内容向社会治理领域拓展，积极参与社区公共管理，有效地促进了睦邻友好、守望互助的社区风尚的形成。

2. 靖江：推动司法行政工作与信访工作相融合

不容否认，"信访的创设是执政党群众路线的产物，这一制度在发挥意见表达、政策反馈的作用之外，对利益实现渠道不畅背景下个体权利的维护也有现实意义"。① 但在我国社会发展的转型期，随着社会矛盾数量的增加和类型的复杂化，信访乱象频繁出现，诸如"信访不信法"、借信访牟取不当利益等现象严重影响了社会秩序和政府部门的行政秩序，甚至损害了国家权力机关的公信力。如何实现信访法治化，成为各地相关部门面临的挑战。对此，靖江市司法行政部门不但没有回避信访难题，而且主动发挥自身普法宣传教育的专业化职能优势，整合司法行政机关的资源融入信访工作之中，形成了司法行政部门与信访部门合力联动的社会治理创新机制。靖江的具体做法是：其一，鉴于基层司法所（社会矛盾排查调处服务中心）在日常工作中排查出的社会矛盾已经暗含了信访案件，故而要求各司法所以定期、重点、专项等规范手段排查矛盾纠纷，在重要节点和敏感时段进一步关注特定区域、重点人员的矛盾或隐患发展态势，并形成研判报告供信访部门参考；其二，改变原来的信访办、调处中心分设两个接待窗口的格局，设立综合接待大厅（窗口），由司法行政部门和信访部门的工作人员共同参与信访接待，充分发挥司法行政部门的职能优势，向信访群众宣传法治观念，介绍法律知识，为群众解决信访问题提供法律依据，引导信访群众依法、理性地反映和解决利益诉求。司法行政机关融入信访，形成了化解信访矛盾的合力机制，起到了事半功倍的效果。更重要的是，这一机制意味着信访事项在发生的初期就因司法行政机关的参与而使

---

① 刘旭：《信访法治化进路研究——以信访的司法分流为视角》，《政治与法律》2013年第3期。

得具体的信访过程被引向了法治化的轨道,非常有利于最终以法治手段解决信访问题。

3. 海安:积极将法治教育纳入国民教育体系

按照十八届四中全会决定,"增强全民法治观念"是关于法治社会建设板块的逻辑前设,"推动全社会树立法治意识"是关于法治社会建设任务部署的第一项内容。按照十八届四中全会决定的明确要求,要"把法治教育纳入国民教育体系,从青少年抓起,在中小学设立法治知识课程"。① 和许多地方一样,海安市在这一方面下大力气做了大量工作。颇具特色的是,海安着力构建了多方参与、主题明确的青少年法治教育"532"格局。首先,"5"是指实现教材、师资、课时、计划、考核五落实。其中,法治课程的教材为武汉大学出版社出版的《青少年法治教育读本》,全市中小学生人手一册;在师资方面,海安从政法部门中遴选97名优秀干警担任各级中小学校的法治副校长;在授课模式上,各级中小学校每学期安排10课时,其中8课时由教师授课,2课时由政法干警进行法治讲座。其次,"3"是指"学校、家庭、社会"三位一体的教育模式。海安建立了市、镇、校三级家长学校平台与信息反馈制度,敦促家长参与培育青少年法治理念的意识;同时,海安司法行政部门每年定期与公、检、法以及教育、团委、妇联等部门召开联席会议,专题研究青少年的法治教育工作。最后,"2"是指探索实施校园法治文化建设"双六一"工程,其中"双六一"是指法治文化阵地"六个一"和法治活动"六个一"。目前,海安全市79所学校已全部建立法治宣传栏、青少年维权站等"六个一"法治文化阵地,同时积极落实每年开展一场法治讲座、一次校外法治基地参观等"六个一"活动责任要求。

4. 昆山:通过政府购买服务引入第三方参与社会矛盾化解

目前,我国政府的职能转变尚未完全到位,服务市场化处于初级阶段,② 这导致"政府的公共服务职能相对薄弱,公共服务供给不足、社会事

---

① 《中共中央关于全面推进依法治国若干重大问题的决定》,人民出版社,2014,第26页。
② 参见陈振明《公共管理学》,中国人民大学出版社,2005,第197页。

业发展滞后、公共服务的供需矛盾尤为突出"。① 近年来，国家决策层提出社会治理水平的提升和社会治理创新问题，乃是中国社会发展到新阶段的必然要求。从党的十八届三中全会提出"推进国家治理体系和治理能力现代化"，到十八届五中全会提出"构建全民共建共享的社会治理格局"，再到十九大提出"打造共建共治共享的社会治理格局"，都是对这种必然要求的回应。在社会治理机制问题上，习近平在党的十九大报告中明确要求，要"加强社区治理体系建设，推动社会治理重心向基层下移，发挥社会组织作用，实现政府治理和社会调节、居民自治良性互动"。② 为此，政府建立起向社会购买公共服务的机制，将更多的社会管理和社会服务领域向社会组织开放，从而提高社会公共管理的效益，这是提升社会治理水平的重要路径。

应当看到，昆山市通过政府购买将社会组织的力量吸纳到基层社会治理、社会纠纷化解等领域，走出了一条具有示范意义的创新之路。具体来说，昆山积极向各类社会组织、民办非企业单位或基金会购买公共服务，其中，将政府购买服务与人民调解工作相结合的做法，是其工作中的亮点。在基层人民调解委员会的日常实践中，昆山通过大力引入第三方的参与，主要由律师群体志愿组建的具有专业知识、专业技能的社会组织得以广泛融入该市人民调解委员会的调解工作中，具体涉及医患纠纷、劳动纠纷、养老纠纷、继承纠纷等调解领域。这种社会组织以其专业化换取了人民调解的成功率，使得大量社会矛盾在基层社会治理层面得到了迅速、有效的解决，在结果上降低了地方政府的治理成本。这一举措成功地实现了社会矛盾化解的多元化、社会化、专业化与高效化。

5. 吴江：将社会治理网格化融入法治社会建设

早在2013年，党的十八届三中全会在《中共中央关于全面深化改革若干重大问题的决定》中就已提出，要"以网格化管理、社会化服务为方向，

---

① 高小平、王俊豪、张学栋：《政府职能转变与管理方式创新》，人民出版社，2010，第48页。
② 参见习近平《决胜全面建成小康社会　夺取新时代中国特色社会主义伟大胜利——在中国共产党第十九次全国代表大会上的报告》，人民出版社，2017，第49页。

健全基层综合服务管理平台,及时反映和协调人民群众各方面各层次利益诉求"。① 近几年来,江苏是在社会治理网格化实践方面走在全国前列的省份。值得指出的是,目前各地在网格化社会治理实践中更多地将注意力集中于服务和管理两大领域,没有意识到网格化社会治理本身既是法治社会建设的组成部分,也是法治社会建设极其有效的工作平台。吴江区是苏州市社会治理网格化联动机制建设的率先启动地区。该区司法局将法治社会建设与社会治理新机制新手段结合起来,构筑"网格化管理+组团式调解"模式,在把全区划分为899个基层网格的基础上,积极推动人民调解员、兼职调解员"两员"进网格,通过网格化管理机制来提前采集风险信息,进而采取分级处置、对接专调、重点督调等方式,就地化解矛盾纠纷,开创性地实现了纠纷调解与网格化管理的有机融合。一方面,吴江将社会矛盾纠纷信息采集纳入全体基层网格巡查员、信息员的巡查和采集清单,借助全区构建社会治理网格化联动机制的契机,将矛盾纠纷信息收集、上报、预警等工作推到基层治理最前沿,把各类矛盾纠纷"网"在格子里,尽可能实现矛盾纠纷不出"格";另一方面,吴江要求人民调解员、兼职调解员第一时间对网格内排查出的矛盾纠纷予以调解,真正实现社会治理重心下移。课题组通过调研发现,2018年5月以来,吴江90%以上的矛盾纠纷实现了网格化精细定位和即时性排查化解,调解成功率达98%,防止群体性事件10余起,信访总量同比下降5%。需要进一步强调的是,除了社会纠纷化解,网格化社会治理作为社会治理创新的重要形式,在法治社会建设领域仍有巨大的行动空间,值得各地开动脑筋利用好这一形式,注入法治社会建设的丰富内容。

(二)推进法治社会建设指标体系的外部障碍

《指标体系》在江苏全省范围内施行以来,在实际工作中尚存在一些主客观方面的推行障碍。这主要体现为相关部门在落实《指标体系》过程中

---

① 《中共中央关于全面深化改革若干重大问题的决定》,人民出版社,2013,第50页。

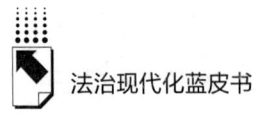

存在认知上的偏差,以及现有制度条件和社会条件等因素的客观制约。当然,这些障碍的存在并非仅具有消极意义,因为任何一套法治指标体系本身就是一种应然标准的设定,依凭指标体系进行法治评估的目的都在于为法治的进展提供可资参考的"数据资料",[1] 故而实践中出现的不足或障碍恰恰能够为我们展开法治社会建设工作提供重要的切入点。通过调研,我们认为《指标体系》的推行主要存在以下几个方面的外部障碍。

首先,法治社会建设的观念条件在短期内难以具备。虽然法治社会和法治政府一样,都具有观念、制度、秩序、价值等多方面的要素,但法治社会相对更加以文化风尚的外观呈现于世。信奉法律的普遍观念、自觉守法的行为习惯、明确的权利意识、理性的思维方式等构成的法治氛围,为法律制度与社会行为之间的传导提供了必要的场域,法治社会往往是这一场域的抽象表达。因此,对法治社会的观察和评价需要重点考量文化和观念的因素。《指标体系》的第一个一级指标就是"推动全社会树立法治意识",这无疑是正确的。法治意识的树立、法治观念的普及目标乃是实现法治社会所必需的前提性基础;社会主体在法治方面的情感寄托、态度取向以及自觉意识,乃是推动法治社会建设的重要精神支柱和文化动力。[2] 只有当人们从观念上、意识上认可了法治的理念并将其外化为个人的自觉行为,法治社会的愿景才可能实现。但是,就目前的现实社会条件而言,法治尚未真正成为一种社会风尚,无论是社会公众还是党员领导干部,法治意识的观念尚未普遍确立起来。这就反过来对《指标体系》的推行构成了观念障碍。可以预见的是,法治观念的形成是一个缓慢的过程,它依赖于社会政治经济长期稳定的发展,甚至需要经历几代人的时间。因此,法治观念基础形成的缓慢性给《指标体系》的推进工作带来了现实挑战。

其次,社会经济条件的地区差异,使得社会组织参与法治社会建设的程度参差不齐。法治社会范畴特别强调社会成员作为法治的主体意义,强调发

---

[1] 参见钱弘道等《法治评估及其中国应用》,《中国社会科学》2012年第4期。
[2] 参见公丕祥主编《全面依法治国》,江苏人民出版社,2015,第315页。

掘社会潜力、激发社会活力、健全社会组织、发展社会事业。在法治社会的实践场域，"社会"这一抽象主体的具体组成，是公民、法人、其他经济组织，特别是担负着社会关系组织化、秩序化主要功能的社会基层自治组织（社区、村民委员会）、人民团体、公益组织、非营利组织等。因此，在法治社会建设的过程中，活跃于其中并发挥主要作用的应当是社会成员本身；社会成员发挥自身主体作用的基本方式，则是通过自愿缔结各种社会组织实现社会生活领域的广泛自治。在我国当前的社会结构条件下，法治社会建设或许更多地倚赖政府作为主导力量，而其他社会成员和社会组织乃是政府不可忽视的参与者、协助者。但无论如何，社会组织的发达程度都标示着法治社会建设的水准。目前，不同地区社会组织在法治社会建设中发挥作用的状况，明显与地方经济发展水平和社会组织发达程度呈正相关关系。社会组织的蓬勃发展依赖于地区经济的繁荣和民众的富足。在经济发展水平较高的苏南地区，人们有更充裕的物质条件和更高的责任意识投入社会组织的运行之中，进而以社会组织的形式参与到法治社会建设活动中，发挥了较大的作用。相反，在经济欠发达地区，一方面社会组织较少，法治社会的建设任务主要依靠政府推进；另一方面，社会组织缺乏必要的财力基础和专业人才的支撑，无法为当地法治社会建设提供专业化的、有针对性的服务，这也影响了当地法治社会建设的成效。

再次，法治社会建设在各地尚未形成有效的多主体联动推进机制。法治社会建设是一项复杂的系统工程，它倚赖党委、政府、学校、基层组织、行业协会甚至社会大众的共同参与，需要形成共建、共治、共享的格局。法治社会建设的具体工作一般由各地司法行政部门主抓落实无可非议，但绝不应理解为它是司法行政部门的独有职能。毋庸讳言，当下许多相关部门在指导思想上对法治社会建设工作的重要性和应负职责都认识不够，职能部门之间的分工、协作、联动有待于进一步明确与加强。在今后落实《指标体系》的过程中，不能仅仅由司法行政部门唱独角戏。从党委和政府机关的主体角度看，依法治省（市、县）领导小组和司法行政部门确应是法治社会建设工作联动的牵头单位，但各地的党委宣传部门、有执法权的行政机关、教育部门、民政部门、政府派出机构甚至社会基层组织都是法治社会建设工作的责任主体，其责任缘于《指标体系》设定的具体项目。例如，在"谁执法谁普法"责任制的落实中，各个有执法权的行政机关与司法行政部门的协作和联动就极具必要性。目前的情况是，一些部门积极参与法治社会建设的工作成绩并不被上级机关重视或肯定，一些地方的法宣办和司法行政部门无法对当地法治社会建设的整体工作发挥指导、协调、组织、评价和监督作用。这些状况无疑阻碍了法治社会建设工作的开展。我们认为，缺乏通力协作的法治社会建设机制必然是不健全的，这将令法治社会的推进工作缺乏必要和有力的结构性支撑。

最后，在司法行政机关内部，《指标体系》的推进过分依赖于法宣部门。《指标体系》是关涉法治宣传教育、多层次多领域依法治理、法律服务体系建设、健全依法维权和化解纠纷机制等多维度、多层面的浩大建设工程，即便在司法行政机关内部，也几乎与所有部门的工作相关联，不是法治宣传教育部门能够独立承担的任务。目前，司法行政机关的法宣处（科）工作任务重、人员少、压力大、难协调等状况是各地普遍存在的问题。但在实践中，《指标体系》的落实甚至涉及法治社会建设的许多具体工作都过分依赖于各级法宣部门，导致法宣部门不堪重负。客观上法宣部门的人事编制与经费是极其有限的，以其相对薄弱的人力、财力来应对繁杂的《指标体系》推进工作势必会导致出现"小马拉大车"的局面，致使《指标体系》本身缺乏应有的行政执行力支撑，从而使得法治社会建设难以在短期内看到成效，也使得法治社会建设缺乏长期的持续发展机制。

五　优化并推广《指标体系》的总体意见

（一）更加突出法治社会建设相对独立的特质

毫无疑问，在全面推进依法治国的进程中，法治国家、法治社会、法治政府作为一个有机的整体，应当一体建设，共同推进；法治社会建设也离不开法治国家建设的基础与法治政府建设的保障。① 法治社会建设与社会主义法治体系的整体建设不可能被割裂开来。然而,法治社会建设毕竟有其不同于法治国家及法治政府建设的内在要求,这是由法治社会范畴本身的规定性所决定的。对法治社会范畴中"社会"这一概念的理解,不应当将其简单地视作一个与"自然"相对应,既包括市民社会又包括政治国家的人类生活共同体范畴,而应当将"社会"与政治国家、公共领域相区分,凸显其私人和私权领域的属性,重视其非官方公共领域的功能。因此,我们应当在"法治国家、法治政府、法治社会一体建设"的命题中理解法治社会,要将社会作为法治的主体来理解法治社会。法治社会是指一个依赖法律缔造秩序的社会,一个法治观念普及、法治氛围浓厚的社会,一个经由社会自我治理而达致和谐的社会;法治社会内含着社会依凭国家法律和自生规范进行自治,以及社会自下而上地治理国家、监督政府的特定意蕴。这种对法治社会的认识更加强调社会的自治属性,也更强调公民及社会组织在法治建设中的主体地位。②《指标体系》在评价指标的设计特别是三级指标的设计上往往将法治政府建设的指标也作为考评法治社会建设情况的指标,如"领导干部、公务员运用法治思维、法治方式能力不断增强""民族事务依法管理、各项民族政策落实""各项宗教政策落实、管理服务到位"等。这就难免会给未来的测评考核工作带来指向不明、针对性不强的问题。因此,将来《指标体系》的修改与完善应当在指标设计上尽量将法治政府与法治社会建设的内容相区分,凸显法治社会建设实践的特质。

(二)均衡各个一级指标,合理分配指标权重

对一个科学有效的法治社会建设评估体系而言,各项一级指标在意义

---

① 参见姜明安《论法治国家、法治政府、法治社会建设的相互关系》,《法学杂志》2013年第6期。
② 参见郑方辉、罗骁《法治社会第三方评价:体系、实证与审视》,《理论探讨》2018年第3期。

的重要性和建设任务的工作分量上应当大致均衡，这是法治社会建设在总体布局上统筹规划、各个方面协同推进的必然要求，也是评估体系自身结构协调、布局合理的科学化体现。虽然在指标权重的分配上不必追求各个一级指标的绝对平均，但要注意避免因权重分配不合理，一些非常重要的具体工作任务没有得到应有的权重评价。就《指标体系》目前的设计而言，"推动全社会树立法治意识"与"健全依法维权和化解纠纷机制"两项一级指标占据了一半以上的权重，剩下三项一级指标的权重分配就不甚协调了。尤其是"推进多层次多领域依法治理"和"法治社会建设社会评价"两项一级指标所占权重过小。在最高决策层大力强调推进国家治理体系和治理能力现代化的今天，法治社会建设和社会治理创新在理论上具有高度的可通约性，在实践上也面临着许多共同的问题，它们都以社会的安宁有序为目标，都主张以法律为基本手段对社会关系进行调整，都强调社会主体在社会公共事务中的高度参与，都主张政府与社会的共治是社会运行的理想状态，都接受多元化的社会规范和矛盾纠纷解决机制，都提倡公民意识和公民精神，都重视政治参与和社会监督，都追求社会权力在公共领域的有效实现，等等。为此，加大依法治理的指标分量，对于实现共建、共治、共享的法治社会是具有重大引导意义的。就最后一项一级指标"法治社会建设社会评价"而言，目前在《指标体系》中只设计了一个二级指标，即"社会认可度"。这显然不符合塔形指标体系的结构化要求。该二级指标下的三级指标也设计得不甚精细，难以很好地体现法治社会建设的结果导向。因此，《指标体系》应当采用更加科学的权重赋值方法，合理分配各个一级指标的权重，以实现引领法治社会建设实践的目的。

（三）强化可操作性，进一步细化部分指标

一个科学的法治社会评估体系，应当完整地、多角度地、有效地对法治社会建设的各个要素进行评价，同时各个评估指标应当各自指涉独立的要素，相互之间不得包含，共同构成逻辑自洽的结构体系；具体的指标设计既要能够有的放矢、反映问题，具备评价的可操作性，又应旨在反映对法治社

"江苏法治社会建设指标体系"及其试行评估报告

会建设起到关键作用的环节，防止过于烦琐的碎片化倾向，使指标体系清晰明了又不失完整。① 不可否认，《指标体系》一级指标的设置已经基本涵盖了法治社会建设的各个主要方面，各级指标的设置也尽可能地考虑到了法治社会建设各个工作环节的关键要素。但是，《指标体系》的下级指标对上级指标的具体化程度仍嫌不足，各个上级指标的内涵仍有待于进一步的解剖并以细化方式展开。在目前的《指标体系》当中，部分三级指标的表述仍较抽象，量化程度不够，往往以"落实""到位""畅通"等抽象描述词汇来设定指标。例如在"推动全社会树立法治意识"一级指标之下，有一项三级指标是"积极探索建立法治社会诚信体系，守法诚信得到褒奖，违法失信行为受到惩戒，法治政府诚信起到示范作用，社会诚信理念进一步确立"。这个处于末端的指标包含了多个评价要素，而且每个评价要素都没有可测量的量化评价手段。这种在一般意义上做描述的指标必然导致在未来的评价过程中出现认识不一致、标准不清晰、测评操作困难的后果，也难以体现出法治社会建设工作的具体成效。未来《指标体系》应当逐步以可计量的具体指标代替有较强主观倾向的描述性指标，便于开展考核评价。

（四）强调共建、共治、共享，注重对社会组织主体功能的评价

"法治社会"这一概念有其特殊的规定性，它强调社会成员作为法治的主体意义，强调发掘社会潜力、激发社会活力、健全社会组织、发展社会事业。在法治社会的实践场域，"社会"这一抽象主体的具体组成部分，是公民、法人、其他经济组织，特别是担负着社会关系组织化、秩序化主要功能的社会基层自治组织（社区、村民委员会）、人民团体、公益组织、非营利组织等。这些现实主体，乃是法治社会发展的中坚力量。在法治社会建设实践中，社会组织的广泛建立和有效运作是社会自治机制的实现方式，也是形

---

① 参见徐汉明、张新平《社会治理法治建设指标体系的设计、内容及其评估》，《法学杂志》2016年第6期。

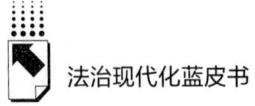

成共建、共治、共享的社会治理格局的前提条件。社会组织发达,社会组织的活力充分发挥,是社会治理水平得以提升的前提条件,也是判断法治社会成熟度的直观标准。这就要求司法行政等相关部门重视发挥社会组织在法治社会建设中的功能,对待社会组织的态度也应从行政管理转变为提供保障与服务。在设计法治社会建设指标体系时,应当充分凸显社会组织在法治社会建设中的主体地位和重要作用。就现有《指标体系》而言,虽然在三级指标中对社会组织有所提及,如"人民团体和社会组织建设纳入经济社会发展总体规划""社会组织服务项目纳入政府购买服务内容"等,但这些指标实质上是对与社会组织密切相关的政府职能部门的考核评价,其落脚点不在社会组织本身。《指标体系》既没有将地方社会组织培育、发展、运行的状况作为评价法治社会建设的重要指标,也没有具体地就社会组织参与法治社会建设的成效进行评价,仅笼统地提到了行业协会、商会等组织的行业自律、专业服务功能,对这项指标所赋予的权重与社会组织在法治社会建设中应有的功用也不相匹配。因此,《指标体系》未来的修改与完善,应当更充分地肯定社会组织在法治社会建设中的主体地位,同时体现引导社会组织充分发挥自治功能,有序参与社会治理的共建、共治、共享理念。

(五)优化落实《指标体系》的制度环境

针对《指标体系》推进过程中出现的问题与现实障碍,应从以下几个方面开展优化制度外部环境的工作,切实保障《指标体系》在未来法治社会建设实践中的规范性和实效性。

第一,加强党的领导,发挥基层党组织在法治社会建设中的引领和凝聚作用。法治社会的建设固然以激发社会活力、繁荣社会组织、实现社会自治为实践方案,这一方案的实现需要向社会释放充分的自主、自建、自治权力,承认社会大众在法治社会建设过程中的主体地位。但是,在全面深化改革、全面推进依法治国的战略布局背景下,法治社会建设本身是建设中国特色社会主义法治体系的有机组成部分,需要坚实的领导力量。党的基层组织是执政党在社会基层组织中的重要堡垒,基层党

"江苏法治社会建设指标体系"及其试行评估报告

组织能够为法治社会建设提供坚实有力的组织保障,能够为法治社会建设进程中出现的各类问题提供有效的解决或修复机制,能够增强《指标体系》在推进过程中的实效性。因此,未来的法治社会建设应当在充分释放社会活力的同时,进一步切实强化党建引领,充分发挥基层党组织在凝聚社会大众、整合有效资源等方面的功能,从而使法治社会建设实现活力焕发与秩序井然的并存。也唯有如此,才能落实党的十九大提出的坚持党对一切工作的领导,在推进"四个全面"战略布局过程中"提高党把方向、谋大局、定政策、促改革的能力和定力,确保党始终纵览全局、协调各方"。①

第二,坚持改革开放,发展社会经济,优化社会结构,为社会组织的发展提供良好的社会条件和制度条件。"法治不是政府、个人或者少数人的独角戏,它需要全民共同参与",② 尤其是法治社会建设更为强调社会大众的主体地位。社会组织的广泛存在和健康发展,为社会成员参与法治社会建设提供了必要且有效的行动平台。法治社会建设需要充分发挥社会组织在社会治理进程中的重要作用,加强对社会组织专业人才的培养,开创社会组织同政府机构、企事业单位共建、共治、共享的互动局面,实现广大人民群众在社会领域的良性自治。在当下中国"推进国家治理体系和治理能力现代化"的政治实践语境下,社会治理强调的是在党的领导下,由地方各级政府主导并负责,社会成员和社会组织等多种主体协同参与,共同管理社会公共事务、供给公共服务产品、维护社会秩序、化解社会矛盾和纠纷、满足社会公共利益需要。在这里,政府、公众、社会组织都是社会治理的主体,现代化、社会化、法治化、专业化的社会治理强调"社会治理重心向基层下移,发挥社会组织作用,实现政府治理和社会调节、居民自治良性互动",是一种"党委领导、政府负责、社会协同、公众参与、法

---

① 习近平:《决胜全面建成小康社会 夺取新时代中国特色社会主义伟大胜利——在中国共产党第十九次全国代表大会上的报告》,人民出版社,2017,第20~21页。
② 邓琼、龚廷泰:《法治氛围的概念分析》,《江海学刊》2016年第2期。

治保障的社会治理体制"。① 因此,《指标体系》的推进需要进一步健全社会主义市场经济体制,优化社会结构,实现社会组织对社会事务的有序、充分参与。

第三,努力探索法治社会建设与网格化社会治理相融合的创新机制,实现"法治社会建设进网格"。网格化社会治理是我国基层社会管理体制的一种全新模式,是"五位一体"总体布局中社会建设的有效方式。由于当下我国已进入改革发展的关键时期,经济体制、社会结构和人们的思想观念都出现了深刻的变化,这意味着未来一段时期内我国仍然会存在大量的社会矛盾,网格化社会治理乃是这一发展阶段的制度回应。事实上,法治社会建设与社会治理在目标、理念和具体举措上有着许多共同之处,譬如它们都以社会的安宁有序为目标,都以法律为基本的社会调整手段,都依赖社会主体高度参与社会公共事务中,都主张政府与社会多元主体的协同治理,都讲求多元化的社会矛盾纠纷解决机制。我们认为,社会治理可以被视为法治社会建设的实践组成部分,法治社会是社会治理的目标指向和规范化要求。为此,二者的交叠关系也体现在了党和国家的大政方针之中。例如,党的十八届三中全会在创新社会治理体制问题上提出:"坚持依法治理,加强法治保障,运用法治思维和法治方式化解社会矛盾。"② 党的十八届四中全会对法治社会建设的基本任务进行了部署,其中第二项内容就是"推进多层次多领域依法治理",具体表述为"坚持系统治理、依法治理、综合治理、源头治理,提高社会治理法治化水平"。③ 在网格化管理成为社会治理创新重大举措之际,法治社会建设与网格化社会治理的有机融合,应当成为实践中大胆尝试的思路。我们认为,法治社会建设进网格的实践路径主要包括:法治宣传网格化,依托网格内工作人员进行社会主义法治意识教育;在网格内培育社会组织,以网格为基本单位促进社会自治;统筹网格内的法律服务资源,

---

① 参见习近平《决胜全面建成小康社会 夺取新时代中国特色社会主义伟大胜利——在中国共产党第十九次全国代表大会上的报告》,人民出版社,2017,第49页。
② 《中共中央关于全面深化改革若干重大问题的决定》,人民出版社,2013,第49页。
③ 《中共中央关于全面推进依法治国若干重大问题的决定》,人民出版社,2014,第27~28页。

在网格内完善公共法律服务平台；依托网格排查社会矛盾，实现矛盾不出"格"；等等。上述一系列的融合将会使法治社会的建设与基层社会治理相得益彰，形成良性互动格局。

第四，在地方法治社会建设中切实赋予法治宣传教育领导小组以督导、考核的权力。法治宣传教育工作是推动全社会树立法治意识的基本方式，同时也是法治社会建设的核心任务。我们认为，各地以依法治市领导小组办公室为领导机构、以法治宣传教育工作领导小组办公室和司法行政机关为牵头部门，是目前以《指标体系》为规范引领，推进地方法治社会建设的合理工作机制。若要使这一整体工作得到顺利开展，必须赋予法治宣传教育工作领导小组办公室以切实有效的督导、考核权力，并将考核结果纳入政绩考核体系之中。根据课题组的调查，海安市在撤县设市之前就成立了由县委书记任组长，县人大、政府、政协分管领导任副组长的法治宣传教育领导小组，形成了"党委领导、政府实施、人大监督、各部门齐抓共管、全社会广泛参与"的大普法格局。这种强化法治宣传教育工作领导的举措，使法治宣传教育工作乃至整个法治社会建设工作能够获得坚实有力的保障，能够有效推动法治社会建设取得成效。

第五，努力探索多主体有效联动机制，使法治社会建设的各项工作结合为相互关联、相互促进的有机整体。在我国现有的社会条件下，无论是法治社会建设还是社会治理活动，都必然遵循政府主导、社会参与的模式。因此，除了重视社会组织的参与外，法治社会的建设更多地倚赖政府众多职能部门及其工作机制。就《指标体系》目前设定的诸项具体指标而言，其中大多数指标乃是各级各类职能部门的建设任务。例如，"谁执法谁普法"责任制旨在吸纳全体法律适用机关的力量，建立起一个大普法的格局，要求执法者普法、在执法中普法，同时提升各执法部门的依法治理水平。但在实践中，有些地方的一些部门对这一制度还存在认识不清、思想上不够重视的问题，认为普法主要是司法行政部门的责任，把自己定位为普法"参与者""协助者"，而不是具有独立责任的主体；把普法工作定位为"软任务""辅助手段"，而不是执法工作的内在组成部分。这与"谁执法谁普法"责任制的制度内涵和《指标体系》的规范化要求相去甚远。法治社会建设任务的整体性决定了所有职能部门及其工作项目之间必须形成良好的联动机制，诸如"以案释法""法律六进""法治教育纳入国民教育体系""谁执法谁普法""社区矫正""司法救助""调解联动工作体系"等指标，都需要各个机关之间、各机关与司法行政机关之间有效配合、持续互动，从而形成多部门共同参与、联动顺畅的法治社会建设基本工作机制。

六 完善《指标体系》的具体建议

《指标体系》遵循中共十八届四中全会关于法治社会建设的基本要求，设立"推动全社会树立法治意识""推进多层次多领域依法治理""建设完备的法律服务体系""健全依法维权和化解纠纷机制""法治社会建设的社会评价"5个一级指标，并在5个一级指标之下设定"法治宣传教育机制健全""提高社会治理法治化水平""发挥人民团体和社会组织的积极作用""社会认可度"等20个二级指标，以及56个三级指标，指标内容覆盖法治宣传、公共法律服务、社会纠纷解决等多项法治社会建设的重点工作。课题组通过运用法治社会、法治评估和法治指标等论域的理论资源，对《指标体系》进行了文本分析和研判，并选择了若干县（区、市）围绕《指标体系》的施行情况展开调研，从文本和实践两个方面总结出该指标体系存在的一些问题和不足，进而有针对性地提出如下具体的完善意见。

（一）进一步彰显法治社会的应有理念

十八届四中全会通过《中共中央关于全面推进依法治国若干重大问题的决定》，对法治社会建设的总体要求作出了纲领性的安排，从现有的《指标体系》文本可以明显看出，从体例结构到具体内容，再到基本术语的使

"江苏法治社会建设指标体系"及其试行评估报告

用等文字表述,《指标体系》高度反映了十八届四中全会决定等文件的规范性要求。也就是说,作为一项规范性文件,《指标体系》体现了与高阶规范性文件在制度上的从属关系和内容上的协调一致。这一规范性特质,保证了《指标体系》在指导思想上的正确性和科学性。课题组认为,以这一基本架构为基础,《指标体系》仍有调整的空间,主要是通过优化二级和三级指标来实现一级指标的科学性。

"法治指数或法治指标体系成功的关键首先是准确界定并厘清其评价对象的内涵与外延。"① 这意味着,作为以法治社会建设工作为评价对象的指标体系,应当从法治社会的基本理论出发,正确认识法治社会的内涵和外延,进而确定法治社会建设的评价指标及其结构组成。从学理上说,在法治国家、法治政府和法治社会三个维度上把握国家法治实践的宏观样态,是对我国三十多年来政府推进型法治发展模式深刻反思的结果。由客观的社会历史条件所决定,我国在改革开放初期走上了政府推进型的法治发展道路,依赖国家的理性建构,实现社会转型过程中的体制变革和观念更新。这一发展模式的选择既具有历史发展的必然性,也具有实践方案的合理性。但是,这种政府推进型的法治模式过分依赖国家(政府)单方面的努力,存在先天的动力单一的缺陷,暗含着某种法治的悖论,同时也容易导致"法治共识不足、法律工具主义、制度认同乏力、司法公信缺失等困境"。② 法治社会命题的提出,有效地将国家从法治的主体与客体之复合中分离出来,克服了把法治动力完全寄托于国家的单一性弊端,并且有助于现实的法治实践更加贴近法治的核心要义。在理论逻辑上,法治社会概念是相对于法治政府而言的,我们应当在"法治国家、法治政府、法治社会一体建设"的命题中理解法治社会。关于法治国家、法治政府和法治

---

① 李锦:《中国式法治指数若干问题的思考》,《湘潭大学学报》(哲学社会科学版)2014年第3期。
② 参见马长山《法治社会研究的现状与前景——基于国家与社会关系视角的考察》,载《法治现代化研究》2017年第1期。

社会三者之间的关系，学术界有不同的理解。① 课题组认为，"法治国家"是对一个以法治为基本政治实践方式的政治共同体的抽象描述，它指明了法治是一个国家的经济生活、政治生活、文化生活等各个领域的基本存在样态。法治政府和法治社会则是"法治国家"这一抽象术语的具体展开。法治国家是一个上位概念，法治政府和法治社会则是法治国家之下的两个属概念。法治政府和法治社会作为法治国家的两翼，是法治在一个国家公域和私域的分别体现。

"现实层面的法治社会是法治在社会领域的拓展和具体体现，是作为法治方略的法治逻辑演进之必然。"② 法治社会是指一个依赖法律缔造秩序的社会，一个法治观念普及、法治氛围浓厚的社会，一个经由社会自我治理而达致和谐的社会。虽然国家的立法活动和法律实施活动是型构法治社会不可或缺的因素，但法治社会绝不可以片面地理解为国家或政府自上而下地运用法律统治社会。反之，法治社会内含着社会依凭国家法律和自生规范进行自治，以及社会自下而上地治理国家、监督政府的特定意蕴。因此，法治社会概念强调社会成员作为法治的主体意义，强调发掘社会潜力、激发社会活力、健全社会组织、发展社会事业。

相较于法治政府明确而具体的概念内涵，法治社会的内涵更为丰富，这就对法治社会建设指标体系的设计提出了更大的挑战。一方面，虽然法治政

---

① 有的学者认为，法治国家是指整个国家公权力的法治化，法治政府主要指国家行政权行使的法治化，法治社会则主要指政党和其他社会共同体行使社会公权力的法治化。参见姜明安《论法治国家、法治政府、法治社会建设的相互关系》，载《法学杂志》2013年第6期。也有的学者认为，法治国家主要是解决执政党依法执政的问题，法治政府主要是解决政府与市场、社会组织行为的法治化问题，法治社会主要是在法律对社会组织与公民、政府之间的权力进行明确划分的情况下，实现社会管理体制现代化的问题。参见陈金钊、宋保振《法治国家、法治政府与法治社会的意义阐释——以法治为修辞改变思维方式》，载《社会科学研究》2015年第5期。还有的学者认为，法治国家主要是在国家主权意义上而言的，是指全部国家机器、国家权力的民主化、法治化；法治政府一般特指行政权力运行的法治化；法治社会则属于社会权力范畴，它是相对于法治国家并与之互补互动，实行社会自治自律的独立实体。参见郭道晖《法治新思维：法治中国与法治社会》，载《社会科学战线》2014年第6期。

② 肖北庚：《法治社会：法治演进的逻辑必然》，《法制与社会发展》2013年第5期。

府和法治社会都具有观念和制度两方面的要素,但法治社会相对更加以文化风尚的外观呈现于世。信奉法律的普遍观念、自觉守法的行为习惯、明确的权利意识、理性的思维方式等营造的法治氛围,为法律制度与社会行为之间的传导提供了必要的场域,法治社会往往是这一场域的抽象表达。因此,对法治社会的观察和评价需要重点考量文化和观念的因素。另一方面,法治社会有着多种指向的外部表征,涵摄价值、秩序、制度和观念四个维度的面向。① 其中价值之维意味着法治社会是以自由、平等、公正、民主、尊严等价值理想为鹄的的社会,它承认并追求社会成员关于幸福生活的共同主张;秩序之维体现着法治社会的有序运行状态,它特别强调社会本身经由自治而实现的自我秩序化能力;制度之维反映着法治社会容纳了国家立法、善良风俗、社团章程、乡规民约等多元化的行为规范和多样性的纠纷解决机制,这使国家法律体系获得了必要的、有效的制度补充;观念之维呈现着法治社会中社会成员普遍具有较高的法治意识,丰厚的法治文化在社会行为与法律制度之间提供了必要的观念场域。法治社会的四维面向,共同构成了法治社会范畴的规范属性和基本特征,也应当成为设计法治社会建设指标体系时需要考量的要素。

(二)从法治社会理论内涵出发优化指标内容

现有的《指标体系》文本设计了"推动全社会树立法治意识""推进多层次多领域依法治理""建设完备的法律服务体系""健全依法维权和化解纠纷解决机制""法治社会建设的社会评价"5个一级指标。显而易见,这种结构编排方式基本上沿袭了中共十八届四中全会在《中共中央关于全面推进依法治国若干重大问题的决定》中关于法治社会建设的战略部署,② 并

---

① 参见周恒、庞正《法治社会的四维表征》,载《河北法学》2018年第1期。
② 《中共中央关于全面推进依法治国若干重大问题的决定》中的第五部分为"增强全民法治观念,推进法治社会建设",该部分将法治社会建设的战略部署分为推动全社会树立法治意识、推进多层次多领域依法治理、建设完备的法律服务体系、健全依法维权和化解纠纷机制四个方面。

在该决定的基础上,增加了"法治社会建设社会评价"这一指标。这种结构设定的益处是显而易见的,它使得江苏的法治社会建设工作同党和国家的顶层设计具有了内在的统一关联,从高阶规范性文件中获得了规范性效力,增强了《指标体系》本身的科学性和规范性。课题组认为在一级指标的层面上做这样的安排是没有问题的,但从现有二级指标和三级指标的内容上看,没有完全实现对一级指标所涵摄的大政方针的细化,也没有充分且精准地表达法治社会建设应有的理论内涵。现有的低层级指标将法治社会建设工作更多地与司法行政部门在法治宣传、法律服务、社会治理等方面的职能工作挂钩,忽视了其他建设主体和社会力量本身在法治社会建设中的作用。当然,这与现有《指标体系》起草者的身份立场及其决定的视角不无关系。

法治社会理论内涵在现有低层级指标的不突出,主要体现在以下几个方面。

首先,社会组织在法治社会建设中的主体地位不够突出,功能评价不足。法治社会的主旨是以社会为主体来推动法治实践,其主要表现形式就是社会组织的自治和参与社会治理。在法治社会的实践场域,"社会"这一抽象主体的具体组成部分,是公民、法人、其他经济组织,特别是担负着社会关系组织化、秩序化主要功能的社会基层自治组织(社区、村民委员会)、人民团体、公益组织、非营利组织等。这些现实主体,乃是法治社会发展的中坚力量。然而,《指标体系》文本中仅用一项二级指标"发挥人民团体和社会组织的积极作用"设定了这个问题,更重要的是该二级指标下只有三个三级指标,每个三级指标的内容表述都是比较抽象的、非量化的、不可测量的,诸如"政社互动全面推行""(社会组织)参与社会事务、维护公共利益、救助困难群众、帮教特殊人群、预防违法犯罪的机制和制度化渠道进一步畅通"等,甚至往往直接引用十八届四中全会决定中的表述。这种规定不仅缺乏社会组织参与社会法治建设的具体举措,而且6分的评估权重也难以凸显社会组织在法治社会建设中的主体地位。

其次,社会自治在法治社会建设中的重要意义和功能体现不足。与

"江苏法治社会建设指标体系"及其试行评估报告

传统的政府推进型法治建构路径不同,在法治社会建设的理念下,社会生活秩序是政府治理与社会自治合力作用的结果,二者具有同等重要的地位。可以说,社会自治构成了法治社会概念的核心要义之一。在《指标体系》文本中,社会自治主要体现于两个三级指标,即"基层民主法治建设不断推进,村民委员会依法自治达标率98%以上,居民委员会依法自治率98%以上,省级民主法治示范村(社区)创建率达到45%以上,并积极探索崇德尚法新型村(社区)建设"和"行业协会商会类社会组织行业自律(管理、监督)、专业服务等功能作用发挥,切实履行对其成员行为引导、规则约束、权益维护等的相关责任"。这样的安排的确考虑到了社会自治的两个主要路径,即基层社会组织的自我治理和行业协会等社会组织的自我治理,但仍存在两个方面的不足。一是这两项指标的权重一共是4分,并不足以体现法治社会建设理念对社会自治的强调;二是指标内容的表述仍较笼统、抽象,涵摄的意义作为最低一级指标显得过于丰富,降低了未来依照该指标进行评估的可操作性。另外,《指标体系》中虽然注意到了非正式社会规范的自治意义,强调了"市民公约、乡规民约等社会规范要程序合法、内容合规,能够有效解决内部公共事务",但在社会规范的程序、内容、运行、效力诸多方面仍然缺乏细致的确定性设计。

最后,社会治理作为法治社会建设的重要内容,在指标体系中的评价分量有待加大。党的十九大报告用专章强调了社会治理议题,值得注意的是,在"共建共治共享的社会治理格局"中,政府、公众、社会组织都是社会治理的主体,它强调"社会治理重心向基层下移,发挥社会组织作用,实现政府治理和社会调节、居民自治良性互动",是一种"党委领导、政府负责、社会协同、公众参与、法治保障的社会治理体制"。[①] 社会治理可以也应当被视为法治社会建设的实践组成部分,法治社会是社会治理的目标指向

---

① 参见习近平《决胜全面建成小康社会 夺取新时代中国特色社会主义伟大胜利——在中国共产党第十九次全国代表大会上的报告》,人民出版社,2017,第49页。

和规范化要求。① 在实践中，法治社会建设和社会治理活动的实践方式在主体、事项、手段、过程等多方面必然是重合的。为此，《指标体系》需要在社会治理问题上作出更加细致的规范性设定。目前的《指标体系》文本中仅有一个三级指标直接反映社会治理水平，即"坚持系统治理、依法治理、综合治理、源头治理，立体化、现代化社会治理体系健全完善，以网格化管理、社会化服务为方向，健全基层综合服务管理平台，及时反映和协调人民群众各方面各层次利益诉求"。作为一个三级指标，对社会治理作出这样概括性的表述，显然是不能满足评估需要的。它对于繁复而具体的社会治理工作，明显缺乏可量化、可测量的评价指数。

综合上述问题，课题组认为，《指标体系》的设计需要跳出司法行政部门的工作职能和视角，从法治社会的理论内涵出发，在主体上更加重视社会组织的作用，在运行上更加强调社会自治和社会参与，在内容上更加凸显社会治理的任务，这样才能全面体现法治社会建设的目标和要求。

（三）适当调整逻辑结构和权重比例

《指标体系》文本存在的结构问题可以从整体与具体两个角度观察。从宏观整体角度来看，现有的指标体系共分为五个大的一级指标，评估分值共计100分。其中，"推动全社会树立法治意识""健全完备的法律服务体系""健全依法维权和化解纠纷机制"三项一级指标分别占比25%、23%、26%，占总评估分值的74%。其余的两项一级指标"推进多层次多领域依法治理"和"法治社会建设社会评价"仅分别占比17%和9%，合计占总评估分值的26%。不可否认，普法教育、法律服务、纠纷化解当然属于法

---

① 法治社会与社会治理的交叠关系也体现在了党和国家的大政方针之中。例如，党的十八届三中全会在创新社会治理体制问题上提出："坚持依法治理，加强法治保障，运用法治思维和法治方式化解社会矛盾。"参见《中共中央关于全面深化改革若干重大问题的决定》，人民出版社，2013，第49页。党的十八届四中全会对法治社会建设的基本任务进行了部署，其中第二项内容就是"推进多层次多领域依法治理"，具体表述为"坚持系统治理、依法治理、综合治理、源头治理，提高社会治理法治化水平"。参见《中共中央关于全面推进依法治国若干重大问题的决定》，人民出版社，2014，第27~28页。

治社会建设的重要内容，但这些属于司法行政工作内容的占比过高，在一定程度上淡化了法治社会建设的完整意义和多向度的工作任务。

具体来说，一方面，该《指标体系》的创设目的在于全面推动地方法治社会建设，则应当在机制上凸显社会治理法治化、社会自治、"共建共治共享"等法治社会命题的核心意涵，在主体上强调社会基层组织、行业协会、社会公益组织、社会公众等因素的重要作用，为此"推进多层次多领域依法治理"这项一级指标的权重理应提高；另一方面，该《指标体系》的功能机制在于通过对地方工作进行评估与考核，以达到推进法治社会建设的目的，那么社会评价指标就显得特别重要，因为相对于法治政府建设而言，法治社会建设的成效更难以通过直观可视的程序性、结果性指标来评价，而更多地依赖社会意见的收集，因此法治社会建设的公众满意度作为《指标体系》的一级指标在权重上不应过低。目前，在《指标体系》文本中，社会治理法治化、社会组织的参与作用等法治社会建设的重要内容仅体现于"推进多层次多领域依法治理"这项一级指标中的前两项二级指标，占比14%，"法治社会建设社会评价"更是仅占比9%。这种结构安排显然在一定程度上限制了法治社会建设的工作重点和评价重点，同时，各个一级指标之间权重的失衡，也存在影响《指标体系》科学性的可能。

除上述宏观的整体结构问题外，《指标体系》文本在低级指标层面也存在部分逻辑结构的问题，有优化提升的空间。其一，部分三级指标内容过于抽象，不符合最末一级指标的可测评要求，有必要进一步细分。例如，第一项一级指标下的第一个三级指标关于"大普法"格局巩固完善的表述，就显得笼统而难以评价；又如第二项一级指标下的第一个三级指标，把社会治理体系完善、网格化管理、基层综合服务管理平台、流动人口和特殊人群服务管理制度、刑释人员和社区服刑人员等多个问题全部统合在一个三级指标之中，这显然超出了一项三级指标所应容纳的内容，给实践中的测量造成困难。其二，部分三级指标的二级归属有待商榷。例如，第二项一级指标下的第四个三级指标"社会组织有效运行"被安排在二级指标"提高社会治理法治化水平"之下，我们认为应当划归"发挥人民团体和社会组织的积极作用"这个二级指标更为合理。其三,少量三级指标在逻辑上并非属于同一层次,将其并列设计不符合逻辑结构。例如,在"社会认可度"这个二级指标中,"人民群众对法治建设满意度"作为三级指标与"受援群众对法律援助满意率""人民群众对调解工作的满意度"相并列是不合适的,前者在逻辑上显然包含了后两者,而非并列关系。

针对上述问题,课题组认为应当从以下几个方面完善《指标体系》的结构形式。首先,厘清各级指标特别是三级指标之间的逻辑关系,提升形式合理性。其次,提升体系中各大板块之间的均衡性,合理分配各一级指标的权重。再次,进一步细化部分三级指标的内容,将目前过于抽象、笼统的三级指标升格为二级指标,用具体、量化、可测量的三级指标予以展开。最后,着力改进相对薄弱的第五项一级指标,改变目前只有一个二级指标的现状(事实上现有的二级指标"社会认可度"与一级指标"社会评价"属于同义反复,等于不存在二级指标),用若干个二级指标和三级指标支撑起一个体系化的评价体系,建议将现有一级指标的第四个二级指标"法治宣传教育效果明显"中的许多三级指标,如食品药品、安全生产、环境保护、劳动保障等领域的工作成效,修改为公众对这些民生事业的满意度评价。

(四)进一步增强文字细节的规范性

当前的《指标体系》文本虽然大量使用了党和国家重要文件中相关问题的表述方式,但仍然存在一些词汇和语法上的瑕疵,文字的规范性仍有待于进一步的提升。

在表达方式上,《指标体系》的一级指标基本采用的是动宾式的短语结构,如"推动全社会树立法治意识""推进多层次多领域依法治理""建设完备的法律服务体系""健全依法维权和化解纠纷机制"等。我们认为,在高层级指标上采用这种倡导式的句式来表达一种目标、一种应然取向也未尝不可,但在低层级的指标上,则必须使用结果意义上的表述方式,即主谓式的短语结构,如"法治宣传教育机制健全",以呈现某种已完成、已达到的状态,这样才能使指标具备可评价、可测量的功能。但是,目前《指标体系》中的二级指标在表述方式上是不统一的,第一项一级指标下的所有二级指标都正确地采用了主谓式的短语结构,而其他各项一级指标下的二级指标则有的是主谓式,有的是动宾式。甚至有的三级指标也存在动宾式的表达方式,例如"推进公调对接",这就极大地降低了评价指标的可操作性。

在词汇的选择和使用方面,《指标体系》有进一步优化的空间。例如,全文第一个三级指标有"'大普法'格局巩固完善"的表述,这里的"巩固"和"完善"都是表达过程的动词,而非描述一种结果状态,宜改为"'大普法'格局已经形成",这样才具有可评价的作用;在"群众法治宣传产品需求和供给渠道畅通"的表述中,"群众"一词可以省略;在"法治的道德底蕴增强"的表述中,"底蕴"一词宜改为"观念";在"尊法守法、公序良俗成为全民共同追求和自觉行动"的表述中,"尊法守法"和"公序良俗"显然不具有逻辑上的并列关系,"公序良俗"也不能直接作为"追求"的宾词;在"立体化、现代化社会治理体系健全完善"的表述中,用"立体化"和"现代化"并列作为社会治理体系的定语值得推敲;在"社会组织服务项目纳入政府购买服务内容"的表述中,"内容"一词应改为"范围";在"各项民族政策落实"的表述中,应当改为"各项民族政策得到落实";在"国家人民调解法和省人民调解条例认真贯彻"的表述中,应当修改为"……得到认真贯彻";在"诉调对接规范和深化"的表述中,"规范"与"深化"显然不是适于并列的谓语动词。

在句子的语法方面,《指标体系》有些三级指标的内容表述也存在一些问题。例如,有一项三级指标的内容是:"媒体公益普法制度健全,新媒体技术在普法中充分发挥运用。"这显然是一个病句,应改为"新媒体技术在普法中得到充分运用"。又如,在"群众性法治文化活动经常开展,村居基层法治文化活动经常开展"的表述中,这里的两个短句在逻辑上不属于并列关系,而且在实践中有很大的交叉关系,有同义重复之嫌。再如,有一项三级指标的表述是:"以律师、公证、基层法律服务、法律援助、人民调解、司法鉴定等职能为主体,形成完善的公共法律服务的核心业务和产品体系。"这个句子中存在多个问题,"律师、公证、基层法律服务、法律援助、人民调解、司法鉴定"这些名词之间不是并列关系,也不都是"主体"或"业务",应当改为"以律师、公证、基层法律服务、法律援助、人民调解、司法鉴定等为要素,形成完善的公共法律服务产品体系"。还有,在"劳动争议、物业、医疗、道路交通、消费等纠纷调解规范"的表述中,"劳动争议"与其他几个并列项不匹配,与"纠纷"语义重复,"调解规范"语义不清晰,全句应改为"劳动、物业、医疗、道路交通、消费等领域的纠纷调解符合程序和实体规范"。

(五)进一步提升科学性与可操作性

《指标体系》制定的目的在于通过设计可操作、可测量的评价指标,为法治社会建设工作确立规范的实践标准和有效的评估尺度,进而推动地方法治社会建设的各项工作。为此,该指标体系应当尽量避免宏大、抽象、宽泛或模糊的内容表述,努力追求指标及其权重的科学性、精确性、可操作性和可测量性。通过研究《指标体系》文本,以及在施行过程中呈现的问题,课题组认为该《指标体系》的科学性和可操作性仍有进一步提升的空间。

对于任何一套评价指标体系而言,其工具效用主要依靠精细化的、数值化的可测量标准得到体现。现有的《指标体系》中有部分评价指标的内容过于抽象、宽泛甚至模糊,缺乏有效的评价功能。例如,在三级指标中存在"辖区内国家机关'谁执法谁普法'责任制有效落实""新媒体技术在普法中充分发挥运用""方式多维化、主体多元化、对象多样化的大司法救助模式规范运转,有效化解社会矛盾""法律服务机构规范化、规模化、专业化、品牌化发展,法律服务行业公信力和服务能力明显提升""城乡区域法律服务资源统筹发展""社会矛盾预警机制、利益表达机制、协商沟通机制、救济救助机制健全完善,相关渠道畅通"等表述,这些表述中的"有效落实""充分运用""明显提升""统筹发展""健全完善"等用语都是抽象的盖然性描述,甚至具有一定的主观性,缺乏数量或程度的设定。如何评价法治社会建设工作的这些内容是否得到了"充分""有效"的运用或落实,是否取得了"明显提升"的工作成效,显然缺乏客观的标准。当这些

"江苏法治社会建设指标体系"及其试行评估报告

指标被用以进行评估时,无法作为量具使用,势必造成两种可能的结果:一是指标由于缺乏可测量性而形同虚设,二是不同主体对指标内容的主观认识存在差异,导致评价结果的不一致。对此,应当以数值手段将此类抽象、难以测量的指标内容予以细化,落实为具有可测量性和可操作性的具体指标。

当然,《指标体系》也设计了大量数值化的评价指标,这些指标明确、具体,具有较强的可操作性。但其中,少数量化指标的科学性还有待进一步提升。具体来说,量化指标存在的科学性问题主要表现在以下四个方面。

其一,《指标体系》的量化指标中有的采用绝对数值标准作一般性规定,没有考虑到不同区域间的基础条件差异。规范的统一性是指标体系科学性的应有之义,但与法治政府建设等指标体系不同的是,法治社会建设的文化含量较大,不同地域既有的传统、氛围、习俗、观念差异对法治社会建设有着复杂的影响力。这意味着,对某一地域已经实现或稍加努力即可轻易实现的绝对数值指标,在另一地域可能在短期内无法达标。就江苏省内而言,苏南地区与苏北地区的条件差异尤为明显。这种区域差异决定了我们在设计量化指标时,对文化、观念、经济基础等客观条件依赖性高的指标,应当尽可能使用诸如增长率这样的相对数值。

其二,由法治社会建设的特点所决定,无论是社会的自我秩序化能力的成长,还是社会主体法治意识的提升,都是一个更多地倚赖社会自身渐进生发的过程,不可能在短期内凭借公权力的积极运作就得以实现。因此,在法治社会建设工作的各项内容中,那些属于客观可视的部分,尤其是政府机关的职能部分,应当最大限度地使用可测量手段加以评价;而那些属于法治观念和法治成效意义上的部分,并不能够在短期内借助数字化的指标予以评估,需要通过法治社会建设的社会评价这一环节来检测,即通过设计多层面、多内容的民意评价指标,以征集广大社会群众的意见,从而评价、印证当地法治社会建设的成效。这一部分的设计是目前《指标体系》最为欠缺的。

其三,《指标体系》的个别量化指标存在评估结果不确定的问题。制定量化评估指标的目的,在于通过对法治社会建设工作进行评估得到确定性的

结论。然而，如果指标设计不合理，就会出现一个评估数据可导出两种评估结论的现象。举例而言，《指标体系》中有"法律援助服务范围扩大，每万人获得援助率达万分之十二，办案质量提升"这样一项三级指标。这一指标设计的目的显然是致力于健全法律援助制度，扩大法律援助的受益范围。但从反向角度理解，如果社会中存在大量的法律援助需求，也可以得出这个区域内社会矛盾纠纷频发、法治氛围不够甚至公民法治观念薄弱的结论。显然，这个指标对法律援助收益率的设计不应简单地以"每万人"为统计基数，而应以立案数为分母。

其四，《指标体系》的部分内容不属于法治社会建设的领域，有些指标与已有的其他评估指标存在一定程度的重复。在《指标体系》中，有的三级指标的内容虽然与法治社会建设有相关性，但严格地说不属于法治社会建设的领域。例如，"领导干部、公务员运用法治思维、法治方式能力不断增强，不发生侵害群众正当权益的有重大影响的事件""食品药品、安全生产、环境保护、劳动保障等重点领域法律法规落实到位，无重大群体性事件，无重大责任事故""民族事务依法管理、各项民族政策落实""各项宗教政策落实、管理服务到位""司法鉴定管理机构体系健全、管理规定体系完善""市县两级法院人民调解工作室建设全覆盖，诉调对接规范和深化""调解、仲裁、行政裁决、行政复议、诉讼等有机衔接、相互协调"等，都不属于法治社会建设领域的专门任务，不宜作为法治社会建设指标来设定。另外，该《指标体系》在内容设定方面更多地从司法行政机关的工作角度出发，有着浓重的司法行政职能色彩，这也导致部分指标与既往司法行政部门出台的相关政策文件存在重合。例如，《指标体系》中所设定的"设区市、县（市、区）法治文化阵地建成率100%""形成城市半小时、农村一小时公共法律服务圈"等指标，同2013年江苏省司法厅在全系统大力推进的矛盾纠纷排查调处、公共法律服务、特殊人群服务管理、法制宣传教育"四个全覆盖工作体系"所设定的目标完全一致。事实上，按照"四个全覆盖工作体系"的任务要求，上述量化指标已于2015年得到全面实现。显然，这样的重复指标设定并不具备进一步推进法治社会建设的意义。

基于上述问题，《指标体系》在未来的完善中应当明确以下指导思想，即在具体指标设计之初既要追求精确性、可操作性、可测量性，又要尊重法治社会建设长期性、复杂性的特殊规律，不局限于短期的成效评价、结果评价，更要注重对法治社会建设的过程考察。同时，在运用《指标体系》对地方法治社会建设工作进行实际规范、评价的过程中，各地也应当警惕一种简单化的思维倾向，即把评价得分的高低作为今后法治社会建设工作的努力方向，希冀通过评估数值的提高来表明法治社会建设的进步。这种数字化的政绩思维方式在法治社会建设领域是极易走入误区的，甚至会导致社会建设的"豆腐渣工程"。我们必须清醒认识到，所有的评估数据都是现象描述，对法治社会建设而言探究现象背后的成因才是最有价值的。量化评估的真正目的在于通过可测量的数据来分析其背后的深层原因，进而有针对性地选择推动法治社会建设的有效对策。

B.8 新乡贤与新时代乡村治理体系创新研究[*]

——以徐州市两乡镇为例

菅从进 刘广登 张兆成[**]

摘　要： 新乡贤组织作为乡村社会治理体系中协同治理主体的出场，是符合新时代乡村治理现代化的重要制度创新。徐州市梁寨和耿集两乡镇的新乡贤组织，作为村民自治组织的扩展性组织，体现了村民自我管理、自我教育、自我服务的职能，具有优化乡村治理体系的多功能平台属性，它促进了乡村治理体系和能力建设的全面强化，展示了乡村党组织领导下的多元协同治理理念和主体结构优化的现实路径，呈现了新时代乡村治理"三治融合"一体运行的重要机制，提供了构建共建共治共享的乡村社会治理共同体的内生动力。要进一步提升新乡贤组织参与乡村治理的能力，还应合理地扩大新乡贤的主体范围，增强新乡贤组织的法治文化因素和法治协同能力，适当促进离乡乡贤的"在乡化"。

关键词： 新乡贤　乡村治理　自治　德治　法治

---

[*] 本报告为中国法治现代化研究院院设项目"新乡贤与新时代乡村治理体系创新发展研究"的最终成果。除专门引注外，本报告中涉及的所有事例、数据、图表均为课题组调研所得。

[**] 菅从进，江苏师范大学法学院教授，中国法治现代化研究院特邀研究员；刘广登，江苏师范大学法学院教授；张兆成，江苏师范大学法学院教授，中国法治现代化研究院特邀研究员。

一 研究背景、目的和调研样本基本情况

（一）课题研究背景和目的

新时代以来"枫桥经验"的广泛推广，有效激发和推动了各地基层党政组织带领人民群众不断进行社会治理的创新性探索。江苏省徐州市的一些乡镇早自2014年夏秋季之始，就在乡镇（地区办事处）党委（党工委）和政府（办事处）的直接领导和动员下，建立了由"五老一能"① 人员组成的"新乡贤协会"这一乡村志愿者组织。这种新乡贤组织，以"政府的好帮手、群众的贴心人"为基本角色定位，以宣传国家政策法规和榜样模范人物（大宣传）、调解各类乡村社会矛盾纠纷（大调解）、倡导移风易俗（大倡导）、带头守法扬善（大能量）为基本职责，以乡镇（办事处）乡贤协会（乡贤工作室指导委员会）、村（社区）乡贤工作站和乡贤之家为基本组织架构，由乡镇（办事处）和行政村（社区）提供必要的活动和工作场所。

这种以制度化方式推进创建的新乡贤组织，不同于全国其他地区出现的以保护并弘扬乡贤文化相关文物文献、传说故事为目的的文化组织，也不同于以乡愁乡情为纽带、以离乡乡贤（亦称"不在场"乡贤）为主体的联谊兼支持家乡建设的公益组织如乡贤理事会、联谊会等，亦有别于鼓励乡贤竞选担任村"两委"干部，或者仅将乡贤作为村民事务监督组织优化村治人员的举措，而是将新乡贤动员组织起来，作为参与乡村社会治理的重要主体，协同乡村党组织、乡镇政府机关、村民委员会共同治理乡村事务。这种创新，真正属于新乡贤作为乡村治理主体的制度性出场。这种新乡贤组织不仅坚持党员发挥带头和主导作用，而且受乡村基层党组织的直接领导，或者

---

① "五老"泛指老党员、退休乡村干部、退休老教师、退伍老军人、农村红白喜事主事人员（当地习惯称呼"大老支"或"大老执"）等，"一能"是指乡村守法守正、品德贤良的致富或文化能手。

直接成立由乡镇（办事处）党委直接领导的乡贤老干部支部。它体现了乡村新型社会组织继承优秀历史传统（乡贤理事）、传承红色基因（坚持党的领导，党员干部甘于奉献、服务民众）、借鉴国外社会治理成功经验（社会志愿者组织）、党领导人民进行治理制度和体制创造（新目标、新组织、新定位、新风范、新文化）等新时代社会治理体系建设的多元文化内涵的统一。

从这种新型社会组织出现在徐州市起，本课题组就选择了丰县梁寨镇和贾汪区耿集乡两个典型乡镇给予密切关注，持续跟踪调研，并获得了中国法治现代化研究院的立项支持。本研究报告是五年来研究成果的集中体现，它基于两地和其他相关地区新乡贤组织的建设、运行和功能发挥的基本经验，论证其在新时代乡村社会治理体系的地位和作用，尤其是其在乡村社会"自治法治德治融合一体"的治理制度架构和多元社会主体共建共治共享治理格局构建中不可替代的地位和功能，总结新时代可有效纳入治理体系的社会力量建设及其功能发挥的一般规律和具体路径，同时也客观分析新乡贤组织建设和功能发挥运行中面临的问题或困境，提出有针对性的解决对策。

（二）调研样本的基本状况

丰县梁寨镇和贾汪区耿集乡两个典型乡镇在徐州市最早建立新乡贤组织，并将其作为乡村社会治理的重要主体。组织成立时间均为2014年。由于组织得力，工作开展有效，很快在市、省乃至全国形成了一定的社会影响。

梁寨镇位于徐州市西北部，是丰县东南重镇。镇所在地梁寨村，距丰县县城约40公里，距徐州市市区约50公里，面积92平方公里，土地面积7.5万亩，现有行政村20个，人口6万余人，生活着汉族、满族、蒙古族等9个民族。耿集乡地处徐州市贾汪区东南部、京杭大运河畔，距离徐州市主城区40公里，距离贾汪区城区28公里，总面积52.4平方公里，其中耕地4.3万亩，人口4.8万人。地区辖3个社区，10个行政村，84个自然村，167

个组。

2013年5月,梁寨镇党委和政府为践行群众路线,创新了干部"走百村、进万户、察民情、解民忧"的走村串户工作法,同年9月开始,《人民日报》《光明日报》《农民日报》《新华日报》《党建要报》等十几家主流媒体对梁寨镇的做法进行了深度报道。在深入开展这一具有创举性的践行群众路线实践活动中,2014年初,梁寨镇党委和政府动员乡村老党员、老干部和优秀村民成立了"梁寨镇民情民意志愿者促进会",以更好地落实"察民情、解民忧"活动。该组织成立后,工作业绩突出,凸显了"用百姓的法儿,平百姓的事儿"的社会力量优势。为了传承"崇德向善、见贤思齐"的文化传统,凸显品德贤良守法守正者的社会身份和地位,充分发挥他们鼓舞人、激励人、示范人、帮助人的正能量,2015年6月,镇党委、镇政府将"民情民意志愿者促进会"改组为"乡贤工作室指导委员会"(又称乡贤理事会),成为全国率先在村挂牌成立"乡贤工作室"的乡镇。2015年7月21日,《徐州日报》刊发了《梁寨镇村村都有"乡贤工作室"》的报道,引发了全国诸多新闻媒体的跟踪采访报道,有些报道更是引起了全国主流媒体和各大网站媒体的关注,也引发了中国青年网关于"乡贤工作室会否削弱基层部门权威?"的讨论。但由于梁寨镇新乡贤就是基层党组织领导下的村民自治和志愿组织,协同乡镇党委和政府、村"两委"治理的地位明确,业绩明确,争议很快平息。2016年4月下旬,丰县政府在梁寨镇召开新乡贤文化建设现场会,决定在全县推广梁寨镇经验。目前,丰县绝大多数乡村已成立乡贤工作室。

贾汪区耿集乡新乡贤组织最初成立于2014年11月,也是办事处党工委践行群众路线的制度性创新。即为了充分调动退休老干部、老党员以及在当地有一定号召力和影响力的民间老族长等人群的正能量,组建乡贤工作者队伍,挂牌成立了镇乡贤工作室,并采取镇乡贤工作室—村乡贤工作站—乡贤之间三级结构运行。贾汪区电视台、徐州市日报社等多家媒体都对其进行了宣传报道。2015年6月17日,耿集乡贤工作室正式改组为"耿集乡贤工作协会",并于7月正式向民政部门登记注册。2015年12月3日,《江苏法制

报》用 A3 版全部版面专题刊登了 8 篇耿集乡贤的通讯稿，系统化、全方位地介绍了耿集乡办事处重塑乡贤文化以来取得的一系列成果，充分肯定了耿集乡贤事业取得的社会效益。2016 年 5 月，贾汪区开始在全区推广耿集乡新乡贤文化建设经验，至该年底，拓展到贾汪区 11 个镇（街道、工业园区），956 名得到群众公认的"五老一能"人员被聘用为乡贤，参与乡村治理。

二 新乡贤的制度性出场、基本属性和功能定位

在过去一个时期，乡村基层党组织的领导动员能力不足，基层政府部门管理和服务能力缺乏、担责不足，村民自治组织运行不畅、软弱无力，乡村可协同治理的社会组织缺失，自发的、非体制化的社会组织难以控制或禁止，由这些因素和其他社会因素引发的社会矛盾纠纷多发并难以有效化解，许多地区的乡村治理面临困境。因此，中国乡村治理体系的现代化完善之路，并不是要简单地减弱国家权力对乡村社会的管控，扩大乡村社会的自治空间，而是要在真正强化基层党组织的领导动员能力，进一步下沉行政权力并强化其现代管理、服务能力和责任的同时，强化村民自治组织的民主自治能力，组建党组织领导的、可真正协同社会治理的各类社会组织。它所要求和呈现的，是多元主体的组织体系和治理能力同时强化、有机对接配合、相互协同、良性互动，形成协同共治的主体结构和共建共治共享的治理格局。这种乡村社会治理体系现代化创新之路，具有鲜明的中国特色，也是中国特色社会主义乡村治理的内在要求。进入新时代以来，广大乡村地区社会治理创新的成功实践经验，无不符合这种内在要求，并经过理论总结和提升，上升为党和国家构建基层社会治理新格局的基本制度设计和方案。新乡贤组织的制度性出场，就是符合这种乡村治理新格局制度设计的重要制度创新。

（一）新乡贤在两乡镇的制度性出场

新乡贤组织不是自发形成的，而是乡镇党委和政府有序地动员、组织村

民而建立起来的。要积极响应和落实党中央和国务院振兴乡村的战略部署,突破乡村社会治理的一系列困境,完善乡村有效治理的制度体系,构建产业兴旺、生活富裕、乡风文明、治理有效、生态宜居的新农村,乡镇党委和政府就必须强化乡村基层党组织的领导动员能力,创新和转变乡镇党政机关和党员干部工作方式,加强与广大村民的联系,解民众之忧,真正发现乡村社会治理面临的问题。在此基础上,应有效加强自我管理、自我教育、自我服务的村民自治组织的建设,动员村民拥护的社会力量组织起来,作为乡镇党政机关、村组织的协同性社会组织,形成党组织领导、政府负责、民主协商、社会协同、公众参与的多元主体治理架构。同时,以村民自治制度有效运行为基础,提高乡村治理规范体系和治理手段的法治化水平,发挥乡村传统优良道德规范和社会主义核心价值观的引导、浸润作用,形成自治、法治、德治一体融合治理体系,形成共建共治共享的新治理格局。梁寨镇和耿集乡办事处的新乡贤组织,都是乡镇党委领导村民自觉追求建设新时代乡村治理体系而构建的社会组织。

丰县梁寨镇因地理位置相对偏僻、人多地少、经济相对不发达、民风强悍,一直存在较严重的社会治理问题。镇政府所在地梁寨村,一度出现晚上8点后大街上空荡荡,无人想在街上多逗留,店面早早关门歇业的局面。在行政村合并后,一些村的"两委"组织处于半瘫痪状态,加上部分村干部假公济私,资源分配不公,导致国家各种惠农政策和措施一度难以有效推行,甚至引发一系列矛盾,干群之间存在严重的疏离感;村民之间多以利益为上,争强好胜、相互攀比之风日盛,尊重公益、谦让互助的良善行为稀少,相邻地边纠纷、宅基地纠纷、婆媳关系纠纷、老人赡养纠纷多发且难以解决,各种矛盾引发的上访行为多发。一些地下教会组织和邪教组织趁机而起,笼络人心,有的还骗财骗色,甚至发生了把村民骗向死亡之路的惨剧。

为真正落实党中央的乡村振兴战略,走出乡村治理的困境,从 2013 年 5 月开始,梁寨镇新一届党委开展了"走百村、进万户、察民情、解民忧"活动。全镇当时包括党委书记在内的 148 名干部,给全镇 100 多个村的 15317 户家庭的居民发放民情"连心卡",开通流动"服务车",同时要求每个干部都必须写好民情日记，汇总发现的问题。这"一卡""一车""一记"形成了梁寨镇党委践行群众路线的新探索。乡镇干部通过包村包户，了解社会治理的热点问题、难点问题，一改过去干部畏惧"有些村民专找领导麻烦，提无理要求"的被动局面，主动上门解决群众的难题和矛盾。许多干部骑着自行车"走村串户"，积极为联系户出点子、谋路子，和他们拉家常、交朋友，了解群众所需、所急、所盼。通过"联村干部接待日"制度、民情"连心卡"张张到户、把服务送到家的流动"服务车"等具体措施，镇党政干部"带着责任下去，迎着矛盾上去"，将党的领导、政府的责任切实带到了村民面前。①

然而，在工作中，干部们发现许多社会问题单纯依靠干部包村包户和村"两委"干部的协助并不能有效解决。家长里短的矛盾纠纷，红白喜事中相互攀比的铺张浪费行为，村庄卫生环境、废弃坑塘的整治，许多帮扶济困、捐资助学、维护和美化公共空间、优化公共设施的公益问题，对上访"钉子户"经常性的劝解安抚工作，良好社会风尚的养成，乡村不良行为的劝止、社会治安问题的防范、反社会组织的遏制及其成员的感化回归等许多乡村社会治理问题，都不是镇、村"两委"干部亲力亲为就可以解决或促成的。不少问题，如果是干部大包大揽，急于促成，可能会适得其反，有时还会引火上身，酿成新的干群和社会矛盾。它需要支持党委和政府工作、深得村民拥护、在村民中具有威望的社会成员日常化的工作支持、协助。可以说，梁寨镇完善党组织的领导、强化镇政府机关和党政干部责任的社会治理创新实践，必然要求动员组织社会力量的有效协同。而这种力量是客观存在的，几乎每个自然村都有老党员、退休乡村干部、退休老教师、退伍老军人，还有一批因有威望有能力而主事乡邻红白喜事的"大老执"，靠劳动智慧和新科技经营致富的或有其他技能的能人，这些人多品行良正、遵纪守法，在村民中有影响力，经常化解一些村民矛盾纠纷、处理一些村民细故琐

---

① 参见李可、丰宣《走百村、进万户、察民情、解民忧——江苏北部一个乡镇为民实践活动观察》，《光明日报》2013 年 12 月 5 日，第 14 版。

事。如果把这些人有效动员组织起来，进一步发挥老党员干部和贤能人士的带头示范作用，强化其正能量，无疑将形成协助党委和政府有效进行社会治理的重要力量。

正是基于客观需要和客观力量的现实存在，2014年1月，梁寨镇组织了由"五老一能"人员组成的"梁寨镇民情民意志愿者促进会"。经过个人申报、群众推荐、政府认定，第一批共102位"五老一能"人员成为老年志愿者，并在20个行政村设立工作站。该组织成立后，发挥作用明显。为了进一步明确这些志愿者的身份，发挥其道德贤良、守法守正的带头示范作用，2015年6月，丰县梁寨镇党委和镇政府将"民情民意志愿者促进会"改组为"乡贤工作室指导委员会"（又称乡贤理事会），102名原"民情民意志愿者"被认定为该镇的第一批"乡贤"。他们分布在梁寨镇20个行政村89个自然村的20个"乡贤工作室"，身着乡贤服，编号挂牌上岗。据调研组2015年9月进行的问卷调查数据统计，这支102人的乡贤队伍，当时平均年龄为68.3岁。其中，共产党员47人，非党群众55人；曾任村干部者49人，国家干部、教师和工人退休回乡定居者14人，一般村民39人；小学以下（含小学、初小、文盲、初识字）文化程度者28人，初中文化程度者44人，高中文化程度者25人，大专以上文化程度者5人；来自人丁兴旺的大家族者41人，一般性家族者56人，小家族者5人。后来，梁寨镇党委又两次扩充了乡贤队伍，除去已经病逝的1位，现有乡贤363人，其中女性24人。

2015年9月，课题组人员曾对梁寨镇党委书记进行深度访谈，问及其适时成立志愿者组织并改名乡贤组织是否受到了全国其他地区已有做法的影响。其回答是：确实借鉴了其他地方的一些做法，但根本动力在于梁寨镇优化社会治理的切实需要。他认为，乡镇党委和政府要想真心落实乡村振兴战略，为村民做好事谋幸福，就必须把村民当作社会主体、当作平等的人看待，把村民中的优秀人员动员组织起来，发挥村民自身的优势，共同谋发展，构建和谐社会秩序，并说乡贤这个名号接地气，传承"崇德向善、见贤思齐"的文化传统，凸显品德贤良、守法守正者的社会身份和地位，表明他们品德好、有文化、有能力、威信高、口碑好，具有鼓舞人、激励人、示范人、帮助人的正能量。他强调,梁寨镇新乡贤文化和组织是镇党委和政府贯彻党的群众路线,加强党组织的领导能力,强化政府服务意识和责任,发挥村民自治功能,突出村民治理主体地位的产物。

耿集乡办事处乡贤组织的出场,也是追求同一社会治理制度架构的产物。2014年,群众路线教育实践活动伊始,贾汪区进一步深化"了解民情民意、破解发展难题、化解社会矛盾,促进干群关系融洽、促进基层发展稳定、促进机关作风转变"的"三解三促活动",及时启动"第一书记"驻村任职、机关党员进社区"五参五促"、农村党员"挂牌亮户"先锋行三项工作,全区党员干部动起来、沉下去,接地气、更务实。他们奔波于基层乡村,在农村一线亮出身份、接受锤炼、贴近群众、服务百姓,在基层一线转变作风、破解难题,成为贾汪区干部队伍作风建设中的一道风景线。这种强化基层党组织领导能力、强化区乡机关和干部服务能力、密切干群关系的举措,切实增强了机关干部为民服务的意识和做好群众工作的本领,但也大大增加了干部的工作强度。

耿集乡是多县、区交界之地,地理位置相对偏僻,作为贾汪区经济发展基础相对不好的农业区域,经济发展要提档升级、社会治理要根本好转,面临诸多必须依靠村民自治能力才能有效解决的难题琐事。虽然耿集乡有较好的文化传统,但在城乡社会二元体制瓦解转轨和市场经济大潮的冲击之下,村民的自我约束能力减弱,重权益轻义务、争强好胜、相互攀比风气滋长。确如学者所做的一般性总结那样,社会矛盾纠纷多发,而且逐步由传统型、单一型的家庭矛盾、邻里矛盾向多元型、复杂型的经济矛盾、权益矛盾演变,呈现出矛盾数量多变、范围扩展、跨时较长、情况复杂的态势。[①] 在当地,上级政府倡导发展现代农业如大棚蔬菜和大棚草莓经营,一方面需要土地经营权的流转和相对集中,另一方面经营者却不能或不愿及时发放用地款和农民工工资,导致矛盾多发;小乡镇建设的征地和补偿、土地房屋确权、公共空间的清退也引发了不少纠纷;其他如赡养纠纷、遗产分割、夫妻失和

---

① 参见余红发《浅谈新时期农村矛盾纠纷的调解技巧与策略》,《人民调解》2007年第12期。

离婚等家庭纠纷，种子、秧苗和其他农业生产资料质量纠纷，村庄卫生环境整治，扶贫济困、捐资助学，公共设施的维护等社会问题，同样也不是单纯依靠乡村干部就可以有效解决的。有的还因为个别干部的急于求成，处理方法不当，引发了较严重的群体事件和不断上访行为。因此，决心为村民办实事、将耿集乡打造成美丽和谐先行镇和首善之地的办事处党工委，就要从本地社情民情出发，将体现乡村正能量的"五老一能"人员组织动员起来，作为党工委直接领导的志愿者组织，协同基层党组织和村（社区）"两委"打造和谐美丽的新乡风，这也是立足于现实内在需求的必然选择。

2014年11月，耿集乡办事处通过个人自荐、村民推举和组织审核的形式，从辖区13个行政村84个自然村中选拔出164位乡贤，成立了"耿集乡贤工作室"，投入25万元在街道办事处旁边建设起办公面积约240平方米的"乡贤工作室"。2015年6月，"耿集乡贤工作室"改组为贾汪区耿集乡贤工作协会，并于2015年7月在民政部门正式注册成为全国首家"乡贤协会"。乡贤工作室依托13个行政村或社区，设立了13个"村乡贤站点"、164个"乡贤之家"，形成了乡贤的三级工作体制。调研组从与耿集乡贤协会会长、副会长等的深度访谈中了解到，当初将"五老一能"志愿者组织称为乡贤组织，原因主要有三：一是继承优良乡风文化传统，耿集乡作为具有徽派文化传承的文化发达之乡，拥有"崇德尚贤、见贤思齐"的乡贤文化传统，应该发扬和传承；二是乡贤守法治、行德治，在自治的基础上、法治的框架下，以德治引领、浸润自治和法治，引领、化育村民守法守正，而乡贤称号本身就是一种以身作则的鞭策；三是乡贤是长期生活在乡村的人员，尽管有些人具有干部、教师身份，但一直没有离开乡村和村民，具有人熟、事熟、村情熟的特点和德高望重、说话有分量的优势，在化解各类矛盾纠纷时，是用老百姓的"法儿"，平老百姓的"事儿"，实现小事不出村、大事不出镇，是乡村有"人望"的人员自愿参与乡村治理的善举，属于发挥余热的志愿者，与村民无隔阂，也是党委和政府、村"两委"的重要帮手，体现的是乡风贤良的正能量，这一称号远比"志愿者"接地气，村民和党委、政府都高度认可。

显然，两乡镇乡贤组织的出现，都是乡村社会治理创新内生性需求催生的结果,都是其乡镇党委直面乡村群众、直面实务压力、直面基层难题,高度自觉地建设党组织领导、政府负责、民主协商、社会协同、村民参与的乡村治理体系的产物。这从根本上决定了,当代乡贤组织作为社会主体参与乡村治理在徐州市乡村的制度性出场,不是个别领导心血来潮、别出心裁的结果,也决定了这种乡贤制度承载的乡贤文化,绝不是传统乡贤文化的简单复兴,而是社会主义新时期再创造的新乡村文明的组成部分,是新生的乡贤文化,具有异于中国传统乡贤人员的基本特质或属性,尽管在文化因素上对传统乡贤文化具有一定的继承性。

(二)新乡贤"新"在何处

"乡贤"在我国是一个有着很长历史传统的概念。"乡贤"一词始于东汉,是国家对有作为的官员,或有崇高威望、为社会作出重大贡献的社会贤达,去世后予以表彰的荣誉称号,是对享有这一称号者人生价值的肯定。其后也用来指涉乡里在世的有德行、有声望的贤达人物,即只要是本乡本土形成的或走出的有德行、有才能、有声望而深被本地民众所尊重的贤人,无论在世与否,都被称为乡贤。已经去世的,属于历史乡贤,① 在世的是在世乡贤;生活在本乡本土的称为在乡乡贤,离开本乡本土的叫离乡乡贤。在中国传统乡土社会,非常认同乡土社会里德行高尚且对乡里公共事务有所贡献的人,故在乡的在世乡贤,通常可对乡村社会秩序的建设产生重要的影响。

通常来说,乡贤与乡绅即乡村绅士的概念具有较多的重合性。② 有学者认为,乡贤,又称乡绅,是指乡村知书达理并以德服众的人,他们大多耕读传家,殷实富足,无论是村里最富裕的人,还是最有权的人,都对乡贤敬重有加。马克斯·韦伯将权威分为暴力权威、神授权威和道德权威,据此标准乡贤无疑属于第三种权威类型。他们从小就熟读儒家经典,深受儒家礼义教

---

① 迄于明清,各州县均建有乡贤祠,以供奉历代乡贤人物。参见魏峰《从先贤祠到乡贤祠——从先贤祭祀看宋明地方认同》,《浙江社会科学》2008年第9期。
② 参见王先明《乡贤:维系古代基层社会运转的主导力量》,《北京日报》2014年11月24日,第19版。

化的影响,为人正直、处事公道、急公好义、闻名乡里,他们是村庄的道德典范,是村庄的精神领袖,并因此而成为村庄秩序的守护者。① 关于乡绅的社会构成,有学者作出如下界定:"乡绅是与官僚密切相关的阶层,分为三类:第一类,处于官僚系统内部,即现任的休假居乡的官僚;第二类,曾经处于官僚系统内部,但现已离开,即离职、退休居乡的前官僚;第三类,尚未进入官僚系统的士人,即居乡的持有功名、学品和学衔的未入仕的官僚候选人。"② 就乡贤的外延来说,它应该包括传统意义上的乡绅、绅士、士绅、士大夫及一切有利于乡里建设、秩序维持的社会贤达。③ 显然,乡绅主要是离职、退职的封建官员及其后备人员群体。尽管在漫长的中国历史进程中,他们对乡村社会建设、风习教化、乡里公共事务有所贡献,但由于在近代社会大变局中,他们在经济、政治和文化上多持保守态度,固守封建剥削阶层的立场和利益,道德品质和社会作为在整体上呈劣质化的倾向,因此被作为"土豪劣绅",整体上是新民主主义革命的对象,尽管其中的开明人士是革命的统战对象。这导致"乡贤"这一称号在特定的历史时空中等同于"乡绅",而后者又在特定的历史时代成为被摒弃的社会群体,因此中华人民共和国成立后,"乡贤"一词也长期成为历史的陈迹。

但是,如果我们将"乡贤"一词理解为在乡村德行高尚、有学识、对乡村社会事务有所奉献而被乡村民众推崇敬重的人,同时对乡村道德准则和价值观念作历史主义的理解,则"乡贤"这一概念,作为文化传承概念,完全具有超越特定的历史时代及其特定历史内涵的一般价值意蕴,可以在人民当家作主的社会主义时代继续使用,并被赋予崭新的时代内涵。当然,为表达新的历史时期乡贤的特定内涵,并凸显其与中国传统社会乡贤的质的区别,最好将前者称为"新乡贤"或"现代乡贤",而将后者称为"旧乡贤"

---

① 参见赵法生《再造乡贤群体 重建乡土文明》,《光明日报》2014年8月11日,第2版。
② 徐祖澜:《乡绅之治与国家权力——以明清时期中国乡村社会为背景》,《法学家》2010年第6期。
③ 也有研究者对乡绅、绅士、士绅作区分看待。参见徐茂明《明清以来乡绅、绅士与士绅诸概念辨析》,《苏州大学学报》(哲学社会科学版)2003年第1期。

或"传统乡贤"。

无疑，正是基于中国乡村文化传统的延续性，新乡贤文化对旧乡贤文化有一定的历史继承性或相似性，主要体现为古今乡贤文化都倡导：品德贤良、有学识、守法守正的社会贤达人士参与乡村治理事务，惠济乡邻、热心公益，化解社会冲突，维护社会和谐有序。即在乡贤文化所要求的成员基本道德操守、学养见识、社会功能和社会认同等方面有一定的相似性。但从根本上讲，新乡贤在诸多方面却有新时期赋予的全新内涵，较之于旧乡贤，发生了革命性变化，完全是新历史时期的新成员。两者的差别，可简要归纳如表1所示。

表1 传统乡贤制度与新乡贤制度的比较

比较要素	传统乡贤制度	新乡贤制度
社会制度基础	皇权官僚封建主义制度，专制皇权与封建官僚统治，地主经济、小农经济，传统自然经济	社会主义制度，中国共产党领导的人民民主制度，土地集体所有制，现代社会主义市场经济
社会结构基础	直接依附于家长制大家庭、宗法家族制度的等级依附社会结构，成员具有等级依附主体人格	依托集体经济组织和村民自治组织的自主平等的社会结构，成员具有自主平等主体人格
主要道德价值观	封建伦理道德；皇权神圣和民为邦本	社会主义核心价值体系；人民根本主体地位
主要社会成员构成	士绅、族长、地主、富商等，多具有等级特权人物地位	老党员、退休干部和教师、主事村民等，具有现代公民和平民特征
上层力量与组织建设方式	封建官府支持和管控；乡绅自我组织，相对独立运行	乡镇党组织领导动员；政府支持和指导；作为村民志愿组织建设运行
基本功能定位	封建官府统治一般村民的中介组织；皇权官僚制下宗法制乡村统治体系的重要构成要件	乡镇党组织强化党群联系、领导动员村民协同社会治理的社会组织；基层政府深入乡村社区履行管理、服务责任的协同组织；村民自治的辅助性组织和有特殊贡献的志愿者组织；老党员干部和优秀村民起模范带头作用、倡导文明新风的组织平台。社会主义乡村治理体系的重要社会协同组织，自治法治德治融合为一体的乡村社会治理共同体的重要构成要件

基于上述比较，可以说新乡贤是在新制度下成长起来的新事物，它蕴含着更多的时代意义和现实价值，是对传统的发展与超越，这种发展与超越，是跨域时空的变革性发展。

（三）新乡贤在乡村社会治理体系中的基本定位

新乡贤组织在乡村社会治理体系的基本定位，应从其组织的基本属性、主要功能和其成员的工作制度目标、角色定位等方面进行全面考量。

首先，新乡贤组织的基本属性，既是志愿者组织，又是村民自治的扩展性组织。新乡贤不是党委和政府招聘或征用承担某种乡村治理事务的专职工作人员，而是响应乡镇党委组织的动员和号召，在党委和政府的支持下成立的志愿服务于乡村治理和村民群众的组织。它的成立，是以乡贤成员长期以来在很大程度上从事着相应服务工作为基础的，如调解村民矛盾、主事乡邻红白喜事等。乡贤组织的建立，使这种志愿服务更加组织体系化、更加文明规范有章法、更加与党和政府治理工作协同化、更具有权威性，因此，可以有效扩大服务领域、对象和规模，实现更好的社会效果，获得村民群众的支持和认可，也使得乡贤人员更具有责任感和荣誉感。正是基于这种志愿者组织的性质，两地乡镇党委和政府及村"两委"组织，仅为乡贤协会、工作室提供必要的办公场所、工作设备，为主要管理人员提供非常有限的通信及午餐补贴，并不向任何乡贤发放任何劳动报酬。实践中，乡贤获得的一些设备和有限的统一服装，也是相关单位、企业或个人捐赠的，有些是乡贤自我捐助的。调研中发现，两乡镇乡贤组织的负责人和一般乡贤人员都对自己的志愿服务者身份有明确的认识，一再表示：我们不能要政府的报酬，一要报酬就"变味"了，老百姓就不认同我们了。需要指出，乡贤或是致富能手，或是乡村退休干部、老师，多有较好的退休待遇，其他乡贤也多儿孙绕膝、生活无虞，因此，他们积极开展志愿工作的动力，绝不是为了增加自己的收入，而是甘于奉献，发挥余热，行善造福于村民群众。可以说，由"五老一能"人员组织的新乡贤组织，是乡村社会志愿服务热情最高、服务时间最有保障、最易有效组织动员起来、服务内容较为广泛的志愿者组织。

在很大程度上，新乡贤组织又是村民自治组织的扩展性组织，因为它所从事的活动，多属于村民自治活动的范围，体现了村民自我管理、自我教育、自我服务的职能。它协助村民委员会办理本村的公共事务和公益事业，调解民间纠纷，协助维护社会治安，向政府反映村民的意见、要求和提出建议，还可单独承担一些村"两委"委托处理或不能处理的村民自治事务。因此，我们不宜将村民自治组织仅限定在《村民委员会组织法》规定的具体形式，即仅限于村民委员会、村民会议、村民代表会议、村务监督委员会或者其他形式的村务监督机构，因为，凡是体现了村民自我管理、自我教育、自我服务的职能，不违背国家法律并得到村民委员会支持的社会组织，都具有村民自治组织的属性，可以看作村民自治组织的扩展和辅助性组织。

其次，新乡贤组织具有优化乡村治理体系的多元功能平台属性。一方面，新乡贤组织是乡镇党委、村党支部（党总支）发挥领导动员作用、密切联系群众的重要渠道组织。如前所述，新乡贤组织是乡镇党委出于密切联系群众、解决乡村治理中民众期待解决的诸多问题等目标而动员特定群体成立的，并通过乡镇党委和村党组织领导运行，其成员中党员占有很高的比例。实践中，新乡贤组织也一直充当着基层党组织密切联系群众、获悉民意民情、解决群众关心问题的有效中介和执行者。另一方面，新乡贤组织是乡镇政府转变管理和服务职能，提供更有针对性管理服务的协同性组织。诸多乡镇政府管理服务的事务，如乡村地方道路建设、公共设施建设和管理，土地、林木、水等自然资源的利用和保护，生态环境优化，定点扶贫的有效落实，教育等公益事业的发展，以及维护社会治安，调解和处理村民纠纷，化解干群矛盾，抓好精神文明建设，提倡移风易俗，反对封建迷信，破除陈规陋习，树立社会主义新风尚，等等，都需要新乡贤组织的有效协同。实践中，新乡贤组织也有效地协助了乡镇政府落实这些管理和服务职能，有效地强化了乡镇政府为村民办实事、办好事的工作实效性。再者，新乡贤组织是村民自治的有效辅助性组织。如前所述，新乡贤作为村民自治扩展组织和村民自愿组织的统一体，所从事的大量事务都是村民自治的事务，而且，这些事务多数也与乡镇政府一些重要管理服务事务有效对接和统一。如梁寨镇新乡贤组织确定2018年度工作目标为四大治理，即农村卫生环境治理、婚丧嫁娶浪费和彩礼过高治理、村边杨树林退林还耕治理、农村废坑塘治理，这都是乡镇政府和村"两委"倡导多年但推动无力的村民自治事项，但通过新乡贤组织和人员倡导、劝说和身体力行的推进，取得了明显的成效，体现了新乡贤参与乡村治理的特殊贡献能力。

此外，新乡贤组织还是乡村老党员干部和优秀村民发挥模范带头作用的有效平台。许多乡村老党员干部信仰坚定，品德贤良，带头守法守正，对乡村社会公益事业有热情、有能力，愿意付出自己颐养天年的时间；许多优秀村民长期主事乡邻红白喜事，或帮助村民致富、救济贫困，古道热肠，乐于助人，更具有地熟、人熟、事熟的优势，享有良好的声誉和权威。在群众推荐和拥护的基础上，将他们组织起来，本身就是党和政府对他们的热情付出和社会声誉的进一步明确肯定、鼓励和鞭策。调研组在调研过程中，深深为一批乡贤的忘我付出所感动。如梁寨镇乡贤王某、刘某、陈某等，耿集乡新乡贤耿某、宋某等，都是热心公益忘我付出的典范，代表了新时代乡村老党员干部和优秀村民的风范。正是在他们的示范之下，两乡镇不断开展"党员干部善待百姓，争做优秀共产党员""善待他人，争做梁寨镇好人"等评比活动，将优秀党员和村民名字上榜上墙，还刻在了石碑上。耿集乡在镇、村文化礼堂开辟乡贤长廊、乡贤榜，开展乡贤结对助学、献计献策活动，成立乡贤文化团，编排以乡贤为主题的优秀文艺节目巡演，全面展示乡贤风采，同时广泛开展"耿集乡好人""十大道德模范""十大文明之家""最美婆婆、最美儿媳"等评选活动。目前，两乡镇都形成了党员干部与群众、新乡贤和一般村民相互激发正能量的良好社会风气，通过典型示范，以古贤感化后贤，以前贤影响后贤，以老贤培育新贤，促进了乡贤队伍的不断壮大。

最后，新乡贤具有在乡村治理中发挥重要作用的工作目标和角色定位。可以说，新乡贤组织的基本属性和多功能平台地位，是由新乡贤成员在乡镇党委、政府领导和支持下自我追求的工作目标和角色定位决定的。梁寨镇新乡贤将工作目标制度化为四个方面。一是当好风向标，宣传正能

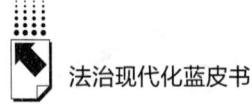

量。大力宣传党中央提出的"四个全面"的总方针,唱响主旋律,弘扬正能量。特别是要大力宣传党委、政府规划的"梁寨小城市"宏伟蓝图和举措。二是热情接待信访,切实化解矛盾。要做到群众倾诉耐心听、新发资料认真看,清晰归类,视情处理。乡贤人员要学法、懂法、守法、用法,化解矛盾既有情又合法。三是调查研究新问题,创新农村治理思路。根据新形势,解决新问题,乡贤人员要与时俱进。把握老百姓所需、所盼,政府所倡、所为,让二者合拍,上下联动,齐心协力,打造新梁寨镇,是每个乡贤人员面临的新课题。四是当好政府帮手,做老百姓的贴心人。乡贤人员要不断提高思想觉悟,增强责任心,一言一行时刻和党委、政府保持一致。关心群众,服务群众,抑恶扬善,匡扶正义,维护社会公德,树好人形象,唱情义新风。

耿集乡新乡贤则以"乡贤助和谐、乡贤为民生"作为总体目标,规定了十条具体工作制度:①坚持法治为本,依法推动乡贤发展;②坚持乡贤助和谐,乡贤惠民生,发展新农村;③坚持乡贤服从领导听指挥,下级对上级负责制;④坚持乡贤注重学习修养、增强思想素质,提高业务能力水平;⑤坚持乡贤智慧,用百姓的"法儿",平百姓的"事儿";⑥坚持乡贤规范化管理,完善选贤、用贤、维贤机制,增强乡贤活力;⑦坚持乡贤工作日不迟到、不缺岗、不喝酒;⑧坚持乡贤工作不怕苦、不怕累,敢作敢为;⑨坚持乡贤工作不为名,不图利,不谋私,爱心奉献;⑩坚持乡贤工作者每周一集中学习布局中心工作,每周五集中总结,查缺补漏。这些工作目标的制度化设定,尽管言词表达不尽规整,但语义平实明确,便于贯彻执行。

新乡贤在乡村治理体系中的作用,还表现为两乡镇对新乡贤人员的基本角色定位。梁寨镇新乡贤被确定为便民服务员、矛盾调解员、民意收集员、治安巡查员、政策宣传员、环境督察员等六大角色,履行矛盾调解、联络民意、政策宣传、文明巡防等四大职责。其矛盾调解职责为:积极参与各村居法律宣传、治安防范、法律咨询等平安创建活动,在本村范围内自觉开展治安宣传引导,积极调解信访问题、矛盾纠纷、生活纠纷,做好各类矛盾纠纷排查化解工作,维护本村的生产生活稳定;联络民意职责为:充分发挥乡贤民情联络作用，主动掌握、深入了解社情民意，积极做好群众工作，不断推进政府决策的科学化、民意化；政策宣传职责为：采取多样形式对青少年和广大村民进行党的历史、形势政策、思想道德、公民意识、助人意识、公益意识、先进文化等方面的宣传教育，积极改善社会风气和人际关系，为经济社会发展营造良好的环境；文明巡防职责为：积极参与文明创建工作，引导村民自觉开展经常性的卫生大扫除活动，及时劝导不文明行为，维护村居环境整洁卫生、村风文明、村治平安、村情和谐。而耿集乡新乡贤被确定为矛盾纠纷调解员、社情民意监督员、法律政策宣传员、平安建设网格员四大角色。

三 新乡贤对乡村治理体系和治理能力建设的意义

中国革命和社会主义国家建设的伟大实践历程，奠定了中国共产党不可撼动的政治权威和领导地位。十九届四中全会报告指出，"中国共产党领导是中国特色社会主义最本质的特征，是中国特色社会主义制度的最大优势，党是最高政治领导力量"。① 因此，要把党的领导贯彻到社会治理全过程，提高党的政治领导力、思想引领力、群众组织力、社会号召力，真正把党的理论优势、政治优势、制度优势、密切联系群众优势转化为社会治理的强大效能。② 我国乡村社会治理机制的设计及运行逻辑不能脱离开这个宏观政治构架，建立健全党委领导、政府负责、民主协商、社会协同、公众参与、法治保障、科技支撑的现代乡村社会治理体制，是以党委领导为根本保证的。两乡镇的实践证明，新乡贤组织的制度性出场，作为中国特色社会主义乡村治理体系和治理能力现代化创新之路的具体制度创新，强化了乡村基层党组织的领导力。

---

① 《中共中央关于坚持和完善中国特色社会主义制度 推进国家治理体系和治理能力现代化若干重大问题的决定》，人民出版社，2019，第6页。
② 参见《〈中共中央关于坚持和完善中国特色社会主义制度 推进国家治理体系和治理能力现代化若干重大问题的决定〉辅导读本》，人民出版社，2019，第85页。

（一）新乡贤与乡村党组织领导能力的加强

中国共产党乡村组织的领导力，是党的政治领导力、思想引领力、群众组织力、社会号召力在乡村实现的重要体现和保证，主要包括如下几个方面的内容。

一是通过强化对乡村基层国家机关和社会的政治领导力，使党的基本理论、基本路线、基本方略和实施战略在乡村得到有效贯彻，这是党的政治领导力在乡村的重要体现。在新时代主要表现为对党提出的乡村振兴战略的有效实施，按照"产业兴旺、生态宜居、乡风文明、治理有效、生活富裕"的总要求加快推进农业农村现代化。它是实现党中央提出的"两个一百年"伟大奋斗目标的重要组成部分，也是健全现代社会治理格局的固本之策。

二是用先进思想文化教育、引领乡村党员干部和广大村民的思想引领力，这是党的思想引领力在乡村的重要体现。重点是用新时代中国特色社会主义思想、社会主义核心价值观、科学文化、传统优秀文化进一步提高党员干部和广大村民的思想觉悟、法治意识和道德修养，建设文明乡风。

三是对村民自治组织等社会组织进行组织和领导的群众组织力。2019年1月，中共中央印发新修订的《中国共产党农村基层组织工作条例》增写了"乡村治理"与"领导和保障"两章。其中第19条更是明确规定了"党的农村基层组织应当加强对各类组织的统一领导，打造充满活力、和谐有序的善治乡村，形成共建共治共享的乡村治理格局"。第20条规定，"党的农村基层组织应当健全党组织领导的自治、法治、德治相结合的乡村治理体系。深化村民自治实践，制定完善村规民约，建立健全村务监督委员会，加强村级民主监督。推广新时代'枫桥经验'，推进乡村法治建设，提升乡村德治水平，建设平安乡村"。这就要求乡村基层党组织要加强对村民自治组织和群团组织、社会志愿者组织、企事业单位、行业协会等所有组织的领导。

四是有效动员和带动广大村民的社会号召力。直接通过基层党组织活动或以社会组织为中介组织动员广大村民，发挥党员在各类社会组织和乡村振兴发展的各项事业中的模范带头作用,有效动员和带动广大村民投入乡村振兴的各项事业,包括加强农村经济建设、农村社会主义民主政治建设、农村社会主义精神文明建设、农村社会建设、农村生态文明建设等。

如前所述,梁寨镇、耿集乡新乡贤的制度性出场,正是两镇党委和政府落实党中央的乡村振兴战略,密切党群干群关系,破解乡村社会治理难题,自觉进行党组织领导下的多元主体协同社会治理体系创新的产物。

首先,新乡贤的制度性出场,是两地乡村党组织成功发挥和强化自身政治领导力和群众组织力的体现。乡村基层党组织的基本政治功能是宣传党的主张、贯彻党的决定、领导基层治理、团结动员群众、推动改革发展、发挥党员先锋模范作用的坚强战斗堡垒。两地党组织以乡村振兴战略为基本动力和总抓手,认真贯彻党的群众路线,强化党同人民群众的血肉联系,把尊重民意、汇集民智、凝聚民力、改善民生作为提升乡村经济社会发展和社会治理水平的根本路径,水到渠成地将"五老一能"这一在乡村发展和治理中具有重要正能量的人员进一步组织起来,作为党联系群众、汇集民智、凝聚民力的中介组织,作为党委、政府和村"两委"的帮手,也作为乡村老党员干部和优秀村民发挥模范引领作用的平台。新乡贤这一多功能组织的建设和有效运行,既是党的政治领导力进一步发挥和强化的体现,也是党通过社会组织进一步强化群众组织力的体现。

可以说,乡村党组织依靠党员干部、优秀村民组建的支持党政工作的社会组织越多、越有社会影响力,其政治动员和群众组织领导力就越强。梁寨镇第一批新乡贤,党员比例超过47%,经过第二批、第三批发展达到364人,党员比例仍然超过30%,镇乡贤工作室指导委员会成员的党员比例更高;耿集乡现有新乡贤164名,党员比例超过60%,镇乡贤协会还组织了专门的乡贤党支部,直接受镇工委领导。这既保证了新乡贤的社会主义红色文化底色,又保证了新乡贤组织是接受乡村党组织领导、党员发挥主导和模范带头作用的组织平台。

其次,新乡贤的制度性出场,也是乡村党组织思想引领力进一步发挥和强化的体现。两乡镇党委发起新乡贤组织的一个重要目的,是通过这样一个组织进一步发挥和强化党组织的思想引领力。利用新乡贤人员思想政治道德水平较高、文化素质较好、在群众中有威信有人缘有影响力、有一技之长等优势,宣传党的指导思想、路线方针、乡村振兴战略、强农惠农富农政策、社会主义核心价值观、法治素养、道德修养、优秀传统文化、乡村中好人好事等精神正能量,并通过助力村民矛盾有效化解和带头示范作用,提升广大村民的思想政治觉悟、道德水准、法律意识、社会公益意识、社会参与意识、互助包容意识、家庭和睦社会和谐意识,优化村风民风,有效构建新时代社会主义乡风文明。

梁寨镇乡贤组织利用道德讲堂、法治讲堂、法治广场宣传、村民广场宣传、书法艺术比赛等平台,进行了大量思想、道德、政策和法律的文化宣传活动。耿集乡新乡贤更是组织了法治文化艺术团和宣传文化艺术团两个文艺团体,编排了大量群众喜闻乐见的文艺节目。如小品《婆婆也是妈》《巧相亲》《三个儿媳》《惠民诊所》,快板《新宪法颂歌》《昂首迈进新时代》《我为新时代文明唱赞歌》,演唱《老两口看新闻》,等等。这些贴时代、接地气、有生活、有感情的作品,不仅在本乡镇演出,而且在全区和周边几个县区演出、参赛,获得了群众好评和广泛的社会影响力。新乡贤这种宣传教育活动,对教育引导农民听党话、感党恩、跟党走,把农民群众紧紧团结在党的周围,筑牢党在农村的执政基础,具有重要作用。

最后,新乡贤的制度性出场,也是乡村党组织有效发挥和强化组织带动广大村民的社会号召力的体现。在我国基层社会治理中,基层党组织一直是农村经济建设、社会主义民主政治建设、社会主义精神文明建设、社会生态文明建设、保障和改善民生的核心领导力量,也是组织动员的主渠道。但要真正取得巨大成效,需要坚持以人民为中心,尊重农民主体地位和首创精神,需要社会组织的协同,需要广大村民的真正参与、配合与支持。而后者的实现,需要以党领导下的村民自治组织和其他社会组织作为重要组织中介和平台。

事实证明,新乡贤组织在协同乡村党组织动员社会力量方面的作用是明显的。一个时期以来,由于一些基层党组织软弱涣散,呈现出地位虚化、功能空化、工作僵化、作用弱化迹象，加上个体对体制依附程度逐渐降低、乡村熟人社会的纽带弱化、农民因权利意识的觉醒对"运动式治理"和"动员式参与"持本能的抵制态度等因素，一些乡村基层党组织的社会动员能力弱化成为不可否认的事实。新乡贤组织的制度性出场的一个重要目的就是为了逆转这种情况，借助新乡贤志愿者有热情有人缘有威信有办法、地熟人熟事熟等优势，在化解乡村社会矛盾、推进乡村公益事业建设、优化村风民风等方面，做出村民高度认可的事情，让广大村民感受到党组织能动员老党员干部和优秀村民为大家做事，形成示范作用。其一，这强化了乡村党组织面向基层、服务基层的工作导向，提升村民对党组织的认同感和支持度，奠定动员村民的民意基础和情感基础；其二，新乡贤被组织起来，做党和政府的好帮手，服务民众，这本身也是基层党组织社会动员能力的重要体现，具有示范和引领的作用；其三，新乡贤的特殊和优秀素质，为基层党组织进一步动员广大村民提供了一个稳定的中介组织、平台和帮手，发挥了乡村贤能人士既助推动员又助推响应的双重作用。

新乡贤在协同乡村党政组织、村"两委"治理过程中，既发挥着"助民、便民、乐民、安民"的作用，也发挥着"化育民风、凝聚民心、提升民气、汇聚民意、动员民力"的重要作用。以梁寨镇为例，乡贤们活跃在村庄，宣传政策、调解矛盾、收集民意、移风易俗，成为镇党委推进村民志愿者服务、尊老爱幼和农民培训工作等活动的重要帮手。他们积极投身新时代乡村文明社会实践站建设，在他们的带动下，目前建设镇级新时代社会实践所1个、村级新时代社会实践站20个，拥有20个志愿者队伍，12680名志愿者。他们积极支持镇党委和政府倡导的孝老爱亲活动，该活动倡导子女为每位70岁以上老人建档立卡，为老人每月缴纳不少于150元赡养费的，给予每位老人每月30元的奖补；子女为每位老人每月缴纳不少于200元赡养费的，给予每位老人每月40元的奖补。新乡贤带头示范，鼓励亲朋好友跟随。2018年399名、2019年391名建档立卡老人参加孝老爱亲活动。还有一批新乡贤积极参与和服务新型农民培育活动。梁寨镇依托程子书院，建设了国学馆、党建馆、廉政馆、镇史馆、百家书屋、乡村振兴讲习所，开办了农民夜校，培养出了一批批"新型农民"。根据农民需要，乡村振兴讲习所开设了家政服务员、育婴师、面点师、美发美容师、摄影师、中式烹调师、养老护理员等短期免费培训，通过培训，学员可参加市人保局鉴定中心相应工种职业技能中级资格鉴定，提升从业技能。

（二）新乡贤与村民自治体系和能力的强化

根据我国《村民委员会组织法》的规定，我国的村民自治组织体系由村民会议、村民代表会议、村民委员会和村民小组四个机构共同构成，在上述村民自治组织机构中，村民会议和村民代表会议是权力机构，而村民委员会和村民小组则是工作机构。村民自治组织就是通过权力机构依照法定程序作出决策，再由工作机构引导村民并与村民共同履行权力机构的决策，从而实现村民自治组织设定的目标。

从应然的角度来看，四个机构相互合作、相互分工，各自履行自己的职能，从而形成一个效率高、稳定性强的组织机构。但是从实然的角度来看，村民自治组织在实践中长期存在三大问题。其一，由于行政村区域过于庞大、人口众多，村民大会很少能够召开。在实际的操作中，大多数情况下村民代表会议会取代村民会议，而村民会议作为一般群众行使监督权和决策权的重要渠道一旦被取代，村民自身的权利得不到保障，他们的利益冲突将会变得难以解决。其二，村委会对村民代表会议或村民会议的功能和权力的侵蚀、架空严重。村委会成员在与村民的博弈中占有绝对优势，因而使得村民自治组织的决策、执行、管理权全部由村委会掌握，而本身拥有监督权的村民会议被架空，最后可能会造成村干部滥用权力导致村民的利益受损。其三，村民小组虚置化。村民小组应是村民自治的重要单元和运行机构，但村委会成员的地位远高于村民小组的地位，可能会造成村民小组的权力被村委会剥夺。[①] 正因为存在这些先天不足，村民委员会虽有权力却权威不足，村民认可度不高，对村民的管理、服务和组织动员能力不足。

---

① 参见谭文邦《村民自治组织的结构分析》，《经济研究导刊》2013年第15期。

在进入城市反哺乡村、工业反哺农业的新时期，在合理利用党和国家强农惠农富农政策，合理分配、利用和保护政府提供的资源和集体公共资源方面，村民委员会的能力及其公正性更难以满足广大村民的需要。而个体农民家庭，要么平时对村委会成员的不当作为无能为力，不多期待；要么在矛盾尖锐时，诉诸上访、控告，并偏重于维护自己的个体利益，甚至提出不正当要求，导致干群矛盾纠纷上交并难以解决。在这种情况下，有一个由村民优秀代表组成的自愿性组织，既能反映民意民情、集中民智民力，又能对村委会行使一定的监督职能，更能协同村委会履行组织村民自我管理、自我教育、自我服务的职责，自然是打破村民委员会组织履职困境、平衡村民自治组织结构失衡的有效制度性创新。

首先，新乡贤在乡村自治过程中具有反映民情民意、集中民智民力的巨大优势。其一，新乡贤在志愿服务村民的第一线，与一般群众无任何隔阂，他们在帮助村民安排红白喜事和其他帮扶救助的过程中，可以无任何障碍地了解村民的真实情况和心愿。一些社会不和谐因素，如亲邻之间的矛盾、无谓的攀比造成的浪费、公共资源的分配利用不公等情况，他们都可以了解得很清楚。可以说，对村民基本情况的直接了解程度，新乡贤远远高于行政村"两委"的几位村干部。其二，正因为新乡贤有威望和亲和力，又不代表"官方"身份，村民对他们反映问题、表达心愿没有什么压力和顾忌，并且因矛盾指向不针对新乡贤，新乡贤可以过滤掉其中的不合理因素，从而避免一些直接的干群矛盾。其三，新乡贤因其自身的社会权威性和影响力，便于对村"两委"和上级干部反映村民意愿并对他们产生较大影响力。正如相关媒体所报道的，新乡贤的现实身份大多是一般平民，他们不直接执行上级党组织和政府布置的政治和行政事务，因此具有突出的民间色彩。而且乡贤有比较长的时间和村民接触，他们对村民的情况了如指掌，也比较能获取村民的信任。他们在代表村民对村干部行使监督权的同时，还能反映真实的群众建议和意见，实际上又成为党支部和村民委员会征求民意、构建乡村良好秩序的好帮手。

其次，新乡贤有效协同村民委员会化解大量村民矛盾纠纷。依据我国

《村民委员会组织法》的规定，村民自治委员会作为村民自我管理、自我教育、自我服务的基层群众性自治组织，负有有效化解村民矛盾纠纷、协助维护社会治安的重要职责。但现实中，这一职责常常因为村干部其他工作任务繁重，对相关矛盾纠纷当事人和社会关系缺乏深入了解也缺乏亲民性等因素而难以很好地落实。新乡贤组织的出现，可以有效弥补这种不足，新乡贤凭借其德高望重、主事乡邻、充分了解家长里短、重情理、明是非等优势，加上组织化后法治和政策意识的提高，可以作为村民委员会的助手或协同人员，有效地处理大量纠纷。根据2016年6月的深度访谈，调研组了解到，梁寨镇新乡贤组织成立不到两年，化解社会纠纷1000余起，包括50余起经年积怨的矛盾纠纷。2019年10月调研组到耿集乡实地调研，并通过对耿集乡贤协会负责人的深度访谈，得出了如下数据（见表2）。

表2 耿集乡近六年乡贤调解情况统计

单位：起，%

年份	调解案例总数	调解成功案例数量	调解成功率
2014	88	86	97.7
2015	588	572	97.3
2016	470	461	98.1
2017	330	324	98.2
2018	290	236	81.4
2019（截至10月）	36	35	97.2

两乡镇新乡贤调解矛盾纠纷的经验都在当地作为典型经验进行推广，相关媒体的报道也多重点关注这点。耿集乡还编印了《耿集乡贤调解故事会》数期，重点讲述耿集乡新乡贤成功调解乡村纠纷的经典案例，图文并茂，成为当地村民和干部都喜欢阅读的乡土教育读本。

再次，新乡贤组织有效破解乡村诸多移风易俗难题。中国共产党领导的新民主主义革命，以摧枯拉朽的方式消灭了封建剥削制度。社会主义革命和建设的成绩，也改变了乡村的社会关系。但一些陈规陋习因被广大村民沿袭已久，在传统和现实力量的双重作用下，仍有较强大的生命力。一个时期以来，乡镇党委和政府多次直接推动或动员村民自治组织移风易俗，改变乡村中仍然存在甚至愈演愈烈的陈规陋习，但往往力不从心，收效甚微。如随着生活水平的提高，红白喜事的大操大办、铺张浪费更加严重，而且加入了一些低俗甚至色情的表演因素。政府的高压手段治理可能一时有效，却因为遭遇村民的抵制引发社会对立和矛盾，形成反弹，成为出力不讨好的治理难题。事实上，大多数村民内心都不赞同这种红白喜事大操大办的陋习，但相互攀比、怕人讥笑的心理还是形成强烈的"跟风"效应。新乡贤组织出现后，就形成了协同乡镇党委、政府和村委会移风易俗的责任和使命感，并基于诸多新乡贤主事乡邻红白喜事的优势，以乡规民约的方式推进移风易俗。

两乡镇新乡贤组织均成立了红白理事会，围绕乡村红白喜事移风易俗，倡导"婚事新办，丧事简办，其他喜庆事宜不办"新风，破除婚丧喜事活动中各类陈规陋习，杜绝摆阔气、讲排场、互攀比现象；倡导集体婚礼等婚庆形式，自觉抵制婚礼车队影响交通、燃放鞭炮污染环境、大办婚宴铺张浪费等不良现象；大力弘扬"厚养薄葬"传统美德，不断增强群众孝老养老意识，宣传殡葬政策，简化治丧程序。对办理婚丧活动中宣传封建迷信、低俗歌舞表演、妨害公共秩序、危害公共安全、侵害他人合法权益和污染环境的行为，坚决予以抵制。不少村庄的新乡贤组织主持制定了《红白理事会章程》《红事申报准则》《红事庆典综合准则》《白事殡葬准则》《家谱祭祖准则》等村规民约，落实简朴的婚丧嫁娶庆生祭祖事宜，形成了新的社会风尚。

最后，新乡贤有效助力乡村环境优化、公共空间和设施维护、土地集约和良好利用等公共事务。该地区因经济发展水平相对落后，村庄环境卫生状况整体较差。比如，缺乏地下排污设施，多使用旱厕，缺乏有效的垃圾收集、处理设施和场地，村里和周边坑塘污染严重。同时，村庄道路、排水沟渠也被村民侵占严重，用来堆放柴草、种植蔬菜、修造厕所或堆放杂物，一些公共设施也得不到有效爱护和合理使用，更加剧了乡村居住环境和景观的脏乱无序。近年来政府加大了对乡村环境和公共空间设施杂乱无序的整治力度，但因为资金和人力投入有限，成效并不明显。

伴随着村民生活水平的提高和追求现代居住条件意识的加强，广大村民对环境净化和公共空间设施的优化有了强烈的愿望,但由于涉及千家万户,需要同步配合,若无人长期地组织动员、监督维护,很难形成社会效应,"搭便车"或负面的从众心理将难以克服。另外,随着农业日趋商品化和产业化,原来条块分割承包于农户的土地需要整合,以方便建造大棚或大面积种植经营,在保障农户土地承包权收益的同时,有效降低交易成本和难度,也需要对农户的动员和组织;原来分布在村头因家禽牲畜滋扰而种植林木的小块承包土地,也有统一退林还耕并相对集中的必要,更需要统一的社会动员和组织行为。但这类组织动员工作常常是数量和精力都非常有限的村干部难以直接胜任的。相反,有威望、有见识、有人脉、有时间、有热情的新乡贤可以很好地胜任,有效地协助村"两委"开展这些工作。

以梁寨镇为例,2017年以来,新乡贤倡导和监督农村生活垃圾定点倾倒、定时清理,倡导村民讲卫生讲文明的新风,通过集资和捐助的方式,推动村庄排污设施地下化,改造旱厕为冲水卫生间;劝解一些村民让出侵占的公共道路和沟渠,进行必要的净化、硬化和无障碍化;动员民众出钱出力,进行废坑塘的整治和环境卫生养护;组织村民统一通过法定手续将村边林地退林还耕,种植经济效益更好的农作物如大蒜等,同时倡导在房前屋后广泛种植景观和经济林木,美化环境。据2019年9月的初步统计,梁寨镇新乡贤组织助力村"两委"设立垃圾投放和清理点200个,改造旱厕2000余个,整治大小公共道路和沟渠300余条,修复和维护公共设施70余处,整治村庄废坑塘40余个,退林还耕村头土地320余亩。这种力度和成效是前所未有的。

(三)新乡贤与乡村德治体系和能力的优化

"乡贤"作为一个文化传承概念,本身即倡导品德高尚的社会贤达人士参与乡村事务治理,维护乡村和谐有序。可以说,德治是新乡贤的最大优势。新乡贤守法守正,以自身带头示范作用和社会公益服务精神,对在乡村大力弘扬社会主义核心价值观,弘扬中华传统美德,培育社会公德、职业道德、家庭美德、个人品德具有重要作用,并且提供了具体的制度抓手。近年来,党和国家高度重视社会道德规范对人民群众的教化作用和对社会治理的促进作用。十八届四中全会提出,"坚持依法治国与以德治国相结合。国家和社会治理需要法律和道德共同发挥作用"。① 十九届四中全会在推进国家治理体系和治理能力现代化问题上做了更加深入具体的安排,提出坚持和完善共建共治共享的社会治理制度,构建基层社会治理新格局,健全党组织领导的自治、法治、德治相结合的城乡基层治理体系。② 因此,德治作为乡村治理体系中与自治、法治并驾齐驱的重要一环,需要在乡村治理体系的构建和乡村治理能力提升的过程中得到充分的体现。新乡贤这一在基层党委领导下自觉建立的扎根于乡土的社会组织具有天然的道德性,能够融入乡村德治体系,有益于乡村德治能力的提升。

首先,新乡贤具有良好的道德品质,人为"村范"。我国农村有着丰富的非正式制度资源,其中蕴含了大量在长期共同生活实践过程中形成的道德观念和道德规范。中华民族的传统美德如仁爱孝悌、谦和好礼、诚信知报、克己奉公、见利思义、勤俭廉正等在广大乡村地区得到很好的传承,并作为社会主义核心价值观和文明乡风的有机内容为党和政府所倡导,成为铸就村民社会公德、家庭美德和个人品德的重要因素。这些层面的道德准则或修养,在新乡贤群体上有更多的体现。他们是乡村道德观念的卓越实践者和道德规范的忠诚守护者,具有良好的道德示范作用。

新乡贤的主要组成人员为"五老一能",其中的"五老"即老党员、退休老干部、退休老教师、退伍老军人、"大老执",再加上乡村能人,他们都是服务村民、服务社会的志愿者,因此,富含传统美德因子的社会公德、职业道德、家庭美德、个人品德在他们身上都有较多的体现,其道德操守较之于一般村民具有较高标准,进而受到村民普遍认可甚至敬仰,主要体现在以下三个方面。

第一,年龄居长、德高望重、人缘良好。课题组在丰县梁寨镇和贾汪区

---

① 《中共中央关于全面推进依法治国若干重大问题的决定》,人民出版社,2014,第7页。
② 《中共中央关于坚持和完善中国特色社会主义制度 推进国家治理体系和治理能力现代化若干重大问题的决定》,人民出版社,2019,第28~30页。

耿集乡办事处的调查结果显示,新乡贤群体的平均年龄超过67岁,与其主要构成人员"五老"的基本特征相符合。在中国农村的特殊视域下,长者不仅意味着德高望重、经历丰富、见识广博、有丰富的经验解决日常生活中遇到的问题、能够较为稳妥地处理一些不常出现的重大突发事件,还意味着他们与本地方大多数村民或因血缘姻亲等亲属关系,或因工作往来等交往关系存在并保持着一定的联系,并且由于年龄居长,他们往往在这些联系中占据着主导地位,人缘关系熟稔,人脉良好。这一特征在仍然保持着部分传统秩序的苏北乃至中国更北方的广大农村中体现得尤为明显。

第二,职身特殊、堪为表率、认同度高。新乡贤中的退休老干部、退休老教师、退伍老军人主要是因其先前职业的特殊性而受到群众的普遍认同,从而参与到新乡贤队伍中来。他们的文化程度相对一般村民较高,知晓党和国家的政策以及法律法规并能自觉践行。老党员、"大老执"、乡村能人由于其特殊的身份在本地方德高望重,同样受到村民的认同。农村党员一般是参与管理农村事务、解决邻里矛盾纠纷的积极分子,具有良好的表率作用。农村有威望有能力的"大老执"以及靠劳动经营致富的乡村能人本身就能力突出,较之常人敢于任事、刚毅决断,且处事公允、回馈乡里,极易获得村民群体的支持和拥护。同时,对身份的高度自我认同感也要求这些新乡贤以较高的道德标准要求自己,提高自身道德修养,秉持良好的道德品质。

第三,热心公益、服务社会、引领示范。新乡贤良好的道德品质不仅惠于自身,更重要的是其存在本身即对本地方全体村民具有潜移默化的道德引领和示范作用。"日与善人居,如入芝兰之室,久而不闻其香,即与之化矣。"① 新乡贤大多是年长的贤达人士,却将本该颐养天年的时间志愿投入繁杂的乡村事务,不索取分文报酬,甚至大多是倒贴钱的状态。作为"政府的好帮手、群众的贴心人",随着矛盾纠纷的化解,其高尚的道德品质流传开来,更为人知,道德示范作用明显。尊老敬老是中华民族优秀的传统美德,年事较高的新乡贤本就是广大村民理应尊重优待的对象,其热心公益、

---

① 《孔子家语·六本》。

助人为乐、与人为善、讲信修睦、守法守正等优良品质既是传统品德的集中体现，也是新时代中国特色社会主义核心价值观的具体要求。调研过程中发现，丰县梁寨镇碑刻的"梁寨镇个人品德榜"上载有"乡贤人员名单"和"好人名单"，这既是对新乡贤个人品德的充分肯定，也是对新乡贤道德示范作用的典型彰显。俗话说，"家有一老，如有一宝"。乡村有新乡贤，对农村集体群众道德感的警示和道德素养的提升具有不可估量的长远意义。

其次，新乡贤主动参与道德教化，行为"村则"。具备良好道德品质的新乡贤对乡村德治体系和能力的优化不仅体现在静态的道德示范作用上，还体现在新乡贤主动参与道德教化的一系列动态过程中。道德教化是指用道德对人进行教育感化，使人形成稳定的道德观念，导人向善的过程。新乡贤参与道德教化，主要是通过行使"大宣传""大倡导"等基本职责的途径展开的，发挥着道德宣传和劝善止恶的功能，主要表现为如下几个方面。

第一，"大弘扬"传统美德。新乡贤进行的"大宣传"内涵十分丰富，既包括对优秀传统道德的宣传教育，又包括对社会主义核心价值观的宣传发扬。其形式也丰富多样，其中最典型的是宣传榜样模范人物。首先是宣传优秀传统道德。优秀传统道德是中华文化的重要组成部分，是构建乡村德治体系的重要本土资源。"服民以道德，渐民以教化。"[①] 优秀的传统道德在历史上就扮演着道德教化的重要角色，其影响至今犹存。

在梁寨镇渊子湖省级湿地公园内，展现中华传统文化精髓之"孝道"的"二十四孝"以石雕配文的方式沿路呈现，其多为先贤或乡贤动员的村民捐助，向参观游览的群众宣传传统道德。新修复的程子书院，更是新乡贤宣讲传统道德、宣传新乡贤等社会志愿者和梁寨镇好人的重要场所。在宣传优秀传统道德的过程中，新乡贤还有意识地将优秀传统道德从外延更加宽广的传统道德中择出，与不符合社会主义价值标准和时代精神的封建道德糟粕做区分，他们反对倚老卖老、男尊女卑、等级人格及其他三纲五常中的封建道德因素，主张将传统美德转化为孝亲敬长、尊老爱幼、男女

---

① （宋）欧阳修：《三皇设言民不违论》。

平等、家庭和睦、诚实信用、勤俭节约、自强不息、邻里团结互助等现代家庭伦理道德，转化为言而有信、助人为乐、礼貌待人、互相谦让、济困扶危、拾金不昧、见义勇为、爱护公物、保护环境、遵纪守法等社会公德，转化为厚道、善良、守信、宽容、诚实、谦虚、正直等现代村民应有的基本道德品质。因此，对社会主义核心价值观和现代伦理道德的宣传，是新乡贤的中心工作。

第二，"大宣传"文明道德。当代文明道德以社会主义核心价值观为中心，包括了社会公德、行业道德、家庭美德、个人品德等多个方面。新乡贤在"大宣传"过程中，通过宣传"感动中国人物"、各行各业奉献者们的光荣事迹，让村民深刻体会到当代文明道德的具体内涵。同时，在反复接受道德模范精神洗礼的过程中，其行为模式和趋向也会不自觉地受到影响和熏陶。除引入典型事迹外，新乡贤还注重通过文艺创作传扬道德文明。贾汪区耿集乡办事处乡贤艺术团自编自演小品、快板等大众喜闻乐见的文艺作品，向村民传播家庭和睦、邻里和谐等道德观念。

第三，"大倡导"劝善止恶。如果说"大弘扬""大宣传"的作用是道德传承、弘扬和宣传，是让村民明白什么是传统道德、社会公德、家庭美德、个人品德，知道道德有哪些内容，那么"大倡导"的作用就是劝善止恶，告知村民什么该做、什么不该做。新旧时代转型，不良旧习俗未破除，新的不良风气形成，共同促成了诸多乡村积习积弊，特别是打骂公婆、不赡养老人、赌博酗酒、铺张浪费、搬弄是非、露富逞强等不良习惯。对这些不良习惯新乡贤实施道德教化，走街串户、登门做工作，牵头制定规范，对农村恶俗予以废止，禁止赌博，并且对打骂公婆、赌博酗酒、露富逞强等行为予以批评教育，督促改正，在倡导抵制不良习惯方面取得的成效显著。

需要指出，道德规范的实施，尽管不能依靠国家强制性来矫正失德失范行为，但必要的社会压力机制形成社会强制，是必不可少的，否则，就不存在所谓的道德规范。新乡贤在组织、动员和实施道德规范的必要社会压力机制方面具有先天的优势。诸如，依靠自己的特殊身份和威望对不当言行进行批评、干预和制止，有效动员社会舆论压力，或者采取拒绝主事或让严重失德失范者身处窘境、失去脸面等方式劝善止恶。新乡贤倡导的移风易俗和劝善止恶活动在农村实质推进，落实到农村生活的各个角落，对纠正农村不良习惯、引导人们崇德向善具有极大的促进作用。

最后，新乡贤助力培育良好乡风，德化"村体"。乡风即乡村的习俗风尚，是乡村文化的重要载体，与一地的道德文化传统密切相关。良好的乡风有助于乡村治理体系和治理能力的优化，是乡村德治的重要表现，为乡村振兴发展提供软实力支持。乡风文明建设是乡村振兴的灵魂。乡风文明既是乡村振兴的重要保障，也是产业兴旺、生态宜居、治理有效以及生活富裕的重要促进要素。乡风文明建设作为乡村精神文明建设的传统文化根源，在乡村振兴发展的各个环节发挥着提纲挈领的精神引领作用，始终是乡村建设的精神文明灵魂所在。① 它体现为良好的民风村体。新乡贤在乡风文明建设过程中通过兴办公共事业、捐资助人等方式在本地培育自觉进行善行义举、增进公益、乐于助人、友爱互助的和谐氛围，助推良好乡风的形成。

第一，兴办公益事业，培育社会公德。历史上优秀的乡村几乎都有公益慈善的传统和机制，比如传统的义庄、善堂、义仓以及集资修建文脉建筑、庙宇等一系列具有公共价值的项目。② 现代乡村有别于古代自然经济下抵御风险能力较差的传统村庄，且土地所有制和意识形态发生了根本性变化，因此一些传统公益项目已经失去了存在的必要性，但在新时代乡村，教育、互助、生态环境、文化设施等公益事业仍需要大力发展。调研过程中发现，贾汪区耿集乡办事处设立了教育促进会，充分重视传统文化的继承和学前教育的推广，建设了国学馆、桑元幼儿园以及柳元幼儿园，为本地方文教事业贡献力量。耿集乡第一批乡贤郭某是当地所评选的四大感动人物之一，自费建

---

① 参见丁立江《乡风文明是乡村振兴重要的动力源》，《学习时报》2019 年 4 月 24 日，第 7 版。
② 参见汤敏《慈善对于乡村振兴至关重要》，载新华网客户端百家号，https://baijiahao.baidu.com/s?id=1595511917043868680&wfr=spider&for=pc，最后访问日期：2021 年 2 月 10 日。

成文化大院，供村民免费读书看报学习；汪某在每年春节前组织人员无偿写春联。梁寨镇新乡贤在倡导捐助办学、优化环境方面同样成果显著。梁寨镇渊子湖省级湿地公园的建成有赖于党员、干部、新乡贤、村民的共同努力和慷慨解囊。数年来，梁寨镇党员、干部、在乡和离乡乡贤、村民每年筹得捐助款共计高达1000万元，湿地公园在没有政府投资的情况下即告建成，其内大多数建筑物、雕像和树木也都是捐助所得。今天的渊子湖省级湿地公园风景优美，自然元素与文化元素交融、相得益彰，已经成为村民进行文化活动和日常散心的极佳场所，是梁寨镇乡村公益事业的重要体现。新乡贤积极倡导、从事和参与建设这些公益事业，有效促进了善行义举、增进公益的高尚社会公德的形成。

第二，倡导助人为乐，助推友爱互助。倡导助人为乐、捐资助人、扶危济困，是新乡贤德治功能的又一重要体现。捐资助人古已有之，汉末名士度尚等八人能以财救人，时人嘉许，号称"八厨"，急公好义，海内共望。①可见社会对捐资助人的行为予以极高的褒奖，对于热心慈善的人予以道德上的肯定和支持。两镇新乡贤具有较高的道德修养，能够倡导和带头捐款，募集善款用于资助特殊主体、扶危济困，增进友爱互助的良正乡风。贾汪区耿集乡办事处成立了慈善会，下设募委会、救助办、敬老院和社会主义大学堂，募集资金35万元，捐助贫困生200余人。2014年至今，梁寨镇每一个考取本科及以上的学生都可以获得社会捐助3000元的奖励，家庭困难者依据具体情况另有特别资助，这在一个经济发展状况一般的乡镇，堪称是一种了不起的善举。

第三，形成志愿服务品牌，争当乡风建设"排头兵"。新乡贤组织作为全天候的志愿者组织，具有身份、威信、时间、成效等独特的优势，成为乡镇志愿服务者队伍的典型。新乡贤这一志愿者组织，不仅与其他乡村志愿者组织形成竞赛，而且内部也有争先创优的强大动力，成为两乡镇乡风文明建

---

① 据《后汉书·党锢传序》载，度尚、张邈、王考、刘儒、胡毋班、秦周、蕃向、王章为八厨。厨者，言能以财救人也。

设的"排头兵"。在梁寨镇陈光庄村，有一位闻名遐迩的新乡贤，20 余年倾力推进乡风文明建设。他原为东北某矿务集团煤炭工人，20 世纪 90 年代初退休，返乡陪伴在家务农的女儿一起生活。他热爱乡村生活，古道热肠，与村民打成一片。村民有难事，他主动帮忙；村民有矛盾和纠纷，他积极化解。20 多年来，他利用自己拥有近 10 间平房的院落，自掏腰包，前后办起了农民读书屋（收藏法律等书籍近 1 万册）、法治宣传栏、新闻报纸精华选编栏（在调研组拜访他时，已经选编至第 1829 期）、中小学生校外学习辅导基地等多项服务村民的公益事业。他的家，成为广大村民最喜欢去的"人场"。在他品德贤良、热心公益事业等美德行为的影响下，陈光庄村成为梁寨镇有名的文明村、守法村和文化村，风清气正，纠纷稀少。村民多遵法守正，谦让随和，重学崇文，先后有两位村民子弟考入北京大学，一人考入其他名牌大学后现于美国留学。同时，村民也普遍比较富裕，安居乐业。耿集乡贤协会副会长兼乡贤艺术团团长宋某，曾任耿集中心中学校长，拥有很高的音乐、书法和文学素养，近年来一直热心新乡贤"大宣传""大弘扬""大倡导""大实践"活动，连续几个春节都牺牲与定居北京的儿子一家和爱人的团聚机会，坚守岗位，率领新乡贤做好春节期间的宣传活动。调研中，两镇干群都承认，新乡贤是化解矛盾促和谐、甘愿付出促文明的最较真的志愿服务者。

（四）新乡贤对乡村法治体系和能力建设的有效推动

人民是依法治国的主体和力量源泉，人民是最重要的用法主体。虽然新乡贤不是乡村法定的执法和司法力量，却是能够有效推动法治体系和能力建设的重要新生力量。因为新乡贤不仅高度认同法治建设，带头守法守正，宣传法律和法治方略，强化乡村法治观念，依法独立或会同其他用法主体调解矛盾纠纷，而且可以通过德治和村规民约的制定、实施，促进国家法律的社会内在化，奠定乡村法治规则体系基础。

首先，新乡贤高度认同法治，带头守法守正。新乡贤作为农民优秀代表，品德贤良，守法守正，掌握较多的法律知识，具有较强的法治意识，是乡村坚定认同乡村社会治理法治化目标的社会群体。① 2016年3月进行的梁寨镇乡贤制度问卷调查（三）Q1，调查了新乡贤对乡村社会治理法治化目标的认可程度，问卷调查情况如表3所示。

表3　梁寨镇新乡贤对中国乡村治理应走向法治化的认同度

单位：人,%

选项	人数	百分比
非常认同	83	82.2
认同	18	17.8
不认同	0	0
说不清楚	0	0
合计	101	100

从表3可以看出，梁寨镇新乡贤对中国乡村治理应走向法治化高度认同。梁寨镇乡贤指导委员会会长负责人表示，乡贤首先应做带头守法守正的模范，才能服众；在处理纠纷时，乡贤重视用乡情和家庭情感感化人，但更讲究在法律的基础上讲明是非，明法明理。因为只有重视和强化法律在维护群众权益、化解社会矛盾中的权威地位，才能引导和支持人们理性表达诉求、依法维护权益，才能获得村民的真正认同。② 耿集乡贤协会负责人也均表示，在乡村，法治社会秩序和纠纷合理解决的根本保障是乡贤的德治，但根本标准和底线是法治，乡贤必须认同法治，服务法治，宣传法律法规，依法化解社会矛盾，才能做好法治的助力实践者。他们认为，耿集乡贤的"四大员"角色定位，即矛盾纠纷调解员、社情民意监督员、法律法规宣传员、平安建设网格员，每一样都与法治建设有关，都要求新乡贤学法、用法、普法、尊法、守法，扮演好助力法治的角色。

---

① 参见菅从进、齐林《新乡贤的法治认同和法律意识》，《江苏师范大学学报》（哲学社会科学版）2016年第4期。

② 参见菅从进、齐林《新乡贤的法治认同和法律意识》，《江苏师范大学学报》（哲学社会科学版）2016年第4期。

其次,新乡贤热心普法和法治宣传。新乡贤以宣传党和国家的政策法规为己任。两乡村的法治广场建设和法治宣传都离不开新乡贤的参与。前述新乡贤长期自费购买大量法律书籍、定购大量法治报刊的事迹就是乡贤普法和法治宣传的典型。他自办"农家书屋"20余年,一直坚持每天剪报,并分为党和国家重大新闻、政策、法令、时事、资料信息等栏目,自制糨糊粘贴成对开10多版的剪报,张贴在宣传栏内,供村民学习。他还经常抽空和镇关工委的同志一起到学校宣传《中华人民共和国未成年人保护法》和《预防未成年人犯罪法》,他以一个共产党员的光荣职责和对青少年的无限热忱,倾情普法工作并取得了骄人的成绩。他先后被评为"全省关心下一代工作先进工作者"、"省四五普法先进个人"、"全国五五普法中期先进个人"、"第三届徐州市法治人物"以及"国家级普法先进个人"等称号,在他的带领下,村里10余位退休老干部和老教师自发加入了他的普法队伍,陈光庄村也多次受到省、市、县的表彰。耿集乡更是成立了新乡贤法治文化艺术团,编排了一批有感召力的普法和法治节目,深受村民喜爱。耿集乡法治"三深入"即深入村居、深入企业、深入学校活动在法治宣传方面也一直发挥着重要作用。

再次,新乡贤以法律为底线有效化解大量社会纠纷。新乡贤作为民间的用法力量有效发挥调解矛盾纠纷的作用,是一种新型的用法力量。两乡镇建设新乡贤的基本初衷是化解当时多发的社会矛盾纠纷,构建和谐文明乡风。事实证明,新乡贤很好地胜任了这一工作。作为矛盾纠纷调解员的乡贤,凭借"地熟、人熟、事熟"的特点和为乡亲们所信任的优势,对村镇各种矛盾纠纷及时、妥善地处理。这种矛盾纠纷调解,作为广义上的人民调解,在乡村社会治理中发挥了巨大的作用。与一般的行政调解(派出所)、司法调解(派出法庭)、狭义的人民调解(司法所调解委员会)不同,乡贤调解对村镇各种矛盾纠纷掐得准"脉儿",找得着"根儿",摸得着"门儿",打通了社会矛盾化解的"最后一公里",因此,有不可替代的优势,可以有效化解司法和政府机构无力化解的社会矛盾纠纷。

新乡贤化解乡村矛盾纠纷，并不有碍于乡村法治建设，相反它依然建立在法治的原则上，是法治以"接地气""近人情"的方式落地。新乡贤作为村民中的一员，在化解矛盾、处理社会纠纷甚至反映村民愿望的过程中，只有坚持依法调解的基本原则，恪守国家法律和乡情，才能把问题处理得比较公正合理，赢得村民的信任，从而真正维系自身在村民中的威望。如梁寨镇把新乡贤调解的基本原则明确为坚持党的领导原则、坚持协助补位原则、坚持平等自愿原则、坚持依法调解原则，要求新乡贤调解工作不能违背国家法律、法规和政策，而是以它们为主要依据，再发挥新乡贤特有的熟悉、权威、道德和情理感化等优势。耿集乡更是把新乡贤在办事处的工作场所放在了办事处法律服务所，将新乡贤的调解组织定位为人民调解的重要体现和协助力量。

调研组发现，两地都把是否合法作为新乡贤化解社会矛盾成功与否的一个标准。因此，新乡贤在调解纠纷、化解矛盾的过程中，常常请教司法所、律师等专业人员相关法律问题，把法律宣讲、法理讲述作为情理感化的基础，将情理的重心定位在法律和法理之上，以法律为基础"动之以情""晓之以理"，而不是"和稀泥"或"吓（恐吓）、诈（使诈）、糊（糊弄）、鲁（动粗）、愚（愚弄）"。经过认真统计和梳理发现，《耿集乡贤调解故事会》第1~3期收集的20余起调解成功案例，无一不是乡贤把法律、法理放在首位，依法调解纠纷、化解矛盾、维护相关当事人正当法律权益的案件，涉及的法律法规主要有《民法总则》（主要集中于相邻关系、家庭亲属关系等）、《土地管理法》、《婚姻法》、《继承法》、《侵权责任法》、《劳动法》、《反家暴法》、《消费者权益保护法》、《行政处罚法》等十几部法律法规，体现出新乡贤是乡村中重要的用法力量。在处理乡村矛盾纠纷的过程中，新乡贤往往与基层司法、执法人员合作运用法律解决问题，这更体现了法治化思维在民间的合理适用。因此，新乡贤调解作为一种有效的调解形式，其以法为基础，更好地兼顾情理和道德的独特调解模式，使其在乡村矛盾纠纷问题的解决中能够脱颖而出，效果明显。

最后，新乡贤积极参与乡规民约的制定与实施，将国家法律的基本精神和规范内化于乡村社会。在村民自治制度确立为我国乡村的基础性制度后，村规民约建设也作为配套的规范建设开始为广大乡镇党政组织所重视。但与村民自治落实不到位的情况相适应，多数乡村地区的村规民约，长期以来是在上级党委和政府部门的指导和直接出面下，由乡镇党委和政府人员主导，村"两委"配合制定，直接或仅仅通过村民的形式上的确认予以公布的，或者是县民政部门统一制定好下发给村委会的。其内容和形式高度统一，许多内容脱离农村实际，不接地气，缺乏村民的真正认同。以梁寨镇为例，在新乡贤组织成立最初的一段时间，乡贤对村规民约的了解和重视程度都不够。2015年9月调研组对梁寨镇乡贤制度问卷调查（二）Q7，是直接调查乡贤对村里是否存在村规民约的认知情况的问卷设计。该问题收回有效问卷102份，选项设计和乡贤选项情况如表4所示。

表4 梁寨镇乡贤对本村是否存在乡规民约的认知情况

单位：人，%

选项	人数	百分比
有	53	51.96
没有但正准备制定	35	34.32
没有制定的打算，因为制定有难度	4	3.92
没有制定的打算，因为它不重要	0	0
没有制定的打算，因为村民不会认同	0	0
没有给出选项的人数	10	9.80
合计	102	100

这说明，当时梁寨镇将近一半的乡贤对本村有村规民约的情况不太清楚或不能给出肯定的答案。由此可见，长时期内村规民约并没有在村民中产生深入人心的效果。与此相对应，村规民约在乡贤解决农村纠纷中可作为依据的分量也比较低。梁寨镇乡贤制度问卷调查（二）Q6，是直接调查乡贤在解决农村矛盾纠纷方面，主要依据哪些因素的问题设计。该问题收回有效问卷102份，选项设计和乡贤选项情况如表5所示。

表5　梁寨镇乡贤在解决农村纠纷方面主要依据因素情况

单位：人

选项	选择情况	排序情况									排序人数统计
		1	2	3	4	5	6	7	8	9	
乡邻情感	82	20	12	8	5	6	4	5	5		78
乡贤的威望	63	8	15	5	7	3	6	4	3		
法律	81	20	22	13	6	2	2	1			
村规民约	36	4	6	10	6	2		1	2		
传统伦理道德	68	1	6	10	14	15	1				
党的政策	79	18	13	10	9	7	5	2			
家法族规	9			1	2	2	2		1	1	
主事一定要公正	83	6	5	15	9	13	8	5	2		
镇干部、村干部意见	32	1		3	11	3	3	4	1	1	

从表5可以看出，当时只有35%的梁寨镇乡贤把村规民约作为处理纠纷的依据，而且考量程度较低。在参加排序的78人中，只有4人将其作为第一要考量的因素。

随着新乡贤参与乡村自治人数和事务的增多，运用村规民约规范村民行为、移风易俗和实现特定自治事务的管理，成为一种内在的社会需要。因此，两镇乡贤组织在镇党委和政府的支持下，相继动员村民制定一些规范具体社会事务、具有可操作性的村规民约。这些村规民约，一方面是为国家法律所难以涉及的乡村具体治理事务提供明确具体的行为规范，是村民自治权的重要体现；另一方面是将国家法律的基本精神、规范价值内在化于乡村社会。站在社会本位的多元主义法律观看问题，可以说，村规民约是国家法律的有机补充，是广义的法治建设必须依靠的社会规范，具有"准法律"的性质。同时，村规民约也是让国家法律在乡村社会更深入人心、获得更大社会认同，具有更大程度的社会内在性的协同性规则。在与耿集乡新乡贤协会副会长访谈时，他认为，村规民约可以有效提升广大村民的规则意识，村民遵守村规民约，也就可以更好地遵守国家法律。

近两年，两镇乡贤积极主导多种乡规民约的形成和有效实施。两乡镇的村规民约都分别从爱国爱党，遵纪守法，树立良好民风、村风，关心集体，热爱环境，积极履行各项义务，学习科学文化，注重安全生产，爱护公物，提倡社会主义精神文明等方面入手，规定村民在日常生活中的一些行为准则，倡导村民积极参与社会生活，避免出现违法乱纪现象以及其他不符合社会主义精神文明的行为。两乡镇的红白理事会章程和其他具体规范，则是为了破除婚丧嫁娶的铺张浪费、愚昧落后的陋习，积极发挥红白理事会在婚丧嫁娶中的作用，做到婚事新办，丧事简办，倡导文明、健康、科学的生活方式，促进社会主义新农村建设。自红白理事会章程、红白理事会制度和文明节俭操办红白事标准等村规民约性质的文件出台以来，两乡镇红白事铺张浪费现象得到有效控制，成效明显。

四　新乡贤组织成为重要协同主体的价值意义

随着新时代的到来，我国以执政党重大决策的方式在社会治理方面形成了建设共识："打造共建共治共享的社会治理格局。加强社会治理制度建设，完善党委领导、政府负责、社会协同、公众参与、法治保障的社会治理体制，提高社会治理社会化、法治化、智能化、专业化水平。"[①] 它明确了我国的社会治理是执政党组织、人民政府、各类社会组织和广大民众的高水平协同共治，即基于中国特色的国家和社会的特定结构性关系，形成中国特色的合作共治的协同治理体系，构建中国特色的社会治理共同体。

对中国广大乡村协同治理体系的完善和创新而言，就是要构建乡村党组织领导、政府主责、社会协同、村民参与的社会治理主体结构，形成村民自治为基础、法治为保障、德治为引领的"三治合一"基层治理制度体系，并获得信息网络、大数据、云计算、区块链等现代科技的有效支撑，形成共建共治共享的社会治理格局和治理共同体。这种乡村治理体系的主体结构、制度体系、治理格局和共同体建设在基本路径上要求：进一步强

---

① 参见习近平《决胜全面建成小康社会　夺取新时代中国特色社会主义伟大胜利——在中国共产党第十九次全国代表大会上的报告》，人民出版社，2017，第49页。

化乡村基层党组织的全面领导能力，基层政府要健全社区管理和服务机制，推行网格化管理和服务，使社会治理和服务重心向乡村基层下移，把更多资源下沉到乡村基层，更好地提供精准化、精细化服务；基层党组织和政府要高度重视发挥群团组织、社会组织作用，发挥行业协会商会自律功能，实现政府治理和社会调节、居民自治良性互动，夯实基层社会治理基础；还要注重发挥家庭家教家风在乡村基层社会治理中的重要作用。总之，这一体制机制强调的是执政党领导能力、政府主责能力、民主协商能力、社会协同能力、民众自治和参与能力在人民主体地位原则基础上的共同优化和良性互动。

新乡贤组织及其成员作为协同性社会治理主体，其制度性出场和作用发挥，对我国现代乡村治理体系各主体结构性治理能力和协同能力的提升是全方位的。

（一）提升乡村多元协同治理主体整体能力的现实路径

前述两乡镇的乡贤组织及其人员参与乡村社会治理的实践，具有整体优化乡村党组织领导的多元协同治理主体架构的明显实效，有效证明中国特色的乡村党组织领导下的多元主体协同共治理论的科学性，值得认真分析总结。

首先，乡村基层党组织的领导核心地位、领导表现力及其协同能力，因新乡贤这一社会组织的协同治理而强化、提升。如前所述，新乡贤组织形成于乡村党组织践行群众路线、密切党群干群关系、强化村民社会主体地位和村民自治能力以破解社会治理难题的社会治理实践中，因而从一开始就是乡村党组织密切联系群众的中介组织，是老党员干部和优秀村民发挥模范带头作用的重要平台。它强化了乡镇党组织的领导能力，扩大了其发挥领导力的组织平台，也加强了与一般村民的联系，改善了党群干群关系，大大提升了乡村基层组织的领导核心结构性地位和表现力，以及与乡镇政府、村民自治组织、其他社会组织、村民相互配合的协同治理能力。

其次，乡镇政府履行管理服务的社会治理主责能力及其协同能力，因新乡贤组织的协同治理而强化、提升。新乡贤组织从一开始就得到乡镇政府的支持和指导，将自身定位为政府的好帮手。其从事的多为社会治理事务，如法律政策宣传、村民之间或干群之间矛盾纠纷化解、社会治安巡防协助、移风易俗的倡导、公共空间和公共设施的维护、环境卫生的维护、扶贫和公益设施的建设等，也都是乡镇政府管理和服务村民的责任性事务或相关事务。乡贤人员汇集民情民意，上下沟通，消除误解，化解矛盾，带头或推动扶贫和公益捐助等行为，有效减少了乡镇机关及其干部在履行职责时的盲目性、简单化做法及其引发矛盾纠纷的可能性，加强了广大村民对政府管理和服务工作的配合、支持，形成上下共治的合力。这为乡镇政府落实服务管理职责提供了有力的"落地"渠道和组织性协助力量。它不仅促进了乡镇政府有效落实党的乡村振兴战略、扶贫惠民政策，充分承担和落实自身的服务管理职责，还促进了广大村民对乡镇政府治理行为的认同、支持和配合。简言之，新乡贤组织的出现，有效提升了乡村政府主责治理的能力及与其他治理主体的协同能力。

再次，村民自治委员会对村民自治的落实及其协同社会治理能力，因新乡贤组织的协同治理而提升、强化。依据我国《村民委员会组织法》第二条的规定，村民自治委员会是村民自我管理、自我教育、自我服务的基层群众性自治组织，实行民主选举、民主决策、民主管理、民主监督。村民委员会办理本村的公共事务和公益事业，调解民间纠纷，协助维护社会治安，向人民政府反映村民的意见、要求和建议。但长期以来，在许多乡村，由于行政村设置合并过大等，村民委员会经村民会议选举产生，接受村民及其代表会议、监督机构监督的组织运行机制并没有有效建立起来，因此自治能力并没有有效发挥。许多乡村的公共事务和公益事业长期发展不力；村民之间和干群之间的矛盾也难以被村委会有效化解，许多应由村里解决的矛盾纠纷被直接上交给乡镇政府机关或司法机关处理；一些乡村陋习和不良现象如赌博、铺张浪费等时有发生，很少得到有效干预；村民的合理要求、建议难以通过村委会直接反映到镇党委和政府。两乡镇新乡贤组织的出现，很大程度上改变了这种乡村自治的被动局面。

新乡贤组织在村民自治方面发挥的协同治理作用，首先是对村"两委"尤其是村民委员会的协同。新乡贤组织成为村民委员会宣传国家法律政策、化解社会矛盾、汇聚民意、发起公益活动、建设和维护公共空间和公共设施、改变乡村不良习气、树立文明村风家风的重要帮手。它确实在一定程度上替代了村民委员会履行职责，从而引起人们对其取代村民委员会职责和权威的担忧。但事实上，这种替代具有合理性和必然性，相关担忧则完全是由不接乡村地气的主观想象造成的。其一，乡贤工作室通常都设置在村"两委"办公场所，被作为村"两委"直接领导和管理下的组织，被定义为它们的好帮手，是法定的村民自治组织的辅助性组织，而不是另起村民自治的炉灶，村民委员会的基本组织架构和地位没有任何改变，也不会受到冲击和削弱。其二，需要村民委员会承担和落实的村民自治事务，并不意味着需要村民委员会有限的几个成员亲力亲为。事实上，正因为过去缺乏必要的社会组织和成员作为帮手和协助者，他们才作为不够，为村民服务的工作处于被动应付局面。其三，一些乡村的重要事务，如村民红白喜事，整体处于村民自行办理的状态，长期以来就是乡村"大老执"和事主说了算，村委会并无干预权力，也多无力干预，导致铺张浪费、相互攀比之风盛行。将优秀的"大老执"纳入乡贤组织，反而可以将之纳入由村民自治委员会主导的村民事务，并通过乡规民约和乡贤组成的红白喜事理事会有效推行移风易俗、俭省节约的新做法、新习俗。要而言之，新乡贤组织的出现及其对村民自治委员的协同治理作为，增强了村民委员会在广大村民中的存在感，强化了其落实村民自治的能力，增加了其与其他社会组织协同处理村民自治事务的经验和能力，更增强了其与乡村党组织、乡镇政府的协同能力。

最后，广大村民作为乡镇治理体系中的根本主体，其有效参与社会治理的能力及其协同能力，因乡贤组织的协同治理作用而有效增强。村民是乡村社会治理的根本主体，也是乡村有效社会治理的根本受益者，因此，中国的乡村治理离不开广大村民的有效参与。两乡镇新乡贤组织的建设和运行，凸显了村民有效参与乡村社会治理的重要性，更是促进广大村民参与社会治理的有效动员组织和强化路径。

其一,新乡贤的主体部分就是村民,而且是优秀村民,尽管其同时具有其他一些身份如老党员、退休乡村干部,但多具有返回乡村或一直在乡村生活的现状。新乡贤是新时代乡村中的精英,其权威主要来自村民的认同和信任,主要职能是分担村"两委"的工作,并起着辅助和补充作用。这本身就意味着扩大了村民对乡村治理事务和村民自治事务的制度性参与。而乡贤组织作为村民利益与政府管理的桥梁和纽带,既可以配合基层党组织落实国家政策,又可以作为村民民意的代表直接接轨政府,使更多的民意进入政策设计过程中,从而更好地实现老百姓的美好愿望,优化政策体系设计,更好地协同参与乡村治理。[①]

其二,新乡贤致力于宣传党和国家的政策法律,倡导道德规范、文明乡风,带头并推动村民参与乡村扶贫、公益设施的建设,强化了村民作为乡村治理社会主体的权利意识、责任意识和见贤思齐争做好人意识,这有助于广大村民摆脱作为乡村治理"消极对象""消费者""旁观者"的主体缺位意识,促进其积极参与乡村公益事务,甚至慷慨解囊,捐助公益事业和公共设施。如梁寨镇渊子湖中的"百姓亭"等设施和湖畔的"百姓林"、传统孝文化雕像群、法治文化广场,都是广大村民在乡贤的带领和动员下捐助建设的。新乡贤组织整体上属于村民中介组织,一直有效对接乡镇党委、政府和村"两委",化解了大量干群矛盾,进一步拉近了干群的距离,弱化了隔阂,加强了广大村民对乡村党政组织和领导干部的认同,进而强化了广大村民协同乡村党政组织、村委会和新乡贤组织参与乡村治理的能力。

总之,协同治理强调政府与社会组织的优势互补与合作,以主体间共同的利益和目标为基础,在处理公共事件中保持一致性。事实证明,由"五老一能"人员组建的新乡贤组织,既是村民志愿者组织和村民自治的扩展辅助组织,又充当了乡村党组织、政府领导、服务和管理广大村民的中介组织,其成员素质优秀,守法守正,具有良好威信和权威,热心公益,便于组

[①] 参见陈琳《新型社会组织推进村级治理现代化的实践性探索——以耿集乡贤工作协会为例》,《农业经济与科技》2019年第15期。

织，并具有人熟、地熟、事熟的优势和较为充足的从事公益事业的时间保证。将其作为乡村社会治理体系中的重要协同主体予以建设，引导、支持和帮助其发挥重要的协同治理作用，可谓抓住了中国现代乡村协同治理体系理论精髓及其实践创新的有效支点，并以良好的乡村社会治理效果证明这一理论的科学性。

（二）呈现"三治融合"乡村治理体系一体化运行的重要机制

基层党组织领导下的多元主体协同共治体系的有效构建，不仅意味着在治理主体上是多元主体协同共治的乡村基层治理结构体系，还意味着在治理方式上是构建乡村党组织领导的自治、法治、德治相结合的基层治理制度体系。而新乡贤对这种乡村基层党组织领导的"三治融合"制度体系的推动作用也是显而易见的。

首先，新乡贤组织及其成员推动了新时代村民自治能力的有效提升。新乡贤组织及其成员通过自身组织功能的有效发挥和角色胜任，有效协同了村民自治组织落实村民自治，强化了广大村民自我管理、自我约束、自我服务的意识和能力。

一是它扩展了村民自治的组织形式，它既是优秀村民协同乡村党组织和村委会进行乡村治理的中介组织，也是优秀村民自愿为乡村治理多作贡献的平台，还是动员、组织村民提升自身思想政治觉悟、法律政策知识和意识、道德水准、公共参与意识和公益精神的社会平台。

二是它推动了村民作为自治主体的基本素质的提升，增强了村民对自治的归属感。新乡贤及其组织构成了乡村社会一道亮丽的精神风景。一方面，他们向广大村民弘扬传统文化、道德修养；另一方面，他们进行党的历史、形势政策、法治意识、公民意识、先进文化等方面的宣传教育，提升思想政治工作的针对性和时代感，积极改善乡村社会风气和人际关系，为农村社会发展营造良好的人文环境。如耿集乡贤将"凝聚小家、发展大家"作为核心理念，确保公共管理和服务真正面向每一位村民。乡贤协会的文化艺术团还利用乡贤文化广场，定期开展活动。每次开展活动可吸引村民2000多人，常年参与乡贤文化活动的达6万人次。优秀和先进的文化宣传对村民产生了极大的正能量，两乡镇的民风村风乡风大变，就是最好的说明。

三是它推动了村民自治事务落实效果的有效提升。大量矛盾纠纷的化解不再出村；上访事件几乎零发生；红白喜事相互攀比浪费严重的情况得到根本遏制；多年的废坑塘和村庄卫生环境得到根本整治；多年搁置的村边杨树林退林还耕愿景终于实现；公共空间和设施的建设得到村民有效配合和捐赠支持；尊老爱幼、济困救助的善举成为一种社会风气。凡此种种，都体现了两乡镇村民自治水平的大幅度提升。

其次，新乡贤组织及其成员的诸多言行，强化了乡村法治文化要素保障，推动了乡村法治的发展。新乡贤以助推德治文化为最大优势，但这绝不意味着新乡贤组织及其成员无助于法治。且不说德治对法治的引导和浸润作用，提升德治水平即从根本上有助于法治，新乡贤及其人员的诸多言行，也是直接助推法治的。这包括，他们认同法治，带头遵守法律，宣传国家法律和法治文化，有的还常年坚持普法活动；他们调解矛盾纠纷时，坚守法律原则，依法调解，以理服人，以情动人，反对"倚老卖老，仗势欺人"，是素质较高的尊法用法主体，也具有学习和掌握一些法律知识的强烈愿望；他们是与基层行政司法机关、执法机关和法律服务中心对接和协同较多的社会主体；他们具有规则意识，在村规民约的制定和执行上发挥着重要作用。

再次，新乡贤组织及其人员具有助推德治的根本优势。他们助推乡村德治的言行主要包括：本身言行的道德示范；对优秀传统道德文化和准则的宣传；对社会主义核心价值观和道德体系的宣传教育；对不道德、不文明行为的规劝；对扶危济困、捐资助学、捐助公益行为的带头示范和倡导；对乡规民约的制定和执行。

最后，也是最重要的，新乡贤组织及其成员，具有将自治、法治和德治融合为一体的天然优势。就新乡贤组织的属性而言，其具有自治的基本属性；就新乡贤组织的基本构成及其成员的基本素质而言，其具有天然的德治优势和协同法治取向；就新乡贤组织的基本功能定位而言，其践行村民自治、有效协同法治、力行德治；就新乡贤成员的基本角色定位而言，其以协同和提升自治、支持和协同法治、倡导和厉行德治为基本追求。这就决定了新乡贤具有将自治、法治和德治融为一体的天然优势。那种认为新乡贤只能有助于德治的见解，是与新乡贤组织的基本属性和实际功能不相符的。

要而言之，新时代乡村基层党组织领导下的自治、德治、法治"三治融合"治理制度构建，需要真正重视高层次的内生性社会主体的有效参与，让他们发挥应有的助推或协同作用。他们应扎根于乡土、乡情，具有丰富的地方知识，具备良好的道德素养和社会威信，有志愿服务乡村社会的热情和较为充足的时间保证。两乡镇新乡贤的制度性出场和运行表明，新乡贤就是这种可有效参与社会治理的内生性主体，发挥着不可替代的助推或协同作用，从而有效推动了"三治合一"的乡村治理制度的发展和完善。

（三）提供构建共建共治共享社会治理共同体的重要内生动力

构建多元主体协同共治的治理主体结构，建设"三治融合"治理制度体系，都是以实现共建共治共享治理格局、形成良善社会治理共同体为根本追求。新乡贤组织的出现，既促进了乡村党组织领导的多元协同治理主体结构的整体优化，也有效助推了新时代"三治融合"乡村治理制度体系的一体运行，其必然会在整体上提升新时代乡村基层社会治理的效果，形成共建共治共享的乡村社会治理格局和社会治理共同体。这主要是因为，新乡贤组织的出现增强了乡村社会治理的内在活力。一方面，这一新增的内在活力大大理顺了乡村党组织领导下的多元治理主体协同共治机制，提升了他们协同治理的能力；另一方面，其有效助推了"三治合一"制度体系的内在一体运行和相互提升。与此相伴随的，是乡村社会治理效果明显良善化。在梁寨镇和耿集乡两乡镇，目前多元主体共建共治共享治理格局总体形成，人人有责、人人尽责、人人享有的社会治理共同体建设卓有成效。

首先，在政府治理方面，多元主体共建共治共享的格局整体呈现，政府、干部和村民人人有责、人人尽责、人人享有的社会治理共同体意识整体形成。在新乡贤等社会力量的助推下，乡镇政府积极履行服务和管理职责，实施乡村振兴、利民惠民战略,有效汇集民意、科学决策、认真实施,有效推进社会治安维护体系建设、网格化社会治理体系建设、公共基础设施建设、公共景观和风景区建设、现代农业产业园建设以及经济资源整合和优化、卫生环境整治、公共空间维护和治理等社会治理事项,广大村民从过去的质疑、不解、观望,变为积极拥护、支持,甚至慷慨解囊。那种过去动不动就要高价赔偿、干扰阻拦的情况大为减少,且发生后也都在新乡贤的调解动员下很快化解。最能说明问题的就是,梁寨镇作为一个农业乡镇,自2013年以来,每年依靠村民募捐的资金和物资价值高达1000万元,将梁寨镇渊子湖打造成了一个省级湿地公园,成为周边数万村民休闲娱乐、感受法律和道德文化、陶冶情操、享受发展成果的公共家园,也使梁寨镇党员干部和村民体会到了上下一心谋发展、共建共治共享文明成果的巨大好处。而耿集乡也形成了"管理无盲区、服务零距离、资源共分享"的治理格局。

其次,在村民自治方面,村"两委"与其他社会组织、广大村民共建共治共享的程度也得到明显提升,村民社会治理共同体意识也空前加强。原来作为不够有力的村"两委",在新乡贤等社会组织的协同下,地位和作用明显提升。过去因村民的质疑、不配合而搁置的村庄公共事务,如村庄环境卫生和废坑塘的整治,红白喜事相互攀比、铺张浪费的抑制,村民之间经年无解的矛盾纠纷化解等问题,现在可以在新乡贤的倡导动员下得到村民的有效配合而顺利推进。这既提升了村干部服务村民的信心和荣誉感,也提高了他们的威信,同时也改变了村民对其"光吃闲饭不干事"的看法。村民的公共意识、照顾左邻右舍意识、尊重公共空间和公共利益意识、荣辱与共意识、相互包容意识、扶危济困意识都得到明显提高,"出风头""压人一头""得理不饶人""无理辩三分"等现象大为减少。如在梁寨镇,一些经济条件较好的家庭,以前通常本着"报答乡邻、显摆自己"的复杂心情,习惯于大操大办,而今在新乡贤的动员下,俭省节约,将剩余开支捐助给乡村公益事业,事情办得既风光,又真正惠及乡邻。再如耿集乡,因大量社会矛盾不出村就被乡贤化解,村民和谐,村庄风尚变好,老百姓满意,上级满意,村干部在乡镇也有影响力,上级好多惠民政策就能及时落实到位。

五 提升新乡贤组织参与乡村治理能力的建议

新乡贤组织对乡村治理能力现代化的提升和促进作用有目共睹,已经成为乡村治理体系中不可或缺的重要力量。为进一步发挥新乡贤组织的协同治理作用,进一步提升乡贤在"三治合一"治理体系现代化建设中的作用,应合理扩大新乡贤的主体范围,增强新乡贤组织的法治文化因素和法治协同能力,适当促进离乡乡贤的"在乡化"。

(一)合理扩大新乡贤主体范围

当前新乡贤在广大农村的存在和普及状况仍不理想,新乡贤数量较少,身份相对固定,且服务理念和自身能力仍有提高的空间,因此扩大新乡贤主体范围主要可以从新乡贤队伍扩大和素质提高两部分着手。

首先,扩展和优化新乡贤组织成员结构。新乡贤组织的成员目前主要由"五老一能"构成,其最大的特点是能服众、有热心。新乡贤能服众的主要原因在于他们有较高的道德品质或者在本地方具有较高的威望,具备相关的知识和能力,处事公正,因此村民愿意听从新乡贤的劝导,接受其介入事关自身利益的矛盾纠纷中进行调解。扩大新乡贤主体范围必须遵守其发挥作用的基本逻辑,成员必须有道德有能力并且乐于为乡村发展作贡献,否则即使增加了新乡贤的数量,新加入的新乡贤也无法正确履职,反而有损新乡贤群体成功塑造的积极形象,不利于新乡贤工作的开展以及乡村治理能力的提升。在此原则基础上,结合新乡贤具体实践遭遇的困境和总结出的经验,才能探讨新乡贤成员结构的优化问题,进一步提升新乡贤在乡村治理体系现代化中发挥的作用。

一是扩大新乡贤的主体范围。新乡贤主要由"五老一能"构成,但不能仅局限于"五老一能",或者说,应对"五老一能"的含义作最宽泛的解释,甚至完全可以超出其语义范围。究其原因,"五老一能"是学者研究新乡贤成员既有职业身份现象时所做的总结,而不应成为新乡贤的前提条件。

在扩大新乡贤队伍的过程中，仍应遵循最根本的实质标准，对有意加入新乡贤组织的个人进行综合评价，其中道德品质应当是新乡贤的强制性标准，而能力则是多方位的，可以根据农村具体情况进行适当调整。例如，有学者将医生也纳入乡贤队伍中来，① 因为其所调研的具体农村样本中，有医生在农村生活且加入了该地方的新乡贤组织，成为一股不容忽视的力量。这充分表明各地新乡贤组织的建设应该因地制宜，充分发掘既有人才，丰富新乡贤组织的成员结构。社会工作者、技术人员、具有一技之长的手艺人等都可以被接纳为新乡贤组织的一员。

一村一地的"五老"及类"五老"人员终究有限，不能满足扩大新乡贤组织队伍的需求，因此重点还是在于让守法守正的农村经济文化能人充分参与到新乡贤组织、农村经济文化事务的建设中来，增加新乡贤组织中的"一能"成员数量。经济文化能人中的经济能人不应狭隘地理解为必须自身经济情况冠绝全村、远超同侪，在致富道路上遥遥领先，已经成为先富起来的一批人。应当认识到，在农村长期积贫积弱的现状下，小康远比富裕更具有广泛性和实践性，更加扎根农村、贴近群众。文化能人也是如此，不应局限于对乡村文化发展作出卓越贡献，还应包括让村民日常生活中接触更多文化因素的一批人。因此，守法守正、品德贤良的致富或文化能人还应包括自力更生、扭转家庭经济情况、过上更好生活的人以及有口皆碑、在日常生活中润泽乡梓、为村民提供文化物品或者分享文化知识的人。

二是优化新乡贤组织的成员结构。增加"一能"人员在新乡贤组织中的比重也是优化成员结构的重要方面。新乡贤组织作为社会组织，在党的领导下要团结群众，应让更多的人参与到乡村振兴中，助力农村发展。课题组在梁寨镇和耿集乡办事处两地调研过程中发现，当前两地乡贤协会在成员结构上最突出的表现是成员基本由男性构成且平均年龄超过 60 岁。这一情况从新乡贤组织建立之初便已存在，并且可以预料到将长期存在下

---

① 参见应小丽《乡村振兴中新乡贤的培育及其整合效应——以浙江省绍兴地区为例》，《探索》2019 年第 2 期。

去。但为了新乡贤组织更加契合农村治理情况、促进矛盾纠纷的解决、得到更多村民的认可和支持，更好地发展延续传承，优化成员结构、增加新乡贤组织中妇女和年轻人的数量势在必行。梁寨镇乡贤在访谈中指出，女性一般表达能力较强，农村妇女维护邻里关系，热心帮忙，在解决纠纷过程中，特别是在某些男性不便干涉的场合，能够起到极大的作用，一样干实事。耿集乡办事处乡贤也指出，随着时间的推移，部分乡贤年事已高，腿脚不便，客观原因造成其不能再深入参与乡贤协会事务。女性和年轻人加入新乡贤组织中，有助于更全面、高效地发挥新乡贤的作用，促进农村治理体系进一步完善。

其次，提高新乡贤组织成员素质。实践中往往较为重视"官乡贤""富乡贤"，而忽视"文乡贤""德乡贤"，实在有违乡贤文化之本义。[①] 新乡贤应当是农村广大群众中素质特别是思想道德素质较高的人。唯其如此，才能符合新乡贤的角色定位，即"政府的好帮手，群众的贴心人"。否则，纵使短时间内在农村能取得较好的经济效益，也不利于乡风文化建设，从根本上不利于乡村治理能力的提高和治理体系的完善。因此，道德模范是新乡贤组织中不可缺少的成员。

在此基础上，还要进一步提高新乡贤的素质。这既是由新乡贤大宣传、大调解、大倡导、大能量的基本职责所决定的，也充分彰显新乡贤本身的先进性。新乡贤要向广大村民宣传国家政策法规和榜样人物、解决纠纷、移风易俗、带头守法扬善，就要先行学习国家政策法规、榜样人物的事迹，了解法律的具体规定和违法后果，然后以身作则，带动全体村民自觉尊法守规，培育文明乡风，建设社会主义新农村。

（二）提升新乡贤组织的法律素养和法治协同能力

首先，通过对接式普法提升新乡贤的法律素养。新乡贤作为农民优秀代

---

① 参见季中扬、胡燕《当代乡村建设中乡贤文化自觉与践行路径》，《江苏社会科学》2016年第2期。

表,高度认同法治,带头守法守正,是乡村里坚定认同乡村社会治理法治化目标的社会群体。新乡贤在处理纠纷时,应该重视用乡情和家庭情感感化人,但更要讲究在法律的基础上辨明是非,明法明理。因此,在乡村,尤其要强化法律在维护群众权益、化解社会矛盾中的权威地位。新乡贤是用法频率较高、用法事务较多的村民群体,是对乡村法治极具建设性的用法力量,应当通过对接式普法以提升新乡贤的法律素养,同时促进乡村其他用法力量的良性成长。乡村对接式普法,也就是向新乡贤和农民普及他们最渴望了解的法律知识,这些知识分为婚姻家庭方面的,乡村土地承包经营权和财产权方面的,借贷和经济合同方面的,民事侵权方面的,促进农业发展和政府法律责任方面的,法律纠纷解决程序方面的,乡村多发刑事犯罪方面的。这些方面的法律知识,与乡村社会生活关联度较强,是规范乡村经济和社会生活或解决相关纠纷常用的。①

其次,进一步强化新乡贤主导或协同制定乡规民约的能力。如前所述,现存的乡规民约多是在上级党委和政府部门的指导和直接出面下,由乡镇党委和政府人员主导,村"两委"配合制定的,其内容和形式都脱离农村实际,无法获得农民真正的认同。因此,进一步强化新乡贤主导或协同制定乡规民约的能力,才能进一步发挥其作为用法主体的作用。耿集乡郑庄村的红白理事会章程是一次新的尝试,主要规定了红事办理基本原则、白事办理基本原则和红白事共同原则以及理事工作流程,这些准则,以通俗易懂的语言,倡导新事新办、勤俭节约的理念,倡导丧事简办、厚养薄葬的新俗,教育引领婚丧嫁娶中的移风易俗。除了制定乡规民约,还要注重发挥其作用,将国家法律的基本精神和规范内化于乡村社会,力争获得村民的普遍认同,让乡规民约走进村民的家中,有效回应村民需求,从而化解矛盾纠纷,实现运用具有法律属性的乡规民约处理民间纠纷、推进移风易俗的最终目标。②

---

① 参见菅从进、齐林《新乡贤的法治认同和法律意识》,《江苏师范大学学报》(哲学社会科学版)2016 年第 4 期。
② 参见刘广登《新乡贤与乡规民约的良性构建》,谢晖等主编《民间法》第 17 卷,厦门大学出版社,2016。

最后，明确新乡贤组织协同乡村社会治理的法律地位。新乡贤组织不是乡村法治的被动治理对象，而是党和国家推进乡村社会治理法治化的同路人，是推进乡村法治秩序的全心认同者和重要生力军。① 新乡贤属于具有人望，谙熟地方习惯法和村情民情，擅长化解矛盾纠纷，在乡村富有地位和权威，对乡村秩序的维护极有价值的民间杰出人士。② 作为中国乡村法治建设的基本内生性力量，新乡贤在乡村治理法治化的进程中，发挥着稳定持久、潜移默化、带头示范的作用，运用恰如其分的法律宣传手段，进一步推进乡村治理精细化、内生化和法治化。但是，新乡贤在乡村治理体系中的法律地位仍然不明确。尽管党和国家的一些政策文件强调新乡贤文化建设的必要性，但通过国家法律明确新乡贤作为中国特色社会主义现代化治理体系中的重要协同主体地位，是完全有必要的。比较可行的方法是通过村民自治组织法明确新乡贤组织的协同主体地位，确定其作为村民自治辅助组织或扩展性组织的性质；或是通过地方立法的方式，在条件成熟的地区明确新乡贤的性质和社会地位。

（三）适当促进离乡乡贤"在乡化"

随着城市化的推进，大量的农村人口涌向城市，城乡二元化结构逐步走向解体，而这些流失人口大多是精英人士和知识分子，这使得农村各方面的资源也在不断流失。但随着农村社会环境的优化、生活水平的提高，一部分原本离开乡村、在城市工作大半生且堪称乡贤的人士，有回乡常年定居的愿望和经济条件。应适当促进这些离乡乡贤"在乡化"，鼓励乡贤反哺农村，促使这些乡贤加入在乡乡贤或作为在乡乡贤的协同者。

首先，离乡乡贤回村有利于乡村文化的发展。具有良好道德、科学文化知识背景的离乡乡贤返乡居住，可以在科学、文化和法律知识方面充实乡村乡贤，提升乡村的文化氛围，促进乡风文明，形成传统乡贤文化、在乡乡贤

---

① 参见菅从进、齐林《新乡贤的法治认同和法律意识》，《江苏师范大学学报》（哲学社会科学版）2016年第4期。
② 参见高其才《桂瑶头人盘振武》，中国政法大学出版社，2013，第1~5页。

文化和离乡乡贤文化的合力,给广大村民和乡村治理带来更大的实惠。乡贤文化应主要集中体现乡村的现代人文和文明精神,在民风淳化、伦理维系、社会自治、行为规范以及激发乡土情感、维持集体认同感等方面发挥重要的作用。离乡乡贤回归故乡发展建设,可以更好地对乡村中的年轻人起到示范作用,使"乡情"得到传承。乡贤回归后,可以更好地丰富乡贤长廊、乡贤榜等文化载体,展示乡贤公德、乡贤事迹,讲好乡贤故事。[①] 将乡贤文化与社会主义核心价值观很好地融合起来,真正使爱国、敬业、诚信、友善的高尚品德在乡村得到落实。同时,返乡乡贤具有更好的现代文明素质,可以更好地促使乡贤文化引领乡风文明,更好地促使乡贤弘扬积极的思想文化,舍弃乡贤文化中已经过时的、消极的因素,并从中提炼出符合当今时代要求的思想观念,最终实现传承乡风文明、文化育村的目的。

其次,离乡乡贤回村可以带回一定的经济资源。在目前乡村振兴的大背景之下,乡村发展不能仅靠乡村的内部资源关起门来搞建设,借助外力是非常有必要的,因此我们要以开放的姿态迎接新乡贤的到来,促使其引领并带动乡村新发展。离乡乡贤作为乡村之外发展的"能人",多有较好的经济条件,属于当代中国的富裕群体。他们"返乡"时多携带一定的经济资源,如果鼓励他们对家乡的公共设施进行一定的投资,就能给村民带来诸多经济利益,并起到良好的带头示范作用。有的离乡乡贤甚至可以为乡村带来人才、资本、先进技术等资源。产业兴旺一直是乡村振兴的核心和基础,离乡乡贤的回归,不仅能提供资金,更有利于让资本落地,发展当地的产业。与此同时,乡村也将被注入现代市场经济理念,提高村民现代经济意识。

最后,离乡乡贤回村可以带动中国特色政治文明建设。在可返乡乡贤群体中,包括一些党政机关、司法机关、事业单位的离退休干部、知识分子或专业人士,他们可以通过自己的政治地位和素养在乡村继续发光发热。他们主要通过三种方式发挥自己的作用,其一,回乡参政议政,回归的新乡贤可

---

① 参见卫启星《乡村乡贤回归与善治研究——以台州地区为例》,《农村经济与科技》2019 年第 3 期。

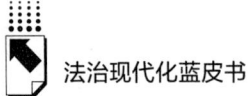

以通过参与村民委员会三年一次的换届选举成为村委会成员,并通过村委会这一平台带动村民乡民的发展、推动乡村的建设。其二,这些新乡贤可以成立自己的组织,以独立的形式存在于乡村治理体系之中,发挥参治、议治的作用。比如乡贤理事会、乡贤参事会等组织均发挥着乡贤组织协商议事的辅助作用。其三,乡贤个人以自发或组织委派的形式参与乡村治理。①

当然,必须承认,离乡乡贤返乡虽然会带回很多资源,但也可能存在过多地汲取和占用村民资源的问题。因此,对于离乡乡贤返乡居住应采取规范管理制度。一方面,基于国家城市化的需要,与国家二线以下城市对农村户口人员开放迁入不同,乡村应不允许已经落户城市的新乡贤群体重新在乡村落户,但应允许他们在乡村长期租用农民房屋居住,或者租用村民宅基地或公共土地建造无产物的房屋居住,通过市场或契约的方式,保障他们离开乡村或离世后,获得相应受益主体的补偿。同时,在坚持鼓励乡贤回归遵循自愿原则的基础上,实行个人申请、乡镇政府依条件允许进行资格审定的原则,有序鼓励具有良好政治素质和经济实力的人士返乡,而不是"大开门"接纳所有愿意返乡的城市群体。同时,要努力打好"情怀牌",使乡贤真正感受到被尊重和需求,从而激发他们回归的热情。总之,实现离乡乡贤回乡振兴乡村,既要不增加乡村压力,又能为乡村带来切实的利益。

---

① 参见卫启星《乡村乡贤回归与善治研究——以台州地区为例》,《农村经济与科技》2019年第3期。

调研报告
Survey Reports

B.9 宿迁城市社区治理体系的构建与运行[*]

王丽惠[**]

摘 要： 宿迁市城市社区治理、创建文明城市的实践经验，可以作为我国中等规模城市探索城市治理水平提升的样本路径。在提升城市治理能力和完善社区治理体系的实践中，宿迁市以全国文明城市建设的常态化、长效化为抓手，促进社区治理能力和治理水平的提高，实现了社区公共服务提质增效、城市管理目标快速实现、社会文明程度显著提升等多重目标；与此同时，文明城市的创建也更多地通过不断优化城市治理模式得以达成。宿迁市通过构建党建引领社区治理体系、联合执法进社区、提质物业管理和社区矛盾纠纷非诉化解等机制建设，搭建了城市社区治理体系框架，推动了城市社区治理体系的融合化运行。

---

[*] 除专门引注外，本报告涉及的所有事例、数据均为课题组调研所得。
[**] 王丽惠，中国法治现代化研究院研究员，南京师范大学法学院讲师。

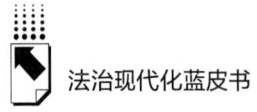

关键词： 社区治理 党建引领 联合执法 物业管理 矛盾纠纷化解

一 引言

城市社区是城市社会治理的基本单元，也是国家治理的单元。自 2012 年党的十八大报告首次把"社区治理"概念写入党的纲领性文件后，党和国家陆续出台的多部重要文件都将社区治理纳入国家治理体系和治理能力现代化的布局中。这也标志着城市社区工作开始由社区建设阶段进入社区治理阶段。[①] 2017 年《中共中央 国务院关于加强和完善城乡社区治理的意见》《城乡社区服务体系建设规划（2016—2020 年）》《法治社会建设实施纲要（2020—2025 年）》等一系列重要文件开启城市社区治理体系制度化建设的新征程。

作为东部沿海发达省份和城市水平领先的省份，江苏省高度重视提升城市治理能力和社区治理体系的建设。近年来，江苏各地认真贯彻落实中央关于加强社会治理创新的决策部署，坚持把重心落到基层社区，以改革创新为动力，深入推进基层民主，不断优化社区服务，城市社区治理水平得到明显提升。全省城市社区综合服务设施覆盖率达到 100%。先后有 10 余个单位获评"全国社区治理和服务创新实验区"，数量全国领先。[②]

江苏省宿迁市以全国文明城市常态长效化建设撬动城市社区治理体系的构建，实现了社区公共服务提质增效、城市管理目标优化实现、社会文明程度显著提升等多重目标。宿迁市通过构建党建引领社区治理体系、联合执法进社区、提质物业管理和社区矛盾纠纷非诉化解等机制建设搭建了城市社区治理体系框架，推动了城市社区治理体系的融合化运行。

[①] 参见何绍辉《政策演进与城市社区治理 70 年（1949 - 2019）》，《求索》2019 年第 3 期。
[②] 江苏省民政厅：《对省政协十二届一次会议第 0048 号提案的答复（关于我省推进和完善城市社区治理建议的提案）》，载江苏省人民政府网，http://www.jiangsu.gov.cn/art/2018/6/20/art_ 59167_ 7939270.html，最后访问日期：2021 年 3 月 5 日。

二 党建引领的城市社区治理体系

党建引领社区治理是指在社区党组织的领导和统合下,整合城市社区分散、弱关联的多元共治主体,调和物业公司、业主委员会等目标差异的各类组织运行的冲突,实现社区治理合力、增强社区凝聚力,提升"1+N"体系效能。党建引领社区治理的基础是发挥党员先锋带头作用,将党员吸纳进社区治理体系;关键是完善社区组织体系,在合适的治理单元上发挥党组织的领导作用;方位是促进党组织向社区基层下沉。

(一)亮明身份:党员参与社区治理

2019年中共中央办公厅印发了《关于加强和改进城市基层党的建设工作的意见》,指出城市工作在党和国家工作全局中举足轻重,是各级党委工作的重要阵地。党员是基层党组织建设的主体,社区党员可以分为离退休党员和在职党员,离退休党员由于活动重心向社区转移,在参与社区治理方面更为活跃,在职党员则以工作单位为中心,在社区治理中的作用体现较为消极。2020年,以社区抗疫防疫为新背景,全国各地都积极出台举措发挥党员的先锋模范作用,尤其是通过要求"在职党员向社区报到""由社区(村)党组织统一安排任务"激活在职党员参与社区治理的主体功能。

宿迁市也充分动员党员参与社区疫情防控,并通过疫情防控常态化建立了党员在社区亮明身份、参与社区治理的机制。党员在社区中亮明身份赋予社区治理以抓手,改善了社区治理原子化、碎片化、分散化的现象,搭建了社区组织与广大群众之间的桥梁,提高了社区基层党组织建设的基础密度。

离退休党员在宿迁市社区治理中一直是较为活跃和积极的群体。离退休党员有的曾经是行政机关、事业单位的干部,有的曾是企业的骨干人员,是国家和社会培养的优秀人力资源。他们或者在工作上能力突出、认真负责,或者具有较强的责任心、奉献精神,具有一定的管理经验和能力,在本职工作中发挥先锋模范作用。离退休后回归社区生活时,在参与社区治理上有时间和收入保障，成为社区治理的重要力量。宿迁市的一些小区就由离退休党员干部担任业委会主任、社区网格员等，成为社区内的各类建设活动和公益活动的组织者，对增强社区凝聚力和自治能力发挥了重要作用。

在职党员在疫情发生后向社区报到、下沉到社区，以及在疫情防控常态化期间向社区"亮明身份、亮明承诺"是宿迁市推动在职党员参与社区治理的举措。在职党员大多忙于本职工作，社会活动的重心在工作单位而非社区，参与社区治理和志愿活动的时间难以保证，因而要求在职党员投入大量精力在社区服务上并不契合这一群体的实际状况。对于社区治理而言，在职党员的日常治理作用主要体现在带头遵守和维持社区秩序而非参与志愿活动。宿迁市通过充分发挥在职党员维持社区秩序的带动作用促进党员引领社区治理，要求党员带头遵守社区管理秩序、缴纳物业管理费、不得有违建和占用公共空间等破坏文明规范的行为，带头遵守居民公约和法律法规。宿迁市宿豫区还出台了"党员上墙"制度，在小区公开栏内张贴在职党员的姓名、照片和电话，既加强广大业主对党员的监督，也提升党员形象、强化党员榜样力量。

（二）组织架构：建立三级组织体系

2020年4月，宿迁市委组织部、市委政法委联合出台了《关于加强和完善党建引领社区治理组织体系的实施意见》（以下简称《意见》），提出推动党的组织向网格、楼栋延伸，进一步织密织实城市社区党的组织体系。宿迁市因地制宜建立健全"社区党委（总支）—网格党支部—楼栋党小组"三级组织体系，推动基层党建网与社会治理网"双网"深度融合。根据《意见》的目标要求，2020年宿迁社区党委（总支）、网格党支部、楼栋党小组建成覆盖率为100%；2021年，基层党组织领导的多方参与、共同治理的社区治理架构更加完善，网格党支部、楼栋党小组有效运行；2022年，党建引领社区治理组织体系成熟定型，居民群众获得感、安全感、幸福感显著增强，对基层党组织满意度显著提升，形成具有宿迁特色的党建引领社区治理模式。

在"社区党委(总支)—网格党支部—楼栋党小组"三级组织体系架构中,社区党委(总支)是领导主体,由通过基层选拔、社会选聘、组织选派等方式选配的能人型党员干部担任社区党委(总支)书记。网格支部是以居民小区、楼栋长或一定数量住户(300户左右)为基本单元,设置社会治理综合网格。一般以综合网格为单位成立网格党支部,网格党支部的支部书记,原则上由社区"两委"人员兼任,推行网格党支部书记、网格长"一肩挑",鼓励党员网格员、楼栋党小组组长、物业公司负责人、业主委员会负责人等通过规定程序担任或兼任网格党支部支委委员。在综合网格内,以30~50户的楼栋为单元推荐一名"党员楼栋长",成立党小组。楼栋党小组长由居住在本居民区的党员骨干和机关、事业单位党员担任,推行楼栋党小组长和"党员楼栋长""一肩挑"。

在工作职责上,"社区党委(总支)—网格党支部—楼栋党小组"三级组织各有不同的责任清单,共抓基层党建、共同引领社区治理。社区党委(总支)重点是强化"两委"班子和社区工作者队伍建设,优化调整、健全完善网格党支部,抓好共驻共建和党员教育管理监督。同时,整合各类资金资源,依托社区阵地创新开展社区老年群体日间照料、困难家庭帮扶救助、外来人员权益维护等服务,及时解决网格员、楼栋长反馈的问题。网格党支部的重点是强化网格阵地建设,加强支委班子建设,做好楼栋党小组划分和组长选配工作。同时,建立群众诉求快速回应和联动解决机制,经常性开展走访活动,通过信息化手段及时收集民意、了解民情,推动解决问题、构建和谐邻里。网格员对困难家庭、空巢老人家庭、留守儿童和重点管控人员开展定期走访,帮助解决实际困难、及时追踪人口信息。楼栋党小组的重点是熟悉居民基本情况,通过入户走访、楼栋微信群等线上线下相结合方式,常态化做好上情下达、下情上传工作,对居民反映的困难和问题及时向网格党支部反映。

(三)中枢运行:小区党支部构建共信机制

城市社区具有治权主体碎片化、对立性的特点,社区、物业公司、业委会和广大业主缺乏联结关系和组织统合,承担社区日常管理的物业公司和作为居民自治组织的业委会、广大业主还存在一定的对立关系,导致社区治理在秩序生成上缺乏规则共识和规则维持机制。宿迁市通过在小区建立党支部、将社区党组织下沉到小区的方式,在物业公司、业委会和广大业主之间建立了共信机制,弥合了社区治理中的"黑洞困境",夯实了社区党组织在社区治理中的组织者作用,理顺了物业公司、业委会和业主之间的关系。小区党支部由社区下派社区工作人员到小区任支部书记,并常年在小区内坐班,支部成员由其他社区干部、党员业委会成员或普通居民党员等人员担任,在小区内建立了准建制化、稳定的党组织。

将党支部建立在小区之上是对社区治理的基本单元的精准把握。商品房小区具有一定封闭性,对小区内建筑物的共同共有塑造了业主间基于产权的抽象连带关系,小区内共享一套管网体系,聘用一个物业公司,在社区内具有一定的独立性。虽然小区规模大小不同,有的小区仅有二三百户,有的小区有数千户,但因为小区的实质独立性、一体化,其仍应该是城市社区治理的基本单元。宿迁市小区党支部的建立,就是以小区为基本单元构建社区党组织体系。小区党支部与网格党支部的边界和范围有所差别,小区党支部无论小区居住规模大小、人口多少,以小区为单位而建立,网格党总支部则是以300~500户的规模成立。

物业公司与业主间隐含着天然的对立博弈关系。在我国商品房小区日常管理采用购买服务的制度规定下,业主作为买方期望以最低的成本付出享受最好的物业服务,在居住过程中产生的任何不适体验如邻里矛盾、车辆被划、财务失窃等都会成为拒交物业费的理由,尽管事实上物业公司在解决这些问题方面仅有协助义务而非主体义务。物业公司作为营利性的市场主体,也是以追求利润为目标。业主对物业公司有天然的对立性、优势性心态,导致实践中物业服务的微小瑕疵被不断放大,引发物业矛盾。小区党支部能够有效调和物业公司和业主的矛盾,一方面监督物业公司的服务,另一方面在业主不交物业费、无理取闹时也能够及时介入,维护物业公司的管理权威,维护社区风气和秩序。

在城市社区陌生人社会的关系结构下,由业主选举产生的业委会往往不具有代表性,业主对业委会的组织和运行也缺乏有效监督,因而导致业主与业委会之间存在不信任关系,业委会的运行也一直是小区自治的"黑洞"。宿迁构建的小区党支部作为社区派驻的第三方,是对业委会规范化运行的有效监督机制。对于业主共有收益的使用,小区党支部基于业主自治原则不干预资金的用途,业委会有依法使用权,但在具体使用上则需要小区党支部签字、监管。这样既能维护业主的共有财产,也有利于对业委会声誉的维护,还能有效化解业主对于业委会牟利性推定的猜疑。

小区党支部构建了城市社区治理的"共信机制",缓和了社区、物业公司、业委会和广大业主之间因陌生化、监督关系、博弈关系产生的矛盾和冲突,凝合了社区的治权效力,有效塑造了社区秩序维持的合力关系。小区党支部作为社区派驻的中立的第三方,既监督物业公司的服务,也支持物业公司对小区的日常管理运营;既监督业委会的规范化使用公共收益,也维护了业委会的声誉;既方便社区联系群众、搜集社情民意,也督促业主遵守社区秩序。它成为社区治理的实体化、在地化中枢组织。

三 联合执法进小区与城市生活秩序塑造

根据我国城市社区的制度安排,小区的日常秩序由物业管理和业主自治共同维持。物业公司是市场主体,对业主破坏小区秩序的行为没有执法权和管理权,仅有的约束手段也不过是劝说、说服等"软治理"方式。实践中,物业公司因怕业主不交物业费,对于业主的不文明行为也是"看得见不敢管",导致小区日常生活秩序的维护一直是城市社区治理的难点。宿迁市通过采取部门联动、联合执法进小区机制形塑小区治理秩序,治理违建、乱停车、毁绿种菜等问题。宿迁市联合执法进社区最初是为了创建全国文明城市的需要,后又将其延续为长效常态化文明城市建设工作机制,也成为行政执法机关参与社区治理、打通城市治理"最后一公里"的重要经验。

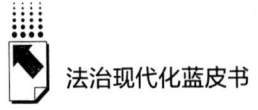

（一）部门下沉：打通社区治理"最后一公里"

联合执法进小区是多部门联动进小区执法的行动。2018年宿迁市宿豫区出台了《宿豫区城区"执法进小区"工作方案》，要求通过"街道负总责、部门联动、突出重点、分类推进"的工作模式，聚焦居住小区居民反映的突出问题，以执法保障全面提高居住小区环境秩序管理水平，重点治理乱搭乱建、破坏绿化、僵尸车、小广告、噪声等问题。2020年8月宿豫区进一步出台了《区政府办公室关于印发进一步加强宿豫区物业管理工作方案的通知》，要求强化部门充分履职尽责，由区物业管理工作领导小组办公室牵头，负责协调公安、发改、工信、财政、住建、市场监管、自然资源和规划、消防等相关部门落实好综合执法进小区工作，区物业管理工作领导小组根据全区物业管理工作需要定期组织成员单位召开会议，解决全区物业管理中的热点、难点问题，形成物业管理工作合力。该文件扩大了部门联合进小区的主体范围，将2018年联合执法的公安、城管、房管扩展为公安、发改、工信、财政、住建、市场监管、自然资源和规划、消防等部门，也将"联合执法"扩大为"联动加强物业管理"。

行政机关的运行具有各自为政的特点，行政机关单独参与小区治理一方面力量薄弱，另一方面，也会产生责任推诿和治理罅隙，存在行政执法权无法触及的死角。联合执法则有利于统合行政责任，从整体上、总体上对小区的问题进行化解和治理。宿迁市建立了联合执法联席会议机制，由城管局办公室牵头召集，公安、城管分局、住建局等多方参与，原则上每月召开至少一次联席会议，采取集中商讨、现场会办、实地指导等不同形式，及时解决小区治理问题，研究完善工作推进措施，服务指导各街道工作开展。

从实践来看，行政机关联合执法进小区对社区秩序的塑造作用最大。联合执法进小区包括以下五方面。一是城管执法进小区，主要是对乱搭建、破坏绿化、乱贴乱画、流动摊点、装饰装潢噪声扰民和丧事活动中擅自占用绿地搭设灵棚、设置舞台及沿路抛撒纸钱、焚烧丧葬用品等行为的执法查处，以及牵头负责"僵尸车"整治。二是公安执法进小区，主要是对道路机动车乱停乱放、违规养犬和丧事活动中吹奏演出噪声扰民、进行低俗表演影响社会治安等行为的执法查处。三是房管执法进小区，主要是对损坏或者擅自改变房屋承重结构、主体结构，将没有防水要求的房间或者阳台改为卫生间、厨房或其他用途，或者将卫生间改在下层住户的厨房、卧室、起居室和书房的上方等行为的执法查处，以及物业服务企业履职的行为指导监督。四是消防执法进社区，主要是对社区内占用消防通道和消防设施缺失、老化、破损等问题进行整治。五是市场监督管理执法进小区，主要是对小区内电梯年检、无证经营的餐厅和店铺进行管理，对小区内小作坊食品生产进行安全治理。

联合执法进小区解决了社区和物业公司缺乏执法权和基层治理"看得见管不着"的问题，不仅能有效约束居民遵守小区秩序、加强对物业公司的监督，也使条线部门能够及时回应街道和社区的治理需求。城市社区治理的一般状况是，行政机关、街道和社区对于小区内的乱搭乱建、乱摆乱放、噪声、乱停车等轻微破坏秩序的行为及不文明行为缺乏管理，导致社区"轻微越轨"行为无法得到及时有效制止，也导致业主对于物业管理的不满，引发矛盾。联合执法进社区对轻微破坏秩序的行为和不文明行为进行管理，是社区治理"抓小抓早、管小管早"的重要机制，有效防止了执法中的矛盾升级问题。

城管、公安、房管以及消防等执法进社区是对破坏社区秩序行为的事中和事后治理，规划、住建、发改等行政机关联合向小区下沉则是对社区治理问题的前置把关和参与。社区治理中的许多矛盾是"胎里问题"，即小区规划落后、基础设施不足、开发商建筑质量等问题，需要行政机关在规划管理上更有前瞻性，在商品房检查验收上更加严格，行政机关联合向下沉有利于督促职能部门更好地履行监督管理责任。

（二）街道执法：从运动型执法到长效常态执法

行政机关的联合执法进小区具有集中整治和高度动员的特点。行政机关执法具有严格的程序性要求，在启动上、时间上、规范上都要遵守法律法规的规定。行政机关是管理单位,小区执法只是其工作的小部门,行政机关的主要工作职责往往在小区管理之外。譬如,住建部门承担对整个商品房、老旧小区、安置小区的管理工作,分管小区管理秩序的物管科及物管中心只有几名工作人员;社区警察的主要精力投入在"110接出警"和流动人口管理上;市场监管部门的主要工作是在各类市场、超市等场所开展监督管理;这使得行政机关在社区管理的人员分配和时间投放上都是有限的,因而联合执法进社区具有集中整治、阶段性开展的特点。宿迁市初期以"文明城市创建"为中心工作,启动了联合执法进社区行动,此后,坚持文明城市常态长效建设的原则,从以下两方面构建了联合执法进社区常态化机制:一是以街道为主体,"一街多方",建立联勤共管机制;二是推行日常"网格"动态巡查制度。

联合执法进社区虽然由城管部门牵头,但是负责主体是街道,形成"一街多方+联勤共管"推进小区日常执法和秩序维持机制。每支联勤共管队伍安排相对固定、不少于两人的人员,并明确街道办负责日常统筹协调、人员召集等工作。每支联勤共管队伍均设立"执法进小区"工作站,由街道安排固定场所,并采取统一标识。联勤共管队伍原则上每周对每个所辖小区开展联合巡查执法行动不少于两次。开展联合巡查执法行动时,除公安、城管、住建、街道办和社区居委会为固定部门外,可根据每次行动的不同重点任务,安排市场监管、民政、环保等职能部门和单位参与。

为推进小区执法日常化、动态化,宿迁市宿豫区各街道还组建了由区城管局指导、隶属街道的城管执法工作队,由一名区城管局下派的城管队员和30余名聘用人员组成,专门负责小区内部的执法。街道城管执法工作队分为五个中队,每个中队负责两个社区,以全天候、进楼栋巡查的方式治理小区内的乱搭乱建、流动摊贩、饲养家禽、破坏绿化、乱停乱放问题,并对物业公司的管理进行监督。在治理社区乱搭建、乱占用、乱破坏问题上,部门联合执法具有消除存量的作用,街道的城管执法则具有预防增量的功能,为职能部门研判社区管理状况和治理难题提供保障。

社区网格员也是街道、部门执法的辅助力量。宿迁以300~500户的单位建立城区网格，网格员承担基础信息采集、社情民意搜集、政策法规宣传、环境卫生维护、便民服务提供、矛盾纠纷化解、安全隐患排查、人口服务管理八大职责。在网格工作运行上，网格员还要做到"逢事六必到"和"每月八必访"。"逢事六必到"是指突发事件必到、邻里纠纷必到、治安巡逻必到、居民重病必到、居民互动必到、志愿服务必到。"每月八必访"是指困难群众必访、独居老人必访、残疾家庭必访、流动党员必访、失业人员必访、帮扶对象必访、重点人群必访、留守儿童必访。社区网格员在小区内、楼道内及入户开展巡查，对于及时发现问题、搜集人口和物理信息，辅助街道城管执法和部门执法具有基础作用。

四　物业管理提质与小区分类治理

物业管理是维持城市小区秩序的主要方式，物业管理水平是城市小区治理水平的因变量，直接决定社区治理状况。2017年，住建部办公厅出台《关于做好取消物业服务企业资质核定相关工作的通知》，标志着我国不再对物业公司进驻小区进行资质要求。根据该通知，各地不再受理物业服务企业资质核定申请和资质变更、更换、补证申请，不得以任何方式要求将原核定的物业服务企业资质作为承接物业管理业务的条件。切实承担物业服务属地管理主体责任，按照业主自我管理与社会化服务相结合的原则，积极推动将物业管理纳入社区治理体系。在行政主管部门取消物业资质要求的背景下，如何确保参差不齐的物业公司的规范化运行，提升物业管理质量，建立物业服务行业事中事后监管制度，是城市社区治理的重要内容。

（一）评议考核：建立物业管理的奖惩机制

2020年宿迁市宿豫区先后出台了《区物业管理工作领导小组关于印发〈宿豫区住宅小区物业管理工作考核办法（试行）〉的通知》《区物业管理工作领导小组关于印发〈宿豫区住宅小区物业管理工作考核奖惩实施方案〉

的通知》《区政府办公室关于印发进一步加强宿豫区物业管理工作方案的通知》三个重要文件来加强对物业公司的考核，并制定了奖惩措施促进物业公司的优胜劣汰。宿豫区还制定了《宿豫区街道办事处物业管理工作季度评议标准》《宿豫区新建住宅小区物业管理工作季度评议标准》《宿豫区老旧住宅小区物业管理工作季度评议标准》《宿豫区街道办事处物业管理工作月度评议标准》四份文件，详细规定了物业管理评议标准，使街道社区对物业公司的评价考核有章可循。

物业管理的督察考核由宿豫区物业管理工作领导小组（以下简称"领导小组"）定期开会交办，实行属地月度考核与区城管局季度考核相结合的方式。街道办事处对辖区内住宅小区物业公司的履约情况每月考核一次，考核结果用于各街道办事处年底对各物业公司进行奖罚。每月考核结果留存一份，并于每月5日前上报领导小组办公室，用作最终考核依据。区城管局对辖区内的物业管理工作，每季度考核一次，并进行季度排名；每年依据季度考核结果，对全区物业公司的物业管理工作进行年度考核，并进行年度排名，考核结果上报领导小组，用作最终考核依据。领导小组对物业公司的物业管理工作每年考核一次，并结合区城管局、街道办事处的考核结果，每年开展一次总测评并进行最终排名。为统一衡量考核结果，领导小组、区城管局及街道办事处三级考核一律采用百分制评分。

在奖惩措施上，每年由区财政提供100万元的奖补资金，用于对管理规范、服务好、群众满意度高、排名靠前的物业公司进行表彰和奖励。同时实行"流动红旗制"，在全区范围内对年度评比中新建小区前三名与老旧小区前三名的物业公司进行通报表扬，同时颁发"××年度宿豫区物业管理优胜单位"流动红旗；在下一年度评比过程中，有流动红旗的物业公司没有进入前三名的，将流动红旗进行摘牌，发放给新进入前三名的物业公司。惩罚上实行末位淘汰机制，对考核差、群众不满意、投诉多、排名末位的物业公司进行约谈、处罚、清退。每年将物业公司的履约情况记入企业诚信档案并向社会进行公示，作为前期物业管理招投标和物业服务项目创优达标等活动评审的参考依据。

（二）分类治理：构建小区梯度化建设发展机制

根据建房时期、居住群体、规模大小、地理位置的不同，城市小区可以分为老旧小区、新建小区、安置小区和独栋小区等多种类型。小区类型的不同决定了小区的公共品需求、物业服务质量、治理问题的差异，需要政府因地制宜地制定社区治理政策。

老旧小区建成于2000年左右，由于建成年代较久，房屋和管网等基础设施老化问题逐渐出现，并且车位配比低、未安装电梯等配套已经无法满足社会发展的需求。老旧小区的业主大多是没有能力购买新建小区住房的原居民、外来务工人员，许多老旧小区的业主是城市中低收入人群和老年人群体，对交纳物业管理费、提高物业收费和增加小区维护投入等经济支付能力较弱。因而，老旧小区物业收费低、规模不大，难以激励物业公司增加设施设备维护投入，也难以吸引高水平物业公司，但住房和设施的老化又使老旧小区面临较高的公共品需求，换言之，在公共品和物业服务上的低投入与公共设施上的高需求是老旧小区面临的重要矛盾。

新建小区是指近五年左右建成的商品房住宅小区。新建小区的主要治理问题是业主与开发商和前期物业公司的矛盾。开发商在房屋建造质量、结构和基础设施上的不达标、隐性违约，导致小区交付后矛盾丛生。由于新建小区聘用的物业公司多是开发商成立的前期物业，对开发商维权动力不足，对建筑质量遗留问题往往是拖延而不是积极应对，极易引发业主与物业公司的矛盾，甚至引发冲突。因车位管理、装修矛盾、公共收益引发的矛盾也是业主对物业管理不满的原因。新建小区的业委会处于成立阶段，物业公司、活跃的业主都在争夺业委会的人选，也会引发治理冲突和群体性事件。新建小区的治理难题是业主维权、业委会成立、更换物业导致的矛盾和群体冲突。

独栋小区大多是住房商品化政策推行前的单位建房，与封闭的商品房小区不同，独栋小区具有开放性。独栋小区住户数量少，无法供养物业公司，没有聘请物业的条件，因而独栋小区多实行业主自治模式。独栋小区大多也是老旧小区，停车位缺乏、水电管网老化问题也较为突出，也是城市社区治理中公共品投入的重点对象。

安置小区与老旧小区面临的问题较为相似，但在居民社区关系结构上又具有独特性。安置小区的居民多是"农转非"的拆迁户，原本是村落共同体的成员，因此安置小区具有小区熟人社会的关系特点。安置小区居民在生活交往和互助上比其他小区更加密切，小区公共活动和志愿活动发达。但是，安置小区也存在明显的治理难题，主要体现为拆迁农民对于城市社区生活秩序的不适应和再塑造方面。由于居民仍保留农村乡土生活习惯，拆迁安置小区毁绿种菜、乱堆杂物、电瓶车充电、乱搭乱建问题普遍，小区秩序塑造需要进行移风易俗的治理。安置小区的物业费一般由政府补贴，居民几乎不用交纳物业费，物业服务水平也仅是满足基本的卫生和秩序的维持，在绿化修理和环境美化上投入较少。安置小区的房屋质量和基础设施与商品房小区也有一定的差距，居民对政府承担福利性义务要求更高。

城市小区形态各异，根据小区的类型差异、运行特点开展治理，不仅能有针对性地化解社区矛盾，也有利于城市社区多元化发展。宿迁市亦以小区分类为基础构建城市社区治理体系，如对新建小区、老旧小区的物业公司以不同的标准进行考核，确立"分类管理、质价相符"的物业管理原则；重点加强对老旧小区的改造，包括机动车位、外观、绿化及景观、便民措施、环卫设施等方面；并加强对新建小区的物业承接查验资料、业委会规范化运行等方面的监督。

五　培育社区矛盾纠纷化解机制

完善矛盾纠纷多元化解体系是提升我国社会治理能力和水平、推进"高效的法治实施体系"和建立自治、法治、德治"三治融合"的基层社会治理体系的要求。习近平总书记在2019年中央政法工作会议上提出，要"坚持把非诉讼纠纷解决机制挺在前面"。培育社区矛盾纠纷化解机制，有利于加强矛盾纠纷源头预防、前端化解、关口把控，完善预防性法律制度，也是对城市社区治理体系的完善。

（一）小区自治："夕阳红"调解工作室

2020年，宿迁市以打造市域社会矛盾"终点站"为目标，将非诉纠纷化解工作纳入法治宿迁建设和社会治理创新考核，构建矛盾纠纷多元化解工作机制，着力推进矛盾纠纷化解工作，纠纷诉前分流率和化解率均排名全省第一。① 为全面推进非诉讼纠纷解决机制建设，整合多方资源，实现矛盾纠纷多元化解，宿迁市司法局于2020年8月对全市非诉讼纠纷化解服务事项、行政调解民事纠纷事项、行政裁决事项进行梳理，推出《宿迁市非诉讼纠纷化解服务清单》《宿迁市行政调解民事纠纷事项清单》《宿迁市行政裁决事项清单》三项清单。

首先，小区纠纷的行政调解体系建设持续推进。2020年，宿迁市宿城区召开矛盾纠纷多元化解暨诉前调解工作推进会，要求全区各部门共同参与，构建房地产纠纷、物业纠纷等各类纠纷多元解纷联动机制，将批量诉讼到法院的案件通过委托调解、行业调解等方式先行化解，真正将诉前矛盾纠纷化解机制挺在前面。②

其次，小区纠纷的人民调解工作持续展开。居民小区矛盾纠纷的人民调解化解是非诉纠纷化解体系的组成部分，是社区自治和居民自治组织活动的体现。在建设"无讼村居"的要求下，宿迁市内生的社区民间纠纷调解工作室得到更加有力的培育保障，其中，许多小区涌现的"夕阳红"调解工作室即是社区民间调解的代表。如宿豫区J小区早在2013年就成立了"夕阳红"调解工作室以解决小区内邻里矛盾纠纷。"夕阳红"调解工作室由一名物业工作人员和四名小区回迁户组成，五名调解员都是本地老职工，退休后热心社区公益，在社区享有较好声望。J小区"夕阳红"调解工作室最初运行时没有台账和资料建设，也没有记录，完全是口头调解，后经街道和社

---

① 王秀、程遥、王彩霞：《宿迁深化非诉纠纷"多元化解"机制取得实效》，载新华日报网，http://xh.xhby.net/pc/con/202011/05/content_846309.html，最后访问日期：2021年3月8日。
② 朱来宽、沈丙乔：《宿城矛盾纠纷多元化解》，载江苏法制报网，http://jsfzbv5.xhby.net/mp2/pc/c/202005/15/c775639.html，最后访问日期：2021年3月8日。

区的规范化建设指导,逐渐开始建立调解档案,完善了宣传,成为宿豫区金牌调解工作室。"夕阳红"调解工作室自成立以来,调解邻里纠纷数百起;持续保持每周至少调解两起纠纷,每月至少调解十起纠纷的工作数量。

(二)诉源治理:"三官一律"进网格

为进一步凝聚横向资源参与网格治理的合力,充分发挥法官、警官、检察官与律师在网格化社会治理中的职能和专长优势,宿迁市一些街道在社区网格内建立"三官一律"工作室,"三官"即法官、检察官、警官,"一律"即法律顾问包括律师和法律工作者。"三官一律"工作室,在纠纷调处、法律咨询、心理疏导、特殊人群教育引导方面为居民提供服务,在居民学法、守法、依法维权意识提升方面发挥着积极作用。如宿迁市宿城区双庄街道依托小区网格之家,成立"三官一律"工作室,作为谈心、调处、疏导、咨询的场所,同时组建了工作交流群,通过线上与线下两种方式有机结合,为网格居民提供面对面、点对点的服务,指导网格提升法治化管理水平。"三官一律"工作室自建成以来,先后开展了社区矫正对象教导、《民法典》宣传、治安防范常识宣传等多个主题活动。[1]

宿豫区下相街道在开展"三官一律"进网格活动中,健全报备制度,提前登记受助问题。居民将自己需要受助的问题先向网格员或社区人民调解员登记,简要说明情况并备案在册;再由该街道司法所统一汇总给"三官一律"工作队,统筹公共法律服务资源,及时作出合理安排,为居民提供综合性、一站式法律服务。同时,完善活动日制度,扩大"三官一律"影响力。"三官一律"人员集中在每月 20 日开展普法讲座及入户宣传活动,既增强了居民法律意识,又提高了"三官一律"知晓率。[2]

---

[1] 《宿迁宿城:"三官一律"进网格 凝聚网格治理新合力》,载江苏长安网,http://www.jszf.org/zyyg/jscawq_320/suqian/202006/t20200628_45761.html,最后访问日期:2021 年 3 月 8 日。

[2] 倪媛媛、张元元:《宿豫区下相街道:"三官一律"进网格》,载搜狐网,https://www.sohu.com/a/427912022_412025,最后访问日期:2021 年 3 月 8 日。

六 结语

在2020年8月中央文明办公布的复查确认保留荣誉称号的前五届全国文明城市名单中,宿迁市名列前茅。早在2017年,在全国精神文明建设表彰大会上,宿迁市就以年度测评全国第一、三年综合成绩全国第一的优异成绩荣膺"全国文明城市"荣誉称号。宿迁并非经济强市,2020年宿迁在全国百强市中仅居第94位,[①] 与长三角经济强市以发达的市场经济和活跃的中产阶层推动社会文明发展不同,宿迁文明城市创建更多是通过不断探索城市治理模式、政府引导法治社会建设实现的。宿迁市城市社区治理、创建文明城市的实践经验是我国中等规模城市探索城市治理的代表。

宿迁市构建的城市社区治理是经由文明城市长效常态建设推动的,具有以下特点。第一,多元主体参与程度高。政府职能部门、街道社区的人员和事权向社区下沉并参与小区治理,政府职能部门通过联合执法、职能调整和充足等方式,整治小区失序痼疾,有效塑造了小区的文明生活秩序。宿迁市文明城市建设的群众动员和参与程度也高于一般城市,群众对文明城市创建的知晓率基本达到100%。第二,党建引领社区治理的制度创新扎实有效。在职党员和离退休党员被纳入小区治理体系,在职党员在社区亮明身份,成为遵守小区规范的表率,离退休党员积极参与小区公益服务。在小区内建立党支部,由社区工作人员常年在小区坐班,"一手托两家",构建"三位一体"红色小区治理体系,使小区成为真正的治理实体,也有效预防和化解了小区矛盾纠纷。第三,着力推进居民规约和移风易俗建设。宿迁市的拆迁安置措施较为特殊,几乎全部为货币安置而没有房屋安置,因而宿迁没有安

---

① "2020年中国百强城市排行榜",百度百科词条,https://baike.baidu.com/item/2020%E5%B9%B4%E4%B8%AD%E5%9B%BD%E7%99%BE%E5%BC%BA%E5%9F%8E%E5%B8%82%E6%8E%92%E8%A1%8C%E6%A6%9C,最后访问日期:2021年3月8日。

置小区，拆迁的居民也居住在商品房小区，这就增加了小区秩序塑造的难度，尤其是要引导拆迁居民适应新的生活秩序，并对毁绿种菜、乱摆乱放、乱搭乱建等进行治理，但宿迁市通过多方治理的合力，形成了维持小区秩序的社区规范及实施机制。

B.10
传统村社共同体治理的运行逻辑与嬗变[*]

——以豫南S村为对象的观察

王鹏程 夏少昂[**]

摘　要： 改革开放以来，豫南S村在经济文化上迅速发展，从"特困村"成为"明星村"。它作为村社共同体稳定地维系、运行，同时也能够较好地适应新时代的治理要求。独特而活跃的生计模式和经济活动是它稳定的结构基础，基于宗族观念的行动模式则提供了共同体意义上的社会条件。在治理实践中，村社治理主体善于将党建嵌入治理活动，运用熟人社会的情感逻辑，利用传统共同体意识实现社会凝聚，形成了新时代条件下的治理运行新策略。同时，较为丰厚的经济收入也为村社治理提供了必要的物质基础。

关键词： 村社共同体　社会治理　宗族观念

河南省X市G县S村是一个历史积淀较深、传统文化氛围浓厚的村落，这一特征深刻地影响着它的村社治理方式。通过深入调研，课题组对S村的发展和治理取得了较为全面的了解。40年前的S村，还属于老少边穷特困地区。为此，S村人自编了一段顺口溜："土坯凳，土坯房，

---

[*] 除专门引注外，本报告涉及的所有事例、数据均为课题组调研所得。
[**] 王鹏程，法学硕士，山东省潍坊市医疗保障局医疗保险中心科员；夏少昂，法学博士，中国法治现代化研究院研究员，南京师范大学法学院讲师。

土坯做桌又做床；夏天热，冬天凉，房屋四周都透亮；田在两山夹，地在坡上挂，一场大雨过，地露骨头田满沙；出行走泥路，通信靠大吼，照明用煤灯，治安靠养狗。"40年过去了，曾经贫穷落后的小山村，今天已经成为文明富裕的小康村。早在2008年，S村就率先整体脱贫，获得国务院授予的"脱贫先进村"称号；至2016年，S村人均年收入高达1.2万元。课题组在S村的调研，主要涉及经济状况和生计模式、社会结构变迁、乡村党组织建设、乡村基层治理的模式及转型等方面。我们试图运用过程—事件分析方法，洞察作为较为传统的村社共同体，S村如何在快速发展的同时，仍确保村社共同体稳定运行并实现有效治理的机制。

一 调研对象基本情况与本文分析范式

　　S村位于G县西南部30公里处，南与Q乡相邻，地处山区，群山怀抱，东西走向的九架岭山脉横穿全境，库容300万立方米的民胜水库镶嵌其中。村内有18个村民组，699户人家，2588人，其中党员48名。辖区面积12平方公里，其中耕地面积1340亩，山林面积1.6万亩，山林包括板栗种植面积6000亩，茶叶种植3000亩，其他用材林3000亩，森林覆盖率达78%以上。S村是G县乃至X市的明星村，先后荣获国务院颁发的"扶贫开发整体推进先进村""全国文明村（2017）""全国生态文化村""全国生态村""全国美丽宜居村""全国防灾减灾工作示范村""河南省水美乡村"等称号以及获得省市县"五好党支部"等荣誉。

　　村社共同体的存续抑或瓦解，是社会科学领域多学科普遍关注的问题。学界关于共同体的理论研究，一方面继承了亚里士多德和滕尼斯的基本思想，另一方面不断丰富和重新阐释共同体的概念内涵。尽管有关共同体的定义形形色色，但认同感、归属、共享价值和伦理等核心特质在诸多共同体定义中都得到继承，主要分歧在于是否将地域关系作为共同体存在的要素。其中大多数学者认为地域性团体是共同体普遍的、关键性的特征,[①] 而另一些学者则认为共同体不一定要从地域条件去定义,也可以从关系条件去定义。此外,还有一种更加泛化的理解,即超越社会关系和社会网络,从更为内在的情感联系和认同归属去定义共同体,主张只要有一种纽带将人们紧密相连,给人们一种彼此相属的感觉,那么便有共同体存在。[②]

结合此次调研的体会来看,上述观点都有其合理性,但也存在一个共同的不足之处,即它们都忽视了共同体治理这个重要的动态面向。我国传统村社共同体的发展抑或瓦解,都必然涉及村民之间、村民与村干部、村社与城市甚至村社与国家等多维互动,而村干部与村民、国家(政府)与村社共同体的关系等都可以放入乡村治理中观察,以此来审视乡村共同体的运行样态。在许多理论研究成果中,村社共同体的瓦解是流动背景下中国村庄研究的一个核心诊断。[③] 其理由无外乎流动是现代社会的核心特征,流动不仅使个人赖以生活的意义体系、行为模式处于流动中,也使共同体本身受到深刻的影响,处于变动与失序过程中。然而事实上,S村从人民公社时期到现在,村社共同体的坚固样态并没有受到流动性、城镇化等因素的影响而瓦解。

在有的学者看来,"村社共同体"得以维系的基础主要体现在两个层面:其一是社区中内生的互惠秩序,即所谓莫斯提出的"赠予—接收—反馈"三个紧密关联的行为过程,以及在此基础上形成的社会联结和社会团结,特别是在流动性的背景下,互惠机制的存在与运作是村社共同体得以存续的重要基础;[④] 其二则是以社区公共财力为依托,围绕社区公共物品的供给和管理、社区公共意义的培育、以公共行为引导为核心的社区互动,形成

---

① 毛丹:《村落共同体的当代命运:四个观察维度》,《社会学研究》2010年第1期。
② G. Day, J. Murdoch, "Locality and Community: Coming to Terms with Place", *The Sociological Review*, 1993, 41 (1): 82 - 111.
③ 卢成仁:《流动中村落共同体何以维系——一个中缅边境村社的流动与互惠行为研究》,《社会学研究》2015年第1期。
④ 卢成仁:《流动中村落共同体何以维系——一个中缅边境村社的流动与互惠行为研究》,《社会学研究》2015年第1期。

社区合作秩序。① 这些观点在我们针对乡村共同体治理活动的观察中得到了充分确证。经过28天的驻村调研，我们将S村共同体得以维系的基础主要概括为两个方面：其一，S村是宗族性村庄，村内有一套稳定的宗族性观念共识体系，以及以这一共识为基础的内生秩序再生产机制；其二，在村级治理层面，易地搬迁扶贫项目、村村通项目和人居环境整治等项目与村庄内生发展需求大致契合，村"两委"在国家的政策扶持下得以便捷地动员村民参与其中，因而村社共同体样态在村级治理实践中得到巩固。

二 生计模式及其对村庄社会结构的影响

S村地处我国中部地区，自20世纪80年代开始，外出务工的中青年流向北京、广州等地，以从事拆迁和绿化行业为主，并且形成了规模效应，也因之产生了少数富商。这个社会流动过程存在较为明显的社会阶层变化和职业变化，但这一社会流动与S村稳定的社会结构之间似乎并未形成很大的张力。同样从20世纪80年代开始，S村内部也形成了以种植茶叶等经济作物为主的生计模式。这一内向型的生计模式，恰恰可能对村庄内社会结构的稳定和运行产生决定性的影响。

（一）稳定的生计模式

S村1981年开始实行土地包产到户，以生产队为单位，按照人口将不同等级的土地均分给农户，并且规定了土地三年或者五年一调，"增人增地，减人减地"，村内有六个村民组至今还在进行调地。以下几种收入对农户十分重要：一是副业收入，主要是茶、板栗、红薯加工以及小规模养殖业与毛发收购；二是外出务工收入。和我国大多数农村地区一样，如今绝大部分青壮年劳动力已经进城务工或经商，有的甚至成为"大老板"。但与此同时，大部分

---

① 参见徐晓军、孙权《集体化村庄：深度贫困地区贫困治理的内在逻辑与有效路径——基于西藏D村贫困经验的考察》，《河南社会科学》2019年第3期。

进城务工的青壮年劳力很难在城市获得足够养活全家人的稳定收入，他们的子女仍然留在农村，中老年父母在家则通过上述副业获取较为稳定的收入。这就是典型的"以代际分工为基础的半工半耕"家计模式。

S村共有2500多人，外出务工人员有600人左右，约占四分之一。村民的经济收入主要来源于种茶、养龙虾、粉条加工、毛发收购和杉木种植等。根据调查，普通的外出务工人员与在村内从事经营活动者收入差距不大，在村内从事农副产品经营活动，年收入很容易达到10万元左右。例如种茶是S村的支柱产业，以毛尖和其他绿茶为主，茶叶销路稳定，价格浮动小。村内有400多户种茶，每户3~10亩不等，只在采茶时需要额外雇用劳动力，每亩收入可达五六千元。仅种茶一项，年收入正常即可达到五六万元。又如，小龙虾养殖产业人工需求低，因此有不少中老年农户从事其中。小龙虾销路稳定，且政府有每亩200元的稻虾套养补贴，故一亩可以收入3000~4000元，养虾一户年收入约3万~5万元，大户可以达到20万~30万元。再如，从事粉条加工相关种植，一亩可以收入3000~4000元。若直接经营粉条加工作坊，小规模作坊年收入可达2万元左右；每年加工5万~10万斤的大规模作坊，则可达到5万元以上。粉条加工季节性强，占用农业劳力较少，小规模的每年15~20天，大规模的40天左右。至于杉木种植，则属于"一劳永逸"的行当，除了前三年需除草剪枝，之后管理较简单，到第15年可直接砍伐。此外，村里还有100多人从事毛发收购产业，每年可收入15万~20万元。

村民的产业经营总体稳定，这个稳定性体现在两个方面：一是村民赖以为生的产业类型稳定，毛尖茶叶产业是从2004年响应上级脱贫号召时开始的，毛发收购和粉条加工则从20世纪80年代持续发展至今；二是收入稳定，产品不愁销路，例如以茶叶种植为主的经营收入历年变动不大，种茶由于其季节性、低人工、利润高的特性，成为S村的支柱性产业。如我们的访谈对象村民曾阿姨说："几乎家家有茶，在外打工的也回来搞。外地人都抢着来收茶叶，根本不愁销路。"稳定的生计模式加上稳定的收入来源，决定了S村社会结构的稳定和村社共同体的良性运转。

（二）"橄榄型"村庄社会结构

S村令人印象深刻的一点是村民整体贫富差距较小，村庄的域内社会结构比较稳定，亦即属于"两头小、中间大"的橄榄型社会结构。S村共有2500多人，高收入人群约有50人，这部分人群以富商和在外任职的企业高级管理人员为主。村民口中的所谓"大老板"，是指在北京从事拆迁相关产业或者是在G县周边做房地产开发的群体，企业管理人员则主要集中在L集团、ZJ公司等。村内共有21户精准扶贫户，其中因残致贫6户，因病致贫11户，因灾致贫2户，因学致贫2户，合计73人。这部分人群可以归为S村的低收入群体。可见，村内贫困发生率不足4%。依据当地6%的较低贫困率标准，S村属于"显著过低"，这也因此接受了国务院、河南省、X市的精准扶贫检查。

2011年，S村在村书记的发动下成立了"同学联合基金会"，初始成员20名，其中王某、廖某、胡某等都是村内的"大老板"。"同学联合基金会"成立之初的宗旨是扶持本村小学建设，以提高教育教学质量为目的，对教学成绩突出的教师、学习成绩优秀的学生进行适当鼓励，对家庭特别困难的学生、教师给予必要的资助，是一个长期有效的奖教、奖学、资教、资学的项目。基金会每年9月1日为村小学捐款。捐助的钱用来改善村小的基础设施条件，比如安装空调、教学楼维修等，还有一部分钱用来奖励成绩好的学生、老师。后来，"同学联合基金会"逐渐承担起为村集体经济的发展筹措资金的功能。

由上可见，村内农户主要包括城市化的富商家庭、半工半耕的中等收入家庭和少数的贫困户几种类型。显而易见，占比最大的是半工半耕家庭，达95%左右。除基本城镇化了的少数富商、公务员和企业高级管理人员家庭外，绝大部分村民的生活，仍然是面向村庄内部的。这里的"面向村庄内部"，既包括经济收入，也包括社会关系。外出务工人员在春节、清明等重大节假日都会回乡，甚至在孩子升学期间还会选择返乡陪读。此外，村"两委"基于发展需求，会主动与在外发展的富商进行持续互动。总之，S村的基本生计模式和经济条件决定了S村的村庄共同体依然强势。同时，村民收入分化差异程度低、橄榄型的社会结构状态为 S 村的社区治理提供了良好的基础，村中少有刑事案件、民事纠纷和上访事件发生。

三 传统村社共同体的运行机制

村社共同体不只是一个地理概念，也不仅指在某一社区内共同生活的群体本身，更重要的是内嵌社区之中的共同体意识，具体可能表现为彼此信赖、紧密团结、守望相助的日常行为。在这里，笔者试图从宗族组织、社会观念等方面，分析 S 村共同体内部的黏合机制。

（一）宗族在传统村社共同体中的基石地位

在传统社会，宗族是连接村社成员的最重要的纽带，共同的祖先意识和血缘关系使宗族成员集团化，聚族而居的传统和祠堂、族谱、族规等符号强化了这种群体意识。S 村是较为典型的宗族性村庄，村内有 12 个姓氏，其中曾、余、胡、帅是四个大姓，也是村里四个大的宗族，每个大姓都有一个共同的祖先。在 S 村的 2500 多人中，曾姓有 700 人左右，主要集中在三个村民组，其中第一村民组有 4 个户头；余姓有 400 人左右，主要集中在一个村民组，这个村民组几乎都姓余；胡姓有 400 人左右，主要集中在一个村民组，有两个户头；帅姓有 300 多人，主要分布在三个自然村。

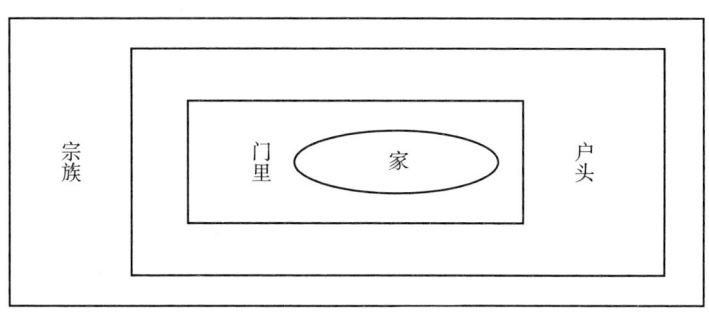

图 1　S 村的宗族结构

资料来源：本图由笔者根据访谈资料整理做出。

宗族性村庄意味着村民个体生活在宗族结构之中，受到宗族性共识和内生规范的约束。宗族内部有仪式性的集体活动，譬如在清明节和重阳节时，各个户头聚在一起吃饭和祭祖。以胡姓为例，胡姓有两个户头，每个户头上下六代人，之前吃饭、祭祖是在村子里搭棚子，现在一般在饭店里进行；费用由户头内的人凑，按照受访人胡某瑞所说："随意给，剩下的钱下一年接着用，一般'大老板'出的比较多。"祭祖的程序是将已故之人的姓名写在一起，烧纸、烧香一整夜，接下来由户头内有威望的年长者（族长）讲话，讲话内容除了祭祀前人、敬仰祖宗，还包括训导在世者好好做人，积善行德。

人情往来也是维持宗族结构的重要形式。S 村的人情往来主要集中在红事、白事、动土建房。S 村有"重白轻红"的传统，白事比红事的程序更复杂；红事一般办一天，只在当天吃一顿饭，白事则至少三天。白事的礼仪有：服孝以五服等级为核心分为三等；请风水师选址择日并唱经，同姓八人抬轿；族长主持告别宴，所有的亲戚必须送亡人上山；头七每天上香送饭；等等。总之，S 村红白事的相关仪式、规矩较为传统，十分繁复，强调宗族参与。如有白事，宗族中在外工作的年轻人必须回来参加，某村民组廖氏的"主事人"廖某在访谈中一再强调："外地的年轻人在红白事时会回来，（白事）必须回来！这是送最后一程。"

（二）宗亲理事会在传统共同体中的组织功能

S 村村民大多仍是聚族而居，每个户族内部都有"宗亲理事会"。这一种民间社会组织，直到今天仍对乡村生活的日常治理发挥着重要影响作用。在 1949 年之前，这种宗亲理事会由每个户族内的族长主持，族长作为宗族权威的代表，通过掌握户族内经济权和行使民间法意义上的"执法权"，成为户族内部事务的控制者。中华人民共和国成立后，族长的权威被削弱乃至消解，但户族"主事者"的角色仍然存在，只不过族长由过去的以辈分资格为确立标准，转变为以个人品质和影响力为选择要素。现在的宗亲理事会主要由理事长和三四个在户族内具有一定能力的理事成员构成，形成一种由老中青三代人共同协商主事、具有一定传承性的组织结构。

宗亲理事会的运行，依靠一套分工合作机制。理事会组织成员对内部事务达成共识后，在进行具体事务活动时，按照主家自愿选择（如红白喜事是根据主家意愿在宗亲理事会中选择主管人和辅助人）和理事轮流负责（如清明祭祖由理事成员轮流主办）的方式，相互协助共同完成。宗亲理事会本身没有固定资产，只有在进行活动时，由户族内全体成员集资和"成功人士"捐资举办，活动结余资金则由理事会协商用于教育奖励或济贫救助。理事会内部的矛盾，主要通过"面子"机制进行调节——理事会成员作为户族内具有影响力的人物，顾及面子，一般不会将矛盾表现出来，在合作办事时会以职责为先。

从村社共同体治理的角度观察，宗亲理事会至今仍然是一个值得发掘的治理资源。对户族内部而言，宗亲理事会能够发挥维持伦理价值生产和规范成员行为的功能。理事会通过维护户族内部人际秩序和主持家族活动仪式，强化了宗族价值观念。譬如，在日常生活中，宗亲理事会在一定程度上担负着传统文化中的家长式规训功能。当户族内部出现违背传统风俗的情况时，宗亲理事会可以凭借家长权威，对违反社会规范的户族成员进行教育、训导、纠偏甚至惩罚。对于户族外部的村社事务来说，宗亲理事会能够起到组织动员的作用。S村村委在进行村庄治理的过程中，经常依靠宗亲理事会的动员能力，比如在人居环境整治项目中通过宗亲理事会发动户族成员捐款，比如吸纳宗亲理事会成员进入村里的红白理事会，推动移风易俗举措的执行。

当然，随着社会的发展，宗亲理事会所具有的维持价值观念再生产和规范行为的功能在减弱。例如，以往祭祖仪式固定在祠堂举行，但现在祠堂重建受到政策和资金制约，因此祭祖举办场所一般都在理事成员的家中，仪式所具有的符号强度随之减弱。又如，如今红白喜事的大部分工作已经市场化，村庄的"空心化"也导致红白事上人手不足。现在一个湾子[①]里如果有白事，那基本就是全体老年人一起出动；有的整个湾子一共也就剩下二十来

---

① 当地对自然聚落的一种称呼。

人，只能请"一条龙"的丧事服务，这种市场化的选择又反过来消解了宗亲理事会的原有功能。总之，宗亲理事会目前面临着两重困境，一是组织成员老化和人口外流，二是价值观念再生产功能被削弱。

四 新型社会治理在传统村社共同体中的展开

S村村社共同体的传统"韵味"很强，这表现在两个方面：一是村庄生活层面，诸如宗族性共识、宗族性行为模式等；二是治理层面，村"两委"班子团结，书记、主任、会计等都已经做了二三十年的村干部，同时与宗族威望相交叠，具有良好的内生权威性，其影响力、动员力、执行力等并没有因税费改革、政策变化等而削弱。

（一）团结有力的村"两委"班子

S村共有10名村干部，其中村"两委"成员7名，聘任村干部3名。主要成员包括：书记胡某，59岁，1978年后在村委做通信员，1988年开始做村书记，两届河南省人大代表，Y乡党委委员；村主任曾某，62岁，1998年开始做村主任；会计余某，67岁，1989年开始做村会计；团支书曾某，33岁，2009年来村做共青团支部书记、民兵连长，同时负责迎检等工作。S村有划片治理的传统，村内划成中片、南片与东片，每个片由2~3名村干部负责。S村村"两委"班子长期以来人员稳定，班子成员团结，这是S村发展的重要优势。这一优势形成的主要原因，可归结如下。

第一，传统共同体内部结构性力量的支撑。村"两委"几位主要班子成员都来自村里的大姓，也分别来自村内最大的自然村，可以说是各自宗族、自然村的代表，他们自身受到内生性规范的约束。这可以视为现实实践中的所谓代表性民主。当然这种民主是静态的，只是一种基础性的前置条件，村社共同体的民主机制更需要在实践过程中形成。相比较而言，帅姓也是S村的大姓，有300多人，分布在三个自然村。由于历史原因，其中一个自然村的生产生活矛盾（如用水、修路等）没有及时化解，加上宗族性村落性质的影响，普通的矛盾很容易被夸大为户头之间的矛盾。帅姓内部不团结，治理主体中没有帅姓参与，这三个自然村对村里工作的配合度也就有所欠缺。在日常工作中，村"两委"通过主动为这个村修路，尽力解决村民反映的各项问题，从而基本实现四个大姓之间的平衡。

第二，行之有效的"情感治理"。农业税费改革以后，村民的生产生活在发生改变，村干部与村民之间的制度性关联也有所减弱，但是S村依旧保留了所谓熟人社会的一些特性。在熟人社会内部，村干部的"做人之道"尤为重要，村书记将自己的工作方法总结为"两当四心"：把村当成家去经营，把老百姓的事当成父母的事去做；要有责任心、爱心、事业心以及感恩心。村书记每年都会去看望"五保户"老人，请这些孤寡老人吃年饭。在村书记父亲去世的那年，书记在宴请年酒的时候动情地说："我的父亲去世了，你们就是我的父母，我就是你们的孩子，你们要看好我，不要让我犯错误。"熟人社会的治理更多地依赖情感方式。情感治理意味着治理主体努力使村庄内部的正向情感最大化，实现以情感为基础的社会凝聚。村民廖某在接受访谈时主动告诉笔者："书记做人好，办事公，不记仇。"

第三，"明星村"的运作逻辑排斥剧烈变化。S村从"穷得只剩土坯"到今天的全国五星级文明村，与村"两委"的"跑项目"能力和项目管理能力有很大的关系。村集体的"第一桶金"就来自村书记去省民政厅跑下的项目。而今，随着项目制度的规范化，农村项目建设更多地提倡"共建共享"，不再像过去由政府大包大揽，而是要求村集体、村民提供配套资金，政府以奖代补。多方筹集项目资金既是S村"两委"班子的强项，也是村"两委"班子必须保持团结稳定的内在要求。在项目养村的运作机制下，S村一步步发展起来。作为G县乃至X市的示范村，S村是各种参观、迎检和学习的第一站，村"两委"与省、市、县上级频繁互动，这种"明星村"的集体身份也在一定程度上促使班子保持团结稳定。

（二）党建嵌入村社治理

新的《中国共产党农村基层组织工作条例》指出，"当前，农村改革不断深化，决战决胜脱贫攻坚、推动新时代全面乡村振兴，必须把党的农村基层组织建设摆在更加突出的位置来抓，充分发挥党组织战斗堡垒作用和党员先锋模范作用，为农村改革发展稳定提供坚强政治和组织保证"。S村当地的党建工作很有特色，并善于将党建有机地嵌入日常社区治理之中，使得治理工作获得助力，卓有成效。

S村党建工作的基本抓手是对党员进行积分考核，对象是村里的全体党员。党员积分考核的内容主要包括基本要求、发挥先锋作用、奖励积分、违纪扣分和一票否决。发挥先锋作用方面包括配合中心工作、联系帮扶贫困户以及协助化解纠纷上访等；奖励积分包括为本村招商引资牵线搭桥、为村经济发展作出突出贡献等；一票否决的内容包括违法犯罪活动、无正当理由不参加党的组织生活、不缴纳党费或拒绝党组织分配的工作。积分考核的程序是"月考核、季度汇总、年终评定"，100分及以上的可评为村级优秀党员；60~99分的可评为合格党员；60分以下的为当年不合格党员。村优秀党员可以参加当年乡党委和县级以上各类先进评比。如果党员第一次被评为不合格党员，由乡党委组织对其进行诫勉谈话；第二次被评为不合格党员，由乡党委对其黄牌警告；第三次被评为不合格党员，报县委组织部门予以党纪处分。

在S村，党员被划分为骨干类、普通类、流动类和特殊类四个基本类型。其中，村"两委"成员属于骨干类；在支部辖区内长期生活、能够正常参加活动的无职务党员，经过"一编三定"（即编员进组、定岗位、定责任、定奖惩），属于普通类；长期在外地工作、流动的党员为流动类；年龄在70岁以上，长期卧病在床或丧失部分劳动能力的党员属于特殊类。特殊类党员经党支部讨论、报乡党委批准，可不纳入积分考核对象。S村在党员分类管理的基础上，进行定岗定责。从社会治理的角度来看，党员岗位责任的内容主要包括两大部分，一是集体经济的安排，二是中心工作的推动。其中具体事项包括精准扶贫工作、村民纠纷化解、人居环境整治等。分类管理、定岗定责考核制的优势是将所有在村党员动员起来，参与到具体的治理事务当中。值得一提的是，流动类党员并非游离于考核制度之外，而是在履行党员组织义务的同时,定位于"乡村振兴岗""在外信息搭桥岗",为村集体的发展提供信息、资金、人力等多方面的支持。

确立党员积分考核指标体系,并将考核内容引进乡村治理事务,一方面加强了基层党组织活动的规范化和党员管理、评价的科学性,另一方面为乡村治理事业更大程度地增添了党组织和广大党员的力量,极大地提升了基层治理的能效。当然,现有的积分考核制度也需要进一步优化。首先是分类量化、积分考核的内容更多的是治理类的行政事务内容,存在政治考评行政化的隐忧;其次,与其他农村地区面临的党建问题一样,S村也面临在村党员少、党员老龄化的现状。因此,S村应当加大吸纳、培养年轻党员力度,进一步重视优化党组织与流动党员的关联机制,使嵌入性党建机制更有效地可持续发展。

(三)物质基础支撑村社治理

在2003年当地农业税费改革之前,S村村社治理可利用的经费主要来自村提留。无论是农田水利基本建设、购置固定资产和兴办集体福利事业,还是村组干部的工资报酬、误工补贴、村小老师工资,以及日常的公共设施的维护,经费都依靠村提留。由于S村集体经济和农户个体经济发展得都不错,因此村里1992年就开始有经费结余,到1996年结余40多万元。村"两委"当时收取村提留遵循的原则是"群众不吃亏,村集体能行"。提留额度最高的时候人均每年560元,这个标准低于本乡其他村,村民经过比较就没有太强的抵触情绪。从这段时期开始,村干部就一直扮演着"当家人""保护人"的角色,保持了较为稳定的干群关系。

当前,S村主要通过三个渠道获得村社治理的物质条件支撑,一是集体经济收入,二是以项目制形式取得的财政转移支付资金,三是村"两委"向村民和在外经商的成功人士募集的捐赠。

村里的集体经济收入主要来自集体土地租金收益。村集体有林地、耕地等共1800多亩,其中1200亩林地用于杉树种植,300亩用于毛竹种植,100亩茶园,200多亩果园。这些林地、耕地全部出租出去,每年收租金。

受访人村主任曾某说："这些土地是解放初期时分的田,村集体用了,后来一直没分,当作集体经济了。没有集体经济,什么也做不了。"依靠村集体经济,S 村 1987~1989 年建立了全县第一所村小学,1996~1997 年盖起了村委办公楼,后来又陆续建起了村文化馆、养老院、卫生院等公益设施。

取消农业税费以后,村社治理的物质性资源越来越倚赖国家财政转移支付,项目制成为 S 村公共产品供给和基础设施建设的重要来源。在治理资源发生结构性转变之后,"跑项目"成了 S 村村"两委"的重要任务,每年年终村"两委"会召开工作总结会,总结各项目的落实情况,同时也会讨论还需要争取哪些项目。以 2017 年、2018 年这两年为例,村里共有 10 多个项目,累计经费 112 万元。例如两个村组获得了人居环境整治项目,项目资金 40 万元;某自然村进行人居环境整治提升工程,获得奖励 10 万元;村委通过打造"双星创建"项目获得资金 8 万元。此外还有一些小项目,譬如公用事业局给了 5 万元支援人居环境整治建设,驻村干部周某的原单位筹资 7 万元、旅游局拨款 3 万元用于公共厕所改造项目,民政局拨款 3 万元用于敬老院建设,等等。

如前所述,在近几年,项目制的运作方式有所变化。具体来说,项目落地需要本村自身拥有相应的配套资金,这就往往需要村里发挥动员能力,通过向村民特别是社会渠道筹资,来为争得项目打下基础。另外,现在越来越多的项目是以奖代补,亦即项目做完通过验收后才发放项目资金。在筹措资金方面,S 村村"两委"干部工作能力较强,同时基于"明星村"效应,许多项目都向 S 村倾斜,因此形成了良性循环。

在 S 村,村村通、户户通等项目极大地改善了与村民生活息息相关的交通、电力、通信、用水等生活条件;新村建设项目历经 10 余年时间,共有 192 户农户迁入新居,切实解决了边远村民组的出行难、饮水难、上学难、就医难等问题;业已覆盖全村的人居环境整治项目则进一步提升了基础设施的品质,诸如修路、修塘、村居建筑的美化,使乡村面貌焕然一新。可以说,村"两委"争取的项目直接满足了村民对公共产品和公共服务的需求,由于村民们直接受益,因此其也容易得到村民的资金和劳力支持。比如在人居环境整治项目落地时,某村民组在组内筹得资金16万元,另一村民组组内筹资24万元,村集体则按照村组筹资进行1∶1配套拨付资金。在项目制的运作过程中,我们可以看到村"两委"以项目建设为抓手,有效整合了村民、社会力量和政府资源,在一项项具体的村社公共事业上实现了基层社会治理共同体的"共建共享"。

五 结语

S村从贫穷落后的闭塞山村发展为现今的"明星村",这可能也是我国改革开放以来很多村庄经历过的发展轨迹。S村的特殊之处在于,它不但得到了经济文化上的迅速发展,也保持了传统村社共同体的很多结构特征。以村"两委"为主体力量的治理队伍,由村社共同体内生性的社会结构产生,符合村中以传统宗族为基本自然群体的整体期待,同时又善于以新时代基层治理要求为指导思想,把党建活动嵌入治理工作,结合群众朴素的人际情感和生活态度,实现共同体意识的社会凝聚。在村社建设发展和治理实践过程中,S村重视物质资源的公平合理分配和社会效益最大化,避免了某些地区常见的"悬浮性治理",努力实现共建共治共享的基层治理目标。

S村在当下村社治理实践中取得了很大的成绩,积累了许多可总结、可复制、可推广的经验,但也存在一些持续发展的困难。例如,作为村社治理的重要经费来源方式,项目制已很难通过动员村民集资的方式推进。此外,作为长期以来的省、市、县三级"明星村",S村在经济发展和治理工作上也因此形成了特殊的机制,一旦这种"明星效应"随着时间推移而淡化,S村作为村社共同体如何保持其治理优势,适应新时代构建富有活力和效率的新型基层社会治理体系的要求,乃是有待今后不断探索的实践主题。

年度事件报告
Annual Events Report

B.11
中国法治社会发展2020年度十大事件

吴　欢　周苗涵*

"中国法治社会发展年度十大事件"的评选和报告，是在中国法治现代化研究院开展的"年度十大法治影响力事件"评选发布活动基础上，专门就法治社会发展议题进行的具体化拓展，旨在集中呈现我国法治社会发展过程中的年度影响力事件。以习近平法治思想为指导，2020年法治社会建设行稳致远、精彩纷呈：《法治社会建设实施纲要（2020—2025年）》印发施行，新时代新阶段法治社会建设顶层设计愈益明晰；新中国首部《民法典》制定通过，市场经济的法治保障更加有力；"七五"普法总结验收工作全面开展，社会主义法治社会的全民守法氛围更加浓厚；《关于加强法治乡村建设的意见》印发施行，法治社会建设的领域和范围更加深远；公共法律服务、矛盾纠纷化解、基层社会治理等方面也涌现出一系列创新举措和制度安

---

* 吴欢，法学博士，南京师范大学法学院副教授，中国法治现代化研究院研究员；周苗涵，法学硕士，南京师范大学法学院政府治理与行政法理研究中心研究人员。

排。"中国法治社会发展2020年度十大事件"的评选和报告,由中国法治现代化研究院蓝皮书工作室执行。

一 《法治社会建设实施纲要(2020—2025年)》印发施行

事件概述

2020年12月,为加快推进新时代新阶段法治社会建设,中共中央印发了《法治社会建设实施纲要(2020—2025年)》(以下简称《纲要》)。《纲要》的指导思想是,高举中国特色社会主义伟大旗帜,坚持以马克思列宁主义、毛泽东思想、邓小平理论、"三个代表"重要思想、科学发展观、习近平新时代中国特色社会主义思想为指导,全面贯彻党的十九大和十九届二中、三中、四中、五中全会精神,全面贯彻习近平法治思想,增强"四个意识"、坚定"四个自信"、做到"两个维护",坚定不移走中国特色社会主义法治道路,坚持法治国家、法治政府、法治社会一体建设,培育和践行社会主义核心价值观,弘扬社会主义法治精神,建设社会主义法治文化,增强全社会厉行法治的积极性和主动性,推动全社会尊法学法守法用法,健全社会公平正义法治保障制度,保障人民权利,提高社会治理法治化水平,为全面建设社会主义现代化国家、实现中华民族伟大复兴的中国梦筑牢坚实法治基础。

《纲要》强调,坚持党的集中统一领导;坚持以中国特色社会主义法治理论为指导;坚持以人民为中心;坚持尊重和维护宪法法律权威;坚持法律面前人人平等;坚持权利与义务相统一;坚持法治、德治、自治相结合;坚持社会治理共建共治共享。《纲要》明确,到2025年,"八五"普法规划实施完成,法治观念深入人心,社会领域制度规范更加健全,社会主义核心价值观要求融入法治建设和社会治理成效显著,公民、法人和其他组织合法权益得到切实保障,社会治理法治化水平显著提高,形成符合国情、体现时代特征、人民群众满意的法治社会建设生动局面,为2035年基本建成法治社会奠定坚实基础。

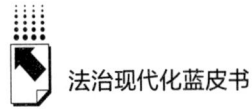

《纲要》共由七部分组成：第一部分是总体要求，主要阐述法治社会建设的指导思想、主要原则和总体目标；第二部分至第六部分，主要从推动全社会增强法治观念、健全社会领域制度规范、加强权利保护、推进社会治理法治化、依法治理网络空间等五个方面明确了当前法治社会建设的重点内容，提出了具体举措；第七部分是加强组织保障，主要就强化组织领导、加强统筹协调、健全责任落实和考核评价机制、加强理论研究和舆论引导等方面作出安排部署。

法治意义

法治社会建设是全面依法治国的重要基础性工程。与新时代人民群众日益增长的美好生活需要相比，与建设社会主义法治国家的目标要求相比，法治社会建设还存在差距。《纲要》充分认识到推进法治社会建设的重要性、紧迫性，从坚持全面依法治国基本方略、推进国家治理体系和治理能力现代化的战略高度，将以习近平同志为核心的党中央对统筹推进全面依法治国作出的重大决策部署落到实处。《纲要》的出台，对于学习贯彻习近平法治思想、推进法治社会建设、实现国家治理体系和治理能力现代化具有重要意义。

二 新中国首部《民法典》为法治社会建设保驾护航

事件概述

2020年5月28日，十三届全国人大三次会议表决通过《中华人民共和国民法典》，中华民族百年来的"民法典梦"至此成为现实。作为新中国第一部以法典命名的法律，民法典共7编1260条，于2021年1月1日起实施。

习近平总书记指出，民法典对推进全面依法治国、加快建设社会主义法治国家具有重大意义。民法典被称为"社会生活的百科全书"，在法律体系中居于基础性地位，在价值导向、内容安排和制度设计上充分回应了市场经济和市民社会的法治要求，为新时代新阶段法治社会建设提供了坚实保障。在价值导向上，民法典作为人民合法权益保障的宣言书，通过确认和保护民事主体各种人身权利和财产权利，能够让人民群众真切地感受到法律权利的

"获得感"。民法典还为民事主体的各类民事活动设定了行为规范和基本遵循,并通过社会主义核心价值体系的贯穿与诚实信用、公序良俗等原则的保障,有力凸显了以人民为中心与保障人民权益的重要思想,为秩序和美德相得益彰的中国特色社会主义法治社会建设提供了鲜明价值引领。在内容安排上,民法典总则编采用"提取公因式"的方法,全面系统地确认民事主体所享有的各项民事权利,构建了完整的民事权利体系,夯实了法治社会建设的善治之基;物权编不仅在一般规定中直接体现物权平等原则,还在征收补偿等领域具体规定中充分体现对公权力的约束和对弱势群体的保护;合同编坚持维护公平竞争原则,进一步加强对社会热点、难点问题的立法回应;人格权编为民事主体人格权益保护筑起了坚实法治屏障,也为民事主体自觉尊法守法提供了精准法律指引;婚姻家庭编积极导入法治社会建设目标要求,增加了树立优良家风、弘扬家庭美德、重视家庭文明建设等原则性规定。在制度设计上,民法典有关居住权、社会监护、离婚冷静期、高空抛物责任等制度创新,也都充分彰显了多元主体协商共治的法治社会建设要求。

法治意义

民法典是市场经济社会的基本法,是一部固根本、稳预期、利长远的基础性法律,是社会治理现代化的法治基石。民法典充分体现了立法者对市民社会法治要求的积极回应,也充分彰显了新时代新阶段法治社会建设的价值内涵,将为信仰法治、公平正义、保障权利、守法诚信、充满活力、和谐有序的社会主义法治社会建设发挥重要保驾护航作用。民法典构建的社会经济生活基本秩序和践行的民事主体权利保护理念,是新时代以人民为中心发展思想的生动体现,遵循民法典、遇事找法、办事靠法将成为全社会的基本生活方式和新风尚。

三 "七五"普法总结验收工作全面开展

事件概述

2020年6月23日,为落实党中央、国务院转发《中央宣传部、司法部关于在公民中开展法治宣传教育的第七个五年规划（2016—2020年）》关于认真开展"七五"普法总结验收的要求，全国普法办发布《关于做好"七五"普法总结验收工作的通知》（以下简称《通知》），印发总结验收工作方案及考核评估指标体系。

工作方案指出，总结验收的主要内容是"七五"普法规划和决议的贯彻执行情况，重点突出习近平总书记全面依法治国新理念新思想新战略学习宣传情况，宪法学习宣传情况，党内法规学习宣传情况，领导干部、青少年等普法重点对象学法用法情况，加强社会主义法治文化建设情况，推进多层次多领域依法治理和法治乡村建设情况，弘扬社会主义核心价值观推进法治教育与道德教育相结合工作情况，"服务大局普法行""防控疫情、法治同行"等专项法治宣传活动开展情况，"谁执法谁普法"责任制落实情况，以及普法依法治理工作创新情况和普法的实际效果。考核评估指标体系则明确了各验收项目及权重、考核内容、评分指标和计分方式等，以确保总结验收工作顺利开展。《通知》下发后，各地各部门高度重视，认真谋划、精心组织、广泛动员，按照全国普法办工作方案及考核评估指标体系要求，制定切实可行的实施方案和精准细化的实施标准，并以总结验收工作为契机推动全民普法各项工作落地落细落实。

2016年以来，各地各部门普法工作成效显著。中央全面依法治国委员会办公室副主任、司法部部长、全国普法办主任唐一军指出，当前全社会法治观念明显增强，社会治理法治化水平明显提升。具体而言，党对普法工作的全面领导显著加强；普法工作服务大局、服务群众，成效显著；"谁执法谁普法"普法责任制广泛推行；法治乡村建设深入推进；法治教育纳入国民教育体系。他表示，司法行政系统将进一步把提高普法工作的针对性和实效性作为工作着力点，把青少年作为重点对象，分层分类有序开展、有效推进，大力提升公民法治素养，促进全民普法工作守正创新、提质增效、全面发展。

法治意义

在14亿多人口的大国开展全民普法，把法律交给人民，让人民信仰法治,是人类法治史上的一大创举,是中国特色社会主义制度的充分体现,也是"治未病、重预防",推进源头治理、依法治理的重要举措。"七五"普法总结验收工作的全面开展和顺利完成,既是对2016年以来普法工作的全面检视,也是对全民普法35年来历史性成就的阶段性总结,更是对党的十八大以来增强全社会法治观念有益做法的巩固与提升,为"十三五"规划圆满收官与小康社会全面建成营造了良好法治环境,也为社会主义现代化新征程奋力开启奠定了坚实法治基础。

四 《关于加强法治乡村建设的意见》印发施行

事件概述

2020年3月,中央全面依法治国委员会印发《关于加强法治乡村建设的意见》(以下简称《意见》),强调走出一条符合中国国情、体现新时代特征的中国特色社会主义法治乡村之路,为全面依法治国奠定坚实基础。

近年来,党中央、国务院高度重视法治乡村建设顶层设计。《中共中央 国务院关于实施乡村振兴战略的意见》和《乡村振兴战略规划(2018—2022年)》明确提出建设法治乡村重大任务。《中共中央关于坚持和完善中国特色社会主义制度 推进国家治理体系和治理能力现代化若干重大问题的决定》强调系统治理、依法治理、综合治理、源头治理。《中共中央办公厅 国务院办公厅关于加强和改进乡村治理的指导意见》对法治乡村建设提出明确要求。

《意见》强调,在推进法治乡村建设中,要坚持和加强党对法治乡村建设的领导,坚持农村基层党组织领导地位,加强农村基层党组织建设,充分发挥农村基层党组织的战斗堡垒作用和党员先锋模范作用,确保法治乡村建设始终沿着正确方向发展;坚持人民群众在法治乡村建设中的主体地位,做到法治乡村建设为了群众、依靠群众,过程群众参与、效果群众评判、成果群众共享,切实增强人民群众的获得感、幸福感、安全感;坚持法治与自治、德治相结合,以自治增活力、法治强保障、德治扬正气,促进法治与自

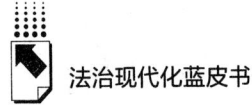

治、德治相辅相成、相得益彰；坚持从实际出发，根据乡村自然环境、经济状况、人口结构、风土人情等不同情况，因地制宜开展法治乡村建设，勇于探索创新，注重工作实效。

《意见》强调，法治乡村建设要着力完善涉农领域立法，规范涉农行政执法，强化乡村司法保障，加强乡村法治宣传教育，完善乡村公共法律服务，健全乡村矛盾纠纷化解和平安建设机制，推进乡村依法治理，加快"数字法治·智慧司法"建设，深化法治乡村示范建设。

《意见》要求，各级党委和政府要全面落实《中国共产党农村工作条例》，把法治乡村建设作为全面依法治国和实施乡村振兴战略的基础工作来抓，落实县乡党政主要负责人履行推进法治建设第一责任人职责，加强领导、统一部署、统筹协调，及时研究解决法治乡村建设中的重大问题。各地要把法治乡村建设纳入本省、市、县法治建设总体规划，突出重点，分步实施，扎实推进法治乡村建设。

法治意义

乡村治理是国家治理的重要基石，乡村法治建设是乡村振兴战略的重要内容。《意见》按照实施乡村振兴战略的总体要求，全面部署加强党对法治乡村建设的领导，健全党组织领导的自治、法治、德治相结合的乡村治理体系，坚持以社会主义核心价值观为引领，着力推进乡村依法治理，教育引导农村干部群众办事依法、遇事找法、解决问题用法、化解矛盾靠法等方面建设举措，重点推进包括加强乡村法治宣传教育、完善乡村公共法律服务、健全乡村矛盾纠纷化解和平安建设机制、推进乡村依法治理等"九大任务"，将为实施乡村振兴战略营造良好法治环境，也将为新时代新阶段法治社会建设奠定坚实基础。

五 公共法律服务"三大平台"融合发展深入推进

事件概述

2020年1月，为贯彻落实习近平总书记关于公共法律服务工作重要指示精神,贯彻落实《中共中央办公厅 国务院办公厅印发〈关于加快推进公共法律服务体系建设的意见〉的通知》要求,推进公共法律服务网络平台、实体平台、热线平台融合发展,不断提高服务供给能力和水平,司法部制定《公共法律服务网络平台、实体平台、热线平台融合发展实施方案》(以下简称《实施方案》),以期强化"三大平台"服务整体效能,不断提升公共法律服务供给能力与供给水平。

《实施方案》要求,到2022年实现更有质量的普及化和更高水平的一体化、精准化,提供服务的能力进一步提升,基本公共法律服务事项清单范围进一步扩大,多样化可选择的优质法律服务资源更加丰富,公共法律服务改革发展成果更公平地惠及全体人民,人民群众法治获得感进一步提升。《实施方案》从实施网络平台统领工程、实施数据汇集工程、实施"保基本、均等化"工程、实施服务能力提升工程等四方面明确了"三大平台"融合发展的重点任务,规定了一系列具体措施,还从加强组织领导、加强财政保障、加强运营管理、加强监督评估、加强安全保障等五方面部署了有力的组织保障措施。

《实施方案》印发后,各地司法行政系统纷纷采取有力行动予以贯彻落实。浙江省加强智慧赋能公共法律服务,全力打造"全资源"共享、"全业务"融合、"全时空"覆盖、"全链条"运用、"全满意"服务的现代公共法律服务体系。海南省以网络平台为统领,以信息技术为支撑,有效整合三大平台资源,实现三大平台间的数据串联、流转、归集,形成线上线下协同服务,加快建成与海南自贸港相适应的"全业务、全时空"公共法律服务体系。陕西省注重整合法律服务资源、对接业务信息系统,实现了律师、公证、司法鉴定、法律援助、人民调解等法律服务事项的网上办理,着力建设一支热衷于公共法律服务的专业队伍。云南省致力于实现各平台及业务数据互联互通,促进公共法律服务由粗放型向精细化转变,努力构建协同联动一网办理的"互联网+公共法律服务"体系,进一步推进公共法律服务"三大平台"融合发展,提升"三大平台"服务整体效能,实现"一站通""一网通""一线通"的智慧公共法律服务。

法治意义

公共法律服务"三大平台"是司法行政机关统筹提供公共法律服务的重要窗口、方式和途径。加强"三大平台"基础建设，推进"三大平台"融合发展，不断提高平台服务能力和水平，是构建和完善现代公共法律服务体系的必然要求，是推进国家治理体系和治理能力现代化的重要基础性工作。随着"三大平台"融合发展的深入推进，公共法律服务的便捷性与可及性将继续提高，公共法律服务总量、服务质量和服务效率将不断提升，新时代新阶段法治社会建设的基本要求和全面依法治国、推进国家治理现代化的宏伟目标也将更好实现。

六 《2020年全国普法依法治理工作要点》印发施行

事件概述

2020年1月16日，全国普法办公室印发《2020年全国普法依法治理工作要点》（以下简称《工作要点》）。《工作要点》指出，2020年是全面建成小康社会和"十三五"规划收官之年，也是"七五"普法收官之年。2020年普法依法治理工作要坚持以习近平新时代中国特色社会主义思想为指导，深入贯彻落实党的十九大和十九届二中、三中、四中全会精神，主动适应坚持和完善中国特色社会主义制度、推进国家治理体系和治理能力现代化的新要求，坚持围绕中心、服务大局，坚持守正创新，加大全民普法工作力度，推进依法治理，以做好"七五"普法的收官和"八五"普法的谋划为主线，重点加强社会主义法治文化建设和法治乡村建设，让法治宣传教育强起来实起来暖起来，确保"七五"普法规划全面落实。

《工作要点》强调，把学习宣传习近平总书记全面依法治国新理念新思想新战略作为全民普法的首要任务，进一步推动习近平总书记全面依法治国新理念新思想新战略进入各级党委（党组）中心组学习内容，推动领导干部发挥示范带头作用，增强全社会走中国特色社会主义法治道路的自觉性和坚定性。《工作要点》要求，深入学习宣传贯彻党的十九届四中全会精神，按照中央的要求和部署，深入基层、深入群众，结合普法工作，大力宣传我国的根本制度、基本制度、重要制度，促进广大干部群众把思想和行动统一到全会精神上来。《工作要点》提出，认真完成好中央全面依法治国委员会2020年工作要点中的相关工作任务，召开中央全面依法治国委员会守法普法协调小组第二次会议，加强组织协调，统筹推进普法依法治理工作。此外，《工作要点》还部署了抓紧开展自查、大力弘扬宪法精神、大力弘扬社会主义核心价值观、开展好主题法治宣传、继续深入开展"服务大局普法行"活动、进一步落实国家工作人员学法用法制度、进一步落实青少年法治教育大纲、进一步落实"谁执法谁普法"普法责任制、加强法治乡村建设、加强社会主义法治文化建设、用好"智慧普法"平台、积极开展对外法治宣传、开展好"七五"普法总结验收、起草好"八五"普法规划、加强普法依法治理队伍建设等其他15个方面的重点工作。

法治意义

法律的权威源自人民的内心拥护和真诚信仰。加强全民普法和依法治理工作是法治社会建设的基础性环节，也是全面依法治国的基础性工作。《工作要点》聚焦坚持和完善中国特色社会主义制度、推进国家治理体系和治理能力现代化的新要求，全面部署2020年全民普法和依法治理各项工作，有助于弘扬社会主义法治精神，建设社会主义法治文化，有助于增强全社会厉行法治的积极性和主动性，有助于推动形成守法光荣、违法可耻的良好社会氛围，使全体人民都成为社会主义法治的忠实崇尚者、自觉遵守者、坚定捍卫者。

七 2020年全国"创新社会治理典型案例"评选发布

事件概述

2020年4月，全国"创新社会治理典型案例"征集活动正式启动。本次征集活动由人民网和中共中央党校（国家行政学院）社会和生态文明部联合主办，全国各地各级相关单位踊跃参与。2020年7月4日，活动主办方邀请社会治理研究领域的知名专家，遵循公开、公平、公正的原则，对来自全国不同省市、10个领域的创新社会治理案例进行评审。此次评审指标体系包含治理主体、治理方法、创新特色、治理效果、治理影响、公众参与等6个一级指标及15个二级指标，最终评选出最佳案例10个，优秀案例20个。

10个最佳案例分别是：浙江省宁波市鄞州区"创新升级'365社区治理工作规程'探索社区治理'鄞州解法'"；山东省济宁市嘉祥县"建立'平安周例会'制度打造新时代'枫桥经验'嘉祥版"；重庆市南岸区"建设'六个美丽'共享'幸福街道'"；广东省佛山市南海区"'147'矛盾纠纷多元化解工作机制"；吉林省延边州敦化市"以德治促政风正行风育民风"；重庆市合川区"坚持党建引领基层社会治理构建共建共治共享的城乡治理新格局"；四川省成都市青羊区"以创新场景营造凝聚社区发展治理新优势，提升少城片区融合治理新动能"；江苏省南京市六合区"党建引领、网格为基、自治法治德治相结合助力乡村治理"；湖南省株洲市醴陵市"全面推行监督与服务微信群走好新时代网上群众路线"；四川省成都市成华区"'大联动·家空间'智慧社区建设助推市域社会治理现代化"。20个优秀案例分别由福建、云南、重庆、四川、江苏、黑龙江、河南、山东、安徽、吉林、上海、青海、广西、浙江、甘肃、陕西、天津、湖南等地基层单位选送，包括福建南平市"创新突破整治库区用电秩序打造新时代'枫桥经验'南平样板"，云南省昆明市"构建多民族融荣与共的社会治理'同心圆'"，重庆市璧山区"党建引领、小区治理完善城市基层治理体系"，四川省自贡市"沿滩区深入推行'道德银行'工作法探索城乡社区治理新路子"，江苏省扬州市"智治支撑社会治理的'江都实践'"等。

据了解，自2012年起，全国"创新社会治理典型案例"征集活动已经连续举办九届，涌现了一批创新社会治理做法，征集了数千个富有特色并经实践检验的鲜活案例，为深入推进新时代社会治理创新提供了引领示范。

法治意义

党的十八大以来，以习近平同志为核心的党中央高度重视社会治理创新工作,全国各地根据中央战略部署和地方工作实际持续深化社会治理创新,涌现出一系列先进典型。党的十九届五中全会再次强调,改善人民生活品质、提高社会建设水平必须"加强和创新社会治理"。2020年全国"创新社会治理典型案例"征集活动评选出的最佳案例和优秀案例,具有较强的创新性、代表性和可复制可推广性,有利于调动全国各地参与社会治理创新实践的积极性主动性,推动社会治理现代化建设迈上新台阶。

八 《关于改革完善社会救助制度的意见》印发施行

事件概述

2020年8月25日,为全面贯彻党中央、国务院决策部署,统筹发展社会救助体系,巩固脱贫攻坚成果,切实兜住兜牢基本民生保障底线,中共中央办公厅、国务院办公厅印发《关于改革完善社会救助制度的意见》(以下简称《意见》),并发出通知,要求各地区各部门结合实际认真贯彻落实。

《意见》指出,改革完善社会救助制度的总体目标是,用两年左右时间,健全分层分类、城乡统筹的中国特色社会救助体系,在制度更加成熟更加定型上取得明显成效。社会救助法制健全完备,体制机制高效顺畅,服务管理便民惠民,兜底保障功能有效发挥,城乡困难群众都能得到及时救助。到2035年,实现社会救助事业高质量发展,改革发展成果更多更公平惠及困难群众,民生兜底保障安全网密实牢靠,基本实现社会主义现代化的宏伟目标。

《意见》从六个方面提出了重点任务和具体要求。一是建立健全分层分类的社会救助体系。包括构建综合救助格局,打造多层次救助体系,创新社会救助方式,促进城乡统筹发展。二是夯实基本生活救助。包括完善基本生活救助制度,规范基本生活救助标准调整机制,加强分类动态管理。三是健全专项社会救助。包括健全医疗救助制度,健全教育救助制度,健全住房救助制度,健全就业救助制度,健全受灾人员救助制度以及发展其他救助帮扶。四是完善急难社会救助。包括强化急难社会救助功能,完善临时救助政

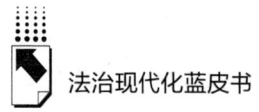

策措施，加强和改进生活无着流浪乞讨人员救助管理，做好重大疫情等突发公共事件困难群众急难救助工作。五是促进社会力量参与。包括发展慈善事业，引导社会工作专业力量参与社会救助，促进社会救助领域志愿服务发展，推进政府购买社会救助服务。六是深化"放管服"改革。包括建立完善主动发现机制，全面推行"一门受理、协同办理"，优化审核确认程序，加快服务管理转型升级。

《意见》还从加强组织领导、落实部门责任、提高基层服务能力、加强监督检查等四方面规定了改革完善社会救助制度的保障措施。

法治意义

《意见》站在全局和战略的高度，抓住重要问题和关键环节，明确了今后一个时期社会救助事业发展的总体目标、重点任务和保障措施，为推动新时代社会救助改革发展提供了重要指引。2020年是打赢脱贫攻坚战的收官之年，又是阻击新冠肺炎疫情、进入常态化疫情防控的关键一年，《意见》的出台对于做好"六稳"工作、落实"六保"任务，更好保障困难群众基本生活，切实做到弱有所扶、难有所帮、困有所助、应助尽助具有重要意义和作用。

九 北京市组建7029个村（居）委会公共卫生委员会

事件概述

2020年4月17日，在北京市新型冠状病毒肺炎疫情防控工作新闻发布会上，北京市卫健委新闻发言人宣布，北京市已按原定计划完成7029个村（居）委会公共卫生委员会组建任务，基层群众参与公共卫生治理的网底基本建成。

2018年3月，为贯彻落实健康中国战略、深入推进健康北京建设，进一步强化村委会、居委会公共卫生职能，原北京市卫生和计划生育委员会等五部门联合印发《关于进一步推进村委会、居委会公共卫生委员会建设的通知》（以下简称《通知》），对推进村（居）委会公共卫生委员会建设的重要意义、主要内容、工作机制和工作要求作出系统安排，强调到2020年健康北京的工作网底初步建成。《通知》下发后，首都各地积极行动，当年就有至少三分之一的村（居）委会建起公共卫生委员会。2019年，北京市村（居）委会公共卫生委员会组建工作深入推进。

新冠肺炎疫情发生后，首都各地村（居）委会公共卫生委员会积极履行公共卫生治理职能，全面落实疫情防控属地责任。一是深入实施"敲门行动"，全面摸排社区人员基本情况，了解居民出京、返京情况以及健康状况等；二是广泛参与社区（村）实施封闭管理，设置体温检测岗，通过发放出入证、手机核验健康码和出行信息、来访人员实名登记等措施，加强社区人员管理；三是协助完成"京心相助"App外地返京人员社区报到的信息审核等工作，为"健康宝"提供重要基础信息；四是有力配合疾控机构入户进行流行病学调查和相关病例住家的终末消毒等工作，参与入户消毒近900户次，室内外面积达29万平方米。

在常态化疫情防控背景下，村（居）委会公共卫生委员会这个"新生事物"受到广泛关注。2020年全国两会上，多位代表委员热切建言广泛设立村（居）委会公共卫生委员会。中共南京市委、市政府2020年6月印发指导意见，明确鼓励居（村）委会设立公共卫生委员会。杭州、绍兴、合肥、成都等地也先后印发政策文件，指导开展村（居）委会公共卫生委员会试点建设工作。国家卫健委在有关疫情防控工作方案中明确要求，"健全乡村公共卫生委员会"。

法治意义

我国《宪法》第111条规定，村（居）委会设公共卫生等委员会，其也是承担基层公共卫生自治职能的专门机构。北京市率先开展的村（居）委会公共卫生委员会组建工作，既是贯彻落实健康中国战略、深入推进健康北京建设的应有之义，也为新冠肺炎疫情应对提供了有力的基层组织抓手，成为基层公共卫生依法治理"中国之治"制度优势和治理效能的生动注脚。在疫情防控常态化背景下，村（居）委会公共卫生委员会组建工作的深入推广，有利于彰显我国基层社会治理和群众自治特色优势，有利于总结战疫

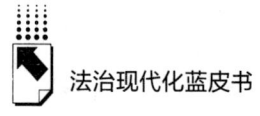

斗争涌现的基层公共卫生治理经验，有利于发挥基层公共卫生委员会群防群治抓手作用。

十 《法律援助值班律师工作办法》印发施行

事件概述

2020年9月27日，最高人民法院、最高人民检察院、公安部、国家安全部、司法部联合印发《法律援助值班律师工作办法》（以下简称《办法》）。《办法》明确，法律援助值班律师是指法律援助机构在看守所、人民检察院、人民法院等场所设立法律援助工作站，通过派驻或安排的方式，为没有辩护人的犯罪嫌疑人、被告人提供法律帮助的律师。根据《刑事诉讼法》及《办法》，法律援助值班律师法定职责包括提供法律咨询，提供程序选择建议，帮助犯罪嫌疑人、被告人申请变更强制措施，对案件处理提出意见，帮助犯罪嫌疑人、被告人及其近亲属申请法律援助，以及法律法规规定的其他事项。法律援助值班律师提供法律帮助与法律咨询、刑事辩护、刑事代理是刑事法律援助的主要服务方式。

《办法》共5章36条。第一章"总则"，规定了《办法》的制定目的和依据，明确了值班律师的内涵、工作原则、组织实施部门及相关职责。第二章"值班律师工作职责"，明确了值班律师的法定职责，细化了值班律师提供法律咨询、帮助申请变更强制措施、犯罪嫌疑人签署认罪认罚具结书在场提供法律帮助的具体要求。第三章"法律帮助工作程序"，规定了人民法院、人民检察院、公安机关、司法行政机关在保障值班律师工作中应当履行的义务，法律援助机构及值班律师履职要求，值班律师会见、阅卷权利的保障等。第四章"值班律师工作保障"，规定了法律援助工作站的设置、值班律师工作管辖、法律帮助补贴标准，明确建立值班律师各项工作制度，健全人民法院、人民检察院、公安机关、司法行政机关会商通报机制，以及司法行政机关、法律援助机构、律师协会对值班律师履行相应的监管和指导职责。第五章"附则"，明确了国家安全机关、中国海警局、监狱履行职责涉及值班律师工作的,适用《办法》中关于公安机关的规定,此外废止了"两高三部"《关于开展法律援助值班律师工作的意见》。

法治意义

以习近平同志为核心的党中央高度重视法律援助工作。《办法》的制定出台,是深入贯彻落实习近平总书记"努力让人民群众在每一个司法案件中都感受到公平正义"重要指示的具体措施,是法律援助工作助推全面依法治国、服务保障和改善民生的重要实践。《办法》的贯彻落实,有利于完善法律援助值班律师工作机制,有利于确保犯罪嫌疑人、被告人在刑事诉讼各个阶段获得有效的法律帮助,对于促进公正司法和人权保障具有重要意义。

Contents

I General Report

B.1 General Report on Development of China's Rule of Law

in Society 2020　　　　　　　　　　*Pang Zheng, Wang Qi* / 001

Abstract: In 2020, the construction of China's rule of law in society is an important has made many achievements worthy of recognition in different arenas, including legal publicity and education, public legal services, legislation in the social field, construction of social norms, social grassroots governance, and the resolution of conflicts and disputes. However, some problems also exist, including uneven development among regions, insufficient participation and the need to improve the level of social governance under rule of law. The 19th National Congress of the Communist Party of China made the basic establishment of rule of law in society as one of the important goals of basically realizing socialist modernization by 2035. The "Implementation Outline for the Construction of a Society Ruled by Law (2020 – 2025)" has made a new layout around the requirements for the construction of rule of law in society. In the next stage of the construction of rule of law in society, we must follow Xi Jinping's thoughts on the rule of law and the "Implementation Outline for the Construction of a Rule of Law Society (2020 – 2025)", take the implementation of the "Eighth Five-Year" legal publicity plan as the starting point, focus on the construction of socialist culture, while being problem-oriented, adhering to and consolidate the achievements and experience, further realizing innovative development, in order to build a society under the rule of law as soon as possible.

Keywords: Rule of Law in Society; Implementation Outline for the Construction of Rule of Law in Society; Grassroots Social Governance; Socialist Legal Culture

Ⅱ Local Reports Anhui

B.2 Report on Publicity and Education of Rule of Law in Anhui Province *Qiang Hui /* 051

Abstract: In 2020, Anhui Province fought the final battle of the "Seventh Five-Year Plan for Publicity and Education of the Rule of Law". The work of the publicity and education of the rule of law was well organized. The team building of the publicity and education of the rule of law absorbs social forces. The goal of publicity and education of rule of law focuses on the "critical minority". The forms of publicity and education of rule of law keep innovating. And the publicity and education of rule of law has achieved remarkable results as a whole. All the above aspects has formed a solid foundation for the development of the "Eighth Five-Year Plan for Publicity and Education of the Rule of Law". All parts of Anhui actively explore the innovation of legal publicity and education. Among them, Huangshan City, Hefei City, Xuanzhou District of Xuancheng City, and Mengcheng County of Bozhou City have outstanding highlights in the legal publicity and education work, which has typical reference significance. In the next stage of the publicity and education of the rule of law work, the main aspects of "Eighth Five-Year Plan for Publicity and Education of the Rule of Law" include: further strengthening the construction of the responsibility system, innovating the work form of legal publicity and education, strengthening the team building of the legal publicity and education, improving the level and quality of legal publicity and education activities, and improving the platform of legal publicity and education.

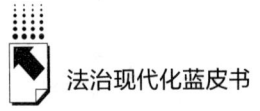

Keywords: Publicity and Education of Rule of Law; Responsibility System of Legal Publicity and Education; Team Building of Legal Publicity and Education; Precise Legal Publicity and Education

B.3 Public Legal Service Report　　　　　　　　*Qiang Hui / 066*

Abstract: In 2020, Anhui Province actively promoted public legal services, and made outstanding progress in the following aspects: the construction of public legal service system was accelerated, the institutions of public legal service were continuously strengthened, the platforms of public legal service were integrated developed, the contents of public legal services were comprehensively reformed, the allocation of public legal service resources was gradually optimized, and the function of public legal service was deeply expanded. In the next stage of development, it is necessary to further improve the public legal service system, to promote the work mechanism of public legal service management; to strengthen the resource integration, to optimize the inter-regional distribution mechanism of public legal service resources; to gather public legal service teams, and to promote the accurate coverage of public legal services.

Keywords: Public Legal Services; Dispute Mediation; Legal Aid

B.4 Conflicts and Disputes Resolution Report　　　　*Du Weichao / 079*

Abstract: In the inheritance and development of the "Fengqiao Experience" in the new era, all departments in Anhui Province have created an Anhui model for conflicts and disputes resolution. The diversified solution of conflicts and disputes involving the interaction of all parties and the participation of multiple parties is initially taking shape. In the field of conflict resolution and non-litigation mechanisms, Anhui has a solid working foundation and the large-scale mediation work pattern has gradually matured. The resolution of non-litigation conflicts and disputes has achieved remarkable results, forming a distinctive Anhui sample. At the level of litigation services to facilitate the resolution of conflicts and disputes, Anhui's experience has been formed in many aspects, such as the three-dimensional litigation service, the diversification of dispute resolution channels, and the standardization of "diversion, mediation, decision and trial". At the same time, the abundant practice patterns and diversified grassroots system models that are gradually formed in various parts of Anhui provide live materials for the next work direction and top-level design. The next step is to adhere to the concept of "a chess game of disputes resolution" and to improve the new pattern of diversified conflict resolution work, so as to promote the in-depth development of Anhui's conflict resolution work.

Keywords: Conflicts and Disputes Resolution; Litigation; Non-litigation; Anhui Sample

B.5 Social Grassroots Governance Report　　　　　*Du Weichao* / 096

Abstract: Anhui adheres to the new direction of the modernization of social governance of co-construction, co-governance and sharing, coordinating urban and rural development, and achieving remarkable results in grassroots social governance. Adhering to politics as the key link, party-building activities have further strengthened the safeguard of grassroots governance organizations. Regarding to the rule of law, the construction of the rule of law has actually been extended to the grassroots governance system. Based on the rule of virtue, the social participation of grassroots governance has been further enriched. With smart governance as a supplement, digitization deeply empowers grassroots governance in society. Due to the organic integration of the "Five Governances", the ability of grassroots social governance has been gradually improved. And the "Anhui sample" of grassroots social governance has been built in an all-round way. It has truly realized that governance problems can be solved in the "five governances",

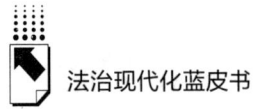

while social harmony being built in the "five governances", and the satisfaction of the masses being improved in the "five governances".

Keywords: Grassroots Social Governance; Anhui Samples; Integration of Five Governances

Ⅲ Research Reports

B.6 Theory and Practice of Grid-based Social Governance

—*A Study on Three Districted Cities Investigation*

Gong Tingtai, Jian Congjin and Wang Qi / 119

Abstract: Remarkable results have been achieved in the grid-based social governance in Jiangsu Province, which have formed distinctive advantages. Through high-level advancement in various places, all elements grid-based social governance has been firmly implemented in Jiangsu Province, which is mainly manifested in the following aspects: the leadership of party building, which promotes the innovative power of social governance; high standards and norms, which highlights the characteristics of practicalization, informationization and scientization; all elements implemented, which shapes the pattern of joint collaboration, broad participation, and shared benefits, based on grids; multi-dimensional transformation, which highlights the governance effects. In practice, there are also some problems in various places, which is mainly manifested in the following aspects: the inertia of the traditional thinking in governance institutions and staff, the insufficient organizational leadership, the unbalanced professional team building, and the lack of institutional guarantees for grid-based social governance. In order to further improve the level of grid-based social governance, all localities should establish the service-centric work concept, strengthen the leading and organizational function under the leadership of party building, build a professional work team, and establish a complete grid-based social governance legal system, highlight the new system, new brand, and new model of grid-based social governance.

Keywords: Social Governance; Gridization; Joint Collaboration, Broad Participation and Shared Benefits

B.7 "Jiangsu's Society with Rule of Law Construction Index System" and Its Trial Implementation Evaluation Report

Pang Zheng / 167

Abstract: The contents of "Jiangsu's Society with Rule of Law Construction Index System (Trial Implementation)" (JSRLCIS) embodies the goal of building a society with rule of law and the top-level designed framework since the 18th National Congress of the Communist Party of China. The structural arrangements of JSRLCIS adopts a three-level indicator model, with a logical system from abstract to concrete, which basically covers the general tasks of the construction of a society with rule of law. Based on an accurate grasp of the current status of practice, combined with forward-looking and feasibility, the JSRLCIS moderately puts forward higher-level requirements as to the work contents and methods, with a direct guidance for future practices. The weight configuration of the JSRLCIS is relatively reasonable. And the final level of indicators is highly quantified, with a large number of standards such as numerical values and ratios. The text of the JSRLCIS is standardized and easy to understand, trying to avoid vague language in order to facilitate evaluation and assessment. The design philosophy, indicator contents, indicator weights, and final indicator expressions of the JSRLCIS can be further optimized. The evaluation weight of social governance, as an important content of the construction of society with rule of law, needs to be strengthened. The evaluation weight of public satisfaction as a first-level indicator is too low. The construction of the joint collaboration, broad participation, and shared benefits system is not emphasized enough. During the trial implementation of the indicator system, some implementation mechanism issues and external institutional obstacles have been presented. The internal and external environments needs to be optimized from multiple aspects to ensure the effectiveness of the JSRLCIS.

Keywords: Society with Rule of Law; Index System; Scientificity; Operability

B.8 On New Rural Sages and the Innovation of Rural Governance System in the New Era

—*Take two towns in Xuzhou as an example*

Jian Congjin, Liu Guangdeng and Zhang Zhaocheng / 212

Abstract: The appearance of the new rural sages organization as an cooperative governance subject in the rural social governance system is an important institutional innovation that conforms to the modernization of rural governance in the New Era. The new rural sages Organization in Liangzhai and Gengji Townships of Xuzhou City, as an extended organization of villagers' autonomous organizations, embodies the functions of villagers' self-management, self-education, and self-service, with the attributes of a multifunctional platform for optimizing the rural governance system. It has fully strengthened the rural governance system and capacity building, demonstrated the concept of diversified and coordinated governance and the realistic path of optimization of the subject structure, under the leadership of the rural party organization, presented the important mechanism of the integrated operation of the "three governance integration" of rural governance in the New Era, and provided the endogenous driving force of building a rural social governance community of joint collaboration, broad participation, and shared benefits. To further enhance the ability of new rural sages organizations to participate in rural governance, it is also necessary to rationally expand the scope of the subject of new rural sages organization, to strengthen the legal culture and legal coordination capabilities of the new rural sages organization, and to promote the "localization" of the migrated rural sages appropriately.

Keywords: New Rural Sages; Rural Governance; Rule of Autonomy; Rule of Virtue; Rule of Law

IV Survey Reports

B.9 The Construction and Operation of Urban Community

Governance System in Suqian   *Wang Lihui* / 267

Abstract: The practical experience of urban community governance and the creation of a civilized city in Suqian can be used as a sample path for medium-sized cities in China to explore the improvement of urban governance. In the practice of promoting the urban governance capabilities and improving the community governance system, Suqian City took the normalization and long-term effectiveness of the construction of a national civilized city as breakthrough, attained multiple goals, such as the promotion of quality and efficiency of community governance, rapid realization of urban management goals, and significant improvement of social civilization. Meanwhile, the creation of civilized cities is also achieved through continuous optimization of urban governance models. Suqian City has established a framework for the urban community governance system and promoted the integrated operation of the urban community governance system, through the establishment of a party building leadership community governance system, joint law enforcement into the community, quality improvement of property management, and non-litigation resolution of community conflicts and disputes.

Keywords: Community Governance; Party Building Leadership; Joint Law Enforcement; Property Management; Conflict Resolution

B.10 The Operational Logic and Evolution of Traditional Village Community Governance

—Observation on S Village in Southern Henan

Wang Pengcheng, Xia Shaoang / 285

Abstract: In the past 40 years, S village has developed rapidly in economic and cultural aspects, transferring from an "extremely poor village" to a "star village". As a community of village communities, it maintains and operates steadily. At the same time, it can better adapt to the governance requirements of the New Era. The unique and active livelihood model and economic activities are its stable structural foundation. And the action model based on the concept of clan provides social conditions in the sense of community. In the practice of governance, the village governing subject is good at embedding party building in governance activities, using the emotional logic of acquaintance society, using traditional community consciousness to achieve social cohesion, and forming a new governance operation strategy under the conditions of the New Era. At the same time, a relatively rich source of economic income also provides the necessary material basis for village community governance.

Keywords: Village Community; Social Governance; Clan Concept

V Annual Events Report

B.11 Top Ten Events of China's Rule of Law in Society Development in 2020 *Wu Huan, Zhou Zhuohan* / 300

Abstract: The selection and report of the "Top Ten Annual Events of China's Rule of Law in Society Development" is based on the selection and publication of the "Top Ten Annual Rule of Law Events" carried out by China Academy of Rule of Law Modernization. It specifically expands on the topics of the rule of law in society development. It aims to focus on the annual influential events in China's rule of law in society development. Guided by Xi Jinping's Thought on the Rule of Law, the construction of the Law-based Society in 2020 was stable and far-reaching and brilliant: the "Implementation Outline for Construction of a Rule of a Law-based Society (2020 -2025)" was issued and implemented, and the top-level design of the construction of a society under the rule of law in the new era and new stage is becoming more and more clear; the first part of Civil Code in New China was enacted and passed, and the market economy and civil society's rule of law guarantees were more effective; law popularization and acceptance work in the "Seventh Five-Year Plan" was carried out in an all-round way, and the law-abiding atmosphere in a socialist society under the rule of law became stronger; "Opinions on Strengthening the Construction of the Rule of Law in Rural Areas" was issued and implemented; the field and scope of the construction of the Law-based Society have become more far-reaching; a series of innovative measures and institutional arrangements have also emerged in public legal services, conflicts and disputes resolution, and grassroots social governance. The selection and report of Top Ten Annual Events of China's Rule of Law in Society Development 2020 are carried out by the Blue Book Office, China Academy of Rule of Law Modernization.

社会科学文献出版社

皮 书
智库报告的主要形式
同一主题智库报告的聚合

❖ 皮书定义 ❖

皮书是对中国与世界发展状况和热点问题进行年度监测，以专业的角度、专家的视野和实证研究方法，针对某一领域或区域现状与发展态势展开分析和预测，具备前沿性、原创性、实证性、连续性、时效性等特点的公开出版物，由一系列权威研究报告组成。

❖ 皮书作者 ❖

皮书系列报告作者以国内外一流研究机构、知名高校等重点智库的研究人员为主，多为相关领域一流专家学者，他们的观点代表了当下学界对中国与世界的现实和未来最高水平的解读与分析。截至2021年，皮书研创机构有近千家，报告作者累计超过7万人。

❖ 皮书荣誉 ❖

皮书系列已成为社会科学文献出版社的著名图书品牌和中国社会科学院的知名学术品牌。2016年皮书系列正式列入"十三五"国家重点出版规划项目；2013~2021年，重点皮书列入中国社会科学院承担的国家哲学社会科学创新工程项目。

权威报告·一手数据·特色资源

皮书数据库
ANNUAL REPORT(YEARBOOK) DATABASE

分析解读当下中国发展变迁的高端智库平台

所获荣誉

- 2019年,入围国家新闻出版署数字出版精品遴选推荐计划项目
- 2016年,入选"'十三五'国家重点电子出版物出版规划骨干工程"
- 2015年,荣获"搜索中国正能量 点赞2015""创新中国科技创新奖"
- 2013年,荣获"中国出版政府奖·网络出版物奖"提名奖
- 连续多年荣获中国数字出版博览会"数字出版·优秀品牌"奖

成为会员

通过网址www.pishu.com.cn访问皮书数据库网站或下载皮书数据库APP,进行手机号码验证或邮箱验证即可成为皮书数据库会员。

会员福利

- 已注册用户购书后可免费获赠100元皮书数据库充值卡。刮开充值卡涂层获取充值密码,登录并进入"会员中心"—"在线充值"—"充值卡充值",充值成功即可购买和查看数据库内容。
- 会员福利最终解释权归社会科学文献出版社所有。

数据库服务热线:400-008-6695
数据库服务QQ:2475522410
数据库服务邮箱:database@ssap.cn
图书销售热线:010-59367070/7028
图书服务QQ:1265056568
图书服务邮箱:duzhe@ssap.cn

卡号:629384493222
密码:

S 基本子库
SUB DATABASE

中国社会发展数据库（下设 12 个子库）

整合国内外中国社会发展研究成果，汇聚独家统计数据、深度分析报告，涉及社会、人口、政治、教育、法律等 12 个领域，为了解中国社会发展动态、跟踪社会核心热点、分析社会发展趋势提供一站式资源搜索和数据服务。

中国经济发展数据库（下设 12 个子库）

围绕国内外中国经济发展主题研究报告、学术资讯、基础数据等资料构建，内容涵盖宏观经济、农业经济、工业经济、产业经济等 12 个重点经济领域，为实时掌控经济运行态势、把握经济发展规律、洞察经济形势、进行经济决策提供参考和依据。

中国行业发展数据库（下设 17 个子库）

以中国国民经济行业分类为依据，覆盖金融业、旅游、医疗卫生、交通运输、能源矿产等 100 多个行业，跟踪分析国民经济相关行业市场运行状况和政策导向，汇集行业发展前沿资讯，为投资、从业及各种经济决策提供理论基础和实践指导。

中国区域发展数据库（下设 6 个子库）

对中国特定区域内的经济、社会、文化等领域现状与发展情况进行深度分析和预测，研究层级至县及县以下行政区，涉及省份、区域经济体、城市、农村等不同维度，为地方经济社会宏观态势研究、发展经验研究、案例分析提供数据服务。

中国文化传媒数据库（下设 18 个子库）

汇聚文化传媒领域专家观点、热点资讯，梳理国内外中国文化发展相关学术研究成果、一手统计数据，涵盖文化产业、新闻传播、电影娱乐、文学艺术、群众文化等 18 个重点研究领域。为文化传媒研究提供相关数据、研究报告和综合分析服务。

世界经济与国际关系数据库（下设 6 个子库）

立足"皮书系列"世界经济、国际关系相关学术资源，整合世界经济、国际政治、世界文化与科技、全球性问题、国际组织与国际法、区域研究 6 大领域研究成果，为世界经济与国际关系研究提供全方位数据分析，为决策和形势研判提供参考。

法律声明

"皮书系列"(含蓝皮书、绿皮书、黄皮书)之品牌由社会科学文献出版社最早使用并持续至今,现已被中国图书市场所熟知。"皮书系列"的相关商标已在中华人民共和国国家工商行政管理总局商标局注册,如LOGO( )、皮书、Pishu、经济蓝皮书、社会蓝皮书等。"皮书系列"图书的注册商标专用权及封面设计、版式设计的著作权均为社会科学文献出版社所有。未经社会科学文献出版社书面授权许可,任何使用与"皮书系列"图书注册商标、封面设计、版式设计相同或者近似的文字、图形或其组合的行为均系侵权行为。

经作者授权,本书的专有出版权及信息网络传播权等为社会科学文献出版社享有。未经社会科学文献出版社书面授权许可,任何就本书内容的复制、发行或以数字形式进行网络传播的行为均系侵权行为。

社会科学文献出版社将通过法律途径追究上述侵权行为的法律责任,维护自身合法权益。

欢迎社会各界人士对侵犯社会科学文献出版社上述权利的侵权行为进行举报。电话:010-59367121,电子邮箱:fawubu@ssap.cn。

社会科学文献出版社